21世纪经济管理精品教材·营销学系列

Marketing Planning for Firms

企业营销策划

庄贵军　主编　　　（第二版）

清华大学出版社
北京

内 容 简 介

企业营销策划指根据企业的整体战略,通过对企业内部条件与外部环境的分析,精心构思、设计和组合营销因素,高效率地将产品或服务推向目标市场的操作程序。作为一门课程,企业营销策划以培养学生实际的营销策划操作能力为主要目的。本书介绍企业营销策划的基本概念、程序和方法,内容包括市场调研与市场调研策划、企业营销环境分析、确定目标市场、营销组合策划以及一些主要的营销项目策划,如产品策划、品牌策划、价格策划、营销渠道策划、宣传与沟通策划和关系营销策划等。本书在内容上,强调本土化、可操作性、整体的营销策划与项目策划相结合。为此,在每一章的后面,都提供了适宜教学和学生自己练习的中国本土案例。

图书在版编目(CIP)数据

企业营销策划/庄贵军主编. —2版. —北京:清华大学出版社,2012(2022.1重印)
(21世纪经济管理精品教材·营销学系列)
ISBN 978-7-302-27354-7

Ⅰ. ①企… Ⅱ. ①庄… Ⅲ. ①企业管理-营销策划-高等学校-教材 Ⅳ. ①F274

中国版本图书馆 CIP 数据核字(2011)第 237942 号

责任编辑:刘志彬
封面设计:李伯骥
责任校对:王荣静
责任印制:宋 林

出版发行:清华大学出版社
网 址:http://www.tup.com.cn,http://www.wqbook.com
地 址:北京清华大学学研大厦 A 座 邮 编:100084
社 总 机:010-62770175 邮 购:010-62786544
投稿与读者服务:010-62776969,c-service@tup.tsinghua.edu.cn
质量反馈:010-62772015,zhiliang@tup.tsinghua.edu.cn
印 装 者:北京富博印刷有限公司
经 销:全国新华书店
开 本:185mm×260mm 印 张:26 字 数:613 千字
版 次:2012 年 3 月第 2 版 印 次:2022 年 1 月第11次印刷
定 价:59.00元

产品编号:044722-02

丛书主编

赵平（清华大学）

副主编

符国群（北京大学）　庄贵军（西安交通大学）

编委会委员（按汉语拼音排序）

陈　荣（清华大学）	陆　娟（中国农业大学）
董大海（大连理工大学）	吕一林（中国人民大学）
范秀成（复旦大学）	彭泗清（北京大学）
何佳讯（华东师范大学）	田志龙（华中科技大学）
胡左浩（清华大学）	王海忠（中山大学）
黄　静（武汉大学）	王　高（中欧国际工商学院）
江明华（北京大学）	王　锐（北京大学）
蒋青云（复旦大学）	王雪华（上海财经大学）
景奉杰（华中科技大学）	王永贵（对外经济贸易大学）
李纯青（西安工业大学）	汪　涛（武汉大学）
李东进（南开大学）	吴小丁（吉林大学）
李　飞（清华大学）	于洪彦（中山大学）
李　娟（香港城市大学）	郑毓煌（清华大学）
刘　益（上海交通大学）	

总序

　　在现代社会中,市场营销已经渗透到人类活动的各个领域:企业需要开发并销售高质量的产品和服务并在满足客户需求的前提下实现盈利,大学需要吸引优秀的学生报考并帮助毕业的学生找到合适的工作,政府需要向大众宣传所制定的方针和政策并获得公众的支持和认可,个人需要让他人了解和喜欢并得到承认和帮助……。我们禁不住要问,在现代社会中,究竟什么活动与市场营销无关? 市场营销起源于盈利型企业在市场经济制度下对客户的竞争,发展至今,它的应用范围已经远远超越了企业,扩展到整个社会。

　　过去30余年,中国的市场化改革已经深入到国民经济的大多数领域。在这些领域中,资源配置必须通过市场竞争才能得以实现,而企业要在竞争中获得优势,需要有市场营销理论和方法的指导。与此同时,中国的开放国策也为经济的高速发展创造了条件。中国加入WTO已过十年,中国的经济总量已经超过日本并直逼美国,中国的产品和服务正迅速进入世界市场,出口额已跃升到世界第一位。伴随着经济的高速成长,中国企业需要吸收发达国家的营销经验,更需要总结自己成功的营销实践并形成自己的营销理论,以便更有效地参与国际市场的竞争。

　　正是基于对这些情况的考虑,清华大学出版社决定出版本套市场营销精品教材,并希望我担任本套教材的主编。对于这项任务,我确实有些力不从心,也多次婉言谢绝。但出版社方面的一再约请确实让我感动,最终我同意承担这项任务。

　　国内市场营销领域的教材比比皆是,系列教材也有若干。本套教材要在哪些方面形成自己的特色? 经过认真分析和多方征求意见我们提出:第一,选择优秀作者。在编委会的组成上,要选聘教学与科研并举的优秀学者组成编委会,每位学者在自己擅长的领域主编一本教材。因为科研能力优秀的学者对市场营销理论发展具有较好的把握,编写的教材更具前瞻性;教学能力优秀的学者懂得如何将复杂的知识讲得深入浅出,编写的教材会更适应学生的学习特点。这两方面是本套教材要达到的基本目标。第二,强调国际视野。由于中国经济正在快速融入世界经济,学习国际先进的营销理论,掌握在世界市场上有效竞争的方法十分必要。所以,本套教材要吸收国外营销理论的精华，选择国外知名公司的案例，以便开拓学生的视野。第三，突出本土意识。虽然中国的经济体制正在转型，中国的产品和服务正在走向世界，但中国的经济体制和中国的消费文化毕竟与发达市场经济国家有巨大的差异，完全照搬国外的市场营销理论和方法显然不能适应中国的国情。所以，本套教材特别强调总结国内优秀企业的营销经验并在营销理论和方法上创新。第四，适应环境变化。全球化的进程和信息技术的发展导致了人类生活方式和生产方式的巨大变化：企业资源的全球采购，网络环境带来的消费者购买行为的变化，微博、博客等新媒体对信息的爆炸式传播效果，诸如此类的环境要素正在颠覆传统的市场营销模式。所以，本套教材要有足够的篇幅来讨论这些全新的内容。除此之外，本套教材还将配有丰富的教辅材料，选用本套教材的教师可以在清华大学出版社的网站上下载到相关的教学课件、试题库以及习题答案。

中国的市场营销研究与教育在过去 30 余年中已经取得了长足的进步，我期望本套市场营销教材不仅能够锦上添花，也能够雪中送炭。愿每位读者都能从中受益！

2012 年元月于清华园

第二版 前言

年龄越大，就觉得时间过得越快。据说，这是有生理基础的。人的年龄越大，他的行动就越迟缓，因此时间也就被缩短了。

这本书从第一版出版到现在，不知不觉间，已经过去了六年多。尽管存在这样那样的问题和不足，但还是受到了广泛的支持。一位学生在看完这本书后，给我写电邮说："感谢您给我推荐您的著作《企业营销策划》，读后使我受益匪浅，操作性很强。特别是去年我们刚好开设了"企划实务"课，对我初次写策划案帮助很大。而且我们班其他学生也买了您的书，反响都挺不错的。一致感觉此书系统性、实战性、理论的前沿性等都很强，再次表示感谢。希望今后还能有幸学习您的新理论。"黑龙江大学的一位教师向我索要课件时写道："从教以来我一直讲授"营销策划"这门课程。课本换了很多，一直没遇到合适的。直至去年见到您主编的《企业营销策划》(清华大学出版社)，才有一种找到方向的感觉。您的书真正明确了营销与策划的关系和区别，让我们明确营销策划应该怎样区别营销来讲授。您的书非常科学规范，我们学校今年开始有300名本科生在用。"另外，有人在网上推荐本书，说："这本书着重讲解营销策划的基本结构，条理清晰，论述专业，逻辑也比较合理和缜密。"

有趣的是，在大学生们毕业处理用过的教材时，很少有学生卖这本书。他们觉得，将来很有可能会用到里面的内容和方法。因为操作性强，用中国本土的案例讲解和训练，所以一些咨询机构也把本书作为其培训教材。

两年前，清华大学出版社的刘志彬主任就开始催我修改、再版。到后来催得次数多了，他自己都不好意思了。但是，我一拖再拖。主要原因是手头的事情太多，哪一个都不能耽搁。两年多时间，除了上课、带学生、申请和做项目、写文章，还写了一本《营销管理》教材。这本教材写得很苦，积我近30年的教学经验和研究体会，重新思考了营销管理课程的体系。在很多原来让我困惑的地方，都尽自己的所能，理顺了思路，有一些原创性的思考。《营销管理》的写作，在很大程度上为我修改本书做了准备，使我对企业营销策划的内容、体系和逻辑更加清楚。

2011年3月初，我决定用六个月的时间，专心致志地完成本书的改版工作。有那本《营销管理》的思路打底，写作工作进展得比较顺利。五个月的时间，每天七八个小时，半个暑假也搭进去了，心无旁骛，终于提前完成了。

痛并快乐着。

第二版与第一版相比在结构上没有太大的改变，只是把原来的第十二章合并到第十一章中，使原来的总共16章变为15章。不过，在内容上有很大变化，每章都有修改和更新，有些章节甚至有很大的修改。比如，在第五章加入了一段讲解企业发展战略、竞争战略和营销战略之间如何衔接的内容；在第七章重写了与产品组合相关的营销策划问题，加了一节"服务的设计和营销策划"；第十章将企业的渠道组织形式与渠道治理联系起来，把各种类型的渠道组织形式（如公司型、契约型、管理型或关系型垂直渠道系统）视为渠道治理的体现形式，是企业可以设计和选择的，这使企业的渠道策略选择更加丰富和实用。

当然，最重要的，也是我特别想强调的，是在第六章重写了"企业营销组合的策划思路"一节，介绍了我在《营销管理》一书中提出的基于目标市场特点的五个 W"确定营销因素组合方案的逻辑框架"。它"将目标市场与企业的营销因素及其组合衔接起来，使营销组合中的每一个因素都成为有据可依的"，都"与企业的目标市场紧密衔接，是实现企业营销战略所需要的"。另外，以此为框架制定企业的营销因素组合，使营销组合策划变得简单、清晰、易操作。营销策划人员只需基于目标市场的特点进行表上作业，当表上的空格填满了，企业的营销组合方案就基本成形了。

另外，我还对书中的案例进行了替换和更新。其中，1/3是新的，另1/3是更新过的，加入了新的材料。之所以保留一些老的案例，主要是因为我一时没有找到更好的替换材料，而且一些公司也已经消失了，因此也不需要更新。当然，案例的好与不好，主要不在于新老，而在于是否合适。

经过这样的修改，我自己觉得第二版比第一版在逻辑上更清晰，体系上更完整，语言上更通顺，操作上更简便和适用。

第二版能够出版，要感谢刘志彬主任。如果不是他的催促，我可能不会现在就花这么多时间修改这本书。他在编辑方面所给予的专业帮助，是这本书得以顺利出版的保证。另外，要感谢本教材第一版的合作者们，没有他们的贡献，第一版不可能在六年前出版。最后，感谢我们在教材中所引用著述的作者们，感谢他们先前的努力。

错误在所难免，欢迎各方面的批评和指教。

庄贵军　博士

2011 年 8 月 3 日晚 23 时

于古城西安

第一版 序言

企业营销策划是一门以培养学生营销实际操作能力为主要目的的课程。该课程与营销管理课程的关系是：营销管理侧重于营销理论的阐述，说明企业营销管理工作都涉及哪些方面，应该怎样做和为什么要这样做；企业营销策划则侧重于说明企业的营销策划者应该怎样做营销计划和如何"导演"与实现制定的营销计划。

企业营销策划课程要达到的主要目标，一是在学生掌握了营销管理的基本理论与原则以后，通过本课程的讲授与训练，培养学生应用这些理论与原则的实际动手能力；二是在学生学完本课程后、进入实际工作岗位之前，能够胜任一般营销项目的策划工作。

根据课程目标，本书突出以下三个特色。

第一，本土化。一方面充分考虑中国的政治、经济、社会与文化环境对于企业营销活动的影响，按照中国人思考问题的习惯，编排课程内容；另一方面，尽可能采用中国本土事例讲解内容，采用中国本土案例作为对学生进行训练的素材。

第二，可操作性。表现在：①在内容上强调可操作性，不过多地进行理论方面的分析与解释；②案例教学，在每一部分后附两三个相关案例，让学生自己动手，根据案例提供的信息进行策划，教师则主要根据学生的策划能力对学生进行考核。

第三，整体的营销策划与项目策划相结合。整体的营销策划侧重于对企业整体的营销活动进行计划与控制，项目策划则侧重于对某一具体的营销项目(如某一时段广告活动、某一个会展活动或某一个品牌)进行计划与控制。

本书共16章，分为四大部分。

第一部分介绍企业营销、策划和企业营销策划的基本概念和程序，由第一章和第二章组成，内容包括企业营销的内涵、企业的营销理念、策划的定义、策划理念和策划方法、企业营销策划概述、营销策划人及其应具备的素质、企业营销策划的流程和企业营销策划书的通用格式。

第二部分由第三章到第六章组成，为企业营销的整体策划，内容包括市场调研、市场调研策划、企业内外部营销环境分析、企业的营销战略策划(即关于市场细分、确定目标市场和市场定位的策划）和企业的营销战术策划（即企业的营销因素组合策划）。

第三部分为企业的营销项目策划，由第七章到第十五章组成，内容涉及企业的产品策划、品牌策划、价格策划、营销渠道策划、宣传与沟通策划、广告策划、企业形象策划、会展策划和关系营销策划等。企业的营销目标策划和企业营销的整体策划，并不能截然分开。在实践中，企业既可能需要做整体的营销组合策划，也可能需要做专项的营销项目策划。它们的程序，完全一样。二者的区别只在于：前者更多地考虑和强调各个营销因素之间的交互作用和营销的综合效果，后者则更注重如何使某一个营销因素更有效率地发挥作用。

第四部分由第十六章组成，内容为企业营销策划的实施与监控，包括企业的营销组织、营销策划实施、营销策划实施监控和营销策划实施绩效评估。

本教材是西安交通大学"'十五'规划本科生系列教材丛书编写"立项支持的项目。它以市场营销理论为基础，结合中外企业营销策划教材与书籍的优点，突出本土化和可操作性，既适用于课堂讲授又适用于有关人员自修阅读。

在教学或自学的过程中，老师和学生可以灵活使用本教材的内容。我们建议，将教学或学习的重点放在第一和第二部分，第三和第四部分可以根据老师或学生的兴趣选修。

庄贵军　博士

西安交通大学管理学院

市场营销系教授

2004 年 12 月 21 日

于古城西安

第一章

企业营销与策划

企业营销策划（marketing planning）是一门以培养学生实际操作能力为主要目的的课程。该课程的内容一般包含于市场营销管理课程中。二者的关系是：市场营销管理侧重于营销理论的阐述，告诉企业的营销管理人员企业市场营销管理都涉及哪些方面，应该怎样做和为什么要这样做；营销策划则告诉企业的营销策划人员怎样做营销计划和如何"导演"与实现制定出来的营销计划。

本章将对企业营销与策划做一个概述，主要内容包括企业营销的内涵、企业的营销理念、策划的定义、策划理念和策划方法、中国策划业的现状与问题。

第一节　企业营销与营销理念

一、企业营销

企业营销的定义有很多不同的表述方法。本书将其定义为：企业根据不可控因素的变化，通过目标市场的选择和对企业可控因素的动态组合，以高效率为目标市场创造价值的方式实现与顾客的交换，达到企业的营销目标[1]。它的内涵可以用图 1.1[2] 表示。

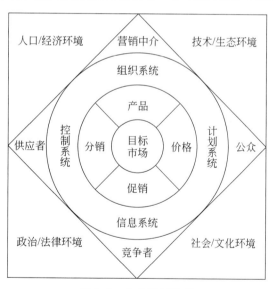

图 1.1　企业营销因素

目标市场指企业欲提供产品或满足服务，并从中获利的顾客或用户。这里，顾客指生活资料的购买者和消费者，而用户指生产资料的购买者和使用者。

企业不可控因素指企业能够了解，并在了解的前提下利用而不能改变的环境因素。

在图1.1中，由最外面的两层来表示，包括人口、经济、政治、法律、社会、文化、技术、生态，以及营销中介、公众、竞争者和供应者等。

企业可控因素指企业可以根据自己的需要改变的因素，传统上指产品（product）、价格（price）、分销（place）和促销（promotion）等四个营销战术要素（即4P），后扩充为包括探测（probing）、划分（partitioning）、优先（prioritizing）和定位（positioning）等营销战略4P在内的8个P。营销战略4P可以简化为更容易理解和操作的ASTP，即分析（analyzing）、细分（segmenting）、确定目标市场（targeting）和定位（positioning）。在进行营销策划时，可以按照先ASTP、再4P的顺序进行。

ASTP主要由计划系统（图1.1中从内向外数第三个圆）综合考虑企业的内外部环境做出决策，而战术4P则围绕着ASTP所确定的目标市场来进行设计。在整个营销战略（ASTP＋4P）策划与执行过程中，需要信息系统、组织系统和控制系统（图1.1中从内向外数第三个圆）提供信息、组织和控制等方面的支持。

实际上，企业可以控制的营销因素可能远不止这8个P或ASTP＋4P。例如，在中国进行营销活动时，有一个重要因素企业是不能不考虑的，那就是关系。企业可以通过有计划地建立、发展和维持关系，提高自己的营销效率。再如，零售企业可以控制的战术营销因素与一般生产制造企业有所不同。零售企业可以控制的战术营销因素并不很适用于产品、价格、分销和促销的区分方法，更好的区分方法是店址（location）、商品（merchandise）、服务（services）、定价（pricing）、商店设计与展示（store design and display）、广告与促销（advertising and promotion）和人员推销（personal selling），被称为零售组合因素[3]。

因此，有人提出一个更一般的营销模型，称为"目标函数营销组合模型"[4]。此模型为下面这样一个目标函数式：

$$\begin{cases} G = F(P_1 + P_2 + \cdots + P_n) \\ D \end{cases}$$

式中，G为企业要达到的目标，P_n为企业可以控制或利用的各种手段，D为企业从事营销活动的一组约束条件，也就是企业营销所不能超越的各种条件。D可以进一步具体化为

$$D\begin{cases} b_1 + b_2 + \cdots + b_n \leqslant B \\ b_1, b_2, \cdots, b_n \geqslant 0 \\ 其他约束 \end{cases}$$

式中，B为企业从事营销活动的总预算，b_n为企业投入P_n的费用。实际上，类似于预算这样的约束条件还有很多，如人员、办公设备、营业场地、通信与交通工具等。

这样，企业营销就可以表述为：在既定的约束条件（D）下，企业综合运用一切可以利用的手段（P_n），以高效率为目标市场创造价值的方式实现与顾客的交换，达到企业营销目标（G）的整体优化。

二、营销管理

管理指协调与整合他人的工作活动，与他人合作，有成效（effectively）和高效率（efficiently）地完成工作任务的程序[5]。虽然不同的组织在目标、管理要求和管理方法上

各有不同,但管理者所发挥的基本作用是一致的,即他们都要进行计划、组织、领导和控制的职能活动。

（1）计划职能要求管理者决定和规划一个组织在未来某一特定时间内应达到的目标和方式。

（2）组织职能要求管理者通过组织结构设计而决定做什么、怎样做、谁去做和谁向谁负责等问题。

（3）领导职能要求管理者发挥对下属的指挥、协调与激励作用。

（4）控制职能是指利用信息反馈,及时将执行结果与计划目标进行比较,发现并分析差异,采取相应措施促使计划按既定目标实现的过程。

管理的四项职能紧密联系、互相作用,任何一个职能出现问题都会影响其他职能的发挥。在现实的管理工作中,四项职能交织在一起,不能截然分开。其中,计划是管理的首要职能。管理活动一般都从计划开始,先确定做什么(目标)和怎样做(行动方案),后按照计划的要求组织人力和各种资源,再领导或激励自己的员工,指挥计划的执行与落实,并通过控制活动保证工作的结果符合计划的要求。

营销管理与上面所讲的组织或企业管理没有根本性区别,它实际上是以企业营销活动为对象的管理活动,是管理活动在企业营销活动这个对象上的具体应用。营销管理者通过计划、组织、领导和控制等职能协调与整合企业营销活动中所有参与者的工作活动,与他们合作,有成效和高效率地完成营销任务。营销管理与企业营销活动的关系可以用表 1.1 描述。

表 1.1　营销管理与企业营销活动的关系

企业的营销活动	管理职能				管理职能
	计　划	组　织	领　导	控　制	
调查与分析	调研的对象、目标、时间和预算	调研人员调配和任务分配	对调研人员的领导与激励:方法、政策与措施	调研方法的科学性与可行性,调研结果的可靠性	管理的基础
营销战略策划	策划的目标、时间和预算	策划人员调配和任务分配	对策划人员的领导与激励:方法、原则与措施	策划方法的科学性与可行性,执行结果——企业的营销绩效	计划
营销战略实施	任务、责任人、时间和预算	人员组织和调配	对执行人员的领导与激励:方法、原则与措施	执行过程 执行结果——企业的营销绩效	组织与领导
营销战略监控	监控对象与责任人	人员调配和任务分配	对监控人员的领导与激励:方法、原则与措施	监控过程	控制

首先,企业营销的主要活动可以分为调查与分析、营销战略策划、营销战略实施和营销战略监控。在这些活动中,调查与分析是其他活动的基础,为其他活动提供信息;营销战略的策划、实施和监控则对应于管理的四大职能——计划、组织、领导和控制。

　　其次,在企业的每一项营销活动中,都有管理活动渗入其间。例如,在企业进行一个调研项目时,企业的相关负责人首先需要明确该项目的调研对象、调研目标、时间和预算,这就是在执行管理的计划职能;然后,他需要为该项目调配人员,并为每一个人分配任务,这就是在执行管理的组织职能;接下来,他需要采用一些有效的方法、政策或措施激励调研人员努力工作,领导下属完成任务,这就是在执行管理的领导职能;最后,他还需要从调研方法的科学性与可行性、调研结果的可靠性等方面对调研项目进行监督和控制,这就是在执行管理的控制职能。再如,在企业的营销战略实施阶段,营销负责人需要按照企业的营销目标明确各相关部门的任务和责任人,并规定完成任务的时间和预算,这就是在执行管理的计划职能;各相关部门的负责人需要为完成自己部门的任务组织和调配人员,这就是在执行管理的组织职能;他们还需要想方设法领导和激励营销人员努力工作,完成任务,这就是在执行管理的领导职能;最后,他们需要对营销人员的执行过程和执行结果做出评估,实施奖惩,这就是在执行管理的控制职能。

　　最后,营销与管理交叉渗透——从营销程序(内容)上看,企业的营销活动贯穿着计划、组织、领导和控制四大职能;而从每一项具体的营销活动上看,其中也渗透着对活动的计划、组织、领导和控制。正因为如此,现代营销学才认为营销与管理不分——企业营销就是企业对营销活动的管理。例如,美国营销学会(AMA)为营销下了这样一个定义:"营销(管理)是为通过交换满足个人和组织目标而对商品、服务和创意进行构造(conception)、定价、促销和分销的计划和实施过程。"[2]很显然,在这个定义中,营销就是营销管理。另外,本书对营销的定义,也有这种含义——"企业根据不可控因素的变化,通过目标市场的选择和对企业可控因素的动态组合,以高效率为目标市场创造价值的方式实现与顾客的交换,达到企业的营销目标。"最后,科特勒的营销模型也明确地表达了这种意思——图1.1中从内向外数第三个圆中的信息系统、计划系统、组织系统和控制系统就是在强调企业对营销活动的管理。

　　另外,销售如果只是卖东西,没有对相关活动的计划、组织、领导与控制,那么虽然从广义上讲也可称其为营销(因为它在交换),但是它不是营销管理。正如彼得·德鲁克(Peter Drucker)[6]所言:"营销的目的就是要使销售(selling)成为多余的。营销的目的在于深刻地认识和了解顾客,从而使产品或服务完全适合他们的需要而形成产品的自我销售。理想的营销创造准备购买的顾客,企业要做的就是想办法让顾客便于得到这些产品或服务。"如果把其中的营销改成营销管理,意思就更清楚了:营销管理的目的就是要使销售成为多余的。

　　与管理的职能相对应,营销管理人员的具体职责包括:第一,营销策划,即在市场调研的基础上,根据企业外部环境和企业的战略目标、自身的优劣势,对企业的营销目标、营销战略和营销组合因素(营销战术)进行规划的活动;第二,营销组织,即为了实现营销目标所进行的人员调配和任务分配;第三,营销领导,即营销经理或营销管理人员指导、激励和影响其下属或其他合作企业的相关人员努力为实现本企业营销目标而努力工作的活动;第四,营销控制,即对企业销售队伍、企业销售分支机构或合作伙伴投机行为的监督、检查、评估和调整。

三、营销理念

营销理念是企业进行营销活动的指导思想,体现了企业怎样看待营销活动、怎样看待自己、怎样看待消费者、怎样看待竞争者和怎样看待社会。营销理念伴随着交换产生,随着市场环境的变化而演进。以下是在营销历史上出现过的一些主要的营销理念。

(一)生产导向

生产导向(production orientation)型企业通常是在供不应求的情况下出现,能产就能销。生产经营者的主要任务是追求较高的生产效率,降低成本,增加产品的类别和品种。其基本假设是:只要生产搞得好,利润自然会增加。

(二)产品导向

产品导向(product orientation)认为,消费者已经有了足够的选择,要开拓市场,维持盈利,就必须通过提高产品质量,或者研制和创造新产品吸引消费者。产品导向出现在供求基本平衡的市场上,重视的是质量与价格竞争。

(三)推销导向

推销导向(selling orientation)的基本观点是:我卖什么,就得让人们买什么;以销售为中心,只有卖得越多,利润才越大。这种观点与前两种观点没有根本的区别。当供应大于需求,新产品的生产已经不能刺激销售额增长的时候,企业就会意识到必须采取推销手段,进行促销活动,以维持盈利。这种观点产生于卖方市场向买方市场转化的过程中,这时市场竞争加剧,除质量与价格竞争外,还有促销活动的竞争。

(四)市场导向

市场导向(market orientation)观点产生于买方市场。这时,市场竞争非常激烈,是全方位地对顾客的竞争。其基本观点是以消费者需求为中心,营销活动自了解消费者需求始,至满足消费者需求终。市场需要什么,就生产什么,就卖什么。其基本假设是:满足顾客需求与企业得利之间有正相关关系——满足顾客的需求越多,企业盈利也越多。

这是一种以顾客为主、顾客至上的营销理念,与上述三种以卖方为主的营销理念有着本质的不同。在这种思想主导下,企业一方面要深入了解顾客的需要和要求,不断改善企业的服务态度、组织方法和销售文化,迎合顾客的口味及其变化;另一方面要设立顾客反馈与投诉机制,以顾客为本,妥善处理顾客的意见。

(五)社会营销导向

社会营销导向(social marketing orientation),在包含市场导向所有要点的同时,强调企业要关心社会福利和整个社会的可持续发展。它不但要求营销者满足顾客需求,而且还要求营销者为顾客的长远利益着想,特别是不满足一些人有害于社会的需求。

这种营销理念产生于20世纪80年代。地球生态环境恶化,能源短缺,人口爆炸,贫穷及饥荒蔓延,使一些有责任感的企业和消费者意识到保护地球生态免受污染的重要性:维持地球良好的生态环境,不但是社会也是企业的长远利益所在,因此,企业绝不能以牺牲社会利益的方式获取利润。

采用这种理念的企业，注重树立良好的企业形象及产品形象，致力于推动绿色营销和绿色消费，如少用塑料袋、少用木材、废物利用、不捕杀稀有动物、禁止香烟广告和采用天然元素制造化妆品等。

（六）战略营销导向

由于市场经营环境困难，竞争激烈，愈来愈多的企业发现以顾客为本、以社会为本，足以守成，足以拓展业务，但不足以保持企业的动态优势。要长期保持竞争优势，企业就必须成功地应对竞争者的不断挑战。由此，产生了战略营销导向（strategic marketing orientation）的营销理念。

战略营销导向是一种以创造企业竞争优势为导向的理念。它强调三 C 之间的互动：企业（corporation）要比竞争者（competitor）更好地满足消费者（consumer）的需求，并由此创造出竞争优势。前面提到的"先 ASTP，再 4P"的营销策划思路，就贯彻了战略营销导向这样一种营销理念。

（七）关系营销导向

关系营销导向（relationship marketing orientation）以建立、发展和维持成功的关系交换为企业市场营销活动的重点[7, 8]。传统的营销理论倾向于从企业与竞争者如何争夺消费者的角度研究营销现象，因此得出的理论只适用于指导企业如何利用企业内部资源，从营销过程中创造竞争优势。然而在实践中，很多企业尤其是工业品生产者和服务企业却发现，企业的竞争优势不仅能够从企业内部得到，而且可以从企业外部，从企业与有关各方的合作关系上得到。例如，企业如果与原料供应商和产品采购者有良好的关系，彼此相互信任，那么在买卖交往中就会节省大量的用于讨价还价和谈判的成本，也会避免由于彼此不信任而惹出的麻烦。如果真正合作得特别好，还有可能建立起一套被称为"just-in-time"的适时系统，系统中的各方都会从中得到好处。再如，企业如果与企业员工或政府有关部门建立起良好的关系，员工士气高涨，政府在必要时给予支持，那么企业将受益无穷。

关系营销导向的一个基本假设是：企业在从事营销活动时，能够通过加强与营销有关各方的联系，提高竞争实力，获取竞争优势，达到双赢或多赢的局面。目前，社会上流行的客户关系管理（CRM）和大客户营销等，都贯穿着关系营销导向的营销理念。

四、营销道德

营销涉及法律与道德问题。法律与道德从内外两个方面规范着企业的营销活动，告诉企业在营销活动中可以或应该做什么，不能或不应该做什么。这里，只谈营销道德问题，因为守法是企业营销的道德底线，大部分违反法律的行为也是违反道德的行为。

伦理学告诉我们，道德是一种调节人与人之间关系的特殊的行为规范体系。道德规范的特殊性在于，它不是由权力机构（包括政治的、行政的或法律的）制定的，也不依靠强力去维护；它由人们约定俗成，并且依靠人的内心信念和社会舆论来维护。当一个人做出不违法但违反道德的行为时，他虽然不会受到法律的制裁，但是却会受到社会舆论与良心（如果他有良心的话）的谴责。此外，一个人或一个组织的道德行为会通过道德形象影响其长远利益。例如,一个企业通过某种不道德的行为销售其产品,虽能得一时之利,但从长远看企业形象受损,影响其未来发展。

然而,在很多情况下,判断一种行为是否符合道德,并不像人们想象的那么容易。同一种行为,基于不同的道德理论,对其道德判断的结论有时是不同的。依照评判是非与善恶标准的区别,伦理学可以分为功利论与道义论两大流派[9-11]。功利论主要以行为的后果来评判行为的道德合理性——一项行为能给大多数人带来好处,则该行为就是道德的;一项行为如果以损害别人的利益,尤其是大多数人的利益为代价,给自己或少数人带来利益,那么该行为就是在道德上有问题或不道德的。道义论则从直觉和经验中"推己及人"地归纳出某些人类应当共同遵守的道德责任或义务,并以这些义务的履行与否作为判断一种行为是否具有道德合理性的标准,"己所不欲,勿施于人"。例如,罗斯(Ross)[12-14]提出了六条基本的显要义务:第一,诚实,包括信守诺言、履行合约、实情相告和对过失给予补救等;第二,感恩,即通常所说的知恩图报;第三,公正,即一碗水端平,不厚此薄彼;第四,行善,即乐善好施、助人为乐;第五,自我完善,即发挥自身潜能,实现自身价值,"不因善小而不为,不因恶小而为之";第六,不作恶,即不损人利己。所谓"显要义务",是指在一定时间和一定环境中人们自明为合适的行为。这些行为对于神志正常的人来说不用深思便知应该去做,并以此而成为一种道德义务。

按理说,进行有道德的营销是企业营销的一种基本要求,是企业营销理念中的应有之义。不过,在实际工作中,受利益的驱使,一些企业常常做出违反社会道德的营销活动。2008年,震惊全国的"三鹿问题奶粉"事件波及了整个奶制品行业(见案例1.1),导致了一场全行业的信任危机,拷问着企业家的道德良心[15,16]。如果说以前营销道德问题还离企业很远的话,那么"三鹿问题奶粉"事件已经把这一问题摆在了企业面前:企业的不道德行为,可能在一夜之间就把好端端的一个企业毁掉。

本书主张战略营销导向、关系营销导向、社会营销导向和注重营销道德等多种理念的结合:首先,市场营销是企业获取竞争优势的一条重要途径;其次,企业通过市场营销获取竞争优势的方式是比竞争对手更有效率地为目标市场创造价值;再次,重视各种关系的处理,关心社会福利和整个社会的可持续发展;最后,进行有道德的营销。

第二节 策　　划

一、什么是策划?

策划(planning)是为了提高目标达成的可能性而针对未来要发生的事情进行决策的过程[17, 18]。它虽然侧重于构想和计划,但是也涉及执行和控制过程,贯穿于一个人或一个组织为了达到自己的目标而进行构想→计划→执行→控制的全过程。

设想一下,如果一个人要减肥,他怎样才能做得更有效率?

第一,他要为减肥找一个理由,即为什么要减肥。一般而言,是为了健康和美丽。

第二,要根据自己的现状为减肥设一个目标,即要知道自己比标准体重超了多少。要减到标准体重,自己需要减掉多少肉。一般减肥目标可以分为长期目标、中期目标和短期目标。例如长期目标是,一年以后要减重 20 公斤(此时,可以达到标准体重);中期目标是,第一个季度减重 4 公斤,第二个季度减重 8 公斤,第三个季度减重 5 公斤,第四个季度减重 3 公斤;短期目标是,本月减重 1 公斤。

第三,要根据自己的条件,并考虑可能的效果和可能出现的问题,设计出具体的减肥方案(包括减肥方式与方法)。减肥方案:是运动、少食、吃药、抽脂,还是多种方法的某种组合? 可能出现的问题及其解决方案:例如,如果少食,体力不支怎么办? 如果吃药,有不良反应怎么办? 如果运动,过量伤了自己身体怎么办?

第四,设计出可行的控制方法,包括控制标准、效果评估和纠偏方法。例如,用体重作为控制标准,每过两天称一次体重,看效果如何。 如果经过一段时间,效果不明显,可能需要调整原来的方案,如换一种减肥方法,或加大运动量和药量。

第五,在执行过程中,严格按照事先设计好的方案进行,出现问题及时解决。

如果一个人减肥是这样做的,那么他就是在为减肥做策划。由于做了比较充分的准备,他实现减肥目标的可能性大大提高。实际上,一些公司推出的减肥项目(如减肥夏令营),就是按照这样的思路进行项目策划的。

整个策划与执行过程就像拍一部电影。首先,要编写一个剧本;其次,要根据剧本确定分镜头,谁先出场,谁后出场,出场后怎样亮相,事先都要设计好;再次,挑选演员和进行拍摄的准备工作;最后,组织、指挥和控制整部戏的演出与拍摄。 当然,一部戏演得好不好,不仅取决于导演策划水平的高低,还取决于演员的演技和整个摄制组其他部门的密切配合。策划侧重于前两个步骤,不同点在于:电影中的各种情节是事前就知道的或可以根据导演的意愿改变的,而策划中未来要发生的事情是未知的,并且不能根据策划者的意愿改变。

二、策划与计划

策划与计划有联系,又有区别。

策划强调动态的过程,是为了实现某一个欲求的结果而制定计划的过程;计划(plan)则强调策划的结果,如某一项已成文的策划方案。计划是策划的结果,但策划不局限于计划,它还涉及计划的执行与控制过程。

策划不但要得出一个计划,更要得出一个可操作的计划。为此,策划人员需要在计划的执行过程中一方面对计划的执行过程进行指导,另一方面随时注意环境的变化和意外情况的发生,以便在必要时及时调整计划和计划的实施方法,甚至终止计划的执行。 因此,一项计划制定出来以后,并不意味着策划工作的结束,策划人员还要跟踪整个计划执行的过程,有时可能还要深入地介入计划的执行过程。

三、战略、战术和策略

战略是一种模式或计划,它将一个组织的主要目的、政策与活动按照一定的顺序结合成一个紧密的整体[19]。一个制定完善的战略有助于组织根据自己的优势与劣势、环境中的预期变化以及竞争对手可能采取的行动而合理地配置自己的资源。

战术是实施战略的具体行动操作方法和技巧。如果说战略主要与工作的成效

(effective)有关,那么战术则主要与工作的效率(efficient)有关。战术是为了更有效率地达成目标。

与战略和战术不同,策略是计谋、计策或谋略——为了蒙骗竞争对手,一个人常常需要"低效率"地做"无成效"的事[1]。重视谋略是中国古代兵家的传统,代表作是《三十六计》。此书按计名排列,共分六套,即胜战计、敌战计、攻战计、混战计、并战计和败战计。前三套是处于优势所用之计,后三套是处于劣势所用之计。每套各包含六计,总共三十六计。其中每计名称后有解说,依据《易经》中的阴阳变化之理及古代兵家刚柔、奇正、攻防、彼己、虚实、主客等对立关系相互转化的思想推演而成。解说后有按语,引证战例和中国古代兵家的精辟语句。

战略、战术与策略三者之间的关系可以做如下理解:战略更强调理念,把事情做对;策略更强调方法,把事情做好;战术更强调行动,去正确地做事情。由此可见,策划与策略密切相关,策划可以看做战略和战术寻找策略(把事情做好的方法)的程序。

策划可以是战略性的,也可以是战术性的。战略策划就是制定战略,但同时要考虑如何通过各种有创意的策略提高实现战略意图的可能性。战术策划则是对某一项具体的活动进行规划,考虑如何有效地利用有限的资源,使该项活动达到欲求的结果,也会涉及策略问题。

四、策划简史

在人类历史的长河中,为了达到特定的目的,人们总是有意无意地进行策划活动。

策划最早始于军事领域[20]。在古希腊神话和中国古代的军事战例中,就有策划的雏形,如战国时的"完璧归赵"、秦末时的"鸿门宴"等。在中国四大古典名著之一《三国演义》中,有许多军事策划的范例,最具代表性的就是"火烧赤壁"。可以说,历史上的孙武和诸葛亮等人,"运筹于帷幄之中,决胜于千里之外","谋变而后动",就是在进行军事策划。在现代,第二次世界大战中联军的诺曼底登陆,更是一则多军种、多国家参与的大型军事策划案。

现代意义上的、与经济发展有关的策划,最早出现在苏联[18]。他们最早以国家为单位制定国民经济发展计划。二战以后,为了在给定的时期内达到国家发展的目标,许多国家,尤其是发展中国家,纷纷采用了国民经济计划体系制定经济发展计划。

从企业层面上看,策划经历了以下几个时期:摇篮期、成长期、成熟与转变期和发展期[17]。

(一)个人型构想法——策划方法的摇篮期

这一时期在美国以经济开始迅速发展的时期(1940—20世纪50年代)为代表,在日本以二战后经济高速成长期(20世纪40年代中期至50年代中期)为代表。摇篮期的企业策划,以个人构想为主要特征,策划主要是个人行为,以个人创意——"点子"为主。

(二)集团型构想法——策划方法的成长期

在美国,20世纪50年代到60年代,头脑风暴法风行,这是集团型构想法的雏形。这种方法以集团构想为主要特征,就是集合众人的智慧,综合许多人的构想,用于产品创新。

以后用到策划上，就成为策划的集团型构想法。集团型构想法到现在还在使用。

（三）信息支援型构想法——策划方法的成熟与转变期

从 20 世纪 70 年代开始，随着信息技术的发展，信息支援型构想法出现，并逐渐普及。这时，策划强调以信息为基础开发新观念，进行卓有成效的事前决策。此种构想法的要点是：以相关的信息为策划的依据，在客观事实（信息）的基础上做出主观的判断（决策或策划的方案）。这使策划不再仅是艺术，还融入了科学的成分。策划由此成为一套由现代化信息技术与信息理论作支撑的体系。因此，这一时期的策划以信息支援型构想为主要特征。信息支援型构想法的出现与普及，标志着策划方法进入了成熟期。

（四）战略型构想法——策划方法的发展期

自 20 世纪 80 年代末开始，人们在策划时越来越注重从企业的战略角度考虑问题，并且企业战略本身也成为策划的一个重要内容。战略型构想要求策划者站在企业战略的高度认识策划内容，进行构想的开发。例如，对于市场营销的策划，不能只着眼于营销本身，要把营销看成能为企业带来竞争优势的重要一环。企业的营销活动要服务于企业的总体战略，要有助于企业总体战略的实现。这一时期的策划，以战略型构想为主要特征。

第三节   策划理念与策划方法

一、策划理念

策划理念（philosophies of planning）由艾克夫（Rusell L. Ackoff）提出[18]。他将策划理念分为三种，即满意策划、最佳策划和适应策划。

（一）满意策划理念

满意策划理念以较为容易达到的结果为目标，并以此为基础进行策划。它要求目标设定要高，但又不能太高。因此，策划者所设计的方案不一定是最好的，但一定是比较让人满意，同时又切实可行的。

（二）最佳策划理念

最佳策划理念根源于运筹学。它试图将企业的方方面面都考虑到，并使其模型化。一般是建立起一个或一组目标函数，然后在约束条件下对目标函数求解。由此，可得到一个或一组目标最大化（或最小化）的解。例如，如果企业的营销目标是市场占有率最大化，那么策划者就要考虑各种各样的影响因素，如价格弹性、生产能力、竞争者行为和产品所处的市场寿命期等。通过分析，找到在限定条件下能使市场占有率最大的解。企业的策划即以此解为基本依据。最佳策划成功的关键是找到一个合适的数学模型。

（三）适应策划理念

适应策划理念是一种策划的新理念。为了说明其特点，这里将其与最佳策划理念相比较。在最佳策划理念中，重要的影响因素及其影响程度是通过对经验数据的分析事先得出的，而且一旦确定，不再变化。在此前提下，策划者要做的就是把最佳的解找出来，然后根据最佳解所对应各因素的参数,进行资源配置。与此不同,适应策划理念假定影响因素和影响程度是会改变的,因此,企业可以通过改变自变量与因变量的关系而更好地达到企业的目标。

二、策划方法

策划方法是由策划理念决定的,主要有以下几种:理想策划法、HITS策划法、3P策划法和PDS策划法[17,21]。

(一)理想策划法

策划的目的是为了成功,而成功往往意味着梦想的实现。理想策划法以梦想为愿景,将实现梦想的各种可能的手段和方法详加考虑,慎重选择,以提高策划成功的可能性(图1.2)。理想策划法也被称为"浪漫型策划"。

图1.2　理想策划法

(二)HITS策划法

HITS是英文how、idea、try和select的缩写,分别表示"遇到困难时怎么办?""有什么有好主意或好办法?""试着做做看!"和"选择某一种方法"。用HITS方法做策划,需要策划人员在行动开始之前对行动方案进行思考检验。那么,怎样进行思考检验呢?图1.3是一个简单的程序。

图1.3　HITS策划法

当人们遇到问题时,每一个人都会想"我该怎么办",然后会想出各种各样的解决方法。人们经常想起一个主意就停步不前了,这时,就陷入了"简单计划"的陷阱。如果冷静加以思考,就不难发现还有其他一些更好的解决问题的方法。另外,很多策划没有"试做"这一项,一旦失败,损失无法挽回。策划一定要事先周密安排,把想出来的主意以某种形式加以测试;如果不行,再选别的方案。在测试或调查后,以测试或调查的结果为依据选择方案,策划的成功率会大大提高。

(三)3P策划法

3P策划法是"三阶段可能性追求法"的简称。其中的三个P(possibility)指需求的可能性、主意的可能性和测试的可能性。其特点是对创意的"成功与否"做三阶段测试,如测试效果不佳就予以放弃。经过严格测试,判定策划的可能性,由此增大策划方案成功的可能性(图1.4)。

图 1.4   3P 策划法

创意有很多，谁都不敢轻言哪一个会成功，因此，"试错"就非常必要。将策划或创意试做看看，听听不同的意见，不行的就立刻放弃或者予以修改。通过尝试挑选出来的创意，成功的可能性会大大提高。所以，3P 法实际上是将尝试与改正错误的过程加以整理而产生策划方案的方法。

（四）PDS 策划法

PDS，即 plan-do-see（计划—实施—反省）的缩写。PDS 法认为，plan、do、see 是策划必经的三个步骤，只有经历此三阶段才是真正的策划。以往的策划可能把注意力更多地放在计划上，而 PDS 法则注重策划的整个过程。

第四节   中国的策划业

一、策划在中国的历史

在中国，策划作为一个行业，出现在 2000 年前后。不过，作为一项活动，在中华人民共和国成立以后不久就出现了。

1953 年，中国政府模仿当时苏联的计划经济体制，编制了国民经济发展的第一个五年计划，简称"一五计划"。这标志着正规的策划活动在中国的开始。当时，国民经济计划的编制有一个两上两下的程序：基层计划编制单位（一般是企业）首先上报计划建议数（一上）；然后由上级计划主管部门根据基层单位上报的计划建议数汇总平衡，下达计划控制数（一下）；基层计划编制单位再根据计划控制数，结合本单位具体情况，编制计划草案，并逐级上报（二上）；最后，上级计划主管部门根据基层的计划草案，编制本地区或全国的计划草案，并提交同级人民代表大会审议，成为具有法律效力的正式计划，分为指令性计划与指导性计划自上而下逐级下达（二下）。在具体工作中，常常将"一上"取消，只采取"两下一上"的做法。在"两上两下"或"两下一上"完成以后，企业根据上级有关部门下达的指令性计划或指导性计划，编制它的生产经营计划，主要包括计划、物资供应计划、产品销售计划、劳动工资计划、成本和财务计划、新产品试制计划等。企业计划的编制，以年度计划为主。

这样的国民经济策划方法和企业策划方法，是由当时的历史背景所决定的，虽然行之有效，但确实有很多问题。例如，在整个国民经济计划体系中，作为国民经济基石的企业成了行政的附属物，被行政计划控制得死死的，为计划生产而不是为市场生产；没有生产经营的自主权，负盈不负亏；企业吃国家的"大锅饭"，个人吃企业的"大锅饭"；表面上轰轰烈烈,实际上效益低下。在最严重的"文革"时期,即使这种充满了计划经济色彩的国民经济计划也不能被执行下去。当时,有一个口号叫"宁要社会主义的草,不要资本主义的苗"。这种状况直到 20 世纪 80 年代的"六五计划"和"七五计划"时期,随着改革开放的不断深入,才被逐渐改变过来。

到目前为止,中国的国民经济计划已经编到了第十二个五年计划。虽然计划编制的过程和最终的方案看起来相似,但是其内涵已经完全不同。企业已经成为自主经营的决策主体,不再是行政的附属物。企业制定计划的决策依据是市场,不再是体现着上级主管主观偏好的计划。企业自负盈亏,不再吃国家的"大锅饭"。企业讲求效率,奖勤罚懒,个人也不能再吃企业的"大锅饭"。国民经济计划对于企业而言,只是一个指导性的意见,而不具有法律效力。当然,企业策划对于企业的发展与兴衰,也越来越重要。

二、企业策划与策划业的兴起

在中国,虽然正规的策划活动在国民经济的层面上早就有了,但是作为企业的一项重要活动,还是改革开放以后才出现的。改革开放,使中国的经济体制逐渐由计划经济向市场经济转变,使企业基本摆脱了政府部门的束缚,成为拥有自己独立经济利益的商品生产者与经营者。企业内有动力——追求自己的经济利益,外有压力——市场竞争和优胜劣汰的竞争规则。在这种情况下,效率的高低就成为企业生死存亡的决定因素,以提高企业运作效率为目标的企业策划也应运而生。

企业策划活动随着企业营销活动的开展,逐渐在中国兴起和普及[22]。先是 20 世纪 80 年代末 90 年代初由南至北兴起的"公关热",继而又是"点子热"、"广告热"和"CI 热",最后落脚为"营销热"。随后,一些人士把公关、广告、CI(corporate identity,企业识别)和营销等融合,为企业提供综合性服务,推出了各种各样的"策划热"。

随着众多媒体的推波助澜,一时,中国策划界推出了一个个业绩骄人的策划人。有的一路高歌猛进,有的中途落马。2000 年,由国家文化部批准举办的"中国策划艺术成果博览会"是策划行业的一个里程碑,它标志着策划业在我国已形成一个行业。

三、现状与问题

2000 年有人做过一个估计,中国专业策划公司在 1 万家以上,从业人员达到 100 万[22]。从业人员中既包含专业策划公司的策划人员,也包含一般企业、广告公司和媒介等的策划人员。另外,还有大量的散布于社会各阶层的个体和非职业策划人员。他们被分为五大流派,即管理规范的"西洋派"、理论基础扎实的"学院派"、善于打知名度的"飞天派"、用常规方法实战的"落地派"和正合奇胜的"实战革命派"[22]。

2004 年 4 月,中国策划协会(http://www.chinaapt.org/)成立。它是一个具有独立社团法人资格的非营利性行业组织,由国内外从事策划咨询的企业、学术研究机构、认证与教育机构以及众多策划从业者共同发起成立。中国策划协会管理委员会负责对协会实施全面管理,同时设置秘书处、信息咨询中心、资格认证管理办公室、标准化委员会、学术研究委员会、项目策划管理中心以及三十余个专业委员会和行业分会,是国内唯一的策划类专业协会。它的宗旨是团结策划咨询领域和各界企事业单位的专家学者与专业人员,组织制定行业规范,提高策划咨询水平,维护行业的合法权益,加强企业与政府间的交流,推动相关政策与法规的实施,促进策划咨询事业的健康发展。

中国策划协会的成立标志着中国策划业开始向行业自律的成熟阶段迈进。不过,仍然存在很多问题。例如,从业人员素质参差不齐,"鱼龙混杂"。具体表现为:很多策划人缺乏专业技能,自封的大师满天飞,盲目承担力所不及的业务,策划公司、策划人之间相互拆台攻击,无序竞争等。再如,很多本土企业缺乏策划意识,宁肯花上百万元买一套二手的机器设备,也不愿意花二三十万做一套策划方案。

目前,麦肯锡、盖洛普、兰德和安达信等世界著名咨询公司,占据着中国咨询策划市场的大部分份额,需方多是外资企业或中资上市公司。中国本土策划公司,除了匹夫、奇正、叶茂中和采纳等少数几家有实力的公司之外,大部分处于饥饿状态。

和跨国咨询公司相比,本土策划公司往往在策划的创新方面有着上乘的表现。与之不相匹配的是放眼全球的意识不够,观念跟不上,专业策划人员欠缺,在服务外资企业时往往竞争不过跨国咨询公司。跨国咨询公司全球化的业务网络、人力资源和规范化的业务操作模式形成了其核心竞争力。中国策划业有必要学习和借鉴国外咨询公司的思维方式、成功经验和操作模式,并使之本土化。

另外,国内的不少策划有限公司名为"有限",实为单枪匹马或夫妻店。某些策划公司虽有几个人,却无规章制度可言,更无明确的部门设置、职责范围和工作规程。因此,中国策划企业需要建立现代企业制度,完善公司治理结构。

 **本章小结**

企业的市场营销活动指企业根据不可控因素的变化,将目标市场的选择和对企业可控因素的动态组合,以高效率为目标市场创造价值的方式实现与顾客的交换,达到企业的营销目标的一套管理程序。指导企业进行营销活动有多种不同的理念,主要有生产导向、产品导向、销售导向、市场导向、社会营销导向、战略营销导向和关系营销导向等。

本书主张战略营销导向、关系营销导向、社会营销导向和注重营销道德等多种理念的结合:首先,市场营销是企业获取竞争优势的一条重要途径;其次,企业通过市场营销获取竞争优势的方式是比竞争对手更有效率地为目标市场创造价值;再次,重视各种关系的处理,关心社会福利和整个社会的可持续发展;最后,进行有道德的营销。

策划是为了提高目标达成的可能性而针对未来要发生的事情进行决策的过程。

策划与计划有联系,又有区别。策划强调动态的过程,是为了实现某一个欲求的结果而制定计划的过程;计划则强调策划的结果。策划不局限于计划,它还涉及计划的执行与控制过程。

策划可以是战略性的,也可以是战术性的。不管战略策划还是战术策划,都需要策略。策略是计谋、计策或谋略——为了蒙骗竞争对手,一个人常常需要"低效率"地做"无成效"的事。战略、战术与策略三者之间的关系如下:战略更强调理念,把事情做对;策略更强调方法,把事情做好;战术更强调行动,去正确地做事情。

战略策划就是制定战略;战术策划则是对某一项具体的活动进行规划,考虑如何有效地利用有限的资源,使该项活动达到欲求的结果。策略与策划密切相关:策划可以看做战略和战术寻找策略(把事情做好的方法)的程序。

策划理念有三种:满意策划理念、最佳策划理念和适应策划理念。

策划方法有理想策划法、HITS 策划法、3P 策划法和 PDS 策划法等多种。

中国的策划业是随着市场营销逐渐在中国的普及而兴起的,虽然存在许多问题,但是正在向行业自律的成熟阶段迈进。

 思考题

1. 谈一谈你是怎样理解策划的。

2. 你是怎样设想你的未来的? 策划的概念对你思考你的未来有什么启示?

3. 国内的著名策划人中,很少有学营销的,为什么?

4. 用自己的语言,描述两种策划方法。

 **参考文献**

[1] 庄贵军. 营销管理:营销机会的识别、界定与利用[M]. 北京:中国人民大学出版社,2011:7-11.

[2] Kotler P. Marketing Management (10th Ed.)[M]. 北京:清华大学出版社,2000:8,88.

[3] Levy M, Weitz B A. Retailing Management (4th Ed.)[M]. NY:McGraw-Hill/Irwin,2001.

[4] 庄贵军. 四 P 营销组合策略的不足与修正[J]. 北京商学院学报,1998,(6):20-24.

[5] Robbins S P, Coulter M. Management (6th Ed.)[M]. NJ:Prentice Hall,1999:8.

[6] Drucker P. Management:Tasks,Responsibilities,Practices[M]. NY:Harper & Row,1973:64-65.

[7] Morgan R M, Hunt S D. The commitment-trust theory of relationship marketing[J]. Journal of Marketing,1994,58 (July):20-38.

[8] 庄贵军. 关系市场与关系营销组合:关系营销的一个理论模型[J]. 当代经济科学,2002,24(3):43-48.

[9] Ferrell O C, Gresham L G. A contingency framework for understanding ethical decision making in marketing[J]. Journal of Marketing,1985,45(Summer):87-96.

[10] Hunt S D, Vitell S J. A general theory of marketing ethics[J]. Journal of Macromarketing,1986,6(Spring):5-16.

[11] Hunt S D, Vitell S J. A general theory of marketing ethics:A retrospective and revision[M]. // Smith N C, Ouelch J A. Ethics in Marketing. Boston:Irwin,1993:775-784.

[12] 万俊人. 现代西方伦理学史[M]. 北京:北京大学出版社,1997.

[13] 甘碧群,符国群. 关于市场营销的道德界限[J]. 商业经济与管理,1995,(5):7-10.

[14] Ross D W. The right and the good[M]. Oxford:Oxford University Press,1930.

[15] 马书琴. 企业家都应该流着道德的血液[J]. 中国教育报,2008-11-06(12).

[16] 陈冰."三鹿病"能否痛出"三路"改革[EB/OL]. [2008-10-29]. 中国新食品网. http://www.csh.

gov. cn/print. asp? id＝191874.

[17] 付路阳. 企划案[M]. 北京：企业管理出版社，1999：7.

[18] Jain S C. Marketing Planning and Strategy（5th Ed.）[M]. Ohio：South-Western College Publishing，ITP Company，1997：5,8.

[19] Pearce J A，Robinson R B. Strategic Management：Formulation，Implementation and Control（4th Ed.）[M]. Boston：Irwin，1991：1-20.

[20] Quinn J B. Strategies for Change：Logical Incrementalism[M]. NY：Irwin inc.，1980.

[21] 陈建平，杨勇，张建. 企划与企划书设计[M]. 北京：中国人民大学出版社，2000.

[22] 刘国强，侯韶图. 中国策划业现状及发展前景[N]. 中国商报，2000-12-06.

附 录 1

管理学案例教学的要素和流程

在管理学中使用案例教学，能够增进学生对现实世界中企业实际情况的了解，帮助学生深入理解管理的理论与方法，增强实际操作能力，所以已在不同程度上为世界上绝大多数商学院或管理学院采用。

在管理学教学中，案例教学的成功与否需要教师、案例与学生三个要素之间的良性互动，缺一不可。教师是案例教学的策划、组织与指挥者，处于案例教学最重要的位置上；案例是一个媒介，它是教师与学生借以沟通的工具；学生在教师的指挥与组织下通过案例分析与讨论，主动地学习理论知识、培养操作能力。

一、案例

虽然教师在案例教学中处在最重要的位置上，但案例却是案例教学的逻辑起点。教师只有先知道了什么是案例，案例都有哪些类型，案例教学的目的和特点，才可能很好地选择与应用案例。因此，这里从案例的定义与类型讲起。

中文中的"案例"一词译自英文的"case"，在医学上叫"病例"，在法学上叫"案例"或"判例"，在管理学中叫"个案"或"案例"。顾名思义，案例教学就是以案例为工具或媒体的教学方法。

在管理学教学中，案例是指那些与管理问题相关、答案不明确和有分析价值的事件。因此，从严格意义上讲，很多被用来说明一个道理的实例（example）不属于案例。因为它们缺乏分析的价值。例如，当讲到广告的重要性时，就举几个广告救活企业的例子。它们是实例，不是案例。试想，当问题与答案都明明白白地放在那里，还有必要去分析吗？

一个好的案例应该具备较多的可分析的资料，如一个公司或组织的财务报表、组织结构图和公司的演变历史等。不过，没有任何一个案例可以提供完全信息，这就像决策者不可能获得进行决策所必需的完全信息一样。案例的特点在于：第一，它不是为了说明某个道理而设计的；第二，它的问题不是显而易见的；第三，它的答案不是唯一的。

案例可以是某一部教科书中的案例，也可以是自己或自己的同事以前编写的案例，还可以是较为零散的素材案例（即各种散落在报纸、杂志与电视节目中需要教师收集、整理和提炼的素材）和反映一个企业的实际情况的现实案例。前两种案例由于没有其他不相关信息的干扰,所以在管理学教学中得到广泛应用。不过,因为一个人在进行决策时不可能不受不相关信息的干扰,所以后两种案例与真正的决策环境更接近。

二、教师

案例教学是一种通过做而学的方法(learning by doing)。教师是案例教学的策划、组织与指挥者。案例教学搞得好不好,教师起着关键性作用。案例教学以教师而起——准备案例,以教师而终——参加讨论并点评。

在案例准备阶段,教师首先要决定使用什么样的案例和准备怎样使用案例。教师需要根据不同类型的案例做不同的准备工作。如果用别人写成的案例,教师需要选择案例和进行案头作业。如果用自己写成的案例,教师需要先进行寻找素材或市场调研工作,然后编写,最后做案头准备。如果用的是素材案例或现实案例,教师可以把整个案例准备阶段所要做的大部分事情省略,交给学生或某企业的相关人员去做,自己只做一些制定“游戏规则”的案头作业。

案例分析阶段的工作主要由学生来做,教师一般不需要过多地介入。但在学生做案例分析以前,教师要为学生分组,每组四至六人比较好。另外,教师需要通过示范案例,明确地告诉学生如何做案例。

在案例讨论阶段,教师可积极参与其中,与学生进行平等的沟通。当然,在这一阶段,教师最重要的任务就是提问与辩论之后的点评。在点评时,教师一定要明确地告诉学生,他们的案例分析哪里做得好,哪里做得还有问题,如何改进。

案例教学的方法有多种类型,比如讨论式、公开辩论式、听证会式、法庭辩论式和小组学习式。每一种方法各有利弊,教师可根据自己的教学目的和习惯进行选择。

讨论式案例教学是管理学中应用最广泛的一种方法。应用讨论法,老师在案例教学中的定位如下:在学生的帮助下确定问题所在,提出可能的解决方案,分析各方案可能带来的后果。形式上很简单,老师只问一些探测性的问题,学生则分析案例中所描述的问题。应用这种方法的老师首先需要生动地介绍案例,然后提一些指导性的问题,用板书提示要点,最后要有一个综合性的总结。

公开辩论式案例教学,围绕一个论题,正反两种论点进行辩论。老师只提供与一个事件相关的基本信息,给学生分配角色,并制定游戏规则。给学生足够的时间准备,学生需要自己收集其他相关的信息支持自己的论点。

听证会式案例教学,根据案例的内容,老师需要将一组学生定为听证团,其他多组学生定为不同利益群体的代表。不同的代表向听证团发表意见、陈述观点,听证团则提出问题,并综合各方面意见做出最终决定。

法庭辩论式案例教学的优点在于它的刺激性和戏剧性。老师将学生分为对立的两派,每一派由一个律师来代表。两派均需采用证人和交叉检验的方式阐述己方的观点。

小组学习式案例教学是管理学教学中另一种普遍被应用的形式。在一个大的班级里,将学生分成小组,使小组成员之间进行分工和合作,共同解决面临的问题。

三、学生

案例教学的根本目的是增进学生对现实世界中企业的了解,帮助学生深入理解管理理论与方法,增强实际操作能力,启发学生的创新思维与行动。案例教学搞得好不好,最终要看这一目的是不是达到了。要达到这一目的,学生的积极参与与配合是必需的。在案例教学中,教师的一个重要任务是激发起学生参与的热情。因此,教学不仅要用案例,而且要用学生感兴趣的案例。一旦学生参与的积极性被调动起来,教师反而成了配角,他只当个点评者和裁判就行了。

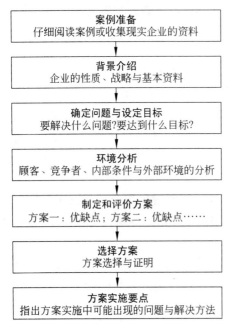

图 1.5 案例分析的一般流程

学生是案例分析的实际操作者。当教师把作业布置下来以后,后面的大部分工作就要由学生来做了。如果教师采用的是写成的案例或素材案例,那么学生首先需要仔细地阅读材料;如果用的是现实案例,学生则需要先去收集资料,对相关企业的背景和问题做到了然于心。图 1.5 是一个案例分析的流程图。

第一步,案例准备,即仔细阅读案例(在做写成的案例或素材案例时)或收集现实企业的资料与数据(在做现实案例时),注意基本事实。此时,学生需要问自己:企业哪里有问题?

第二步,背景介绍,即在进行案例分析之前,对企业的性质、战略与基本资料做一个简要的介绍,重点注意下面的内容:企业使命、愿景、发展目标、发展战略、竞争战略、营销目标以及以前使用过的营销战略。

第三步,确定问题与设定目标。这里要特别注意,把问题的表现与问题的根源区别开来。问题的表现是"症状",问题的根源是"病因"。销售额下降、利润额下降和市场占有率下降是问题的表现,那些导致销售额下降、利润额下降和市场占有率下降的关键因素才是问题的根源。在此基础上,为解决问题设定目标。例如,在什么时间、哪一个或几个指标要达到什么标准?

第四步,环境分析,即对企业实现目标的内外部条件进行分析,关注那些影响企业解决问题、实现目标的主要因素。内容包括企业的内部条件,如企业的业务、在各业务上的竞争能力、财务状况、生产状况、营销状况和人力资源状况等;企业的外部环境,如顾客与市场、竞争者以及政治、法律、经济和技术等环境因素。其中,最重要的是对顾客和竞争者的分析。这里,可以用 SWOT 分析框架对环境分析的结果进行整理,指出企业的优势、劣势、机会与威胁。

第五步,制定和评价方案。达到目标的方案通常不止一套;各套方案也各有其优缺点。因此,分析者在制定好方案以后,还需要对每一套方案的优缺点做出评价。

第六步,选择方案。在对每一套方案进行评价的基础上,提出方案选择的建议。这里要特别注意:不但要建议,更要对建议做出说明。也就是说,要提出选择某一个方案的充足的理由。

第七步,方案实施要点,指出方案实施中可能出现的问题与解决方法。

学生完成了案例分析以后,通过案例讨论与教师和同学进行交流。案例分析是通过做而学(learning by doing)，与教师和同学交流则是通过犯错误而学(learning by making mistakes)。

 **案 例 1.1**

"三鹿问题奶粉"事件①

从1956年只有32头奶牛和170只奶羊的"幸福乳业生产合作社"，发展到品牌价值近150亿元的大型企业集团，三鹿用了整整50年时间。然而，从一个年销售收入亿元的企业走向破产，三鹿却只用了不到一年时间。

三鹿集团前身是1956年2月16日成立的"幸福乳业生产合作社"。经过几代人半个世纪的奋斗，三鹿创造了令人振奋的"三鹿速度"。自"七五"以来，企业主要经济指标年均增长30%以上。截至2008年，三鹿奶粉已经连续15年实现产销量全国第一，并且它的酸奶进入全国销量第二，液态奶进入全国销量前三。三鹿奶粉和液态奶曾经是国家免检产品，荣获"中国名牌产品"称号。2007年，"三鹿"被商务部评为最具市场竞争力的品牌，其商标被认定为"中国驰名商标"，产品畅销全国。经中国品牌资产评价中心评定，三鹿品牌价值达149.07亿元。

然而，2007年12月以后，三鹿陆续收到一些消费者的投诉，反映有部分婴幼儿食用该企业生产的婴幼儿系列奶粉后尿液中出现红色沉淀物等症状。虽然内部开会讨论，要求对发病人员跟进，掌握情况，但是直到2008年5月中旬，客户服务部才书面向企业领导班子成员通报。

随后，公司成立了问题奶粉处理小组、奶源管理小组和市场信息处理小组，针对消费者的投诉开展应对工作。当确定是奶粉因内含三聚氰胺而出了问题以后，公司一方面要求为消费者换货、退货，以稳定消费者情绪；另一方面为了不影响公司的利益，向媒体封锁消息。

三聚氰胺，英文名Melamine，是一种三嗪类含氮杂环有机化合物，俗称蜜胺或蛋白精。它是一种有机化工中间产品，最主要的用途是作为生产三聚氰胺甲醛树脂(MF)的原料，还可以作阻燃剂、减水剂和甲醛清洁剂等，广泛运用于木材、塑料、涂料、造纸、纺织、皮革、电气和医药等行业。

三聚氰胺被认为毒性轻微。牛奶和奶粉添加三聚氰胺，可以冒充蛋白质。食品按规定要检测蛋白质含量。如果牛奶和奶粉中蛋白质不够多，说明牛奶中兑水太多或奶粉中有太多别的粉。由于蛋白质不太容易检测，所以生化学家们就想出个偷懒的办法：通过检测食品中的含氮量，推算其中的蛋白质含量。添加三聚氰胺，就是要提高牛奶和奶粉中的含氮量。

---

① 根据以下资料编写：佚名作者的报道"三鹿集团破产调查：政府部门要求拿钱堵嘴"，中国青年报，2009年1月7日，由新浪网(www.sina.com.cn)读取；薛汉波的博客(blog.sina.com.cn/xuehanbo)文章"三鹿由辉煌到坠落的根源剖析：中国的企业应从三鹿事件中吸取经验教训"，2009年10月7日读取；佚名作者报道"三鹿事件警世录：庞然大物鹿死谁手"，2009年2月2日，由慧聪食品工业网(info.food.hc360.com)读取。

不过，三聚氰胺进入人体后，会发生取代反应（水解），生成三聚氰酸，三聚氰酸和三聚氰胺形成大的网状结构，造成结石。三聚氰胺的毒性虽然对成人影响不大，但是对婴幼儿的影响则是严重的，会导致婴幼儿产生肾结石。

2008年9月11日，卫生部对外公布甘肃等地相继报告多起婴幼儿泌尿系统结石病例，很多患儿都有食用过三鹿牌婴幼儿配方奶粉的历史。经过相关部门调查，怀疑三鹿公司生产的三鹿牌婴幼儿配方奶粉受到了三聚氰胺污染。9月12日，针对三鹿婴幼儿奶粉事件，河北警方迅速展开统一行动，犯罪嫌疑人相继在河北石家庄、保定、唐山和邯郸等地落网。截至2008年12月31日，三鹿集团不能清偿到期债务，已资不抵债，符合法定破产条件。2009年2月12日被依法宣告破产。

三聚氰胺曝光，舆论哗然，而三鹿在此前一直采取的"捂着盖着"、"拒不承认"的态度更是让网友群情激愤，不少人将批判的矛头直指三鹿的"危机公关"，认为其最终为三鹿招来了杀身之祸。然而，这不过是"压在骆驼身上的最后一根稻草"，三鹿之失，失在根本：企业以产品质量为生命，而三鹿正是在这一关键环节上出了问题——存在于三鹿婴幼儿奶粉中的三聚氰胺直接威胁食用者的健康乃至生命，这其实已经从根本上动摇了三鹿自身生存的根基。

讨论题

1. 看完案例，你有什么感触？
2. 收集更多的资料，了解这件事的来龙去脉，你觉得责任人都有哪些？
3. 从营销道德的角度分析这一事件，三鹿在哪些方面违反了营销道德？
4. 其他企业应该从中吸取什么教训？

 **案例 1.2**

奥克斯空调的"米卢风暴"①

1986年，郑坚江先生带领七人承包负债20万元的小厂，开始创业；1989年，创建宁波三星仪表厂，正式跨入制造业；1993年，创建宁波三星集团公司；1995年，改制成立宁波三星集团股份有限公司，成为股份制企业；2004年3月，宁波三星集团股份有限公司正式更名为奥克斯（Aux）集团。经历了20多年的历程，奥克斯取得了跨越式发展，2010年实现销售收入262亿元。截至2010年底，公司拥有总资产122亿元、员工2万多名，涉足电力、家电、配件和通信四大制造业以及房产、医疗和物流三大投资项目，在宁波（三个）、南昌、深圳和上海等地设有六大生产基地。

奥克斯善于调动社会资源，发掘事件热点，借新闻事件营销。2002年10月奥克斯空调刮起的"米卢风暴"，堪称中国事件营销的经典。

---

① 根据以下资料改编：梁正毅"豪赌米卢——奥克斯的米卢情结"，《商界》电子版，2002年5月20日，www. shangjie.com.cn/0210/swtg.htm；奥克斯官方网站（www.auxgroup.com/zjaux.aspx，2011年6月22日读取）提供的资料。

一、事件的缘起

奥克斯空调公司总经理吴方亮,是一位"准字号"球迷。2001年2月20日,奥克斯在北京发起"全国空调免检企业质量价格峰会"之时,他打起了米卢的"主意"。

当时,吴方亮每天关注两件事:一是空调的发货量和销售量,二是报纸和电视新闻。奥克斯空调销量一天天地在飞速提升,市场占有率也一天天地在扩大,但品牌知名度和美誉度与企业的地位极不相称。让人们掰着手指头数空调品牌,数完10个手指头也轮不到奥克斯。显然,奥克斯到了该提升品牌知名度和美誉度的时候了。

当时,中国国内的很多品牌都在聘请形象大使。吴方亮心想:为什么不能聘请米卢担任奥克斯的形象大使呢?作为一个球迷,吴方亮喜欢米卢。他觉得米卢的一举一动、一言一行都充满着朝气,微笑更是迷人。米卢刚来中国执教时,遭到很多非议,但他凭着顽强、执著的精神,取得了一场又一场的胜利。米卢提倡的"快乐足球",与奥克斯多年来激励员工"工作就是娱乐"的口号极为相似。而米卢顽强、拼搏的风格,又与奥克斯几年来选择走优质、平价的"民"牌之路相吻合。如果十强赛出线,奥克斯就可以搭上中国足球的便车,借米卢的影响力迅速提升奥克斯空调的品牌知名度和美誉度。

带着这样的想法,2001年3月,十强赛还未开始,吴方亮就拨通了几位记者朋友的电话,想请他们帮忙,接触米卢。几经周折,找到了《体坛周报》的记者李响。

二、李响牵线

在中国足球的米卢时代,在体育媒体的圈子里,李响是一个响当当的人物。她享有独家采访米卢的特权。吴方亮通过李响,频频对正在带队打十强赛的米卢进行前期的感情投资。中国队每赢一场球,米卢都会从李响那里听到奥克斯的祝贺和问候。吴方亮还利用外地出差的机会打听和了解米卢的生活,如米卢喜欢喝什么牌子的矿泉水、什么牌子的咖啡,吃什么牌子的巧克力,喜欢吃中国菜谱里的"宫保鸡丁"、"鱼香茄子"、"清蒸鲈鱼"等菜肴。

2001年9月中旬,米卢带领中国队提前出线打入世界杯。在全国球迷的欢呼声中,吴方亮通过李响牵线在广州与米卢第一次接触。2001年10月上旬,经过李响的精心安排,吴方亮带领奥克斯的主要领导与米卢第二次接触,并很快达成了协议。2001年12月20日,奥克斯与米卢在北京一家饭店举行"米卢—奥克斯形象代表签约仪式暨新闻发布会"和"足球换空调"仪式——由奥克斯的代表手持一台奥克斯空调,米卢手持一只有自己签名的足球,双方相互交换。奥克斯由此正式启动2002年"品牌建设工程"。

三、"豪赌"一个亿

为获得"米卢就是奥克斯"的品牌效应,2001年12月22日,米卢专门为奥克斯拍摄了一部广告片。该片以写意方式表现米卢在顶着巨大的压力带领中国足球队出线前后,奥克斯空调一直都在默默地呵护和支持着他。片中广告语为"沸腾的事业,冷静的支持"。该广告片,在中央电视台及全国各大媒体以每天138次的高频率播出。

当然,聘请米卢做形象代表,是非常昂贵的。2002年,奥克斯花在米卢身上的钱,除了给米卢个人的酬劳和投入电视广告片的拍摄与制作费用之外,还有在中央电视台8个频道和全国几大卫视台的广告投放,加上数百万张印有米卢照片的宣传海报、贴在空调上的"米卢贴花"和送给用户的米卢签名足球等,投入费用高达一个多亿。

四、米卢"走穴"

出任奥克斯空调形象代言人，米卢个人实际所得代言费大约是 200 万元人民币。收到巨额报酬之后，为了"回报"奥克斯，米卢在世界杯"热身赛"前夕频频"走穴"。

2002 年 3 月 21 日，米卢"走穴"沈阳。5 个半月前，他在这里带领中国国家足球队冲入"世界杯"，创造了中国足球史上的第一个"奇迹"。那天，他以形象代言人的身份，来为沈阳的消费者们介绍优质平价的空调奥克斯。为安排好这次活动，吴方亮提前 3 天就飞抵沈阳。同时，奥克斯空调沈阳办事处，为米卢签名活动选择了地段繁华、知名度高和安全可靠的商场。

2002 年 3 月 21 日下午 3 时，米卢在吴方亮等人的陪同下，来到沈阳商业城。米卢的出现，使商厦门前聚集的人群沸腾了。米卢面带微笑，快步走向大厦正面的奥克斯空调展台，站在台上向热情的消费者们挥手致意。随后，他坐下来，在奥克斯提供的大堆足球上，为购买了奥克斯空调的消费者签上"Milu 米卢"的中英文名。而在商厦家电柜台前，消费者排长龙购买奥克斯空调。

2002 年 3 月 22 日上午，米卢"走穴"北京，出现在北京大中公司玉泉路电器商场，为奥克斯现场签名销售空调。虽然北京的球迷面对米卢没有沈阳的场面热烈，但现场还是涌来了两三千名消费者。为顺利拿到有米卢亲笔签名的足球，球迷们纷纷现场购买奥克斯空调，将北京大中公司刚入库的 200 余套奥克斯空调一抢而空。

五、成果

在空调销售旺季到来之际，米卢带领国足正在进行"世界杯"赛前热身。吴方亮表示：奥克斯将全力支持米卢带领中国足球打世界杯。

在 2002 年整个空调销售旺季的时间段内，奥克斯与米卢合作开展了一系列促销活动，例如"买空调送米卢签名足球"、奥克斯出资 200 万元设立"世界杯巨奖竞猜"等。虽然不需要米卢出面，但每一步都有米卢的参与。

自米卢成为奥克斯空调的形象代言人之后，奥克斯空调销量大增。2002 年奥克斯空调旺期销量与 2001 年同期相比增长了 198%。此项活动，至少让"奥克斯"品牌价值增长了 10 倍。另外，由于空调借势"神奇米卢"一路高歌，2002 年奥克斯又上马了空调的三期工程。该工程占地 150 余亩，总投资约 2 亿元。奥克斯空调三期工程建成后，空调产能将在原来的 300 万台基础上翻一番。

讨论题

请用策划文案的方式来描述这个案例，主要内容包括以下几个方面：

1. 谁是策划人？
2. 为什么策划？
3. 达到什么目的？
4. 采用什么方法？
5. 有哪些主要的活动？
6. 预算如何？

第二章

企业营销策划及其程序

对于企业的营销管理者来讲,企业营销策划极为重要。它不仅是提高企业营销效率的重要途径,也是贯彻企业营销理念的重要一步。通过营销策划过程,营销管理者可以系统地整理自己的想法,科学地选择营销方法和步骤。这一过程,也使他们对于相关的变量更加敏感。例如,当谈到销售额时,营销管理者会把这一数字与已实现的目标相联系;当看到关于顾客反应的研究报告时,他们会把它作为形势分析的依据。让营销管理者系统地分析和考虑组织的营销过程,是企业营销策划的一个最重要的作用。

本章首先对企业营销策划进行一个概述,其次介绍营销策划人及其应具备的素质,再次提出企业营销策划的流程,最后给出企业营销策划书的通用格式。

第一节　企业营销策划

一、企业营销策划的特点

企业营销策划指根据企业的整体战略,通过对企业内部条件与外部环境的分析,精心构思、设计和组合营销因素而高效率地将产品或服务推向目标市场的操作程序[1,2]。

企业营销策划是企业的一种职能性策划,主要由企业的营销部门组织实施。但同时,它又是企业的一种战略性策划,在现代市场经济中,营销的成功与否关系到企业的生死存亡。另外,企业营销策划既可以是关系到企业营销全局的营销战略策划,也可以是只关系某一个营销项目的项目策划。

企业营销策划上承整个企业的发展战略和竞争战略,下接职能部门的实施细节,是企业发展战略、竞争战略与企业营销活动的一个链接,如表 2.1 所示。

表 2.1　企业策划的层次与联系

层　　次	策划内容	策 划 问 题	结　　果
企业	发展战略	企业的发展方向是什么? 主营业务是什么?	企业战略策划 企业使命、目标、业务组合、发展战略
经营单位	竞争战略 营销战略	企业在哪里? 与谁竞争? 竞争战略是什么? 企业可以在营销的哪些方面获得竞争优势? 企业营销应该怎样帮助企业获得可持续的竞争优势?	竞争战略策划 企业营销战略策划:企业的营销目标、营销任务、目标市场、产品或企业定位
产品与市场	营销战术	企业采用什么手段实现企业的营销目标和任务? 企业应该怎样突出营销重点、贯彻营销战略?	企业营销战术策划 企业的营销因素组合、营销项目策划

注:此表根据 Stevens 等[2]、Pearce and Robinson[3]修改得出。

二、企业营销策划的类型

按照内容的不同，企业营销策划可以分为营销战略策划和营销战术策划。一项营销策划可以侧重于营销战略，也可以侧重于营销战术，两者你中有我，我中有你，密不可分。侧重于营销战略的策划必须以能够操作的营销战术为实现的手段，而侧重于营销战术的策划则需要营销战略提供策划的方向。没有营销战术的营销战略难以操作，而没有营销战略的营销战术则是盲目的，容易差之毫厘，谬以千里。

（一）营销战略策划

营销战略策划注重企业的营销活动与企业总体战略之间的联系，内容涉及根据企业战略发展方向、战略发展目标、战略重点与核心竞争力设计企业的营销战略。具体而言，有以下几点。

第一，确定企业的营销目标。根据企业的发展战略、竞争战略和营销现状，确定企业一定时期的营销目标，如销售目标、利润目标、竞争目标、品牌发展目标和顾客满意目标等。

第二，确定企业营销的战略重点。根据企业的营销目标，通过对企业内外部环境的分析，了解企业营销的优势、劣势、机会和威胁，综合权衡，确定企业营销的战略重点。例如，在企业针对某一个产品进行营销时，什么优势必须利用，什么机会必须把握，什么劣势必须扭转，什么威胁必须重点考虑，以及企业可以在营销的哪些方面创造出竞争优势。

第三，按照 STP 的顺序，确定企业某一产品或服务的目标市场和市场定位。STP 是 segmenting、targeting 和 positioning 的缩写，意为市场细分、目标市场选择和市场定位。STP 是营销战略策划的重点，它决定着企业营销活动的方向。目标市场和市场定位一旦确定，不能轻易改变。

（二）营销战术策划

营销战术策划注重企业营销活动的可操作性，是为实现企业的营销战略所进行的战术、措施、项目与程序的策划。内容包括以下两个方面：

第一，营销组合策划。根据企业的营销战略，对企业可以控制的所有营销因素进行整合策划，以求达到整体优化。营销因素除了包括传统上所说的产品、价格、分销和促销以外，还应该包括许多其他因素，如客户关系等。

第二，营销项目策划。根据企业营销战略所确定的营销重点，企业还可以进行一些项目策划，如市场调研策划、品牌策划、产品策划、价格策划、分销策划、促销策划、公关策划、服务策划和客户关系策划等。

第二节　营销策划人

一、谁是企业的营销策划人？

企业的营销策划人可以来自企业内部，如企业市场部、广告部、公关部或售后服务部的员工，也可以来自企业外部——企业委托专门从事营销策划的经济组织为企业提供营销策划服务和营销策划方案,如营销策划公司、营销咨询公司、广告公司、调研公司、公关公司、高等院校和科研机构的专家教授等。来自企业内部的营销策划人被称为企业自主型策划者,来自企业外部的营销策划人称为外部参与型策划者。对于企业来讲,使用两种营销策划人各有利弊。

使用企业自主型营销策划人的优点是:策划人员比较熟悉企业内部的资源状况和条件,熟悉行业和市场状况,制定的策划方案可操作性比较强。缺点是:方案的创意和理念设计受企业文化、管理体制、企业领导人个性和观念的影响,往往缺乏开拓创新精神。另外,有时企业缺乏高素质的营销策划人员。

使用外部参与型营销策划人的优点是:显性投入高但隐性投入少,起点较高,视角独特,创意新颖,理念设计战略指导性强,策略制定的逻辑性和系统性较强。缺点是:常常对行业、企业、市场以及企业营销的实际运作缺乏深入的了解,设计的方案有时缺乏可操作性。另外,需要的投入也比较大。

二、是否购买营销策划案?

如上所述,企业的营销策划可以由企业内部的员工去做,也可以请企业外部机构或人员来做。请外部的机构或人员来做,就是在购买营销策划案。判定是否需要购买营销策划案时,需要考虑以下六个方面的因素。

(1)经济因素。外部做营销策划是否更便宜? 如果做同类营销策划,外部机构或人员所花费用较少,那就购买。反之,就自己做。

(2)经验与能力。内部是否有进行营销策划必备的经验和能力? 若无,只有从外部购买信息。

(3)特定的设备。内部是否备有营销策划所必需的特定设备? 例如,测量消费者心理反应需要有特殊的仪器,分析资料需要有计算机及相关的软件等。若无,只能求助于外部。

(4)政策上的考虑。所进行的营销策划是否会引起企业内部的纠纷? 例如,为了解决企业营销面临的主要问题,一项营销策划可能会对企业其他部门带来不利影响。为了避免引起矛盾,最好找一家外部机构来进行这项策划。

(5)工作的繁忙程度。企业内部是否有足够的人力和时间进行营销策划工作? 若无,只好求助于外部机构。

(6)保密要求。营销策划是否一定要保密? 若是,则企业就不能用外部机构帮助进行营销策划。

有一些营销策划部分由企业自己做,部分交给外部的研究机构做。在这种情况下,"是否购买营销策划案"的问题就变成了"在这项策划中,哪些部分由自己完成? 哪些部分由外部机构完成?"上面所提到的六个因素,也为这个问题提供了答案。

三、优秀的营销策划人需要具备的素质

优秀的营销策划人需要具备多方面的素质,包括知识、心理和能力三个方面[4]。

（一）知识素质

优秀的营销策划人需要具备以下三个方面的知识。

第一，理论知识。策划是一种高智商的创造性活动，策划人员必须具备一定的专业理论知识，如经济学、心理学、营销学、广告学和传播学等方面的知识是必不可少的。此外，会计学、统计学的知识也十分必要。

第二，社会生活知识。营销策划是一项实践性、操作性很强的创造性活动，因此，策划人员只有具备丰富的社会生活知识，了解社会现象，掌握社会心理，尊重并利用社会风俗习惯，才能策划出符合社会实际情况的、具有可操作性的营销方案。

第三，政策法规知识。政策法规是影响企业营销活动而企业又无法控制的因素。营销策划人员只有熟悉政策法规，才能避免违反政策法规的现象发生，也才能利用政策法规，为企业找到和抓住营销机会。

（二）心理素质

优秀的营销策划人需要具备的心理素质，包括以下五个方面。

第一，积极主动。优秀的营销策划人应具备积极的心态和主动的精神，凡事积极进取，从不消极懈怠，永不言败。

第二，存疑与挑战。优秀的营销策划人有旺盛的求知欲和强烈的好奇心，凡事喜欢思考，喜欢问个为什么；不盲从，不满足于现状；乐于迎接挑战，能在压力很大的环境下快乐地工作。

第三，独立与创造。优秀的营销策划人较少依赖性，有独特的见解和与众不同的构想。他们不会轻附众议、人云亦云。他们勇于创新，求新图变。

第四，科学严谨。优秀的营销策划人崇尚科学，实事求是。他们思维缜密，重视论证，追求策划方法的科学性、严密性、系统性和高效性。

第五，宽容与灵活。优秀的策划人具有宽广的视野和谦虚的态度。他们善于学习和借鉴他人的长处，虚心接受别人的意见和建议，能够博采众家之长。他们不固执己见，善于根据时局变化和他人建议修改方案，提高策划的适应性。

（三）能力素质

优秀的营销策划人需要具备以下四个方面的能力。

第一，洞察能力。富有直觉思维判断分析能力，对环境有敏捷的感受力，对问题有敏锐的发现力，可以迅速觉察到一般人所未注意到的情况甚至细节，能够发现一般人习以为常的问题，能够抓住一般人熟视无睹的现象及其本质。

第二，想象能力。富有丰富的想象力，能够打开思维的天窗，进行开放式思维和想象；能够找出表面互不相干的事物之间的联系，考虑解决复杂问题的多种方法或途径；能够创造性地在现实与目标之间架起桥梁，提出和完善解决问题的构思与创意。

第三，分析能力。富有理性的思维习惯，能够深入冷静地思考问题，对各种解决问题的方案进行优劣分析和评价；能够从众多策划构想或创意方案中发现闪光点，丰富、发展和完善策划方案。

第四，执行能力。策划的执行和实施，需要营销策划人有坚强的毅力，有处理各方面关系的沟通说服能力与协调能力。

第三节 企业营销策划的程序

企业营销策划的程序可以分为明确策划问题、调查与分析、营销战略策划、营销战术策划、撰写营销策划书、营销策划实施和营销绩效评估等七大环节,如图 2.1 所示。

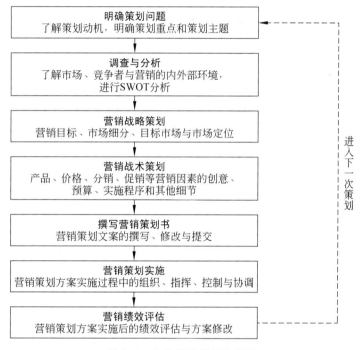

图 2.1 企业营销策划的程序

一、明确策划问题

企业营销策划的课题有两个来源:一是来自企业本身或企业其他部门;二是来自其他企业或组织。无论是哪种来源,营销策划人员必须先搞清楚策划要解决的问题是什么。

(1) 要了解委托方的策划动机。同一项策划,策划动机不同,会有不同的策划重点,也会有不同的目标和效果要求。例如,同是促销策划,一个可能是为了增大销售额;而另一个则是为了提升品牌价值。为此,前者可能会把策划重点放在销售促进上,而后者则会把策划重点放在品牌的形象宣传上。如果不了解委托方策划的动机,就很难对症下药、提出切实可行的策划方案,策划案也很难顺利执行[5]。在委托方动机不明时,营销策划人员需要帮助委托方搞清楚他们真正想要的是什么。

(2) 明确重点。在了解策划动机的过程中,策划人员会发掘多个不同的策划主题。策划人员不宜将它们都纳入到策划作业中,而应抓住企业迫切需要解决的主要问题进行重点策划。

(3) 主题明确化。在开始策划作业前,策划人员必须明确策划主题,使其与委托者的策划动机相吻合。主题明确化一般要经过挖掘、过滤、选择和确定四个阶段。

① 挖掘主题。虽然策划者不会将所有可能的策划主题都纳入到策划作业中，但是从企业的营销问题中挖掘出的策划主题却是越多越好。这有利于策划人更全面地认识企业的营销问题，抓住企业迫切要解决的问题进行重点策划。

② 过滤主题。在策划作业前，要尽可能明确有关这个策划对象的各种问题。例如，为什么某一对象被选为策划主题？解决这一策划问题有什么意义？它是企业面临的主要问题吗？问题的根源是什么？通过了解这些问题，策划人将过滤掉那些相对不重要的策划主题，专注于解决那些重要的问题。

③ 选择主题。策划人可以根据实际情况和委托人的意见，制定选择策划主题的工作程序及标准。例如，得到大多数管理人员投票支持的主题，大多数事业部主管认为必须做的主题，董事长认为必须做的主题。实际工作中，策划主题要经过策划人与委托人的充分沟通与交流才能得出。

④ 确定主题。为了保证策划主题与策划动机相吻合，与上级领导或委托者的意图相吻合，策划人在选定策划主题以后，一定要征求上级领导或委托者的意见。只有当委托方与被委托方对策划主题达成共识以后，才能进行下一步的工作。策划主题描述得越细越好，必要时可将时间、地区和营业额等细节做具体描述。

二、调查与分析

调查与分析的目的在于了解企业的营销环境，为企业的营销策划提供真实可靠的信息。主要内容包括：第一，企业营销内部环境的调查与分析；第二，企业营销外部环境的调查与分析；第三，SWOT 分析，即优势、劣势、机会与威胁分析。

（一）企业营销的内部环境分析

企业内部的许多因素是营销部门不能控制或改变的，例如公司的使命、发展战略、组织结构、资源状况、公司以前的业绩以及在相关业务上的竞争战略等。从营销的角度看，在不能控制、只能设法适应这一点上，它们与外部环境是相同的。在进行营销策划之前，策划人员必须了解这些因素，将其视为给定的约束条件或环境因素加以考虑。其中的重点，是分析和了解公司的业务组合、公司在相关业务上的竞争战略和优劣势。

（二）企业营销的外部环境分析

企业营销的外部环境分为三个层次：宏观环境、行业环境和运作环境。宏观环境分为政治、经济、社会文化、技术和生态等因素。行业环境主要指影响行业和企业盈利能力的五种力量，包括新的进入者、替代者、供应者、购买者与业内竞争者[6]。运作环境指对企业营销活动影响最直接的环境因素，如顾客、竞争者、供应商、中间商、债权人和劳动力等。其中，对顾客与竞争者的调查与分析为重中之重。

（三）SWOT 分析

SWOT 是英文 strength（优势）、weakness（弱点）、opportunities（机会）与 threats（威胁）的缩写。SWOT 分析是指导企业系统地考虑内部条件与外部环境，并确定企业可行性方案的一个逻辑框架。它可以被用于各个不同管理层面上的战略策划，包括公司层面的发展战略、经营单位层面的竞争战略、职能部门层面的职能战略和员工个人层面的职业发展规划。通过将企业内部的优势和劣势与企业外部的机会和威胁相匹配,企业可以认清形势,制定出符合自身条件的各层次战略。

从营销策划的角度讲,SWOT 分析可以帮助营销策划者系统地思考企业的优势、劣势、机会和威胁,确认企业内部营销资源与外部营销环境相适应的程度与状态。它是对企业内外部环境分析要点的一个归纳总结,有助于策划人员将企业内外部环境分析的结果条理化。

三、营销战略策划

营销战略策划是在调查与分析的基础上,根据企业的实际情况,明确企业的营销目标,对企业的市场进行细分(segmenting),确定企业的目标市场(targeting)和为产品、服务或品牌确定市场地位(positioning)。

营销目标是企业进行各项营销活动欲得到结果的规范化表述。例如,今年某产品的销售额要达到 1 000 万元,利润额要达到 50 万元;用两年的时间,企业某产品的市场占有率要达到 21%。明确的营销目标,是企业进行营销管理的前提。目标不明确,管理对象就会很模糊,既不易产生策划的构想,也难以进行监督与控制。营销目标一方面提出企业营销活动追求的结果,另一方面也是营销部门为了实现企业的发展目标和竞争目标必须完成的任务。因此,营销目标既要符合企业实际,也要符合企业发展目标和竞争目标的要求。

一个企业很难高效率地满足所有顾客的需求,因此需要对市场进行细分,以便找出自己运作最有效率的市场。市场细分是根据顾客需求的差异性,把市场分割为多个顾客群的过程。经过细分之后,每一个顾客群就是一个细分市场。换言之,每一个细分市场都是由一群在需求的某个方面大体相同的消费者组成。

企业在对市场进行了细分之后,就有了多个不同的选择。这些不同的选择,意味着不同的市场机会。选择哪一个或哪一些市场机会,会影响到企业今后的每一项市场营销活动,关系到企业的长期发展。目标市场选择是在对市场进行有效细分的基础上,考虑其他影响因素,选择企业欲进入的细分市场的过程。

最后,营销策划者要根据目标市场的特点,为企业的产品、服务或品牌确定一个市场地位。市场定位的实质是使本企业与其他企业严格区分开来,使顾客明显感觉和认识到这种差别,从而在顾客心目中占有特殊的位置。

四、营销战术策划

营销战术策划指根据企业已经确定的目标市场的特点,对企业可以控制的营销手段所进行的组合策划或项目策划。它是在做什么(目标市场、市场定位和营销目标)已经确定的情况下,思考如何做的问题。

企业营销战术策划可以是对企业营销手段的组合策划,即综合运用企业可以控制的各种营销因素,达到营销绩效的整体优化。这被称为营销组合策划。此时,营销因素的组合方式是无穷无尽的。营销组合策划的目的不是使某一个因素处在最佳状态,而是要使所有的因素达到一种最佳的或相对满意的配合状态,使企业的营销目标最大化。

企业营销战术策划还可以是对某一单个营销因素的策划,例如一个企业的品牌策划或一个企业的一次会展策划。这被称为营销项目策划。此时,营销项目策划用被策划的对象命名,如广告策划、品牌策划、产品组合策划、公关策划、会展策划和营销渠道策划等。不管是全面策划还是项目策划,策划的思路是基本相同的,需要考虑的战术要素也是相似的。

在实践中,企业既可以做整体的营销组合策划,也可以做专项的营销项目策划。它们的程序完全一样。二者的区别只在于:前者更多地考虑和强调各个营销因素之间的相互作用和营销的综合效果,后者则更注重如何使某一个营销因素更有效率地发挥作用。

五、撰写营销策划书

营销策划书是表现和传送营销策划内容的载体,一方面是营销策划活动的主要成果,另一方面也是企业进行营销活动的行动计划。营销策划书的撰写和修改,可以帮助营销策划人员整理信息,全面、系统地思考企业面临的营销问题;根据企业内外部环境和企业营销问题,提出企业解决问题的方法和依据。营销策划书的提交与讲解,可以帮助营销策划人员与企业决策者进行沟通;帮助企业决策者判断营销方案的可行性;帮助企业营销管理者更有效地实施营销管理活动。

六、营销策划实施

企业的营销策划完成以后,要通过企业的营销部门组织策划方案的实施。营销方案实施是指企业在营销策划方案实施过程中的组织、指挥、协调与控制活动,是把营销策划方案转化为具体行动的过程。为此,企业的营销管理部门必须根据策划方案的要求,配置企业的人、财和物等各种营销资源,处理好企业内外部的各种关系,加强领导与激励,提高执行力,把营销策划方案的内容落到实处。另外,还要对营销方案的实施过程进行监督与控制。

一般而言,当营销策划进入实施阶段,营销策划人员的主要任务就完成了。他们虽然还需要参与其中,对方案的执行过程进行指导和观察,但是整个方案的具体执行则是企业的营销部门或其他相关部门的事情。营销策划人员既没有责任和义务,也没有权力和能力,控制整个执行过程。当然,如果企业授权,营销策划人员可以承担更多的责任。但是无论如何,他们不可能取代企业的营销管理者,完成本该营销管理者完成的任务。

七、营销绩效评估

营销绩效是指营销方案实施后所实际产生的业绩效果。在营销策划方案实施之后,企业的营销管理者以及营销策划者要对方案的实施效果进行评估。营销绩效评估的目的,在于了解企业营销策划方案的执行情况,肯定成绩,发现问题,提出解决问题的方案。主要内容和步骤包括:①设计评估指标体系;②收集评估数据;③选择评估方法;④评估实施和结果分析。

营销策划者需要将营销策划方案的实施过程与结果写成结案报告,提供给上级或委托方。其中的要点,是营销策划的预测与实际结果之间的差异分析。若发现较大的差异,需要做一些重点研究,分析差异产生的原因,找出实施过程中的问题和改进方法,指导企业未来的营销管理和营销策划工作。另外,结案报告得到认可后,还可以作为营销策划公司对外宣传的材料,以证明其工作业绩。

第四节　企业营销策划书的内容与格式

营销策划书并没有一个统一的内容和格式。根据策划对象和策划要求的不同,营销策划书的内容和格式是不一样的。这里给出的,是企业营销策划书的主要内容和通用格式,旨在帮助营销策划人员撰写一份规范的营销策划书。

一、封面

封面是营销策划书的脸面,会影响阅读者对营销策划书的第一印象,因此不能草率从事。好的封面,要与策划书的内容相适应,既不要过于奢华,给人一种华而不实的感觉;又不要粗制滥造,让人觉得整个策划书出于一个草台班子之手。规范的封面,一般应该提供以下信息:

(1) 策划书的名称;

(2) 策划委托人;

(3) 策划机构的名称或策划人的姓名;

(4) 策划负责人及其联系方式;

(5) 策划完成日期及策划执行的时间段;

(6) 编号。

图 2.2 是一个例子。其中,策划书的名称是"PTAC 公司手机的分销渠道设计"[①];客户是"PTAC 公司";策划公司是"XJTU 营销策划室";策划负责人是"庄贵军";联系方式有联系电话和传真两种;策划完成日期是 2010 年 11 月 30 日,策划执行时间段是 2011 年 1 月 1 日至 2011 年 12 月 31 日;编号为"A123"。

二、前言

前言需要简要说明策划的性质,内容主要有:第一,接受委托的情况,如某某公司接受某某公司的委托,就某某年度的广告宣传计划进行具体策划;第二,策划的概况,即策划要达到的目的以及策划的主要过程。以下是一个例子。

本策划接受 PTAC 公司的委托,由 XJTU 营销策划室对 PTAC 手机的分销渠道进行设计。本策划要解决的主要问题是:随着手机市场从卖方市场转向买方市场,手机分销体系也开始了多元化,在此背景下,原代理分销体系的核心成员 PTAC 公司如何实现分

---

① 　此处引用的例子,根据西安交通大学管理学院 MBA 学生张锁峰的毕业论文(庄贵军指导)[7]改编。

编号 A123　　　　**密级** C

PTAC 公司手机的分销渠道设计

策划委托人　PTAC 公司
策划公司　XJTU 营销策划室
策划负责人　庄贵军
联系电话　029-82665046
传　　真　029-82665046

时间：2010 年 11 月 30 日
本策划执行时间：2011 年 1 月 1 日至 2011 年 12 月 31 日

图 2.2　营销策划书的封面

销渠道体系的顺利转换？本策划从分析 PTAC 公司现有手机分销体系存在的问题入手，结合手机行业的特点，提出了 PTAC 公司分销渠道的新设计和备选方案，并给出了 PTAC 公司分销渠道转换的路径方案。

三、目录

目录是策划书各部分题目的清单，能够使阅读者很快了解全书概貌和方便地查找相关内容。一般人的阅读习惯是先看书的题目，再看书的目录。如果目录不能吸引他、引起他阅读的欲望，那么他很可能不再往下看。因此，目录的编制要下一点工夫，既要让人读后能够大体了解策划书的全貌，又要引发人们的阅读兴趣。图 2.3 是一个例子。

四、摘要

摘要是对营销策划项目所做的一个简单而概括的说明。要说明的是：为谁做的一项什么性质的策划，要解决什么问题，结论是什么。阅读者通过摘要提示，可以大致理解策划内容的要点。摘要虽然放在营销策划书的最前面，但却是在整个营销策划方案完成以后才写出来的。下面是一个例子。

本策划书为一项针对 PTAC 公司手机分销渠道而进行的项目策划，要解决的主要问题是：随着手机市场从卖方市场向买方市场的转变和手机分销体系的多元化，PTAC 公司应该选择怎样的分销渠道体系以及如何实现分销渠道体系的顺利转换？

本策划书包括以下内容：第一，介绍了 PTAC 公司的背景和其手机分销渠道在实现

<h1 style="text-align:center">目　　录</h1>

图 2.3　营销策划书的目录

企业战略中的地位;第二,对 PTAC 公司现有的手机分销渠道进行了分析与讨论,并确定了策划要解决的关键问题;第三,对企业环境进行了分析,明确了 PTAC 公司手机的市场和竞争对手;第四,以此为基础,分析了 PTAC 公司手机现有渠道的特点、顾客满意度、优劣势、渠道绩效、渠道缺口以及缺口类型,并从渠道组织者的角度,集中于供给方因素,提出了 PTAC 公司手机分销渠道的设计方案;第五,提出了几种备选的转换方案,并使用模糊综合评判法,确定了 PTAC 公司适宜的手机分销渠道转换方案。

五、正文

正文是营销策划书中最重要的部分。具体内容包括以下几点：

（1）营销策划的目的；

（2）环境分析，包括企业营销的内外部环境分析，重点是对企业市场和竞争者的分析；

（3）SWOT 分析，通过对企业优劣势、机会和威胁的分析，发现市场机会和企业存在的营销问题；

（4）营销目标和目标市场；

（5）营销因素组合；

（6）预算，包括营销过程中的总费用、阶段费用和项目费用等；

（7）进度表与人员配置；

（8）营销执行与控制方法。

这些内容一般要按照顺序依次写出，但有时也可以依具体情况将有些内容的顺序颠倒。例如，有些人喜欢先分析企业的外部环境，再分析企业的内部环境；也有的人喜欢先分析企业的内部环境，明确了企业的总体战略和营销目标以后，才分析外部环境。个别内容的顺序颠倒不会有大的问题，重要的是逻辑清晰，重点突出，结构合理。

附录 2 给出了一个撰写企业营销策划书正文的通用格式。通用格式的目的是帮助营销策划人员整理信息，系统思考企业面临的营销问题，使营销策划人做到以下几点：第一，整理与分析市场调研中收集到的资料与数据，使之成为能够帮助企业决策的信息；第二，使用这些信息了解企业的优势与劣势所在，并发现企业的机会与威胁；第三，使企业的营销目标建立在企业的优势之上；第四，使企业的营销战略成为企业竞争优势的一个重要源泉；第五，制定一个切实可行的营销计划。

本教材的大部分内容与这些内容有关，每一章后面的案例，涉及的也主要是营销策划书正文的内容，大家可以参考。

六、结束语

结束语一般对整个策划的要点进行归纳总结，一方面突出策划要点，另一方面与前言相呼应。在撰写结束语时，策划者要回答这样一个重要问题：你的策划是否能够以及怎样解决你前面提出的营销问题？如果不能很好地回答这一问题，那么整个策划逻辑就值得怀疑。以下是一个例子。

本策划书是对 PTAC 公司手机分销渠道所进行的一个项目策划，目的在于为 PTAC 公司的手机分销渠道进行新的设计，并提出可行的转换方案。本策划书的结论主要有两点。

第一，PTAC 公司手机分销渠道的设计。根据企业的内部条件和外部环境，以及渠道缺口分析的结果，我们提出了以缩小供方缺口为主的渠道设计思路。具体而言，有 3 个可相互替代的设计方案：①更有效执行渠道流和增加执行渠道流；②深度执行渠道流，增加分销任务介入；③以新的渠道组织方式，提高渠道系统性能。通过比较和分析，我们选择了设计方案三作为执行方案。

第二，PTAC公司手机分销渠道的转换方案。为了执行设计方案三，我们提出了多个可替代的渠道转换方案：A更有效执行现渠道流，同时寻求执行更多的核心渠道流，并进行渠道创新；B更有效执行现渠道流，同时寻求深度执行渠道流，发展零售分销任务，并进行渠道创新；C更有效执行现渠道流，同时寻求执行更多的核心渠道流和深度执行渠道流，发展零售分销任务，并进行渠道创新。通过使用模糊综合评判法进行评估，我们选择了转换方案C作为执行方案。

七、附录

附录的作用有两点：一是对策划中所采用的调查与分析技术做一些必要的说明，二是提供策划客观性的证明。因此，凡是技术性较强、会影响人们阅读兴趣的东西以及有助于阅读者对策划内容理解和产生信任的资料都可以列入附录中，例如问卷、分析模型、较为复杂的分析过程、座谈会原始照片和图像资料等。为了便于查找，附录要标明顺序。

本章小结

企业营销策划指根据企业的整体战略，通过对企业内部条件与外部环境的分析，精心构思、设计和组合营销因素而高效率地将产品或服务推向目标市场的操作程序。

一项营销策划可以侧重于营销战略，也可以侧重于营销战术。营销战略策划注重企业的营销活动与企业总体战略之间的联系，内容涉及根据企业战略发展方向、战略发展目标、战略重点与核心竞争力设计企业的营销战略。营销战术策划注重企业营销活动的可操作性，是为实现企业的营销战略所进行的战术、措施、项目与程序的策划。两者你中有我，我中有你，密不可分。侧重于营销战略的策划必须以能够操作的营销战术为实现的手段，而侧重于营销战术的策划则需要营销战略提供策划的方向。没有营销战术的营销战略策划难以操作，而没有营销战略的营销战术策划则是盲目的。

企业的营销策划人可以来自企业内部，也可以来自企业外部。来自企业内部的被称为企业自主型策划者，来自企业外部的被称为外部参与型策划者。对于企业来讲，使用两种营销策划人各有利弊。在判定应该使用哪一种策划人时，企业要考虑经济、经验与能力、设备、政策、工作的繁忙程度以及保密要求等六个方面的因素。

优秀的营销策划人需要具备知识、心理和能力等多方面的素质。

企业营销策划的程序可以分为明确策划问题、调查与分析、营销战略策划、营销战术策划、撰写营销策划书、营销策划实施和营销绩效评估等七大环节。

企业营销策划书的主要内容和一般格式分为封面、前言、目录、摘要、正文、结束语和附录等部分。

思考题

1. 什么是企业的营销策划？它有什么特点？

2. 企业营销的战略策划与战术策划有什么区别？它们的关系怎样？

3. 在营销策划中，很多人只知道 4P，似乎有了 4P，一项营销策划就完成了。对此你是怎样认识的？为什么？

4. 用自己的语言，描述企业营销策划的程序。

5. 用自己的语言，描述企业营销策划书正文的主要内容及其逻辑顺序。

[1] 官建益. 现代企业策划[M]. 台北：汉湘文化事业股份有限公司，1997.

[2] Stevens R E, Loudon D L, Wrenn B, Warren W E. Marketing Planning Guide (2nd Ed.)[M]. NY：Haworth Press，1997.

[3] Pearce J A, Robinson R B. Strategic Management：Formulation，Implementation and Control (4th Ed.)[M]. Boston：Irwin，1991.

[4] 朱华峰. 营销策划一线体验[M]. 合肥：中国科学技术大学出版社，2003.

[5] 付路阳. 策划案[M]. 北京：企业管理出版社，1999.

[6] Porter M E. Competitive Strategy：Techniques for Analysis Industries and Competitors[M]. NY：The Free Press，1980.

[7] 张锁峰（庄贵军指导）. PTAC 公司手机分销渠道设计与评价[D]. 西安交通大学已通过 MBA 论文，2004.

附录 2

企业营销策划书正文的通用格式

一、摘要

二、外部环境分析

（一）竞争者分析

1. 谁是我们主要的竞争者？它们有什么特性(规模、成长率、盈利能力、战略和目标市场)？

品牌竞争者：＿＿＿＿＿＿＿＿＿＿＿＿

产品竞争者：＿＿＿＿＿＿＿＿＿＿＿＿

一般竞争者：＿＿＿＿＿＿＿＿＿＿＿＿

关键的意愿(预算)竞争者：＿＿＿＿＿＿＿＿＿＿＿＿

2. 这些竞争者的主要优劣势是什么？

它们在 4P 方面的能力：＿＿＿＿＿＿＿＿＿＿＿＿＿

环境或我们的营销战略发生变化,竞争者可能的反应：＿＿＿＿＿＿＿＿＿＿＿

未来竞争格局会发生变化吗？＿＿＿＿＿＿＿＿＿＿＿

如果会,怎样变化？＿＿＿＿＿＿＿＿＿＿＿

谁最有可能成为新的竞争者？＿＿＿＿＿＿＿＿＿＿＿＿＿＿

（二）经济增长和稳定性

一个国家或地区总的经济形势：＿＿＿＿＿＿＿＿＿＿＿＿＿

消费者对经济形势的看法,是悲观还是乐观？＿＿＿＿＿＿＿＿＿＿＿＿

目标市场顾客的购买力如何？＿＿＿＿＿＿＿＿＿＿＿＿＿＿＿

目标市场顾客的消费结构如何？＿＿＿＿＿＿＿＿＿＿＿＿＿

他们是购买了更多的商品,还是相反？＿＿＿＿＿＿＿＿＿＿＿

为什么？＿＿＿＿＿＿＿＿＿＿＿＿＿＿＿＿＿＿＿＿

（三）政治环境与变化趋势

一个国家或地区是什么样的政治制度？＿＿＿＿＿＿＿＿＿＿＿

新当选的领导人有什么偏好？ 会对企业产生什么影响？＿＿＿＿＿＿＿＿＿＿＿

为了与政府有关部门建立良好的关系,我们都做了或正在做什么？＿＿＿＿＿＿＿＿

有效果吗？ 为什么？＿＿＿＿＿＿＿＿＿＿＿＿＿＿＿＿＿＿

（四）法律因素

国际、国内或地区有什么法律条文会影响我们的营销活动？＿＿＿＿＿＿＿＿＿＿

法律条文有哪些变动？ 是不是意味着我们要改变某些营销行为？＿＿＿＿＿＿＿＿

国际上一些协议对我们的国际营销有什么影响？ 提供了什么机会与威胁？＿＿＿＿＿＿＿
＿＿＿＿＿＿＿＿＿＿＿

（五）技术环境与变化趋势

技术变化对我们的顾客有什么影响？＿＿＿＿＿＿＿＿＿＿＿＿

技术变化对我们的生产活动有什么影响？＿＿＿＿＿＿＿＿＿＿＿＿

技术变化对我们的营销活动(特别是分销和促销活动)有什么影响？＿＿＿＿＿＿＿＿
＿＿＿＿＿＿＿＿＿＿＿

技术进步会威胁到我们产品,使其过时吗？＿＿＿＿＿＿＿＿＿＿＿＿

（六）文化与时尚

社会的人口结构和价值观正在发生怎样的变化？＿＿＿＿＿＿＿＿＿＿＿

对我们的产品、定价、分销、促销以及人员会有怎样的影响？＿＿＿＿＿＿＿＿＿＿

在一个文化差异比较大的环境里,文化与时尚发生的变化对我们意味着什么问题或
机会？＿＿＿＿＿＿＿＿＿＿＿

社会对于我们所在的行业、我们的企业和产品有什么态度？＿＿＿＿＿＿＿＿＿＿＿

我们的顾客或某些社会团体能干涉我们的经营活动吗？ 如果能,怎样干涉？＿＿＿＿＿＿
＿＿＿＿＿＿＿＿＿＿＿

我们与各种传播媒体的关系如何？哪些传播媒体是我们需要认真对待的？_____

_____

我们应该注意哪些道德问题？_____

三、顾客分析

（一）谁是我们现有和潜在的顾客？

1. 人口统计特征：性别、年龄、收入、职业、教育程度和民族等

　　现有的顾客：_____

　　潜在的顾客：_____

2. 地理特征：地区、人口密度等

　　现有的顾客：_____

　　潜在的顾客：_____

3. 心理与行为特征：态度、意愿、兴趣、动机和生活方式

　　现有的顾客：_____

　　潜在的顾客：_____

4. 我们产品的购买者与使用者是否不同？_____

5. 都有谁会影响购买决策？_____

（二）顾客怎样使用我们的产品？我们的产品被用来做什么？

1. 顾客的购买批量：_____

2. 主要顾客与一般顾客的区别：_____

3. 在使用我们的产品时，顾客需要使用辅助品吗？_____

4. 在使用完我们的产品以后，顾客做些什么（例如，他们再利用我们的产品或产品包装吗）？_____

（三）我们的顾客在哪里购买我们的产品？

1. 从哪种类型的中间商购买？_____

2. 电子商务对我们产品的购买有影响吗？未来会怎样变化？_____

3. 顾客会增加无店铺销售方式的购买量吗？_____

（四）我们的顾客什么时候购买我们的产品？

1. 有季节性差异吗？_____

2. 促销活动对顾客消费我们产品的影响：_____

3. 影响我们产品购买与消费的情境因素：_____

（五）我们的顾客为什么和怎样选购我们的产品？

1. 我们或竞争者的产品带来的利益：_____

2. 我们或竞争者的产品满足消费者什么需求？怎样满足？未来消费的期望会发生什么变化？_____

3. 在购买时，消费者怎样支付货款？_____

4. 消费者希望与我们或竞争者保持一种紧密的联系吗？或者他们只喜欢一手交钱、一手交货的交易方式？_____

（六）为什么潜在顾客还没有购买我们的产品？

1. 潜在顾客哪些基本需求我们的产品没有满足？ _____

2. 竞争产品有哪些特点、利益或优势，使得潜在顾客选择使用它们？ _____

3. 在分销渠道、促销和定价方面有哪些问题阻止潜在顾客不选择我们的产品？ _____
_____

4. 有多大的可能性可以使潜在顾客购买我们的产品？ _____

四、内部环境分析

（一）营销目标与业绩

1. 什么是我们目前的营销目标？ _____

2. 我们的营销目标与公司使命和公司目标是否一致？为什么？ _____

3. 我们的营销目标与营销环境和顾客需求的变化是否一致？为什么？ _____

4. 我们的营销战略在销售额、市场占有率、盈利能力和沟通（如品牌认知率和偏好率）等目标上的表现如何？最可能的原因是什么？ _____

5. 与业内竞争者相比如何？ _____

6. 整个行业都在上升还是下降？ _____

（二）公司现有与未来的资源

1. 公司现有的资源状况如何？

财务：_____

资本：_____

人员：_____

经验：_____

与供应商、顾客的关系：_____

2. 这些资源在近期会怎样变化？会使企业变得更好还是更差？ _____

3. 我们应该怎样利用或补救？ _____

（三）现有和未来的文化与组织结构问题

1. 公司现有和未来的文化有哪些正面与负面的影响？ _____

2. 公司内部的权力斗争会在哪些方面影响到我们的营销活动？ _____

3. 其他功能部门是怎样认识营销功能的重要性和地位的？重要的职位有可能在近期变化吗？ _____

4. 公司的营销理念（如市场导向）怎样影响我们的营销活动？ _____

5. 公司注重长期还是短期计划？对营销活动有怎样的影响？ _____

6. 企业的员工激励方法有哪些正面或负面的影响？ _____

五、SWOT 分析

（一）企业优势（strengths）

优势 1 或 2、3、4：

1. 这一优势怎样帮助我们满足顾客需求？ _____

2. 这一优势与竞争者相比如何？它能使我们的顾客认为我们与竞争者不同，或优于

竞争者吗？_____

（二）企业劣势（weaknesses）

劣势 1 或 2、3、4：

1. 这一劣势怎样阻止我们更好地满足顾客需求？_____

2. 这一劣势与竞争者相比如何？它能使我们的顾客认为我们与竞争者不同，或劣于竞争者吗？_____

（三）机会（opportunities）

机会 1 或 2、3、4：

1. 这一机会与满足我们顾客的需求有什么关系？_____

2. 短期与长期来讲，我们应该采取什么行动抓住这一机会？_____

（四）威胁（threats）

威胁 1 或 2、3、4：

1. 这一威胁与满足我们顾客的需求有什么关系？_____

2. 短期与长期来讲，我们应该采取什么行动避免这一威胁？_____

（五）战略选择

1. 我们怎样利用我们的优势，抓住机会，满足顾客需求？_____

2. 我们怎样将我们的劣势转化成优势？_____

3. 我们怎样将威胁转化成机会？_____

4. 如果不能成功转化，我们怎样才能避免或减少劣势和威胁的负作用？_____

5. 哪些是我们主要的不利匹配（无法转化的企业劣势＋无法转化的环境威胁）或限制匹配（无法转化的企业劣势＋环境机会）？这些对我们的顾客而言，是否显著？_____

6. 我们有办法避免或减少不利匹配及限制匹配的负作用吗？_____

六、营销目标

（一）营销目标 A

1. 详细的可测量的结果：_____

2. 完成的时间：_____

3. 负责执行的单位或个人：_____

4. 与 SWOT 的关系：_____

（二）营销目标 B（略）

（三）营销目标 C（略）

七、营销战略与战术

（一）目标市场

1. 目标市场 A

　　人口统计特征：_____

　　地理特征：_____

　　心理特征：_____

　　基本需求与利益欲求：_____

　　购买与惠顾特征：_____

消费特征：＿＿＿＿＿＿＿＿＿＿＿＿＿

　　对选择这一目标市场的论证：＿＿＿＿＿＿＿＿＿＿＿

2. 目标市场 B(略)

3. 目标市场 C(略)

(二) 营销组合策略

1. 营销组合策略 A(针对目标市场 A)

(1) 产品

　　产品的主要特性与利益：＿＿＿＿＿＿＿＿＿＿＿＿＿＿

　　与竞争产品的不同之处：＿＿＿＿＿＿＿＿＿＿＿＿

　　产品的各个层次因素与服务：＿＿＿＿＿＿＿＿＿＿＿

　　品牌名称与包装：＿＿＿＿＿＿＿＿＿＿＿＿

　　与送抵价值(delivering value)的关系：＿＿＿＿＿＿＿＿＿＿

　　辅助产品：＿＿＿＿＿＿＿＿＿＿＿

(2) 价格

　　产品的单位成本：＿＿＿＿＿＿＿＿＿＿＿

　　定价目标：＿＿＿＿＿＿＿＿＿＿＿

　　折扣与降价政策：＿＿＿＿＿＿＿＿＿＿＿

　　与送抵价值的关系：＿＿＿＿＿＿＿＿＿＿＿

(3) 分销

　　总的分销策略：＿＿＿＿＿＿＿＿＿＿＿

　　中间商与渠道：＿＿＿＿＿＿＿＿＿＿＿

　　渠道关系：＿＿＿＿＿＿＿＿＿＿＿

　　与送抵价值的关系：＿＿＿＿＿＿＿＿＿＿＿

(4) 促销

　　总的促销策略：＿＿＿＿＿＿＿＿＿＿

　　产品或公司定位的基础：＿＿＿＿＿＿＿＿＿＿＿

　　广告与公共关系的目标与预算：＿＿＿＿＿＿＿＿＿＿

　　广告与公共关系活动的要素：＿＿＿＿＿＿＿＿＿＿

　　人员推销的目标与预算：＿＿＿＿＿＿＿＿＿＿

　　人员推销活动的要素：＿＿＿＿＿＿＿＿＿＿

　　销售促进的目标与预算：＿＿＿＿＿＿＿＿＿＿

　　销售促进活动的要素：＿＿＿＿＿＿＿＿＿＿

2. 营销组合策略 B(针对目标市场 B)(略)

3. 营销组合策略 C(针对目标市场 C)(略)

(三) 主要顾客与竞争者的反应

1. 顾客与竞争者对营销组合策略 A、B、C 可能会有什么反应？＿＿＿＿＿＿＿＿＿

2. 营销组合策略 A(或 B、C)怎样使我们在满足市场 A(或 B、C)的需求时获得竞争优势？＿＿＿＿＿＿＿＿

3. 这些竞争优势是可持续的吗？为什么？ _____

八、营销战略实施

（一）组织结构问题

1. 描述营销战略实施总体方案

2. 描述内部营销活动

　　内部产品：_____

　　内部定价：_____

　　内部分销：_____

　　内部促销：_____

（二）活动、责任、预算与时间

1. 生产活动

（1）活动项目 1

　　负责人：_____

　　预算：_____

　　其他所需资源：_____

　　目标完成时间：_____

（2）活动项目 2（略）

（3）活动项目 3（略）

2. 价格活动

（1）活动项目 1

　　负责人：_____

　　预算：_____

　　其他所需资源：_____

　　目标完成时间：_____

（2）活动项目 2（略）

（3）活动项目 3（略）

3. 分销活动

（1）活动项目 1

　　负责人：_____

　　预算：_____

　　其他所需资源：_____

　　目标完成时间：_____

（2）活动项目 2（略）

（3）活动项目 3（略）

4. 促销活动

（1）活动项目 1

　　负责人：_____

　　预算：_____

其他所需资源：_____

目标完成时间：_____

（2）活动项目2（略）

（3）活动项目3（略）

九、评估与控制

（一）财务评价

1. 贡献分析（contribution analysis）

总固定成本 a：_____

单位变动成本 b：_____

单位售价 c：_____

现行毛利目标 d：_____

未来毛利目标 e：_____

为了实现现行毛利目标，我们需要销售多少产品？$(a+d)\div(c-b)=$ _____

为了实现未来毛利目标，我们需要销售多少产品？$(a+e)\div(c-b)=$ _____

2. 反应分析

产品反应系数 a：_____

价格反应系数 b：_____

分销反应系数 c：_____

促销反应系数 d：_____

综合影响系数：$a\times b\times c\times d=$ _____

3. 系统策划模型（systematic planning model）

行业本期销售量 a：_____

销售量预计增长（下降）率 b：_____

行业计划期预计销售量 $c(c=a\times b)$：_____

现行营销战略不变条件下的企业市场占有率 d：_____

修正的市场占有率 $e(d\times$综合影响系数$)$：_____

预计的产品销售量 $f(f=c\times e)$：_____

预计的产品销售额 $g(g=f\times$单位售价$)$：_____

预期成本 h：_____

预期毛利 $i(i=g-h)$：_____

（二）营销控制

1. 投入控制

员工的招募与筛选程序：_____

员工培训项目：_____

人力资源配置：_____

财务资源配置：_____

资产配置：_____

R&D 费用：_____

　　　　其他：_____
　　2. 过程控制
　　　　员工评估与报酬制度：_____
　　　　员工权力与授权：_____
　　　　内部沟通系统：_____
　　　　组织的权力结构(组织结构图)：_____
　　　　管理层实施营销计划的意愿：_____
　　3. 结果控制
　　(1) 表现标准
　　　　产品标准：如果标准没有达到,有哪些可能的补救措施？_____
　　　　价格标准：如果标准没有达到,有哪些可能的补救措施？_____
　　　　分销标准：如果标准没有达到,有哪些可能的补救措施？_____
　　　　促销标准：如果标准没有达到,有哪些可能的补救措施？_____
　　(2) 营销审计（marketing audits）
　　　　营销活动是如何被检视的？_____
　　　　用什么特定的利润与时间标准检视营销活动？_____
　　　　营销审计的具体方法：_____
　　　　营销审计负责人：_____
　　4. 其他的控制方法
　　(1) 员工自我控制：_____
　　(2) 员工社会控制：_____
　　(3) 员工文化控制：_____

 **案例 2.1**

圣象地板的品牌策划①

　　圣象集团(Power Dekor)成立于1995年,注册资金4.5亿元人民币,总部位于上海,是中国目前最大的木地板生产企业,其产品已经连续14年在同类产品中销量第一。作为一家从事木地板产品研究、开发和生产的企业,圣象集团从最初的主营强化木地板,发展到今天拥有强化木地板、三层实木地板、多层实木地板、独体实木地板、结构地板、木门、整体衣柜和家具等多个品类的产业集团。伴随着中国家庭精装修的趋势,圣象在行业内发展迅速,2009年度曾获得中国房地产开发企业500强建材采购首选品牌。

　　圣象集团有两万多名员工,拥有亚洲第一、世界一流的强化木地板和实木复合地板生产线和覆盖全国的营销网络。九家地板工厂,年产地板5 000多万平方米。除大批量生

　　①　根据以下资料编写:叶茂中自述文章《让生命与生命更近些——圣象地板品牌策划记》,见:雷鸣雏. 顶尖策划. 北京:企业管理出版社,2000:2-23;圣象集团网站(www.powerdekor.com.cn)资料;其他相关报道。

产标准产品外,还根据客户需求生产个性化定制产品。全国设有40家销售分公司,2 600多家门店;在美国、欧洲、印度和韩国也设有合资、合作的营销公司。另外,拥有国内地板业首家覆盖全国的物流配送中心,面积2.5万平方米,通过互联网实现物流管理的电子化、智能化,为客户提供专业的一站式服务。

企业的愿景和战略是:继续保持中国木质地板第一品牌的地位,启动相关多元化战略,逐步进入其他家居建材产品领域,提供整体的解决方案。立足中国、放眼世界,发展成为中国最具实力、全球领先的家居建材产业集团,成为受人尊敬和最具创新能力的国际知名家居建材企业。

本案例是在世纪之交圣象地板进行的一项品牌策划。策划人叶茂中凭借此项策划案荣获2000年度"首届中国企业著名策划案例与策划人评选"策划奖,成为该年度"中国十大策划专家"。此项策划案也成为当年十大优秀策划案的第一名。

一、彭鸿斌和叶茂中

20世纪90年代末,圣象是中国内地强化木地板的第一品牌。它采用德国技术,生产的强化木地板质量上乘,在国内木地板市场已经有了很高的知名度。

圣象在全国各主要城市均设有分公司,销售它生产的强化木地板。尽管销售形势不错,但是圣象的创始人彭鸿斌并不满足。他希望圣象品牌的价值能够得到提升。几经周折,他找到了叶茂中。

在策划业,叶茂中大名鼎鼎。他年纪不大,当时也只有三十出头,是北京叶茂中策划有限公司的创始人。此前,他已经两次荣获全国十大著名策划人称号,策划的项目有上百个,包括为飘柔、舒肤佳、春兰空调和美的空调等进行的广告和营销策划。

二、策划由了解品牌形象开始

彭鸿斌所希望的品牌形象是:力量、美感,并有一点神秘。

叶茂中为圣象策划的思路是:大象无形,大音希声;不强调产品的特性而强化品牌的主张与内涵;大品牌意识与气势。

叶茂中的策划思路与彭鸿斌所希望的品牌形象不谋而合,因此很快就确定合作,一拍即合。

三、叶茂中都干了些什么?

接手这个项目以后,叶茂中从事了以下主要的工作。

(1)进行营销诊断与市场调研。按他自己的话讲,就是"80%靠脚,20%靠脑"。他将项目组的办公室搬到了圣象的会议室;组织人马在北京的建材市场通过走访经销商,了解地板市场;访问企业中高层管理人员,了解他们对市场的看法、对圣象的评价和下一步工作的打算;调查各地市场与分公司的情况。

一个多月的调查结果,是沉沉的两箱资料、厚厚的一摞笔记和三十多盒录音带。通过对调查资料进行消化,圣象的容貌越来越清晰,地板市场的脉络越来越清楚。

(2)品牌策划。市场调查了解到:在中国地板市场上,实木地板、实木复合地板和强化木地板三分天下;圣象为强化木地板市场第一品牌;在中国国内的地板市场,尚无地板市场第一品牌。据此,叶茂中重新对圣象定位,力图使圣象由中国强化木地板第一品牌转变到中国地板市场第一品牌,如图2.4所示。

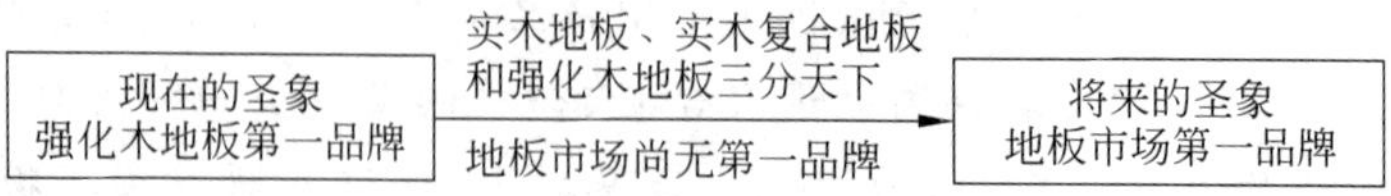

图 2.4 为圣象重新定位

圣象原有的品牌形象为：品质一流、价格昂贵。通过品牌塑造，叶茂中想增加圣象的品牌内涵。新的品牌形象是：高品质、高品位、富于价值感；自然、和谐、宽广、富于表现力；自由、独立、尊重、执著、人文；天地人象，万物合一；大象无形。为此，他提出了"让生命与生命更近些"的品牌口号，使用了"非洲原野中的大象"作为其品牌形象。

（3）具体作业。具体作业由以下几项活动组成。

① 企业改名，由圣象装饰改为圣象制造。因为圣象装饰让人感觉像是一个装修公司。

② 美的经营、哲学的经营。在进行品牌宣传时，为每块地板写一首优美的、富于哲理的诗，做有文化的商业。例如，有一首叫"风清扬"的诗是这样写的：

源自自然枫木的肌理

是自然积淀的记忆

轻轻浅浅

一如露珠的痕迹

只在风清清扬起的刹那

透明的感动 再一次触摸

曾经或依然的单纯

③ 开发圣象品牌家族，将多品牌和单一品牌相结合。圣象品牌家族包括圣象 2 000（地板市场第一品牌）、圣象爱家（销量最大的中档地板品牌）、波瑞（销量最大的强化木地板品牌）以及一些新的品牌（进入新的市场领域）。

④ 以广告塑造品牌，包括形象篇和功能篇。形象篇以非洲原野中的大象来表现圣象"自然、和谐、宽广、富于表现力"和"自由、独立、尊重、执著、人文"的品牌主张。功能篇以不同的形象宣传圣象的特点，例如小狗篇表现圣象地板"特防潮"（小狗在地板上尿尿，地板不受损）；钢球篇表现圣象地板"耐冲击"（钢球砸在地板上，地板不变形）；踢踏舞篇表现圣象地板"高耐磨"（在地板上跳踢踏舞，地板不磨损）。

四、企业的评价

策划实施之后，企业给了如下的评价。

（1）你们很客观。

（2）你们比圣象更了解圣象的产品。

（3）原来商业也可以做得这么有文化、这么有品位。

（4）太美了！

年底总结的时候，叶茂中策划有限公司被圣象授予杰出贡献奖。叶茂中将整个策划的过程写成《圣象品牌整合策划纪实》一书，成为许多策划人的必读书目。

讨论题

1. "80％靠脚,20％靠脑。"这话是什么意思?

2. 请按照本章所讲的企业营销策划程序来描述叶茂中的圣象品牌整合策划。

3. 假设你是一个评委,请把叶茂中自己写的"让生命与生命更近些——圣象地板品牌策划记"一文找来仔细读一遍,然后打分。你打了多少分? 为什么?

**案例2.2**

策划文案是"熬"出来的[①]

以下是一个拥有十多年营销经验,曾任职于广州、北京、深圳多家保健品、食品、广告企业,历任销售主管、分公司经理、策划部经理和市场总监等职务的策划人所写的短文。由此可以看出策划工作的辛苦。

做好策划工作,撰写文案是一个最重要的基本功。策划功力的大小,最后要实实在在落实到白纸黑字上。可以说,一支笔抵过"千军万马"。在策划公司,好的文案撰写人十分难得。好的文案撰写人要把头脑中一闪念的灵感准确地记录下来,把好的创意变成可以实施的方案,把专业的东西用客户易懂的语言表述出来,把没有生命的文字变成鲜活的场景来打动客户,把希望和憧憬变成客户可以实现的目标。其难度是不难想象的。

记得几年前第一次给客户写一个策划方案,把费了不少心血、捣鼓了几个晚上的"作品"满怀信心地交到客户手里,等来的却是让人辛酸的一句话:"你这样的方案在我桌子上有好几份!"辛酸之余,静静想一想,换个位置,假如自己是客户,别人给我的方案如果不能让我眼前一亮,我为什么要接受它呢? 所以,要写出好的文案,要有那种"语不惊人死不休"的精神,要"熬"。一个最笨的办法是:不断地写,不断地练。

以下几点,是我"熬"出来的心得。

一、随时记录工作和生活中有意义的东西

我有个习惯,口袋里总带着一个小本子,把生活与工作中遇到的一些有意义的事情记录下来,例如有时候一闪念的想法、听到的精彩故事和读书的感想等。

一次跟几个朋友高谈阔论,聊着各自推广产品的高招,我当时就随手拿出本子把他们的点子记了下来,他们对我的举动不理解,还调侃说我是不是想当小说家。后来在给一个客户做产品推广方案的时候,那次的记录给了我很大的启发。其实在当时,并没有想到以后真能用得上。

还有一次,在为一个女性美容保健品做策划的时候,无意中听到销售人员说一位年轻姑娘买回去的产品放在家里,被她妈妈看到后喝了,效果也很好。当时我也记录下来。后来,据此事写成的一篇软文广告"妈妈偷喝了女儿的××产品"刊登后反响不错。

---

① 改写自王鹏辉《文案是怎样熬出来的?》一文,中国营销传播网(www.emkt.com.cn/article/116/11695.html,2003年8月11日),2004年10月2日读取。

这样的习惯会给我们带来两个好处：①积累丰富的素材，带来工作的启发；②练习驾驭文字的能力。要想把一件事用最精练的文字准确描述出来，不是件容易的事情，这需要平时大量的练习。

二、把长文变成短文

在写方案时，我们常常喜欢长篇大论，行文啰唆，重点不突出，客户看后不知所云。文好不在长，重要的是要把问题说清楚，让客户明白问题的症结所在，该怎样解决。所以，每当我写完一个方案后，经常试着把 5 000 字变成 4 000 字，4 000 字变成 3 000 字。在这个过程中，我不仅把文字变得精练了，而且慢慢地把握住了重点。

三、学一学奥威格

广告大师奥威格有个习惯，他每写完一个广告文案都要读给一位老太太听，然后不断修改，直到她听懂为止。其实，大师的好习惯是我们学习的最好榜样。

我们许多广告人有"自恋"倾向，搞出来的东西全然不顾普通消费者的感受，总是以自己的思维去替代消费者的思维，把孤芳自赏的东西强加给消费者。我们做广告写文案，时时刻刻都不要忘记自己的使命和目的。例如你为白酒写广告文案，你就要找一些好饮酒的人，去了解一下他们在想什么，去听听他们在说什么，去把你写的东西读给他们，看看他们有没有感觉、能不能引起共鸣。你甚至应该自己也尝试着喝一点，在品味中去找一找灵感。

四、推敲

我喜欢"推敲"的典故。

韩愈在长安任京兆尹时，一天外出巡视，路遇一僧人，在驴背上引手作推敲之状，神情专注，竟冲撞了仪仗队。经询问得知这位僧人名叫贾岛，因"鸟宿池边树，僧敲月下门"中不知是用"推"还是用"敲"好，神情过于专注，才不知回避。后世人们用推敲来形容写文章反复地研究、斟酌字句，也有用来表示对问题多方面考察和研究的。写文案应该具备这种"推敲"的精神。在创作的过程中，要不断问自己：还有没有更好的？换一种说法行不行？

面对当今信息爆炸、竞争白热化的时代，你的东西如果抓不住消费者的眼球，让他们有眼前一亮的感觉，那就先不要匆忙拿出来。那些连自己都看不过眼的东西，怎能拿出去展示呢？

五、学习和借鉴

学习别人的长处是让自己进步的一个好方法。看到好的文案，都要拿过来研究一番，把自己摆进去：如果自己来写，会从怎样的角度考虑？别人能想到的，自己会不会想到？

当然，借鉴不是机械地模仿，不是生搬硬套。借鉴是学习和掌握别人的思想精髓，让别人的思维方式给自己以启发。

我做乳品销售策划时就曾把一些保健品行业的操作方法成功地运用到实践中，取得了良好的效果。例如前几年人们对酸奶的营养价值认识不够，也不清楚跟鲜奶有什么区别，我就利用大量的软文广告和宣传单页来普及这些知识，并且开设营养健康热线，召开消费者座谈会，等等。这些宣传保健品时常用的手段在乳品销售中也大显奇功。

总之，对于做策划、写文案，我最大的体会是"功夫在诗外"。关键时刻能不能做出好文章来,要看你平时所花的心血,看你平时的功底。所以说,策划文案是"熬"出来的。尽管"熬"得艰辛和痛苦,但也有"爽"的时候,那是为客户提升了业绩,自己的价值得到肯定的时候。

讨论题

1. 为什么说策划文案是"熬"出来的?
2. 除了"熬"以外,好的策划文案还需要什么?
3. 你认为"语不惊人死不休"这句话用在这里恰当吗? 为什么?

第三章

市场调研与市场调研策划

　　企业营销策划是对企业的营销活动进行的事前决策,因此离不开真实、可靠的营销信息作为依据。营销信息在营销策划的每一个阶段都有重要的作用。市场调研的目的就是为营销决策和营销策划提供及时、准确、全面和可靠的信息。

　　本章首先对营销信息与营销信息系统加以概述,其次介绍市场调研的内容与类型,再次给出市场调研的程序,最后讲述市场调研的策划方法。

第一节　营销信息与营销信息系统

一、营销信息与营销策划

　　有史以来,人们一直在自觉或不自觉地利用信息进行决策。但是,对信息进行科学和系统的研究却始于 20 世纪初。20 年代,美国的奈奎斯特和哈特莱最早研究了通信系统传输信息的能力和可靠性,并测量了系统的信息容量。而后,1948 年美国贝尔电话研究所的数学家申农发表了两篇关于信源、信道、信宿和编码问题的论文,引起了人们的普遍关注,奠定了信息论的基础。与此同时,美国人维纳又提出了滤波理论、信号预测和信息量的数学公式,为信息论的发展做出了重要贡献。70 年代以后,由于电脑的广泛运用,使信息的传输能力大为提高,信息这一概念在理论上和实际应用上都取得了重大进展。

　　然而,由于人们从各自的特定需要出发去研究和使用信息,所以时至今日,对于什么是信息的问题并没有一个统一的看法。从决策与管理者的角度看,信息不宜定义得过宽。否则什么都是信息,什么都要收集,什么都要提供给决策者,在当今这个“信息爆炸”的时代,决策者会湮没在信息的海洋中。

　　对于管理者而言,信息的主要功能在于降低管理决策的不确定性,进而降低管理决策的风险。因此,这里把信息定义为:能够降低决策不确定性的消息、知识、数据和资料的总和[1]。

　　(1)信息与一般的消息、数据和资料有区别。一般的消息、数据和资料是反映人类社会或自然界有关方面可观察的事实和证据,不一定与决策相联系。而信息只有与决策相联系才有意义。

　　(2)信息属于消息、数据或资料,但它不是一般的消息、数据和资料,它的目的是为了降低决策的不确定性。有决策就有不确定性,有不确定性就有风险。随着信息量的增加,决策的不确定性会下降。

　　(3)信息总是与决策问题相联系。没有决策问题,信息就没有什么价值。决策越重要,为决策收集信息也越重要。信息具有相对性,对一个人或企业是信息的,对另一个人或企业也许只是一般的消息。

企业的营销管理就是企业针对自己的营销活动进行决策和发挥职能作用的过程。它是企业整个管理系统的一个组成部分,从属于企业的战略管理,与企业的生产管理、人事管理和财务管理等相平行。从形式上看,营销管理体现为计划、组织、领导和控制等职能活动,营销决策则贯穿于这些职能活动之中。决策更偏重于选择,职能更偏重于执行。没有选择,谈不上执行;没有执行或执行不力,即使选择正确,也不能保证企业能够达到目标。

企业营销策划是营销策划人员针对企业的营销管理活动进行事前决策。其中,需要做出的最重要的决策,就是选择目标市场和对营销因素进行组合。由于市场处在不断的变化之中,企业可以使用的营销因素及其组合又难以穷尽,所以营销策划有很大的不确定性。为了保证企业营销策划的决策质量,尽量减少决策失误造成的损失,就需要为企业营销策划收集信息。

二、营销信息系统

营销信息系统是企业营销管理过程中,系统、连续地收集、分析数据和资料,为决策者提供信息的专门程序。它强调以流的方式向决策者提供信息,是人、机和程序的有机组合[1]。

营销信息系统是现代企业营销管理的一个重要组成部分,由资料输入、会计、情报、统计、数据库、信息输出和与此平行的市场调研等环节交织而成,如图3.1所示。

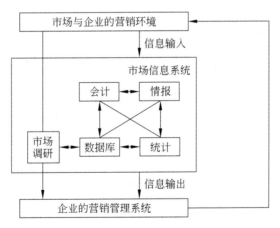

图 3.1　营销信息系统

在这些环节中,数据库是中心,它把其他环节提供的资料储存起来,以备检索。营销信息系统正因为有了它,才被联结为一个彼此沟通的网络。会计部门和情报系统除了彼此交换资料外,更重要的是向数据库和统计部门提供数据。统计部门的数据一部分来自会计部门和情报系统,另一部分来自数据库。统计部门对资料和数据的处理结果,作为信息传递给管理人员,作为资料存入数据库。另外,营销管理人员和营销策划人员还可以直接从数据库得到有关信息。

市场调研作为一个重要的信息来源,与以上环节所组成的资料收集、加工和信息传递的程序相并列。市场调研一方面从数据库中得到部分资料或数据，另一方面其研究结果提供给管理人员作为决策的依据之后，将作为历史资料存入数据库。

第二节　市场调研的内容与类型

市场调研是为解决特定的营销管理决策问题而收集、加工和提供信息的方法和理论。它强调信息收集、加工和处理的系统性和客观性。所谓系统性，指市场调研需要计划和组织。所谓客观性，指市场调研在行使其职能时，要尽量避免感情和偏见的影响。

市场调研是科学方法在营销活动中的应用。科学方法的标志是系统与客观地收集、分析和解释数据或资料。虽然市场调研活动与自然科学研究在研究对象和使用的方法上极为不同，但是它们却有一个共同的特征，那就是尽量做到系统而客观。

一、市场调研的内容

市场调研的内容由企业所面对的营销决策问题决定。归纳起来，主要有以下几个方面：

第一，企业营销环境调研，包括对一个国家政法、科技、自然和社会文化等环境的变化情况及其对企业营销活动的影响进行调查、分析和研究；

第二，市场供求现状和趋势调研，包括对一个市场的商品需求情况、商品资源情况和市场商情变动情况及其对企业营销活动的影响进行调查、分析和研究；

第三，消费者购买行为调研，包括对企业目标市场消费者购买动机、购买习惯和购买行为与态度的调查与分析；

第四，市场竞争状况调研，包括调查与分析企业面临的主要竞争形式、企业所在市场的竞争程度、企业在市场竞争中所处的地位以及竞争对手的一些细节情况；

第五，企业可控因素实施效果调研，包括企业产品策略调研、企业定价策略调研、企业分销策略调研、企业促销策略调研以及企业营销组合策略调研等；

第六，其他专项调研，如产品定位调研、产品市场寿命周期调研和品牌形象调研等。

例如，有一家叫"上海中则思达"的市场调研公司，业务范围包括：①消费者研究，如客户群的描述、消费者行为和习惯个性、划分细分市场和推测市场规模；②满意度研究，如用户口碑测试和用户满意度研究；③产品研究，如市场机会的分析、包装研究、定价研究和渠道研究；④品牌研究，如品牌知名度研究、品牌忠诚度研究、品牌定位研究和品牌联想研究；⑤广告研究，如广告定位测试、广告创意测试、广告传播测试和广告跟踪测试；⑥商业与房地产研究，如商圈消费者研究、网点规划咨询、选址基础数据提供、拟建大卖场销售预测以及消费者购房需求研究和业主满意度研究[2]。

另一家叫"上海迈谱"的市场调研公司，则专注于重要领域的市场调研，例如快速消费品中的母婴用品、食品饮料、个人护理和卫生用品以及运动产品与品牌、时尚与化妆品、奢侈品和数码电子产品。内容包括相关的市场细分、品牌定位、名称测试、新产品开发、销售与服务表现测量、广告测试和消费者研究等[3]。

二、市场调研的类型

可以用不同的标准,对市场调研进行分类。不过最常见的是根据调研的目的要求将其分为下述四种类型:探测性调研、描述性调研、因果关系调研和预测性调研。表3.1从特点、目的、性质和资料来源等方面比较了四种市场调研方法的异同。

表3.1 市场调研的分类

调研类型	特　点	目　　　的	性　质	资　料　来　源
探测性	初始阶段 情况不明 灵活 省时、省费用	问题的表现与问题的根源 明确进一步调查的重点	非正式的	第二手资料 观察 访问有识之士
描述性	对情况或事件进行描述 事物发展的过程及可能的原因	事情是怎样发生的? 历史与现状 可能的原因	正式的	第一手与第二手资料 定性研究
因果关系	两个或多个变量之间的量化因果关系	一个因素会以怎样的方式影响另一个变量,以及影响的程度	正式的	第一与第二手资料 逻辑推理(三种证据:伴随变化、相继变化、没有其他因素影响) 统计分析
预测性	应用理论模型,根据一个或几个变量的变化预测另一个变量的变化	如果一个变量改变到某一定程度,另一个变量变化的程度	正式的	第一手与第二手资料 理论模型

资料来源:庄贵军. 市场调查与预测[M]. 北京:北京大学出版社,2007:52-53.

(一)探测性调研

探测性调研就是花费尽量少的成本和时间,对环境进行初始调研,以便确定问题和与问题相关的变量总的特性,因此它必须具有灵活的特色。虽然有时也规定大致的调研方向和步骤,但是一般没有一个固定的计划。这种调研不排斥任何收集和分析资料的方法,但它倾向于应用第二手资料,采用任意或主观抽样,进行小范围的调查或简单的实验。案例分析和主观估计也是常用的方法。

探测性调研适用于以下几种情况:第一,探寻潜在的问题或机会;第二,寻找有关的新观念或新假设;第三,更精确地确定企业所面临的问题与相关的影响因素。一旦这些问题弄清楚了,探测性调研在确定可行性方案时还大有用处。

(二)描述性调研

描述性调研的目的,在于准确地描述问题中的各变量及其相互关系,如市场潜量调研、产品使用情况调研、态度调研、销售分析、媒体研究和价格研究等都属于描述性调研。

在描述性调研中,一般假设在所考察的各变量之间存在着或暗含着一种函数或因果关系。随着对这种函数关系确信程度的降低,描述性调研的价值也就降低了。例如,如果一个地区的社会地理概况与零售商店的成功没有关系,那么提供给一个零售商有关这方面的描述性资料就没有任何意义。

这种类型的调研和下面的因果关系调研都按正式的调研程序进行。

（三）因果关系调研

因果关系调研的目的，是要详细说明所考察的两个或更多的变数之间相互对应的函数关系。例如，广告效果研究就是要设法找出广告对销售或消费者态度的影响程度。进行因果关系调研暗含着一个假设，即所考察的变数中一些变数导致或影响了其他变数的变化。虽然在行为科学中并不存在严格意义上的——对应的函数关系，但是只要一定的条件被满足，就能够很有把握地确信关于事物之间的因果关系的推理是正确的。可以使用三种证据来做出事物之间存在因果关系的推论，即伴随变化、相继变化和没有其他可能的因素作用。

伴随变化是因果关系的基本特征。假定在几个地区支出不同的广告费用，然后测量每一个地区的销售额情况，如果广告费用支出多的地区销售额大，广告费用支出少的地区销售额小，就可以推论广告是影响销售额大小的一个原因。必须指出，仅仅是有这样一个推论，并没有证明广告费用支出的增加一定会导致销售额的增加，只是提供了存在着这样一种关系的证据。

相继发生也是确定因果关系的一个证据。因为一个事物导致另一个事物的发生，那么它必定是在那个事物之前就存在。在后的事物不可能导致在前的事物发生。事物发生次序的重要性也可以在上面广告影响销售的例子中得到说明。假定进一步的调研表示，广告费用是根据前一个时期各地区销售额的大小分配的，也就是说过去的销售额水平决定着广告费用水平的高低。这样，前面所说的广告费用和销售额之间的因果关系就颠倒了。根据事物发生的顺序，应该推论说销售水平在各地区的差别导致了广告费用支出在各地区的差别。

第三种确定因果关系的证据，是没有其他可能的因素作用。如果能够合乎逻辑地或通过调研把所有其他可能的原因排除掉，那么就找到了称为原因的一个或多个变量。不过，这是非常困难的，因为在自然环境下，几乎不可能完全控制影响某一事物发生或变化的所有因素。

因果关系调研常常用于确定为什么某目标没有达到的问题。在企业营销策划中，经常遇到这样的问题："为什么销售额（市场占有率、形象等）下降了？"要回答这样的问题，就需要进行因果关系调研。

逐步缩小范围的技巧，经常被用于进行这种类型的市场调研。

首先，进行初始调研，以便找出所有可能的原因。

其次，应用伴随变化和相继发生作为标准，对每一个可能的原因进行考察，减少可能原因的数目。这需要分两步来进行。第一步，应用第二手资料、已知事实和推理删除一些因素，通常这一步可把大部分可能的因素删除掉。第二步，用收集到的各种必要的原始数据或资料及其分析结果作为证据，再在剩余的原因中删除一些因素。

最后，可能还剩下几个满足了这两个标准要求的因素，为将其范围进一步缩小，一般要进行某种类型的实验。实验虽然不是确定因果关系的唯一方法，但它却是有效控制有关因素的唯一方法。

经过这样的调研与分析过程,就能较有把握地确定哪些因素影响了哪一个因素或哪一些因素发生了怎样的变化。

(四)预测性调研

预测性调研是指专门为了预测未来一定时期内某一环境因素的变动趋势及其对企业市场营销活动的影响而进行的市场调研。如市场上消费者对某种产品的需求量变化趋势调研,某产品供给量的变化趋势调研等。这类调研的结果就是对某事物未来发展变化的一个预测。

一般而言,预测性调研以因果关系调研的结果为基础。通过因果关系调研,建立起事物之间的因果关系甚至数学模型。预测性调研则是利用事物之间已知的因果关系或数学模型,用一个或数个事物的变化趋势推断另一个或几个事物的变化趋势。

第三节　市场调研的程序

在市场调研中建立一套系统的程序,有助于提高工作效率和调研质量。不同的调研,由于目的、范围、内容和要求不同,所以程序也不尽相同。但一般说来,可分为如图3.2所示的几个步骤:弄清问题;非正式调研;情况分析;决定是否进行正式调研;制定正式的调研方案;调研实施;数据的整理与分析(其中包括预测);编写调研报告。

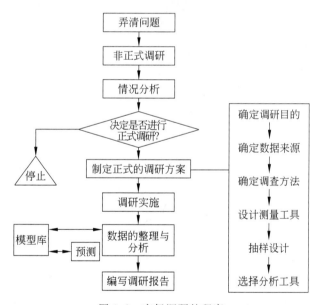

图3.2　市场调研的程序

一、弄清问题

弄清问题就是要把市场调研的问题搞清楚。它实际上是把决策者面临的决策问题,转变为调研问题的过程。

决策问题和研究问题是不同的。一个决策问题,往往有许多研究问题与之相关。例如，"是否上马某个新产品"，这是一个决策问题。对应于这个决策问题的研究问题是很多的，如"市场上对于这个新产品的需求状况如何?""市场上都有哪些现实的和潜在的竞争对手?""与竞争对手相比，我们的优势和劣势何在?""上了这个新产品，我们的市场占有率、利润可望达到多少?"

市场调研是根据调研问题进行的，而不是根据决策问题进行的。调研问题搞得越清楚，就越容易确定调研范围。这不仅会降低调研费用，还会增加调研所得信息的适用性。

二、非正式调研

在确定了调研问题之后，进行正式的调研之前，应该先进行一项非正式调研，也就是前面所讲的探测性调研。这样做有两点好处：第一，非正式调研费用较省，如果非正式调研所得信息能够满足决策者对于信息的需要，就不必再进行正式调研了；第二，即使非正式调研所得信息不能满足决策者对于信息的要求，它也有助于更加深入地认识和理解决策问题和调研问题，进一步缩小调研的范围，节省费用。非正式调研一般通过收集第二手资料和访问有识之士进行。

三、情况分析

情况分析是研究人员利用自己所掌握的理论知识、现成的数据与资料以及非正式调研所得的数据与资料，对调研问题进行的一个大致分析。通过这样的分析，第一，可以进一步了解问题产生的内外部环境背景；第二，做出若干个问题产生根源的假设；第三，提出若干个解决问题的方案。

情况分析有可能提供充足的信息，解决企业的营销决策问题；也可能使企业发现，最初提出的决策问题，并非企业目前必须解决的问题。在这两种情况下，研究就没有继续下去的必要。只要当情况分析提供的信息不足且企业确信研究真正有价值时，才需要进行正式调研。

四、决定是否进行正式调研

在下述两种情况下停止调研：第一，当非正式调研所得信息已经满足决策者对信息的要求时；第二，当进一步调研所增加信息的成本大于所增加信息的价值时。

信息并不是越多越好。信息量增大，固然可以降低决策的不确定性，从而减少决策风险，但它也意味着收集信息的成本提高。并且随着信息量的增大，单位成本所带来的信息量是递减的。当收集信息的投入小于所得信息的产出时，再收集信息就得不偿失了。因此，收集信息的目的并不在于获得最准确、全面的信息，而在于使信息所带来的收益与为获得信息所花费的成本之差最大。这是决定是否进行正式调研以及正式调研所需费用的基本原则。

五、制定正式的调研方案

当决定进行正式调研以后，就要制定正式的调研方案。正式的调研方案包括确定调研目的、确定数据来源、确定调查方法、设计测量工具和抽样设计等内容。

（一）确定调研目的

确定调研目的就是要在设计正式的调研方案之前，明确界定调研问题以及调研问题与决策问题的联系。通常需要明确回答这样一些问题：第一，决策者需要解决什么决策问题？第二，与决策问题相关的调研问题都是什么？第三，本项目针对什么问题进行？第四，搞清楚这些问题的意义何在？

确定调研目的在某种程度上讲就是研究者对于前面四个步骤探测性调研和分析的一个回顾。经过前面四个步骤，研究者已经明确了决策者面临的决策问题，并把决策问题转换成了调研问题。通过非正式调研和初步分析，对问题产生的内外部环境有了较为深入地了解，有了寻找问题产生根源或解决问题的一些思路。这里，就是要把这些内容明确地表述出来。

市场调研是以应用为导向的研究，因此提出值得研究的应用问题是研究项目成功的关键一环。好的开始，是成功的一半。如果研究项目是通过招标的方式获得，那么明确地提出值得研究的应用问题就是项目能否成立的一个关键。

（二）确定数据来源

用于解决研究问题的数据或资料很多，可以分为两大类：第一手数据和第二手数据。第一手数据是通过实地调查或实验取得的原始数据，因此也称为原始数据；第二手数据是为了解决其他问题，被别人收集并整理过的现成数据，因此也称为现成数据。由于收集第二手数据比较快，而且节省费用，所以一般通过收集第二手数据能够解决的问题，就不必再收集第一手数据了。只有当没有适用的第二手数据时，收集第一手数据才是必需的。

确定数据来源，不仅要确定是收集第一手数据还是收集第二手数据，或是两种数据都收集，而且还要进一步确定数据的具体来源。例如，第二手数据是来源于政府机关的有关数据，图书馆数据，大学、研究机构或行业协会的出版物，还是非营利性组织的市场调研报告？第一手数据是来源于企业、普通消费者，还是其他什么渠道？

（三）确定调查方法

根据数据来源的不同，收集数据的方法也分为两大类：收集第二手数据的方法和收集第一手数据的方法。收集第二手数据可以在网上查寻，也可以到相关部门征寻或求购，还可以在出版物中搜寻。收集第一手数据的方法则分为询问法、实验法和观察法。

询问法，指调查人员通过访问或让被调查者填写问卷的方法收集数据。根据调查人员和被调查者接触的方式，又可将其分为人员访问、电话调查、邮寄调查和网上调查四种。

实验法，指研究人员通过实验的方法收集数据。实验法有多种不同的设计，不同的设计可能产生不同的实验误差。

观察法，指研究人员在现场通过对有关情况进行直接观察并记录的方法收集数据。观察法也有一些不同的操作方法。

研究人员需要根据调研问题、目的、费用和各种数据收集方法的特点，确定数据的收集方法。在实际工作中，研究人员可以综合使用这几种方法收集数据。例如，为了帮助决策者做出是否推出一个新产品的决策，研究人员可以综合使用以下几种方法：第一，考察过去同类产品推出时的有关情况记录（第二手数据的收集方法）；第二，进行一次邮寄调查以便确定消费者对类似产品的态度（邮寄调查）；第三，进行一次测试，看看不同的包装对消费者的影响（实验法）。

（四）设计测量工具

测量就是根据规则用数字描述客观事物有关特性的程序。社会科学与自然科学的一个重要区别，是社会科学测量的多是人的态度、感知和行为倾向等，比较主观，难以重复。这使得社会科学的测量更加困难。

在市场调研中有四种基本的测量工具，即问卷、态度量表、深度询问和投影技术。

问卷是从应答者那里收集资料或数据的一套系统的问题表。它是市场调研中应用最广泛的一种测量工具，可以用来测量人的行为、人口统计特性、知识水平以及态度和意见。

态度量表是对态度进行测量的工具。因为态度是影响消费者或用户购买行为的一个重要因素，在企业营销活动中占有非常重要的地位，所以研究者们专门为测量人们的态度设计一些便于操作的测量。

深度询问是探测人们本能倾向（如无意识的感情、需要、烦躁和害怕等）的测量技术。投影技术则是通过被调查者解释或描述一个事件而测量他们对事物态度的测量方法。两种方法主要用于收集那些直接询问或观察无法得到的数据，例如消费者或用户的购买动机研究。

在测量技术的设计与选择时，研究者既要考虑数据的特点（如是否适合于直接询问或观察），也要考虑选用的调查方法与调查对象。例如，在电话调查中很难使用投影技术；让儿童填写复杂的问卷或量表也是不适当的。此外，也要考虑将来在进行数据分析时所要采用的统计工具。例如，如果要使用比较高级的统计工具（如回归分析或结构方程）进行分析，就需要在量表中多使用等差量表或等比量表。

虽然在市场调研中可以采用不同的测量工具，但是主要是问卷。因此，问卷设计是市场调研的一项重要工作。问卷设计的质量如何，对市场调研的准确性有很大影响。

一般来讲，一套问卷由四个基本部分构成：请求、说明、调研内容和分类资料。请求，即要求被调查者合作的请求，关于调研目的的解释和完成调研所需要的时间一般也在这个部分给出。说明的目的，在于告诉问卷使用者怎样使用问卷。调研内容是问卷中最基本、最主要的部分，由一系列问题组成。分类资料是关于被调研者特性方面的资料，如被调查者的年龄、性别、收入和文化程度等。

问卷设计可以按照下述程序进行。

第一，决定调查方法。调查方法不同，所需问卷的内容、长短和复杂程度也不同。因此，设计问卷内容之前，首先要决定调查的方法。

第二，决定问卷内容。决定问卷内容实际上就是选择问卷中的问题。选择问题时要掌握两个原则：①能得到足够的信息；②没有多余问题。为此，问卷设计者可向自己提出下述问题：本问题是否必须列入？是否需用几个问题代替一个问题（以免句子过长，语意不清）？被调查者是否有能力回答所提问题？被调查者是否愿意回答所提问题（避免提出窘迫性问题）？

第三，决定问题类型。问卷中常用的问题类型有以下几种。①自由问题。如"你抽烟多久了?""你为什么喜欢抽烟?"此类问题问卷上无固定答案,应答者可自由发表意见。②封闭式问题。问卷上给出几个答案,让应答者根据问题,选择自己认为正确的答案。③态度量表。态度量表是测量人们态度的专用工具,既可以独立出现,又可以作为问卷的一个部分出现。态度量表种类很多,最常用的是李克特量表。李克特量表要求应答者在多个两头为两个极端答案、分成若干个程度类别的项目上,通过打分来表达他们对某一个事物的态度。例如,表3.2就是一个李克特量表,兰花集团(山西一家煤炭生产企业)用它来进行顾客满意度的调查[4]。

表 3.2 兰花集团的顾客满意度调查量表

1. 您对我公司产品的质量:
   □非常满意　　□满意　　□一般　　□不满意　　□非常不满意
2. 您对我公司产品在当地的性价比:
   □非常满意　　□满意　　□一般　　□不满意　　□非常不满意
3. 您对我公司产品的装车数量:
   □非常满意　　□满意　　□一般　　□不满意　　□非常不满意
4. 您对我公司销售人员的责任感:
   □非常满意　　□满意　　□一般　　□不满意　　□非常不满意
5. 您对我公司专职结算人员的服务:
   □非常满意　　□满意　　□一般　　□不满意　　□非常不满意
6. 您对我公司驻站办事处的服务:
   □非常满意　　□满意　　□一般　　□不满意　　□非常不满意
7. 您对我公司的商务纠纷处理:
   □非常满意　　□满意　　□一般　　□不满意　　□非常不满意
8. 对您的要求我们作出回应的程度,您认为:
   □非常满意　　□满意　　□一般　　□不满意　　□非常不满意
9. 您是否愿意将我公司产品推荐给您的朋友:
   □非常愿意　　□愿意　　□一般　　□不愿意　　□非常不愿意

资料来源:兰花集团网站(http://www.chinalanhua.com/news/ShowNews.asp? ID=195),2009年10月20日读取。

第四,决定问题措辞与语气。在设计问题时,要避免一般性问题,如使用"普通"、"经常"、"大概"、"差不多"等多语意的词。还要避免提引导性问题,以及涉及个人隐私的窘迫性问题。

第五,决定问题顺序。决定问题顺序应遵循下述原则:①先易后难;②先一般后特殊;③符合逻辑顺序。

第六,问卷外观设计。问卷外观对应答者回答问题也有一定影响。例如,在回答自由问题时,如果问题下面留的空间大,应答者倾向于多答;而空间小,应答者则倾向于少答。

(五)抽样设计

调查有普查和抽样调查之分。在企业的市场调研活动中,抽样调查应用较为广泛。要进行抽样调查,就要进行抽样设计。抽样是否科学,对市场调研的准确性、费用和可行性有很大影响。

根据抽样遵循的原则,抽样设计可分为随机抽样和非随机抽样两大类。随机抽样是按照随机原则,从总体中抽取部分单位作为样本的抽样方法。所有不按照随机原则抽取样本的方法都是非随机抽样。常用的随机抽样有简单随机抽样、等距抽样、分层抽样和分群抽样；常用的非随机抽样有配额抽样、便利抽样和判断抽样。

六、调研实施

调研实施是调查方案的具体实施过程。调查费用的很大一部分，将花在这个阶段。调查结果的准确与否，进而预测的准确与否，很大程度上取决于这一阶段的工作质量。在这一阶段，调查工作的组织者需要对每一位调查人员严格要求，尽量使整个实施过程在严密的控制之下，努力杜绝虚假数据。

七、数据的整理与分析

数据整理有六项主要工作：第一，校编，目的是消除资料中错误或含糊不清之处，使资料更加准确；第二，分类，为后面的数据录入和分析做准备；第三，编号，即在分类的基础上用数字代表类别，这也是为了方便后面的数据录入和分析；第四，数据录入，即将数据录入电脑；第五，制表，目的在于归纳和整理原始资料，使其成为一种宜于分析和使用的表格形式；第六，计算统计值，这些统计值是进行各种分析必要的数据，它们的计算本身就是对资料进行的描述性分析。

数据分析的常用技巧，根据一次分析变量数目的多少，分为单变量、双变量和多变量三种形式；根据分析的目的，分为描述性分析和推断性分析。描述性分析的目的在于描述，即利用有关统计值描述样本的有关特性。例如，样本的平均年龄是多少？样本中各单位之间在年龄上的差异程度有多大？样本中年龄和收入的相关程度如何？推断性分析的目的在于推断，即根据数理统计的有关原理，利用样本的特性推断总体的特性。例如，根据样本的平均年龄来判断总体的平均年龄是多少，根据样本资料来推断总体中年龄与收入的相关程度有多大。前后进行两次实验，得到两个不同的结果，这两个结果的差异是否有统计意义？

预测是数据分析的一个组成部分。它本身就是一种数据分析，是用某事物现有的数据推断这一事物或与其相关事物未来发展变化的一种数据分析。预测的方法多种多样，概括而言，有定性预测和定量预测两大类。常用定性预测方法有个人直观判断法、集体经验判断法和专家判断法；常用的定量预测方法则有时间序列预测法和因果分析预测法。

数据分析（包括预测）需要模型库的支持。所谓模型库，就是数据分析与预测的统计工具和数学模型。模型库中的统计工具和数学模型主要来自基础理论研究。另外，企业的数据分析或预测结果也是它的一个来源——企业使用过的数据分析方法和建立的数学模型，可以存入模型库，以备将来继续使用。

八、编写调研报告

市场调研报告是市场调研的最终成果。它需要针对调研问题，根据对数据的分析，给出结论性意见。一项调研再有意义，组织得再好，如果没有好的报告，就等于好的零部件没有组装好。

调研报告的内容与结构大致如下：①调研的目的和范围；②使用的方法；③调研结果及其分析；④提出建议；⑤必要的附件，如对调研方法的详细说明，根据调研结果所制成的图表。

第四节　市场调研策划

一、市场调研策划的内涵

市场调研策划也称为调研设计,是为收集和分析数据或资料而选择研究方法和研究内容的决策过程。市场调研策划的目的,是使信息的价值尽可能地大于信息的成本。

市场调研策划的内涵,可以从以下几个方面理解。

第一,它是一系列特定方法和内容的选择过程,包括决策获得信息的特征、资料的收集方法、测量方法、被测量对象的特征和资料的分析方法等。

第二,数据资料是为了帮助解决特定的决策问题而收集的。因此,市场调研所收集来的资料最终都要与欲解决的决策问题相关。

第三,信息是有价值的。这表现在:一方面,信息能够帮助改进决策,并且能够带来经济效益;另一方面,若信息是自己收集的,则要花费一定的人、财和物,若是由外部得来,则往往需要购买。

第四,对于同样的问题,通过市场调研可以获得不同精确度的信息。信息的精确度受很多可能发生的误差影响。

第五,市场调研设计的目的,并不是为了获得尽可能准确的信息,而是为了使信息的价值与获得信息的成本之间的差最大。也就是说,调研设计的目的是为了以特定的费用获得尽可能准确的信息。

二、市场调研的总体设计

市场调研的总体设计,就是根据所需要的信息,考虑进行哪种类型的市场调研。如前所述,市场调研分为四种类型,即探测性调研、描述性调研、因果关系调研和预测性调研。其中探测性调研属于非正式调研,其他几种调研属于正式调研。

探测性调研比较灵活。一般来说,在设计探测性调研时,只规定大致方向和步骤,而不做详细计划。调研者收集各种可能得到的、有助于决策的信息,以花尽量少的时间和费用为原则。探测性调研的信息主要来源于第二手资料,询问有识之士和案例分析。有时也进行小规模的任意或主观的抽样调研与简单实验。由于探测性调研有省时间、省费用和灵活多变的特点,所以,对于进行探测性调研就能解决的问题绝不进行正式调研。探测性调研往往是正式调研的序幕。在决策程序的最初阶段,常常采用探测性调研,以便明确问题和与之相关变量的总特性,并帮助判断是否应该进行正式调研。

另外,在正式调研的初始阶段,也常常采用探测性调研,以便对所要调研的问题有一个大致的了解,从而减少误差。探测性调研的设计比较简单,一般不需要表现为书面形式,做到心中大致有数就行。通常所说的调研策划,不包括这种类型调研的设计,而专指正式市场调研的设计。

如果探测性调研不能解决决策问题,就要采用正式的市场调研。虽然正式的市场调研根据收集和分析资料的侧重点不同，分为三种类型，但它们的设计步骤、需要考虑的因素是基本相同的。当决定了要进行正式的市场调研以后，就要进行市场调研策划。

三、市场调研策划的内容和程序设计

市场调研策划实际上是一系列判断与选择的过程。为了解决某一特定的决策问题，它需要按照市场调研的程序，一步一步地对收集和分析资料的方法加以选择和限定。其程序大致如下：

第一步，尽量详细、全面地说明决策与调研问题以及二者之间的关系；

第二步，估计信息的成本和价值，说明进行正式调研是否值得；

第三步，选择适宜的方法收集资料；

第四步，选择适宜的测量工具；

第五步，进行抽样设计；

第六步，选择适宜的方法分析资料；

第七步，以书面的形式提出市场调研的计划。

市场调研计划是市场调研策划的一个阶段性成果，要以书面形式提供给有关人员。市场调研计划，应该先于任何具体的调研实施工作。不过，这里的"先于"是相对意义上的，因为在进行调研设计时，调研人员需要做一些前期调研工作。

调研计划帮助决策者和调研者对一些基本的问题达到一致的认识，如决策问题和调研问题的限定、所要求的信息和调研方法的选择等。如果调研是企业所属部门进行的，调研计划可以用于劝说上级主管部门做出调研决定。如果调研是委托企业外部市场调研机构进行的，调研计划则是这些机构出售其产品（即调研服务）的促销手段。对于大多数企业来说，调研的经费是相对稀缺的，所以，调研人员必须设法证明花钱从事某一项调研要比把钱用到其他地方所得的收益更大。只有这样，才能说服有关人员做出进行某一项调研的决定。

当然，这并不意味着调研人员应该夸大市场调研的作用或为那些没有保障的调研要经费。这只意味着，一旦调研人员认为从事某一项调研可以为企业带来比较大的利益，他们就应该尽量清楚和有力地说明这一点。

四、调研计划书的基本内容

调研计划书包括以下基本内容。

第一，简要说明，即简单说明每一个部分的要点，目的在于使有关人员不阅读全文，就能对调研计划有一个基本的了解。

第二，背景，即说明决策问题和影响它的因素。

第三，目标，即描述调研所能得到信息的类型和这些信息与决策问题的关系。

第四，调研方法，即说明调研采用的数据收集方法、测量工具、抽样方法和分析技术。

第五，时间和成本，即说明调研需要花费的时间和费用。

第六，应用，即说明调研所得信息可能的用途与重要性。

第七，附录，即用技术性语言详细描述调研所采用的方法和使用的问卷。这部分仅是

为极少数对此感兴趣的人员准备的。

五、调研预算的确定方法

确定调研预算的方法有规范方法和描述方法两种。规范方法试图回答应该花多少钱的问题,而描述方法试图回答实际上需要花多少钱的问题。

(一)规范方法

规范方法应用经济学中边际分析的方法,来确定调研预算应该是多少。它的基本思路是:企业应该为某一项调研提供资金,直到最后一单位货币所带来的边际利润与企业把钱花在其他方面所带来的边际利润相等为止。换言之,这一点决定了给该项目分配多少资金对企业是最有益的。但是,在实际工作中,没有企业能够采用这种方法来确定调研预算,因为企业在各方面的投入所带来的边际利润是难以计算出来的。它只能从理论上说明企业为调研项目提供资金的思路。人们会根据自己的主观判断,自觉或不自觉地应用这种方法思考问题。

(二)描述方法

应用描述方法,调研人员根据需要,详细说明下一财政年度企业需要从事的市场调研活动以及每项活动需要的资金。预算一旦确定,它就成为市场调研部门的行动指南。

在企业所编制的各种预算中,调研预算最需要灵活掌握。因为市场情况千变万化,有时企业必须在很短的时间内做出是否进行市场调研的决策,以便应付已经发生的不测事件。例如,竞争者的一种新型化妆品问世了,引起了化妆品行业的震动。这时,作为化妆品生产者的某公司,需要立刻对该产品的市场测试情况进行调查,以便了解该产品的成功与否并对它的影响程度进行评估。进行这一调研的费用,可能在制定企业的调研预算时并没有考虑。因此,分配给市场调研部门的调研预算应该留有一定的余地,以保证企业市场调研的灵活性。

调研预算通常由三种类型的成本构成:固定成本、半固定成本和变动成本。

(1)固定成本主要包括研究人员的工资、仪器和设备等,它们在一定的时期内是基本固定的。

(2)半固定成本虽然是正常情况下企业需要花费的,但是却可以变动而不影响整个部门的运作。例如,一个企业可能会认为某一大商店的年度会计报表是企业一个重要的信息来源,因此它花钱预订了这个商店的年度会计报表,那么花在这上面的费用就与固定成本没有什么区别。当然,企业也可以根据研究项目的要求,临时决定是否购买这个商店某一年度的会计报表。如果这样做,它又成为变动成本了。所以,它是介于固定成本和变动成本之间的一种成本。

(3)变动成本随着企业对市场调研部门的信息要求而变动。需要市场调研部门提供大量信息的企业,比那些只需要市场调研部门提供少量信息的企业会花费更多的变动成本。

在确定调研预算之前,首先要对上一年度的预算和成本进行分析。这个分析是确定预算(特别是固定成本和半固定成本)的重要参考。其次,估计预算中各部分的变动情况,计算计划项目所要求的各种经费。最后,确定调研预算。如果调研预算比上一年度有较大的增加,策划人员需要解释原因或证明这样做是必要的。

当然,调研预算还可以根据某一项研究的具体情况和要求确定。例如,表3.3是一项国家自然基金委资助项目申请书中的经费预算表[5]。其中,按照要求,详细罗列了调研项目支出的各个方面,说明了每一项经费预算的计算依据。

表3.3　调研项目经费预算表

支 出 科 目	金额/万元	计算根据及理由
合　　计	17.5	
1. 科研业务费	14.5	
（1）国内调研费	6.0	拟分别在西安、北京、上海、广州、青岛等地进行调研。外地调研费用3 000元/人次,计划约20人次
（2）业务资料费	1.0	购买、复印资料,上网费
（3）会务费	3.0	参加国内学术会议2 500元/人次,计划约4人次;国际学术会议,10 000元/人次,计划约2人次
（4）计算机使用费	1.0	1.0元/机时,约需10 000机时
（5）打印费	1.0	论文、报告等打印
（6）版面费	0.5	700元/篇,共7篇
（7）专著出版费	2.0	20 000元/部,计划出1部
2. 实验材料费	1.0	计算机耗材(打印纸、软盘等)及有关软件
3. 仪器设备费	0.3	计算机、打印机等设备维修费1 000元/年,共3年
4. 实验室改装费		
5. 协作费	0.5	请求有关单位予以协助的相关费用
6. 项目组织实施费	1.2	校方管理费、项目的评审及鉴定等费用

注：预算支出科目按下列顺序填写：1. 科研业务费；2. 实验材料费；3. 仪器设备费；4. 实验室改装费；5. 协作费；6. 项目组织实施费。开支范围详见《国家自然科学基金委资助项目财务管理办法》第二章。

 **本章小结**

营销信息是能够降低营销决策不确定程度的资料、数据和消息。

营销信息系统是企业营销管理过程中,系统、连续地收集、分析数据和资料,为决策者提供信息的专门程序。它强调以流的方式向决策者提供信息,是人、机和程序的有机组合。营销信息系统由资料输入、会计、情报、统计、数据库、信息输出和与此平行的市场调研等相互交织的环节组成。

市场调研是为解决特定的营销管理决策问题而收集、加工和提供信息的方法和理论。市场调研的内容由企业所面对的营销决策问题决定,包括企业营销环境调研、市场供求现状和趋势调研、消费者购买行为调研、市场竞争状况调研、企业可控因素实施效果调研以及其他专项调研。根据目的和要求,市场调研可以分为探测性调研、描述性调研、因果关系调研和预测性调研四种类型。

市场调研的程序可分为八个步骤：①弄清问题；②非正式调研；③情况分析；④决定是否进行正式调研；⑤制定正式调研方案；⑥调研实施；⑦资料的整理与分析；⑧编写调研报告。

市场调研策划是为收集和分析数据或资料而选择研究方法和研究内容的决策过程。其目的是使信息的价值尽可能地大于信息的成本。市场调研计划是市场调研策划的一个阶段性成果，要以书面形式提供给有关人员。市场调研计划书包括以下基本内容：简要说明、背景说明、目标描述、调研方法描述、时间和成本说明、调研所得信息可能的应用、附录。

思考题

1. 什么是信息？

2. "你们提供了太多的资料、数据，但是没有提供足够的信息。"怎样理解这句话？

3. 谈谈企业营销策划与营销信息的关系。

4. 什么是企业的市场信息系统？什么是市场调研？市场调研在市场信息系统的地位如何？

5. 市场调研的内容主要包括哪些？

6. 市场调研的程序分为哪几步？

7. 什么是市场调研策划？市场调研计划书包括哪些具体内容？

参考文献

[1] 庄贵军. 市场调查与预测[M]. 北京：北京大学出版社，2007：13-20.

[2] 上海中则思达市场调研有限公司. http://www.23mr.com/. 2011 年 6 月 25 日读取.

[3] 上海迈谱市场调研有限公司(MAP). http://www.emarketing.net.cn/. 2011 年 6 月 25 日读取.

[4] 兰花集团网站. http://www.chinalanhua.com/news/ShowNews.asp? ID＝195,2009 年 10 月 20 日读取.

[5] 庄贵军. 关系营销导向对于营销渠道行为的影响. 2004 年国家自然基金委资助项目，资助号：70372051.

新浪网"任你邮"用户调查①

电子邮件(E-mail)，是互联网上使用最广泛、最受欢迎的网络功能。

电子邮件来源于专有电子邮件系统。早在互联网流行以前，电子邮件系统就已经存

---

① 根据西安交通大学叶晨等学生的"市场调查与预测"课程作业(2003 年)改写。

在。它在主从式体系（主机与多终端）中从一台计算机终端向另一台计算机终端传送文本信息。随着互联网的发展和介入，它的功能得到了加强，不但可以传送文档以及声音、图像、视频等多媒体信息，还可以用附件的形式传送数据库、账目报告等更加专业化的文件。互联网扩展了电子邮件应用的范围。过去只能在局域网上进行的交谈，现在可以通过网络与世界上的任何人进行通信和交流。

一、调查背景

2002年，中国的互联网已度过群雄割据的年代。各大网站好像一夜之间突然认清一个事实，没有长久免费的"互联网午餐"。从2001年初开始，国内三大免费邮箱服务提供商21CN、163和263放出风声，要对免费邮箱开刀。2001年初，新浪、中华网等以前提供免费邮箱的网站，也纷纷将服务重点放在了收费邮箱上面。

收费是网站的无奈之举。提供邮箱服务必须付出高额成本，但得到的回报只是微薄的广告收入，所以邮箱收费对于网站来说，是急需拓展的业务。为了发展收费邮箱，自然免费邮箱就必须缩水。另一方面，网民对于互联网已经有了很大的依赖，"上网收发邮件"已成为人们进行沟通的一个重要工具。

那么，收费的邮箱是否值得网民掏腰包？新浪网在激烈的收费邮箱市场竞争中如何占领市场，如何取胜呢？

二、调查目的与调查问题

本项目的调查目的，是了解新浪网"任你邮"用户对收费邮箱的满意度及其期望。根据调查目的，我们需要搞清楚以下问题和收集以下信息。

(1) 用户对新浪"任你邮"邮箱的整体设计在下述几个方面的满意程度如何？

① 功能和质量；

② 申请的操作流程；

③ 价格；

④ 页面设计风格；

⑤ 升级服务的便利性。

(2) 用户对新浪"任你邮"邮箱的下述功能与性能的满意程度如何？

① 稳定性、安全性；

② 登录速度及邮件收发速度；

③ 在线杀毒功能；

④ 反垃圾邮件功能；

⑤ 新邮件到达短信通知。

(3) 用户对新浪"任你邮"邮箱的支付方式是否满意？

(4) 用户对新浪"任你邮"邮箱的客户服务是否满意？

(5) 用户对新浪"任你邮"邮箱有什么期望？

三、调查方法

（一）调查对象

本次调查的调查对象为所有使用新浪"任你邮"的个人用户。由于使用新浪"任你邮"用户的数量是一个动态的变量，因此我们只选取某一特定时刻之前的那个量作为调查对象。例如,可以选取 2003 年 10 月 24 日 8:30 之前在新浪网拥有"任你邮"的个人用户。

通过新浪网客服中心,获得所有使用新浪"任你邮"用户的全部邮箱资料。

(二)调查方法、可能出现的问题及其解决方法

通过 E-mail 向所有个人用户的邮箱发出调查问卷,请求个人用户填写,然后用 E-mail 将填好的问卷发回。此调查方法可能会出现四个问题。

(1)问卷回收率较低。由于问卷发放的方式类似于邮寄调查,调查过程无法全程监控,因此问卷的填写与否完全取决于调查对象的合作程度。针对此问题,我们将通过举办如下活动来解决。

① 凡是返回问卷的用户,将有机会参加我们的抽奖活动。奖品设置:一等奖 100 名,获六个月邮箱免费期;二等奖 1 000 名,获三个月邮箱免费期;三等奖 10 000 名,获一个月邮箱免费期。相对于新浪"任你邮"30 万交费用户,这是一个不小的覆盖率,因而会有一定的吸引力。

② 凡是返回问卷并附上有价值建议的用户将直接获得六个月邮箱免费期。

③ 直接获得六个月邮箱免费期的用户参加抽奖后获奖,两奖同时有效。

(2)未答误差。由于问卷的回收难以得到保证,不愿合作的调查者与愿意合作的调查者在某些方面的看法可能有很大差别,因此在调查过程中不免会产生一系列的未答误差。针对此问题,我们将采取如下方法来解决:对于第一次未返回问卷的用户,我们将第二次、第三次发放问卷。用这种方法,未答误差会逐步减小,而且抽奖活动也有利于减小该误差。

(3)测量误差。在直接面对面的调查中,调查者可以根据观察,在一定程度上判断调查对象是否如实地填写了问卷,从而初步判断该问卷的有效性。调查方法使得调查者与调查对象完全隔离,因而也就失去了这个很好的检验机会。针对测量误差,我们希望在数据分析阶段采用如下方式改善:凡是能够对本次调查提出自己较成熟建议的用户,其问卷的效度在一定程度上会高于一般填写者的问卷效度。因此,在数据分析时,将对两类问卷分别处理,然后给予前者较高的权重。这样综合两类数据所得到的最终结果,测量误差将会得到一定程度上的改善。

(4)调查所需时间较长。一方面,用户使用邮箱的频繁程度不同,直接影响他们能否及时看到和填写我们的调查问卷,因此会影响问卷回收周期。另一方面,我们所选取的调查对象是所有使用新浪"任你邮"的用户,由于调查对象数量很大,数据分析、整理过程比较耗时。针对调查时间较长这一问题,我们希望这样改善:调查对象数量很大、数据分析、整理过程比较耗时属于不可控因素,我们无法解决。但是,我们可以给调查对象限定问卷调查的截止日期(例如 15 个工作日),来促使我们的调查对象在充分思考的基础上尽快反馈问卷,从而达到节约时间的目的。

(三)优点

此次调查的优点有以下几点。

(1)由于我们的调查对象选取全体用户群,类似普查性质,因而不存在抽样误差。

(2)系统误差较小。由于数据收集过程完全构架于网络中,在排除因网络传输故

障而带来的系统性误差外，几乎不存在其他系统误差，如调查人员的不负责任或欺骗行为。

（3）调查对象有充足的应答时间。无论是街头拦截式问卷调查，还是电话调查都受时间限制，调查对象对于一些复杂问题无法立即作答。本调查采用的方法允许调查对象有较长的时间考虑，使他无时间压力，不影响其正常工作和生活。

（4）成本较低。调查免去了高昂的人工费（包括调查人员培训费、调查费等）、问卷材料费、电话费和邮寄费等诸多杂费。主要开支是奖品设置，且这笔费用不需要以现金方式提取，只是从未来的预期收入中扣除。另一方面，有关数据表明，维护一个百兆邮箱一年的费用不超过 20 元人民币，而收费则为 48 元/年。因此，我们的奖品设置相当于是一次促销性开支。

（四）不采用其他调查方法的理由

不采用其他调查方法的理由有以下几点。

（1）"任你邮"用户仅 30 万，占全国人口的比例很小，根本无法在大街上轻松地找到调查对象，因此无法使用大街拦截的方式调查。

（2）很多用户在注册时出于各种考虑，没有提供真实的个人资料，因而也无法采用邮寄或电话调查。

（3）调查要求把我们的调查对象置于一个相对封闭的系统中，以保证数据的准确度，因此不能把无关人员纳入调查范围。

基于以上原因，我们认为不宜采取其他调查方法。

四、案例附录：问卷

尊敬的用户：

感谢您对新浪网"任你邮"邮件服务的支持。为了更好地为您服务，新浪网从即日起开展"参加有奖调查，免费获赠邮箱"活动。凡是返回问卷的用户都将有机会参加我们的抽奖活动。返回问卷并在最后问题中提出有效建议的用户将直接获赠六个月"任你邮"，并可同时参加抽奖。

奖项设置：

一等奖 100 名，获赠六个月"任你邮"；

二等奖 1 000 名，获赠三个月"任你邮"；

三等奖 10 000 名，获赠一个月"任你邮"。

问卷反馈截止日期为 2003 年××月××日。

本活动最终解释权属于新浪网。

一、总体方面

1. 您对新浪"任你邮"的功能和质量是否满意？

　　1～2～3～4～5～6～7

2. 您对"任你邮"申请的操作流程是否满意？

　　1～2～3～4～5～6～7

3. 您认为"任你邮"的价格是否合理？

　　1～2～3～4～5～6～7

4．您对"任你邮"的页面设计风格是否满意？

　　1～2～3～4～5～6～7

5．您对从新浪免费邮箱升级到"任你邮"的方便性是否满意？

　　1～2～3～4～5～6～7

二、功能与性能方面

1．您对"任你邮"的稳定性、安全性是否满意？

　　1～2～3～4～5～6～7

2．您对"任你邮"的登录速度及邮件收发速度是否满意？

　　1～2～3～4～5～6～7

3．您对"任你邮"在线杀毒功能是否满意？

　　1～2～3～4～5～6～7

4．您对"任你邮"的反垃圾邮件功能是否满意？

　　1～2～3～4～5～6～7

5．您对"任你邮"的新邮件到达短信通知是否满意？

　　1～2～3～4～5～6～7

6．您觉得下列哪些功能很有必要？（排序）

　　修改用户名　　　　　　　　（　　　）

　　多用户名　　　　　　　　　（　　　）

　　修改交费手机号码　　　　　（　　　）

　　修改邮箱大小　　　　　　　（　　　）

　　注销邮箱　　　　　　　　　（　　　）

三、支付方面

1．您最愿意尝试的支付方式是：

　　手机直接付费　　　　　　　（　　　）

　　订阅短信赠邮箱　　　　　　（　　　）

　　邮局或银行汇款　　　　　　（　　　）

　　点数卡支付　　　　　　　　（　　　）

　　网上信用卡支付　　　　　　（　　　）

　　新浪指定快递上门收费　　　（　　　）

　　自己到新浪来交费　　　　　（　　　）

2．您对"任你邮"续费的方便性是否满意？

　　1～2～3～4～5～6～7

3．您对信用卡支付"任你邮"邮箱费用的操作是否满意？

　　1～2～3～4～5～6～7

四、服务方面

1．您对新浪邮件客户服务人员对您所提问题的答复是否满意？

　　1～2～3～4～5～6～7

2．您最希望得到何种类型的帮助？

　　电话热线咨询　　　　　　　　（　　　）

演示 Flash　　　　　　　　（　　　）

E-mail 帮助　　　　　　　　（　　　）

3．您对新浪邮件的帮助文档是否满意？

1～2～3～4～5～6～7

4．您对"任你邮"的进一步期待和建议是什么？

_____

_____

讨论题

1．你怎样评价上面的市场调研策划方案？该方案有什么优点？有什么缺点？

2．你能比这做得更好吗？请找一个题目，自己设计一个市场调研方案。

 **案例3.2**

购物中心大额购买者与小额购买者的行为比较①

本研究根据顾客行为理论提供的分析框架，运用定量分析方法，通过比较，揭示购物中心大额购买者与小额购买者的行为差异。要回答的问题是：大额购买者与小额购买者在购物中心的行为方式各有什么特点？

此问题的意义有以下两点。第一，根据80/20定律，20％的大额购买者能够为购物中心提供80％以上的收入，他们是购物中心经营者的主要利润来源，决定着购物中心的兴衰，也决定着购物中心发展商和供应商的命运。因此，把这部分顾客同其他的顾客区分开，弄清楚他们的行为特点，有助于购物中心的发展商、供应商、零售商和其他经营者从事更有针对性的市场营销活动。第二，小额购买者对于某种类型的零售商（如食品店或超级市场）有着特殊的意义。这些零售商实际上争夺的就是这些小额购买者。

一、研究方法

根据顾客行为理论，我们以惠顾动机、惠顾行为和购买行为为分析框架，对购物中心大额购买者与小额购买者各自的行为特点进行比较与讨论。

（一）样本

本研究采用在购物中心外面邀请顾客填写问卷的方法选取样本。调查于2000年4月在西安的世纪金花购物中心进行。该购物中心位于西安市市中心，内设一个超级市场、一家大型家具市场、一家大型游戏厅、两家西式餐馆、一家银行的分理处、二十多家专卖店和近百个经营摊位。

调查对象是那些在调查时间内从购物中心走出的所有顾客。为了使抽样程序尽量符合随机抽样原则，调查采用了下面的控制方法：①在选取了第一个顾客以后，每第10个走出购物中心的顾客即是选取对象；②如果被选中的顾客不愿回答，则访问紧接着出来的第一个顾客；③如果仍被拒绝，则再数到第10个走出购物中心的顾客上前访问。在三

---

① 节选自庄贵军、周南、李福安的同名论文，原文刊载于《商业经济与管理》2002年第4期第18～22页。

个工作日和一个工休日,我们共获得有效问卷 459 份。其中,315 位被访者购买了至少一种商品。这 315 位购买了商品的被访者就成为我们这里要研究的样本。

(二)问卷

本研究采用的问卷共包括 27 个问题,其中有是与否的问题,有多项选择题。问卷的内容包括惠顾动机(如为什么而来、是否知道要买什么东西和什么牌子)、惠顾行为(如所用交通工具、在购物中心停留的时间、惠顾的经济性、是否有人陪伴等)、购买行为(如花了多少钱购物、是否购买了食品、是否购买了除食品以外的其他产品等)和消费者的分类资料(如年龄、性别、教育程度)。

(三)大额购买者与小额购买者及其人口统计特征

根据 80/20 定律,我们拟将购买金额最大的 20% 的购买者定为大额购买者,其他则定为小额购买者。对样本进行观察发现:在这 315 个发生了购买行为的被访者中,花费金额在 200 元以上的占到 22.5%,与我们事先确定的点 20% 相近。因此,我们将 200 元作为分界点:花费 200 元以上的为大额购买者,以下的为小额购买者。表 3.4 是大额购买者与小额购买者各自的购买情况。

表 3.4　样本的购买情况

	总计	大额购买(≥200 元)	小额购买(<200 元)
人数	315	71	244
%	100.00	22.5	77.5
平均值/元	268.02	1 046.51	41.50
标准差/元	1 265.61	2 526.81	44.03
占总花费/%	100.00	88.00	12.00

由表 3.4 可见,虽然大额购买者的人数只占全部购买者的 20% 左右,但他们的购买额却占总购买额的 88%。这充分说明了他们对于购物中心的重要性。

表 3.5 显示了大额购买者与小额购买者的人口统计特征值。二者除了在年龄上有明显差异($\chi^2 = 6.419$,$P < 0.05$)以外,在其他方面的差异是不显著的。

表 3.5　人口统计特征

		大额购买者($n=71$)		小额购买者($n=244$)		检　验	
		人数	%	人数	%	χ^2	P
年龄	18~24 岁	23	32.4	119	48.8	6.419	0.040
	25~34 岁	31	43.73	87	35.7		
	35 岁及以上	17	23.92	38	15.6		
教育程度	高中及以下	25	35.2	84	34.6	0.010	0.920
	大专及以上	46	64.8	159	65.4		
	未填			1			

续表

		大额购买者($n=71$)		小额购买者($n=244$)		检	验
		人数	%	人数	%	χ^2	P
性别	男	38	46.5	123	49.6	0.213	0.644
	女	33	53.5	121	50.4		
住址	西安市	49	69.0	164	67.2	0.081	0.775
	其他	22	31.0	80	32.8		

　　大额购买者与小额购买者在年龄上的差异提示我们：在解释大额购买者与小额购买者的行为差异时要特别注意，这些差异有可能是由他们在年龄上的差异造成的。

二、调查结果的比较与讨论

（一）惠顾动机与购物的计划性

　　表3.6是大额购买者与小额购买者在惠顾动机和购物的计划性上的比较。统计检验的结果显示，在惠顾动机方面，大额购买者与小额购买者有明显的差异（$\chi^2=18.170,P<0.001$）。大额购买者中近七成的人有明确的购买动机，而小额购买者中只有43.4%的人是为买而来。小额购买者中闲逛的人较多，占到46.4%，而大额购买者中闲逛的人较少，占不到20%。

表3.6　惠顾动机与购物的计划性

		大额购买者($n=71$)		小额购买者($n=244$)		检	验
		人数	%	人数	%	χ^2	P
惠顾动机	闲逛	14	19.7	113	46.4	18.170	0.000
	买东西	49	69.0	105	43.4		
	其他*	8	11.3	25	10.2		
购物的计划性	知道买什么商品	41	57.7	79	32.4	15.009	0.000
	知道买什么牌子	22	31.0	38	15.6	8.472	0.004

　　* 包括会朋友、与人约会和旅游等。

　　在购物的计划性方面，二者也有显著的差异。大额购买者中有将近六成的顾客在来购物中心之前已经知道想买什么商品，而小额购买者中这一比例只有三成多。大额购买者中有三成的顾客在来购物中心之前已经知道想买什么牌子的商品，而小额购买者中这一比例只有15%左右。

　　大额购买者与小额购买者在惠顾动机和购物计划性上的差异说明：大额购买者有较强的购买动机和较明确的购物计划；小额购买者的购买动机较弱，很多人以闲逛和从事其他活动为目的，购物计划也比较模糊。

（二）惠顾行为

　　惠顾行为从以下几个方面来比较：第一，来购物中心所使用的交通工具；第二，在购物中心花费的时间和惠顾的经常性;第三,来购物中心陪伴的人数与惠顾店铺的数量。

1. 交通工具

卡方检验的结果($\chi^2 = 43.446, P<0.001$)显示,在交通工具方面,大额购买者与小额购买者有明显差异(见表 3.7)。进一步的观察发现,差异主要表现在公共汽车与出租车的使用比例上。大额购买者有四成多使用出租车,而这一比例在小额购买者中只占一成多一点儿。小额购买者有五成多使用公共汽车,而大额购买者使用公共汽车的只占三成。另外一个较为明显的差别是,大额购买者中步行而来的顾客比例(14.9%)明显大于小额购买者(4.9%)。

表 3.7 在惠顾行为上的比较(一)

		大额购买者($n=71$)		小额购买者($n=244$)		检	验
		人数	%	人数	%	χ^2	P
交通工具	公共汽车	22	31.0	136	55.7	43.446	0.000
	出租车	29	40.8	29	11.9		
	私人汽车	1	1.4	10	4.1		
	摩托车	1	1.4	17	7.0		
	自行车	8	11.3	40	16.4		
	步行	10	14.1	12	4.9		
在购物中心所花时间	少于 30 分钟	6	9.0	33	14.3	8.917	0.030
	30~60 分钟	35	52.2	133	57.8		
	60~120 分钟	19	28.4	58	25.2		
	120 分钟以上	7	10.4	6	2.6		
	未填写	4		14			
经常性	每星期至少一次	22	31.4	115	47.5	5.714	0.057
	每星期少于一次	41	58.6	109	45.0		
	第一次来	7	10.0	18	7.4		
	未填写	1		2			

导致这一区别的主要原因可能有以下几种。

第一,大额购买者的购买动机较强、购买计划较明确(见表 3.6),这使他们一方面更急于得到计划购买的商品;另一方面倾向于将乘坐出租车的开销与计划购买的商品的价值进行比较,这种比较反衬出乘坐出租车的开销是物有所值。这两个方面都会促使他们选择相对较为舒适、快捷的交通工具。由于私人轿车并未普及,所以出租车就成为首选。与此相反,小额购买者中以闲逛为目的的顾客较多(见表 3.6),把逛购物中心看成是一种休闲活动。既然是休闲活动,在人们收入并不高的情况下,自然会更多地选择便宜的大众化交通工具。

第二，可能是大额购买者与小额购买者之间不同的年龄构成引起的。由表3.5可见，在大额购买者中年龄在25岁以上的顾客比例明显大于小额购买者。年龄较大的顾客一方面有较多的个人收入；另一方面身体较弱，较难以承受公共汽车的拥挤。这都在一定程度上促使他们更多地选择出租车作为交通工具。相反，在小额购买者中，年龄在25岁以下的年轻人占到了总人数的一半左右，明显高于大额购买者的32.4%。年轻人有较少的个人收入，又不怕拥挤，所以在年轻人较多的小额购买者中有较多的人选择公共汽车作为交通工具。

第三，大额购买者中较多的人步行而来，比例明显高于小额购买者。这可能是人们的风险意识在起作用。可以想象，步行而来的人都是住处离购物中心很近的人。当计划购买一种较为贵重的东西时，如果较远的地方没有特别的优惠，顾客通常是会选择就近购买的。因为就近购买，一旦产品出现问题，马上可以去退换。这就使那些住处距购物中心很近的顾客，在条件相同时，更倾向于将购买贵重物品的地点放在购物中心而不是别的距离较远的地方。当购买价值较小的物品（如食品）时，顾客则没有这种特别的偏好。

2. 在购物中心花费的时间和惠顾的经常性

大额购买者与小额购买者在购物中心花费的时间上也有明显差异（$\chi^2 = 8.917, P < 0.05$；表3.7）。有近四成的大额购买者在购物中心花的时间超过一小时，这一比例在小额购买者不到三成。对大额购买者与小额购买者在购物中心花费的平均时间进行比较，进一步证实了这一点（$F = 4.564, P < 0.05$；表3.8）。大额购买者在购物中心平均花费的时间超过小额购买者12分钟左右。

表3.8　在惠顾行为上的比较（二）（ANOVA）

	大额购买者（$n=71$）	小额购买者（$n=244$）	检　验	
			F	P
在中心的时间/分钟	68.28	56.63	4.564	0.033
陪伴的人数	1.97	1.58	4.123	0.043
惠顾店铺的数量	18.30	17.00	0.462	0.497

导致这一差异的原因可能是，大额购买者比小额购买者在做购买决策时更谨慎。他们需要更多的信息帮助他们决策，需要花更多的时间在不同品种、不同品牌之间进行比较。更有一些大额购买者在购买时犹豫不决。另外，在购物中心花费的时间与购买量之间是一种互为因果的关系：购买量越大的顾客越倾向于在购物中心花较多的时间；在购物中心花的时间越长，越倾向于购买更多的东西。

在惠顾的经常性方面，大额购买者与小额购买者之间则不存在统计意义上的明显差异（$\chi^2 = 5.714, P > 0.05$，见表3.7）。

3. 陪伴的人数与惠顾店铺的数量

陪伴大额购买者的人数明显多于陪伴小额购买者的人数（$F = 4.123, P < 0.0$，见

表 3.8)。平均而言,陪伴大额购买者的人数为 1.97 个,而陪伴小额购买者的人数为 1.58 个。这说明陪伴人数与顾客的购买额之间有正相关关系:计划购买大件商品的顾客更希望有人陪伴,以便帮助他们拿主意;有其他人陪伴的、事前没有购物计划的顾客,由于有其他人的意见做参考,更容易购买大件商品。

在惠顾的店铺数量上,大额购买者虽然大于小额购买者,但二者的区别是不显著的($P>0.05$)。

（三）购买行为

表 3.9 比较了大额购买者与小额购买者之间在购买行为上的差异。

首先,大额购买者中虽然有近六成的人购买了食品,但这一比例明显低于小额购买者的 77％($\chi^2=8.938,P<0.01$);大额购买者购买除食品以外的其他产品的比例高达 95.8％,远远高于小额购买者的 43.9％($\chi^2=60.048,P<0.001$)。由此可以推断:第一,大额购买者是购买其他产品的主体;第二,小额购买者虽然在购买其他产品方面无足轻重,在购买食品方面却是十分重要的。

表 3.9 购买行为

		大额购买者($n=71$)		小额购买者($n=244$)		检　验	
		人数	％	人数	％	χ^2	P
购买了什么商品	买食品	42	59.2	188	77.0	8.938	0.003
	买其他商品	68	95.8	107	43.9	60.048	0.000
是否计划性购买	计划性购买	49	69.0	74	30.3	34.583	0.000
	非计划性购买	22	31.0	170	69.7		
在购物时最着重考虑的因素	价格	7	10.0	13	5.4	4.158	0.125
	质量	44	62.9	136	56.2		
	价格质量同样重要	19	27.1	93	38.4		
是否是一个十分注重品牌的人	是	45	63.4	116	47.5	7.016	0.030
	不是	10	14.1	68	27.9		
	说不清	16	22.5	60	24.6		
对国产或进口货有无特别偏好	国产品牌	24	33.8	106	43.4	6.514	0.039
	进口品牌	18	25.4	32	13.1		
	无所谓	29	40.8	106	43.4		
对整个惠顾过程是否满意	满意	57	80.3	157	64.3	6.937	0.031
	无意见	8	11.3	60	24.6		
	不满意	6	8.5	27	11.1		

为了确证这两点推论,我们分别计算了大额购买者与小额购买者各自购买食品和其他产品的总额和比例,结果如表 3.10 所示。在其他产品的购买额中,大额购买者占九成

以上,这证实了第一点推论。在食品购买额中,虽然大额购买者仍然占有一定的份额,但小额购买者所占有的份额却超过了大额购买者,占五成多,这证实了第二点推论。

表3.10　食品与其他商品的购买

		大额购买者	小额购买者	总　　计
购买食品	总金额/元	3 280.90	3 830.50	7 111.40
	%	46.14	53.86	100.00
购买其他商品	总金额/元	71 021.50	6 294.40	77 315.90
	%	91.86	8.14	100.00

其次,表3.9还显示了大额购买者与小额购买者在计划性与非计划性购买方面有显著性差异($\chi^2 = 34.583, P < 0.001$)。向被访者提出的问题是,"您来这里时是否计划过会购买这些东西?"回答"是"为计划性购买,回答"否"为非计划性购买。由表3.9可见,大额购买者中有七成是计划性购买,三成是非计划性购买;与此相反,小额购买者中只有三成是计划性购买,七成是非计划性购买。这可能是大额购买者与小额购买者在购买动机与购物的计划性上的差异造成的:大额购买者购买动机较强、有较明确的购买计划,因此计划性购买的比例较高;小额购买者购买动机较弱,购买计划较模糊,因此计划性购买的比例较低。

再次,表3.9显示:①大额购买者与小额购买者在购买时对于商品的质量都非常重视,在程度上没有明显的差别($\chi^2 = 4.158, P > 0.05$);②大额购买者明显比小额购买者更重视品牌($\chi^2 = 7.016, P < 0.05$);③虽然大额购买者与小额购买者均有较大的比例偏爱国产品牌,但大额购买者中喜欢进口品牌的人明显比小额购买者多($\chi^2 = 6.514, P < 0.05$)。以上三点可由他们所购买的商品、商品价值以及购物计划性方面的差异来解释。大额购买者是非食品商品的主要购买者,所购商品价值较高。对于这样的商品,顾客一方面较难判断其质量;另一方面一旦决策失误蒙受的损失较大,所以更倾向于依赖品牌的信誉来确保所购商品的质量。另外,这些顾客中有30%多(见表3.6)在来之前已经想好要买什么牌子的商品了。与此相反,小额购买者较多的人购买的是食品,虽然也有近四成多的人购买了除食品以外的其他商品,但他们所购买的东西价值较低。食品比较容易判断质量,购买价值较低的商品即使出错也不会造成太大的损失,所以小额购买者较少地依赖品牌的信誉来确保所购商品的质量。另外,小额购买者中也只有较少的顾客(15.6%,见表3.6)在来之前已经想好了要买的品牌。

最后,大额购买者对整个惠顾过程表示满意的明显多于小额购买者($\chi^2 = 6.514, P < 0.05$)。有八成的大额购买者对整个惠顾过程表示满意,这一比例在小额购买者是六成五。但这并不意味着小额购买者对于整个惠顾过程不满意的明显多于大额购买者。实际的情况是,小额购买者对于整个惠顾过程无意见(既不是满意也不是不满意)的明显多于大额购买者(24.6%、11.3%)。满意与否与购买之间的关系可能是双向的:满意的顾客倾向于多购买,能够购买到自己想要的商品又会使顾客感到更满意。这可能是大额购买者与小额购买者在惠顾满意方面存在明显差异的原因。另外,无购物计划的顾客可能更

倾向于对惠顾过程持中性态度,这可能是小额购买者对于整个惠顾过程无意见者较多的原因。

三、结论与应用

本文通过对问卷调查所得数据的处理,分析和比较了在购物中心大额购买者与小额购买者之间在惠顾动机、惠顾行为和购买行为上的异同。分析与比较的结果显示如下:

(1)从惠顾动机上看,大额购买者有较强的购买动机和较明确的购物计划;小额购买者的购买动机较弱,较多的人以闲逛为目的,购物计划也比较模糊。

(2)从惠顾行为上看,大额购买者与小额购买者之间在交通工具、购物中心所花时间和陪伴的人数等方面有明显的差异,而在惠顾的经常性和惠顾店铺的数量上的差异则不明显。大额购买者以出租汽车为第一交通工具,使用出租汽车的比例远远超过小额购买者;而公共汽车则是小额购买者的第一交通工具。另外,大额购买者中步行而来的顾客比例也大大高于小额购买者。大额购买者在购物中心所花的时间明显多于小额购买者。大额购买者陪伴的人数也明显多于小额购买者。

(3)从购买行为上看,大额购买者是其他产品的购买主体,小额购买者虽然在购买其他产品方面无足轻重,但在购买食品方面却是十分重要的。大额购买者以计划性购买为主,小额购买者以非计划性购买为主。大额购买者与小额购买者在购买商品时都十分重视商品的质量,但大额购买者比小额购买者更重视品牌,也有更大的比例喜欢进口品牌。大额购买者对整个惠顾过程表示满意的多于小额购买者。

本研究的结果对购物中心的发展商、经营者和供应商的营销活动有下述几点启示:

(1)发展商应以购物中心为单位进行促销与广告宣传活动,一方面刺激潜在顾客的购买欲望,强化购买动机;另一方面让更多的潜在顾客知道购物中心的特点,知道在那里都能够买到什么,增大购物的计划性。根据我们的分析结果,较强的购买动机和较明确的购物计划,是大额购买者与小额购买者的一个重要区别。因此,以刺激欲望、强化动机、传递信息为目的的促销与广告宣传活动,有利于吸引更多的大额购买者。

(2)增加购物中心的休闲娱乐设施,增强购物中心的休闲娱乐功能。这样做可以吸引更多的享乐型顾客(以闲逛为目的),让顾客在购物中心停留更长的时间,增大非计划性购买量。

(3)购物中心非食品类商品的经营者应把注意力放在大额购买者身上,他们虽然在人数上只占购买者的20%左右,但他们的购买金额却占到非食品类商品总购买额的90%以上。根据我们的比较与分析,大额购买者有较强的购买动机,有较明确的购物计划,倾向于在购物中心停留较长的时间,有较多的人陪伴,较重视品牌等。基于这些特点,经营者可以尝试重点向具有这些特点的顾客开展推销与促销工作(如花较多的时间讲解与演示),而不是毫无目的地向每一个进入店铺的顾客推销。这样做,既可提高推销效率,又可避免因过分殷勤而把那些本来只是想来看一看的人吓跑。

(4)食品类商品经营者则既要重视大额购买者,也要重视小额购买者。我们的调查结果显示:食品购买总额中,大额购买者与小额购买者各占一半左右(见表3.10)。食品类商品经营者要同时注重研究和实施针对大额购买者和针对小额购买者的营销活动。

（5）购物中心非食品类商品的供应者要特别注意研究大额购买者的需求特点，并据此研制、开发与提供产品，从事有针对性的市场营销活动；食品类商品的供应者在产品开发与营销活动中，则要兼顾大额购买者的需求与小额购买者的需求。

讨论题

1. 设想你是一家购物中心的运营商，这个调研报告的结果对你有什么启示？
2. 你能把调研中使用的问卷还原吗？
3. 请为这项调研写一份市场调研计划书。

第四章

企业营销环境分析

    企业内外部有许多因素是营销部门不能控制或随意改变的。营销策划人员只能认识和适应它们,并在此基础上对其加以利用。我们将其视为给定的约束条件,称为营销环境。营销环境既可能促进也可能限制企业的营销活动。营销策划者在进行营销战略策划之前,必须分析和了解这些环境因素,弄清楚它们给企业营销带来的优势、劣势、机会与威胁。

    本章讲述企业营销的内外部环境因素及其分析方法,内容包括企业营销的内部环境分析、企业营销的外部环境分析和企业营销的 SWOT 分析。

第一节　企业营销的内部环境分析

    企业营销的内部环境因素包括公司的使命和愿景、发展战略、组织结构、资源状况、公司以前的业绩以及在相关业务上的竞争战略等,如表 4.1 所示。从营销的角度看,在不能控制、只能设法适应这一点上,它们与外部环境是相同的。营销策划人员在为一个企业进行营销策划之前,首先必须了解这些因素对企业营销活动的有利或不利影响。

表 4.1　企业内部环境分析要点

公司使命与愿景
(1) 公司使命和愿景如何表述?
(2) 公司如何界定其经营范围?
(3) 公司如何说明其产品、市场、技术领域和价值观?
(4) 公司如何看待其他利益相关者?
(5) 公司使命对企业的营销活动有什么限制和影响?

公司的发展战略
(1) 公司的长期与近期发展目标是什么?
(2) 公司都有哪些业务?
(3) 各项业务的构成情况如何?
(4) 产品或业务组合与公司的使命和资源有怎样的关系?
(5) 公司的组织结构和权力结构如何?
(6) 公司的发展战略对企业的营销活动有什么影响?

公司的资源状况
(1) 企业员工与管理人员的技术、能力和道德状况怎样?
(2) 公司的财务状况如何?
(3) 公司拥有或需要哪些营销信息?
(4) 公司会为营销活动提供怎样的支持?
(5) 公司的各种资源对企业的营销活动有怎样的影响?

公司的业绩表现

(1) 近几年的销售额与利润额是怎样变化的？

(2) 销售额与利润额在各项业务上的构成如何？

(3) 各项业务的市场占有情况有什么变化趋势？

(4) 营销活动都发挥了怎样的作用？

(5) 营销费用的投入与销售额、利润额有怎样的关系？

(6) 有什么成功的经验和失败的教训？

(7) 以前的业绩对企业的营销活动有怎样的影响？

在相关业务上的竞争战略

(1) 谁是主要竞争者？

(2) 哪一种力量是影响行业盈利能力的主要因素？

(3) 企业采用的是什么竞争战略？

(4) 企业的竞争地位如何？

(5) 企业竞争战略对营销有什么要求？

一、公司使命与愿景

公司使命是对企业终极目的的一个独特的描述。它规定了一个企业的经营范围、总的发展方向（愿景）和组织的基本特征，反映战略决策者的价值观，是企业选择营销目标和营销战略的基础和背景。营销战略策划的许多要素，如营销目标、目标市场、市场定位、营销组合等，都多多少少反映着公司使命。因此，企业的公司使命及其对企业营销活动的约束和影响，营销策划人员必须了然于心。

公司使命的表述各不相同，但它一般都包括对公司产品、市场和技术领域的描述以及战略决策者的价值观等。下面是几个企业的使命表述，从中可以看出这几个企业的不同追求。

TCL集团：愿景是"成为受人尊敬和最具创新能力的全球领先企业"；使命是"为顾客创造价值，为员工创造机会，为股东创造效益，为社会承担价值"。

海信集团：愿景是"建百年海信，创国际名牌"；使命是"致力于电子信息技术的研究与应用，以卓越的产品与服务满足顾客的需求，提升人类社会生活品质"。

青岛啤酒：愿景是"成为拥有全球影响力品牌的国际化大公司"；使命是"用我们的激情酿造出消费者喜好的啤酒，为生活创造快乐"。

金地集团：愿景是"以品质提升价值，做中国最受信赖的地产企业"；使命是"创造生活新空间"，即"通过提供高品质、高附加值的地产产品，高质量的服务，为顾客创造新的生活空间；通过与员工的共同发展，为员工创造新的成长空间；通过理性的经营、持续的增长，为股东创造新的盈利空间；通过贡献物质财富和精神财富，为社会创造新的城市空间"。

华侨城集团：愿景是"企业家创新的舞台，明星企业的孵化器，创业者梦想成真的家园，具有高成长性和鲜明文化个性的国际化企业"；使命是"致力于人们生活质量的改善、提升和创新，以及高品位生活氛围的营造，致力于将自身的发展融入中国现代化事业推进的历史过程中"。

对公司使命和愿景进行分析，重点了解以下内容：公司使命和愿景是如何表述的？公司如何界定其经营范围？如何说明其产品、市场、技术领域和价值观？如何看待其他利益相关者？对企业的营销活动有什么限制和影响？

二、公司的发展战略

公司的发展战略为整个企业确定了发展方向、发展目标和行动计划，是一个企业内所有业务单位和职能部门的行动指南。营销战略则是公司发展战略中一个重要的组成部分，它必须有助于公司发展战略的实施与实现。因此，营销战略的制定必须以公司的发展战略为背景，营销管理者必须了解公司的发展战略以及营销战略在公司发展战略中的地位。

企业战略可以按照公司战略、业务单位战略和职能部门战略来分层。三者密切相关：公司战略通过业务选择和组合确定整个企业的发展方向，即公司发展战略；业务单位战略通过在某一市场上的竞争活动将企业在公司战略中所选定的业务做大、做强，即业务单位的竞争战略；职能部门战略则通过自己的职能活动帮助业务单位在某一市场上获取竞争优势，即各个职能部门的战略，包括营销战略、财务战略、研发战略、人力资源战略和生产运作战略等。反过来讲，企业在某一选定业务上的竞争优势，要通过各职能部门的职能活动获取；有了竞争优势，企业所选定的业务才能做大、做强；选定的业务做大、做强了，企业才能发展壮大。

对公司的发展战略进行分析，重点了解以下内容：公司的长期与近期发展目标是什么？公司都有哪些业务？各项业务的构成情况如何？产品或业务组合与公司的使命和资源有怎样的关系？公司的组织结构和权力结构如何？公司的核心能力是什么？以上因素对企业的营销活动有什么影响？

其中，特别重要的是分析公司的业务组合，因为它既是公司成长的结果，也标志着企业未来的发展方向。企业会重点发展那些有市场潜力、企业有竞争优势的业务，而淘汰那些市场潜力不大，或者企业没有竞争优势的业务。由此构成了集中增长、市场开发、产品开发和多元化等发展战略。不仅如此，它还是企业组织结构和权力结构的根源——不同的业务组合要求不同的组织结构，某一业务的贡献和在业务组合中的地位决定其权力的大小。另外，它还透露出企业营销应该努力的方向——多投向那些企业要重点发展的业务，少投向那些企业要逐步淘汰的业务。

企业的营销活动，就是通过公司的业务组合与公司的发展战略相衔接。因为企业的目标业务组合，要靠业务单位和职能部门的共同努力才能实现。例如一个业务要重点发展，那么这一业务单位首先要搞好各方面的管理，同时需要营销部门、财务部门、研发部门和人力资源部门的支持与协助。而一个要淘汰的业务，也需要各个职能部门制定计划，有步骤地退出，以使其损失降到最低。

公司业务组合分析的工具主要是波士顿矩阵。波士顿矩阵由美国波士顿管理咨询公司首创。它使用销售增长率和相对市场占有率，对企业各个业务单位加以分类和评估，如图 4.1 所示。

在矩阵中，纵坐标代表销售增长率，一般以年为单位。销售增长率高低可依具体情况来确定。假设以 10% 为分界线，高于 10% 为高增长率，否则为低增长率。横坐标为相对市场占有率，表示各业务单位与其最大的竞争者之间在市场占有率方面的比率。企业某业务单位的相对市场占有率为 0.1，说明它的市场占有率为最大竞争者的 10%；为 10，则说明它是市场领先者且市场占有率为最大竞争者（市场第二位）的 10 倍。以 1.0 为分界线，大于 1.0 为高的相对市场占有率，小于 1.0 则为低的相对市场占有率[1]。当然，企业也可以根据行业

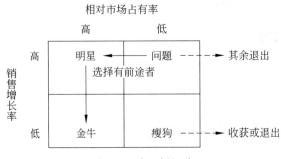

图 4.1　波士顿矩阵

特色和自己的实际需要,确定更适用的相对市场占有率作为分界线。比如,以 0.5 为分界线,大于 0.5 为高的相对市场占有率,小于 0.5 则为低的相对市场占有率[2]。

矩阵有四个象限,根据销售增长率和相对市场占有率的高低,业务单位被分别划入不同的类型:问题类业务、明星类业务、金牛类业务和瘦狗类业务。

问题类业务有较高的增长率、较低的占有率。大多数业务单位最初都处于这一象限。这一类业务需要较多的资源投入,以赶上最大的竞争者和适应市场迅速增长的需要。但是它们前程未卜,难以确定远景。对于这一类业务,企业一般会精选一些有培养前途的,继续增加投入,其余的则视具体情况或维持现状,或减少投入,或淘汰掉。

问题类业务如果经营成功,就会成为明星类业务。明星类业务需要大量的资源投入,以保证业务发展跟上市场的不断扩大,并击退竞争者,因此短时期内未必能给企业带来可观的收益。但是,它们是企业未来的财源。当市场成熟以后,它们会成为金牛类业务。

当明星类业务的市场增长率降到 10% 以下,但有较高的相对市场占有率时,便成为金牛类业务。由于市场增长的速度开始下降,不再需要大量资源投入,又由于相对市场占有率较高,这些业务单位可以产生较高的收益。这些收益是企业拓展新业务、支援问题类和明星类业务的资金来源。如果一个企业的业务组合中缺乏金牛类业务,那么企业的财务状况就会比较脆弱。

瘦狗类业务是那些市场增长率和相对市场占有率都较低的业务单位。它们也许还能提供一些收益,但盈利甚少或有亏损,一般难以再度成为"财源"。如果一个企业的业务组合中有较多的瘦狗类业务,则说明企业的整体情况不妙,急需对企业的业务单位进行重组。

三、公司的资源状况

对公司的资源状况进行分析,就是要客观地描述企业的人、财和物等资源的数量与质量。企业内部资源分析包括对企业人力资源、财务资源、信息资源和生产与技术资源的分析,回答这样一些问题:企业员工与管理人员的技术、能力和道德状况怎样? 管理人员是否具有创新精神? 招聘和培训机制如何? 在需要时能否及时获得合格的营销人才? 公司的财务状况如何? 公司会为营销活动提供怎样的支持? 公司拥有或需要哪些营销信息? 公司的各种资源对企业的营销活动有怎样的影响?

有时,企业可以通过建立新的战略联盟和供应链,从外部获得所需资源。不过,营销策划者只有通过对企业内部资源的分析,才能知道企业在资源方面的优势、劣势所在,从而做出符合企业实际的营销策划。

对于不同类型的业务单位,企业会采用不同的资源投入战略,包括增强、保持、收割和放弃战略。

增强战略的目的是提高业务单位的相对市场占有率。例如,对于选择出来的有发展潜力的问题类业务,为使其尽快成为"明星",要增大投入的力度。

保持战略的目的是维持业务单位的相对市场占有率。例如,明星类业务尽管已经有了较高的相对市场占有率,但是因为整个市场还在增长,所以企业还需要对它进行较大的投入,以保持其行业领先的地位。

收割战略以获取短期效益为目标。例如,对于金牛类业务,企业一般不再进行大的投入,而是依靠它提供的资金发展其他的业务。此外,收割战略还可用于那些潜力不大的问题类业务和大部分瘦狗类业务。

放弃战略的目标是清理、撤销某些业务单位,减轻负担,以便把有限的资源用于效益较高的业务。这种战略尤其适合于没有前途、亏损严重或妨碍企业盈利的业务。

四、公司的业绩表现

对公司业绩表现的分析,有助于营销策划者理解企业成长与经营业绩的关系以及企业的发展路径与发展趋势,从而对企业有一个整体性的把握。另外,把公司的业绩表现与企业的营销活动联系起来分析,还有助于营销策划者弄清楚哪些营销活动起了什么作用,总结企业营销活动的经验和教训。

对公司的业绩表现进行分析,重点回答以下问题:近几年的销售额与利润额是怎样变化的? 销售额与利润额在各项业务上的构成如何? 各项业务的市场占有情况有什么变化趋势? 营销活动都发挥了怎样的作用? 营销费用的投入与销售额、利润额有怎样的关系? 有什么成功的经验和失败的教训? 成功或失败的关键因素是什么? 以前的业绩对企业的营销活动有怎样的影响?

五、在相关业务上的竞争战略

营销活动总是针对某一项具体业务的。这里所谓的"相关业务"就是指与营销策划人员正在进行策划的一项营销活动有关的业务。例如,TCL集团和海信集团都是多元化公司,它们可能拥有十多项不同的业务,但是企业的某一项营销活动可能只与其中的一项业务(如彩电)有关。此时,就需要重点了解这项业务的竞争战略。

分析内容包括:谁是本公司此项业务的主要竞争者? 哪一种力量是影响此项业务行业盈利能力的主要因素? 企业采用的是什么竞争战略,差异化、成本领先还是焦点战略? 企业的竞争地位如何? 企业竞争战略对营销有什么要求? 营销可以在哪些方面、怎样为本公司的此项业务获得什么竞争优势?

第二节　企业营销的外部环境分析

企业营销的外部环境包括政治、经济、人口、社会文化、竞争、科技和自然以及其他企业不能控制的因素。可以根据它们对企业影响的直接性由远及近,将其分为宏观环境、行业环境和运作环境三个层次[3],如图4.2所示。

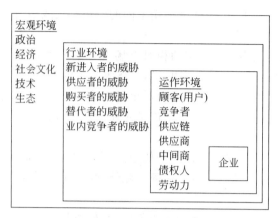

图 4.2　企业营销的外部环境

　　运作环境（operational environment），也称为经营环境或营销的微观环境，是对企业营销活动有直接影响的外部因素，包括顾客（用户）、竞争者、供应链、供应商、中间商、债权人和劳动力等。行业环境（industrial environment），属于营销的中观环境，是对企业营销活动有直接或间接影响的行业因素，主要包括对企业构成威胁的五种力量，即新进入者的威胁（进入壁垒）、供应者的威胁、购买者的威胁、替代者的威胁和业内竞争者的威胁。宏观环境（remote environment）则是影响企业营销活动的社会性因素，包括人口、经济、政治法律、社会文化、自然物质和科学技术等。它们对企业营销活动的影响大多是间接的，往往通过对行业环境或运作环境的影响而影响企业的营销活动。

　　运作环境对企业营销活动的影响最直接，也最重要，因此是企业进行外部环境分析时首先需要认真考虑的。但是，宏观环境独立于其他环境而变化，而且其他环境还会跟随它的变化而变化，即宏观环境是"自变量"，其他环境是"因变量"；另外，在行业环境和运作环境的关系上，行业环境是"自变量"，运作环境是"因变量"。因此，营销策划人员在进行企业营销的外部环境分析时，在顺序上应该从外向里一层一层分析，即先分析宏观环境，再分析行业环境，最后分析运作环境，不过对运作环境的分析应该是最详细的。

一、宏观环境分析

　　宏观环境分析主要是对政治（political）、经济（economic）、社会文化（social-cultural）、技术（technological）和生态（ecological）等环境因素的分析，可以称为 PESTE 分析法。

　　政治环境表现为一个国家的政局和政府所制定的方针政策，如人口政策、能源政策、物价政策、财政政策、货币政策以及法律、法规等。在国际贸易中，大多数国家都会制定一些政策来干预外国企业在本国的营销活动，例如进口限制、价格管制、外汇管制、特殊的税收政策以及国有化政策等。另外，中国政府制定和颁布了《中华人民共和国产品质量法》、《企业法》、《经济合同法》、《涉外经济合同法》、《商标法》、《专利法》、《广告法》、《食品卫生法》、《环境保护法》、《反不正当竞争法》、《消费者权益保护法》、《进出口商品检验条例》等。在中国进行生产与营销活动的企业，必须熟知这些法律条文中与自己有关的内容。只有这样，才能保证企业经营的合法性，也才能运用法律、法规保护自己和消费者的合法权益。

经济环境包括收入、消费支出、产业结构、经济增长率、货币供应量、银行利率、政府支出等因素。其中,收入、消费结构对企业的营销活动有比较大的影响,是营销策划人员需要认真分析与考虑的。

社会文化环境是指在一个社会所形成的价值观、宗教信仰、风俗习惯和道德规范等。对社会文化环境的分析可以从人口、价值观、宗教信仰和消费习俗等方面入手。

科学技术的发展,影响着人类社会的历史进程、生产方式和生活方式。每一种新技术的发明和推广都会给一些企业带来新的市场机会,甚至会导致一些新的行业出现。对科技环境进行分析,就是分析与本企业有关的科技发展状况,从以上几个方面评估新技术、新资源、新材料、新工艺和新设备对企业与行业可能产生的影响,机遇与威胁何在。

生态环境是指影响人类生存与发展的水资源、土地资源、生物资源以及气候资源数量与质量的总称,是关系到社会和经济持续发展的复杂系统。生态环境需要在变化中达到一种动态平衡。对生态环境进行分析,就是分析与本企业有关的生态环境问题和政府颁布的生态环境保护法规,从机遇与威胁的角度评估它们对企业生产与营销活动的影响。

对宏观环境进行分析,营销策划者要重点关注那些对企业以及企业的营销活动影响较大的宏观环境因素和各因素之间的交互影响。回答这样一些问题:某一环境因素的现状与未来发展趋势如何? 对企业以及企业的营销活动有怎样的影响? 会给企业带来哪些机会和威胁?

二、行业环境分析

行业环境分析主要涉及三个问题:确定行业界限、分析行业结构和分析业内竞争结构。

(一)确定行业界限

确定行业界限的意义在于:第一,有助于营销策划者认识正在竞争的领域;第二,有助于营销策划者辨认竞争者;第三,有助于营销策划者确定竞争成功的关键要素。

确定行业界限并不容易。根据定义,一个行业由所有提供相似产品的企业组成。而相似产品则是指那些消费者认为能够相互替代的产品。不过,替代率有大小。那么,多大的替代率才算是同一个行业呢?

在实际工作中,由于产品之间的替代率很难计算,所以人们更多地是按照产品的功能用途或生产技术特点来界定行业,如汽车行业、石油行业、制药行业、饮料行业等。行业分类标准正是按照这个思路建立的。

中国国家统计局颁布的行业分类标准(GB/T 4754—2002)将国民经济活动从 A 到 T 分为 20 个门类,98 个大类。门类 A,大类从 01 到 05 是农、林、牧、渔业;门类 B,大类从 06 到 11 是采掘业(缺少大类 12,可能是预留);门类 C,大类从 13 到 43 是制造业;门类 D,大类从 44 到 46 是电力、燃气及水的生产和供应业;门类 E,大类从 47 到 50 是建筑业;门类 F,大类从 51 到 59 是交通运输、仓储和邮政业;门类 G,大类从 60 到 62 是信息传输、计算机服务和软件业;门类 H,大类从 63 到 65 是批发和零售业;门类 I,大类从 66 到 67 是住宿和餐饮业;门类 J,大类从 68 到 71 是金融业;门类 K,大类 72 是房地产业;门类 L,大类从 73 到 74 是租赁和商务服务业;门类 M,大类从 75 到 78 是科学研究、技术服务和地质勘查业；门类 N，大类从 79 到 81 是水利、环境和公共设施管理业；门类 O，大类从 82 到 83 是居民服务和其他服务业；门类 P，大类 84 是教育；门类 Q，大类从 85 到 87 是卫生、社会保障和社会福利业；门类 R，大类从 88 到 92 是文化、体育和娱乐业；门类 S，大类从 93 到 97 是公共管理和社会组织；门类 T，大类 98 是国际组织。

大类之下又细分为小类。例如，如表 4.2 所示，13 为农副食品加工业，在 13 之下又分为 1310 谷物磨制，1320 饲料加工，1331 食用植物油加工和 1332 非食用植物油加工等；33 为有色金属冶炼及压延加工业，在 33 之下又分为 3311 铜冶炼，3312 铅锌冶炼，3313 镍钴冶炼，3314 锡冶炼和 3315 锑冶炼等。标准产业分类目录如表 4.2 所示。

表 4.2　标准产业分类目录

13 农副食品加工业	33 有色金属冶炼及压延加工业
1310 谷物磨制	3311 铜冶炼
1320 饲料加工	3312 铅锌冶炼
1331 食用植物油加工	3313 镍钴冶炼
1332 非食用植物油加工	3314 锡冶炼
1340 制糖	3315 锑冶炼
1351 畜禽屠宰	3316 铝冶炼
1352 肉制品及副产品加工	3317 镁冶炼
1361 水产品冷冻加工	3319 其他常用有色金属冶炼
1362 鱼糜制品及水产品干腌制加工	3321 金冶炼
1363 水产饲料制造	3322 银冶炼
1364 鱼油提取及制品的制造	3329 其他贵金属冶炼
1369 其他水产品加工	3331 钨钼冶炼
1370 蔬菜、水果和坚果加工	3332 稀土金属冶炼
1391 淀粉及淀粉制品的制造	3339 其他稀有金属冶炼
1392 豆制品制造	3340 有色金属合金制造
1393 蛋品加工	3351 常用有色金属压延加工
1399 其他未列明的农副食品加工	3352 贵金属压延加工
	3353 稀有稀土金属压延加工

行业界定可以按照以下步骤进行：第一，确定产品大类，如农副食品加工业（分类目录号 13）或有色金属冶炼及压延加工业（分类目录号 33）；第二，对产品大类进行细化，如农副食品加工业再分为饲料加工（1320）、食用植物油加工（1331）、制糖（1340）和豆制品制造（1392）等；第三，根据企业的需要，从消费者角度估算小行业之间产品的替代率，确定企业的行业和竞争者。

（二）分析行业结构

企业的盈利能力由两个方面决定：第一，它所处行业的赢利能力；第二，它在所处行业的地位。行业的盈利能力由五种力量决定，即新的进入者及进入壁垒、供应者力量、购买者力量、替代者力量和业内竞争者力量。它在所处行业的地位由其核心竞争力决定。

行业结构可以用五力模型[4]来分析，如图 4.3 所示。其目的是搞清楚在影响行业结构的五种力量中，哪一种对行业盈利能力的影响最大，企业需要怎样去应对。

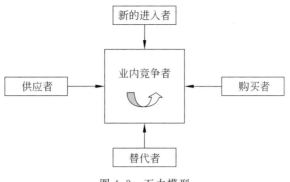

图 4.3　五力模型

一般而言,新进入者对一个企业威胁的大小,主要取决于这个企业所处行业的进入壁垒。行业的进入壁垒越大,企业受新进入者的威胁就越小。反之,则反是。

替代者对一个企业威胁的大小,取决于替代者生产的替代品对企业产品的替代程度。越能满足同类需求,替代者提供的替代品性价比越好,这个企业受到的威胁就越大。反之,则反是。

供应者或购买者对一个企业的威胁主要体现在双方的利益分配上。利益分配的决定性因素,是二者的力量对比。如果供应者或购买者的力量大于企业,那么在讨价还价中供应者或购买者就处于有利地位,它们从交易中会要求得到较大的利益,企业就感受到较大的威胁。反之,则反是。

业内竞争者对企业的威胁最直接,所以历来为人们所关注。业内竞争者对一个企业威胁的程度,取决于这个企业所处行业的集中度、规模经济、产品差异化程度等因素。例如,集中度越高的行业,进入壁垒越高,企业受新进入者的威胁就越小;规模经济越大的行业,越是会诱使业内竞争者抢占市场,以求扩大自己的规模,竞争就越激烈,企业感受到的威胁也就越大;产品差异化程度会减缓行业内竞争的激烈程度,因此顾客在购买产品时越看重品牌的行业,企业受业内竞争者威胁就越小。

(三)分析业内竞争结构

分析业内竞争结构可从行业集中度、规模经济和产品差异化程度等几个方面分析。

行业集中度显示一个行业被几家大型企业垄断的程度。通常用行业内最大的几家企业(如最大的四家)某种产品的销售额占行业内这种产品销售总额的百分比来测量。所占比例越大的行业,行业集中度越高;集中度越高的行业,进入壁垒越高,业内竞争者受新进入者的威胁就越小。

规模经济指的是在投入增加的过程中,单位产出的平均成本随产出量的增加而下降,产出增加的比例超出投入的比例而带来的效益,所以也叫规模效益。投入的增加和规模的扩大是其前提,单位产出成本的降低,从而效益的提高是其结果。规模经济之所以重要是因为它是决定一个行业竞争强度的重要因素。一般而言,规模经济越大的行业,越是会诱使业内竞争者抢占市场,以求扩大自己的规模,竞争也就越激烈。另外,规模经济还会帮助业内竞争者通过降低价格来建立行业的进入壁垒。

产品差异化程度也称为产品特色化程度,由顾客认知的产品的差异化或特色化测量。

一般来说，看一个行业的产品差异化程度，可以看在这个行业中顾客在购买产品时是否重视产品的品牌以及重视的程度。顾客在购买产品时越看重品牌的行业，通常其产品差异化程度越高。产品差异化程度会减缓行业内竞争的激烈程度。

通过这样的分析，营销策划者将能够对一个行业的竞争强度、竞争对手及本企业的地位有一个清晰的认识，从而正确地认识本企业在市场竞争中的地位。

三、运作环境分析

运作环境对企业营销活动有最直接的影响。对运作环境的分析可以从顾客（用户）、竞争者、供应链、供应商、中间商、债权人和劳动力等方面来入手。

现代企业营销强调企业（corporation）、消费者（consumer）和竞争者（competitor）三C之间的互动，企业通过比竞争者更好地满足顾客需求的方法来创造竞争优势，实现企业的营销目标。因此，企业在营销中要睁大两只眼，一只盯着顾客，一只盯着竞争者。关于消费者和业内竞争者的信息是企业营销策划的基本依据，营销策划者在进行环境分析时，一定不要忘记这一点，应该把主要精力放在对消费者和竞争者的分析上。

（一）顾客或用户分析

顾客或用户既是企业营销的目标，也是企业无法控制且对企业的营销活动有直接影响的环境因素。因此，了解市场需求和目标市场的特点（需求分析）不但是企业进行营销分析的一个首要内容，而且也是企业了解其营销环境的一个重要内容。企业虽然可以通过营销活动影响顾客或用户的需求，但是其变化却不是企业的意志能够左右的。

对顾客或用户进行分析，就是要了解顾客或用户的地区分布状况、需求规模、需求结构、需求心理、购买行为特点以及可能的需求变化给企业带来的机会或威胁。其中，企业最想知道的是：都是谁在购买自己的产品？他们具有什么特点？影响他们购买自己产品或竞争者产品的因素是什么？他们怎样看待企业的产品？

这些信息有助于企业进行市场细分，选择目标市场，制定有效的营销战略。这就需要对消费者或用户的购买行为进行分析。营销学者们归纳出了五个方面的问题，作为分析购买行为的基本点，简称为"5W分析法"。

（1）What：企业的产品是什么？满足什么需要？具有什么特点？能为购买者带来什么利益？购买者在产品上的追求有什么差异？

（2）Who：谁是购买者和使用者？他们具有什么特点？还有什么人会影响购买决策？

（3）Why：人们为何购买或不购买？为何买一个企业的产品而不买另一个企业的产品？为何买一个品牌而不买另一个品牌？他们在该产品的购买与消费中最看重什么？影响购买的因素都有哪些？

（4）When：人们何时购买？什么时候使用？购买在时间分布上有什么规律？

（5）Where：人们在何地购买？在哪里使用？购买在分销渠道上的分布有什么规律？

表4.3从消费品和工业品的角度归纳了5W分析法的基本内容。这五个方面揭示了购买行为的对象（客体）、主体、动机以及购买和使用方式。从这五个方面的问题着手分析，企业能够对消费者或用户的购买行为及其特点有一个基本的认识。

表 4.3　5W 分析法

What	Who	Why	When and Where
消费品：生存、发展、享受；日用品选购品、特殊品；耐用消费品、易耗消费品、消费性服务	个体：个人或家庭 消费者的特性：收入水平、社会阶层、年龄、性别、教育程度等 购买角色：发起人、影响者、决策者、购买者、使用者	需要层次：生理需要、安全需要、社会需要、自尊需要和自我价值需要 购买动机：生存动机、安全动机、感情动机、自尊动机、探求动机、享受动机 影响购买的其他因素：经济预期、社会文化、参照群体等	购买过程：引起需求、收集信息、判定选择、决定购买、购后感受 购买类型：习惯型购买、理智型购买、经济型购买、冲动型购买、情感型购买
工业品：主要设备、原材料、辅助材料、动力燃料；固定资产、流动资产、生产性服务	团体：组织 组织因素：行业特点、组织规模、组织历史 购买角色：影响者、决策者、购买者、使用者、把关者 购买中心成员的个人因素：年龄、性别、教育程度等	需求特性：产品用途和重要地位 购买动机：一般比较理性，但受购买中心成员个人动机的影响 影响购买的其他因素：组织因素、人事关系因素、购买中心成员的个人因素	购买过程：认识需求、确定需求、说明需求、寻找供应者、征求意见、选择供应者、订货与货物交付、检查合同执行情况 购买类型：直接重购、修正重购、新任务购买

　　如表 4.3 所示，产品或服务可以根据用途分为消费品（consumer goods）和工业品（industrial goods）。前者用于消费，也称为生活资料，通常由个人或家庭购买；后者用于生产，也称为生产资料，通常由企业内具备专业知识的采购人员购买。购买者由此可以分为个体购买者与团体购买者。团体购买者也称为集团购买者。5W 分析法是购买行为分析的一般方法，经过变通以后，适合于分析各种购买行为。

　　虽然一些团体购买者（如中间商和政府机构）也购买消费品，但是它们不是为了个人或家庭的消费而是从事经营活动（中间商）或向社会提供服务（政府机构），从行为上看与生产制造企业购买工业品更相似。

（二）竞争者分析

　　现代企业营销强调企业（corporation）、消费者（consumer）和竞争者（competitor）三 C 之间的互动，企业通过比竞争者更好地满足顾客需求的方法来创造竞争优势，实现企业的营销目标。只有对竞争者有充分的了解，企业才可能知道它能够从哪些方面更好地满足顾客需求。因此，对竞争者的分析有着与对顾客需求的分析同等重要的地位——企业在营销中要睁大两只眼，一只盯着顾客，一只盯着竞争者。

　　不过，与顾客相同，竞争者也是一个企业无法控制且对企业的营销活动有直接影响的环境因素。因此，也需要将其作为一个环境因素分析它给企业带来的机会和构成的威胁。

　　对业内竞争者进行分析，就要确定现有和潜在的竞争者，弄清楚他们的相对优势和劣势所在，寻找企业与竞争者的竞合（竞争与合作）点。需要回答下述问题：竞争企业的数量有多少？哪些竞争企业对本企业的影响最大？这些竞争企业怎样界定他们的市场？顾客或用户从它们的产品或服务中所得的利益是否与本企业提供的利益相同？它们投入本行业的程度如何？它们未来可能会采取什么竞争行为？对本企业有什么威胁？本企业与哪些竞争者在哪些方面可以开展合作？

对竞争者的分析，常用的方法是关键要素加权评分法。具体的作法如下：第一，选择关键要素，即找出影响行业竞争活动的一些重要因素；第二，打分，根据竞争者在这些关键要素上的表现为其打分，例如表现最好的打 5 分，较好的打 4 分，一般的打 3 分，较差的打 2 分，最差的打 1 分；第三，设定权数，即根据每一关键要素的重要性由 0 到 1 设定权数；第四，计算加权平均数，得到竞争者竞争实力总分，分数越大者，竞争实力越强。

表 4.4 是使用这种方法对 A、B、C 三个竞争者在 7 个指标上的分析结果。注意，这里根据竞争者在关键要素上的表现打分时，用的是 0 到 100，表现越好，分数越高；表现越差，分数越低。

表 4.4　关键要素加权评分法

关 键 要 素	权数	竞争者 A		竞争者 B		竞争者 C	
		打分	加权分	打分	加权分	打分	加权分
公司资源整合能力	0.20	90	18.00	70	14.00	60	12.00
公司创新能力	0.20	90	18.00	60	12.00	60	12.00
产品的市场占有率	0.15	80	12.00	80	12.00	50	7.50
产品的技术领先性	0.15	80	12.00	80	12.00	60	9.00
品牌强度	0.15	90	13.50	70	10.50	50	7.50
广告规模	0.10	60	6.00	60	6.00	70	7.00
关系运作能力	0.05	60	3.00	80	4.00	90	4.50
总分	1.00		82.50		70.50		59.50

注：打分时，每一个因素的得分区间为 0～100 分。

由表可见：竞争者 A 得到了最高的加权总分（82.50 分），是该行业中竞争实力最强的；竞争者 B 次之；竞争者 C 竞争实力最弱。当然，如果仔细观察竞争者 A、B、C 在各个指标上的得分，会看到竞争者 A 强在公司层面的资源整合能力和创新能力，竞争者 C 强在关系运作能力上，竞争者 B 则在各方面比较均衡。但是，相对于行业竞争而言，关系运作能力的重要性远不如公司层面的资源整合能力和创新能力，因此竞争者 A 在行业中居于领先地位。又因为公司层面的资源整合能力和创新能力是 B 和 C 难以模仿的，所以它们是竞争者 A 的核心能力，能够保持竞争者 A 的行业领先地位。

这里要特别注意，根据竞争者在关键要素上的表现为其打分，是为了用客观的方法做出主观的判断。因此，分值的大小本身并不重要，重要的是打分时的分析过程和通过分析所得出的对竞争者竞争能力的理解。

（三）供应链分析

企业再生产过程，从原材料和零部件采购和运输，到加工制造，再到分销，直至最终送到顾客手中，是一个环环相扣的链条。当这个链条被作为一个整体来对待和管理时，就被称为供应链（supply chain）[5]。

供应链是由多个企业的价值链组合而成。它将核心企业的价值创造活动进行了前伸和后延,一方面把供应商的活动视为自己价值创造活动的有机组成部分而加以控制和协调;另一方面把生产活动后延至产品的销售和服务阶段。图4.4是一个简化了的供应链,它不仅显示了供应链的构成,而且显示了供应链与价值链的关系。

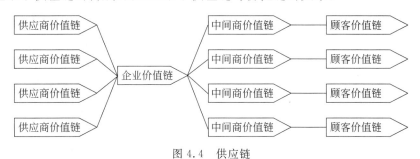

图4.4　供应链

由企业价值链与供应链的关系可以看出:一个企业的价值创造活动与上下游企业的价值创造活动密切相关,上下游企业的价值创造活动会严重影响企业的价值创造活动。如果通过联盟的形式,把上下游企业的价值链与本企业价值链紧密联系起来,使上下游企业的价值创造活动很好地与本企业的价值创造相配合,那么就会在本企业价值链与上下游企业价值链的联系上为企业带来他人难以模仿的竞争优势。

对企业某一产品的供应链进行分析,就是要了解下述问题:在这一个链条上都有哪些参与者?他们都扮演什么角色?哪些力量会影响到整个链条的运作效率?企业处于供应链的什么位置?供应链面临什么机会或威胁?

(四)供应商分析

供应商是指为企业进行生产所需而提供特定的原材料、辅助材料、设备、能源、劳务和资金等资源的供货单位。这些资源的变化直接影响到企业产品的产量、质量以及利润,从而影响企业营销计划和营销目标的完成。

对供应商进行分析,就是要了解现有货源供应的及时性和稳定性、本企业与供应商的合作关系以及可能的机会与威胁。需要回答下述问题:货源供应的及时性和稳定性如何?它们在质量、能力、声誉和服务方面的竞争力如何?供应商的价格有竞争力吗?它们与本企业相互依赖的程度和结构如何?供应商与本企业的关系如何?有什么不稳定的因素吗?在计划期内原材料价格会怎样变化?

(五)中间商分析

中间商是指经销企业产品的中介组织,主要包括批发商、零售商、经销商和代理商等。由图4.4可见,它们是联结企业到顾客的中间环节,对企业的营销活动有直接并重要的影响。它们帮助企业为产品寻找销路,为顾客或用户创造地点效用、时间效用和拥有效用。生产制造企业一般都要与中间商合作,构建自己的营销渠道,实现企业的营销目标。中间商的数量、构成、服务质量及其变化,会通过对企业营销渠道的影响而影响企业的营销战略策划与实施。

对中间商进行分析,需要回答下述问题:市场上有多少可用的中间商?它们都有什么特点？它们都经销哪些企业的产品？它们愿意经销本企业的产品吗？它们的声誉如何？它们的服务质量有竞争力吗？它们与本企业相互依赖的程度和结构如何？它们与本企业的关系如何？有什么不稳定的因素吗？本企业是否过度地依赖某一中间商？本企业可以找到其他的中间商代替现有中间商吗？

（六）债权人分析

债权人（creditors）即企业的出资人，主要是指那些为企业提供资金或融资的机构和个人，包括企业的股东、给企业提供贷款的机构或个人（贷款债权人）和以出售货物或劳务形式提供短期融资的机构或个人（商业债权人）。债权人有权利要求他们的债务人（即企业）按照合同的约定实施一定的行为或者不实施一定的行为。债务人（即企业）如不履行合同规定的义务，债权人有权请求司法机构强制其履行。如果债权人由于对方不履行义务而遭受到经济上的损失，有权要求赔偿。债权人最关心的是债权的安全，包括贷款到期的收回和利息的偿付。

债权人的资金量和融资意愿会影响企业的资金成本，进而影响企业的营销活动。对债权人进行分析，就是要了解下述问题：债权人对公司价值的认知如何？他们愿意持有公司的股票吗？他们是否认为公司以往给予他们的回报是可以接受的？他们出资的条件是否与企业的盈利目标相匹配？公司融资的难度有什么变化？会导致融资成本增大吗？公司与债权人的关系如何？现有的融资渠道稳定吗？有其他的融资渠道吗？

（七）劳动力分析

劳动力指具有劳动能力的人。从营销的角度看劳动力，则是指有能力从事某种营销活动的劳动者。企业的营销活动需要各种不同层次的营销人才，包括营销副总经理或营销总监、营销经理、区域销售经理、营销管理人员（如营销策划主管、营销传播主管、广告主管、大客户主管、市场调研主管、品牌项目主管等）和销售人员。此外，还需要其他一些与营销工作有关的人员，如市场调研员、数据分析师和营销策划师等。

企业不一定能够招募到企业需要的所有营销人才；招募到了，也不一定能够留住。从营销的角度对劳动力进行分析，就是要考虑下面的问题：企业能否招募到需要的营销人员？企业的声誉与吸引力如何？招募地的就业率和所需人员的供求状况如何？企业能否利用"外脑"？能否将企业不具能力的一些营销活动外包？

除此之外，一些重要的社会公众也可能为企业营销带来机会或威胁，因此也有分析的必要。例如，报纸、杂志、电台和电视台等传播媒介，有广泛的社会联系，能够直接影响社会舆论对企业的认识和评价；消费者组织、环境保护组织以及其他群众团体，常常会因为企业的营销活动损害了某个方面的利益而向企业或第三方（如法院或工商行政管理部门）投诉、提意见；企业所在地附近的居民和社区团体是企业的邻里，会通过口碑影响企业、产品或品牌的形象。

四、企业的环境预测

企业的营销策划是以未来为导向的营销决策，所以营销策划者在提出营销对策之前，需要对营销环境因素的未来发展趋势进行预测。任务-宏观环境影响矩阵（task and remote environment impact matrix)[2]把宏观环境因素的变化趋势和影响企业营销活动的关键变量的变化趋势联系起来(表4.5),有助于营销策划者着眼未来,更深刻地分析、认识和理解环境因素的变化及其影响。

表 4.5　任务-宏观环境影响矩阵

宏观环境因素	关键消费者的变化趋势	关键竞争者的变化趋势	关键供应者的变化趋势	关键劳动力市场的变化趋势
经济环境 因素1 因素2				
社会文化环境 因素1 因素2				
政治环境 因素1 因素2				
技术环境 因素1 因素2				
生态环境 因素1 因素2				

具体做法包括以下几个步骤。

第一步,选择重要的环境变量。选择的环境变量一定要具体。例如,在经济环境中,中国的人均可支配收入和人口结构可以作为两个具体的经济环境因素。

第二步,确定重要的环境信息来源和恰当的预测工具,对宏观环境因素变化的趋势进行预测。例如,中国的人均可支配收入和人口结构在未来一段时间内会发生什么变化?

第三步,预测宏观环境因素的变化对有关关键环境因素变化趋势的影响。例如,中国的人均可支配收入和人口结构发生变化以后,关键消费者会随之发生什么变化? 关键竞争者会随之发生什么变化? 关键供应者会随之发生什么变化?

第四步,预测对企业以及企业营销活动的影响。例如,中国的人均可支配收入和人口结构发生变化,并使关键消费者、关键竞争者和关键供应者发生变化之后,会对企业以及企业的营销活动发生什么影响?

第五步,将预测结果整合于营销战略策划中。根据预测结果,考虑企业未来的市场营销活动。

第三节　企业营销的 SWOT 分析

SWOT 分析是指导企业系统地考虑其内部条件与外部环境,并确定企业可行性方案的一个工具。其中,S 表示企业的优势要素(strength),W 表示企业的劣势要素

(weakness)，O 表示环境为企业提供的机会(opportunities)，T 表示环境给企业带来的威胁(threats)。通过将企业内部的优势和劣势与企业外部的机会和威胁相匹配，企业可以认清形势，制定出符合自身条件的各层次战略。它可以被用于各个不同管理层面上的战略策划，包括公司层面的发展战略、经营单位层面的竞争战略、职能部门层面的职能战略和员工个人层面的职业发展规划。

从营销策划的角度讲，SWOT 分析可以帮助营销策划者系统地思考企业的优势、劣势、机会和威胁，确认企业内部营销资源与外部营销环境相适应的程度与状态。它使营销策划者对营销环境的分析不再是一堆杂乱无章的事实与数据，而是可以降低营销决策不确定性的营销信息。实际上，SWOT 分析是对企业内外部环境分析要点的一个归纳总结，有助于营销策划者对企业内外部环境分析的条理化。可以按以下四个步骤进行：①S、W、O、T 的识别与整理；②构造 SWOT 矩阵；③S、W、O、T 的匹配；④制定营销方案。

一、S、W、O、T 的识别与整理

SWOT 分析第一步就是对企业内外部环境进行分析以及对企业资源条件分析的结果进行归纳、总结和整理，识别那些对企业营销活动有较大影响的优势、劣势、机会和威胁，并按照 S、W、O、T 的顺序将其一一列出。例如，下面是一个公司的背景资料，其中包括了一些对公司优劣势的描述。

WH 公司成立于 1988 年，从事通信产品的研究、开发、生产与销售。1996 年以 12 亿元人民币的销售额首次进入中国电子行业百强，名列第 26 位。其后，连续四年以接近 100% 的年增长率快速发展，成为中国通信行业的龙头。其研究开发的产品涵盖交换、接入、传输、移动通信、智能网、支撑网、接入服务器、路由器、以太网交换机、会议电视等主要的通信领域，形成自主的核心技术体系。公司提供固定网、移动网、数据通信网的业务解决方案。截至 2009 年，公司的交换、传输、数据、移动等产品进入了 50 多个国家和地区。但是，公司 90% 的销售收入还是在中国国内。

WH 公司追求在电子信息领域实现顾客的梦想，成为世界一流的设备供应商。

在技术方面，公司重视研发，研发队伍人数多。公司每年投入销售额的 10% 左右作为研发经费；在 22 000 多名员工中有近一半(46%)的员工从事研发；技术开发与合作全球化，在美国、印度、瑞典和俄罗斯等国家建立了研发机构；有自主知识产权的技术数量不断增加。但是，与国外的同行相比，公司的核心技术不多，技术的商用化程度也比较低。

在营销方面，公司在全国设置了 33 个销售办事处，35 个用户服务中心，并在 50 多个国家建立了市场分支机构或合资企业。营销和服务人员的比重达到 33%。公司与国内主要客户有良好的关系。但是，营销以人海战术为主，营销成本高。

在生产方面，公司建有现代化的生产基地，生产工艺现代化程度高，产能有保障；按订单生产，积压较少；生产人员占比 12%。

在管理方面，公司采用事业部管理模式，生产管理先进，是国内率先采用 MRPⅡ 的公司。财务风险控制一般，资产负债率达 53%。人力资源管理理念先进，85% 的员工具有大学本科以上的学历，是国内同行业中最早为员工进行职业生涯规划的企业。但是，落实力度不够，人员流动率大，年均流动率达 20%。

基于此例提供的背景资料，通过对分析结果的归纳、总结和整理，我们对 WH 公司的优劣势做如下识别。

S(优势)：①技术自主化程度高,属国内先进水平；②销售网络完善,国内有 33 个办事处,35 个用户服务中心；③销售人员素质高,有较高的学历和服务意识；④有较强的生产能力,产能有保障；⑤与主要客户关系良好。

W(劣势)：①盈利产品线较为单一,竞争优势不突出；②技术商用化程度低；③核心技术掌控能力不足；④营销费用较高；⑤人员流动率偏大。

同样,如果背景资料中提供了外部环境的信息,也可以用相同的方法对 WH 公司的机会和威胁做如下识别。

O(机会)：①中国的经济总量稳定增长,居民生活水平提高,对信息产品的消费需求呈现多样化趋势；②IT 业在全球范围内衰退后,电信运营商的投资正在走出低谷；③国家重视保护自主知识产权,自主研发技术的受益将越来越大；④随着中国经济实力的增强,中国产品在国际市场上更有竞争力,国际市场有扩大趋势。

T(威胁)：①人民币汇率提高,进口产品在价格上竞争力提高；②需求集中于几家大的运营商,主要客户讨价还价的能力很强；③技术进步快,老技术淘汰率高；④竞争者之间相互挖角,人才争夺激烈。

这里要特别注意,当按照 S、W、O、T 的顺序一一列出优势、劣势、机会和威胁要素时,要以此前的调查和分析结果为依据,最好有事实或者数据的支持。

二、构造 SWOT 矩阵

SWOT 矩阵将 S、W 和 O、T 分列在两个不同的方向,两两交叉,做成矩阵的形式。以上面 WH 公司的优势、劣势、机会和威胁的分析结果为例构造 SWOT 矩阵,可以得到图 4.5。

SWOT 矩阵	O(机会) O1 国内信息产品需求多样化 O2 电信运营商的投资正走出低谷 O3 国家政策有益于自主知识产权 O4 国际市场有扩大趋势	T(威胁) T1 进口产品在价格上竞争力提高 T2 主要客户讨价还价的能力很强 T3 技术进步快,老技术淘汰率高 T4 人才争夺激烈
S(优势) S1 技术自主化程度高 S2 销售网络完善 S3 销售人员素质高 S4 有较强的生产能力 S5 与主要客户关系良好		
W(劣势) W1 盈利产品线单一 W2 技术商用化程度低 W3 核心技术掌控能力不足 W4 营销费用较高 W5 人员流动率偏大		

图 4.5 SWOT 矩阵

　　当然，SWOT 矩阵的目的不仅是以矩阵的形式列出优势、劣势、机会与威胁的清单，而是要通过它们之间的匹配得出企业需要或可以采用的营销方案。这些营销方案一是建立在企业的资源（优势、劣势）之上；二是很好地利用了外部环境给企业提供的机会或能够规避外部环境给企业带来的威胁。SWOT 矩阵的最大优点，就是便于企业将其优势、劣势与机会、威胁进行交叉匹配，从而提高企业制定营销战略的质量。

三、S、W、O、T 的匹配

　　在 SWOT 矩阵中，S 既可以与 O 匹配，也可以与 T 匹配。S 与 O 匹配，意思是企业可以利用某些优势要素抓住某些机会；S 与 T 匹配，意思是企业可以利用某些优势要素化解某些威胁。同样，W 既可以与 O 匹配，也可以与 T 匹配。W 与 O 匹配，意思是企业可以利用某些机会克服或弥补某些弱点；W 与 T 匹配，意思是企业在既有劣势又有威胁之处应该选择放弃或撤退。与此相对应，就有所谓的 SO、ST、WO 和 WT 四种战略思路。

　　以 SO 为主导的战略思路，主要看重优势和机会之间的匹配关系，强调的是利用优势抓住机会。这是一种比较激进的战略思路，常在企业内有较大的优势、外有较多的机会时使用。例如，在图 4.5 中，WH 公司具有"S2 销售网络完善"和"S3 销售人员素质高"的优势，因此该公司可以利用这两点优势，了解客户需求，提供个性化解决方案，抓住"O1 国内信息产品需求多样化"的机会；WH 公司还具有"S1 技术自主化程度高"的优势，因此可以利用这一点抓住"O3 国家政策有益于自主知识产权"的机会，获得政府更多的支持。

　　以 ST 为主导的战略思路，主要看重优势和威胁之间的匹配关系，强调的是利用优势化解威胁。这种战略思路，常在企业内有优势但是外部威胁较大的情况下使用。例如，在图 4.5 中，WH 公司面临"T1 进口产品在价格上竞争力提高"、会与国内企业争夺市场的威胁，可以使用"S5 与主要客户关系良好"的优势来化解。另外，WH 公司还面临"T3 技术进步快，老技术淘汰率高"的威胁，这对企业的技术创新非常不利。WH 可以综合利用"S1 技术自主化程度高"、"S2 销售网络完善"和"S4 有较强的生产能力"三点优势，加快技术商用化，化解这一威胁。

　　以 WO 为主导的战略思路，主要看重劣势和机会之间的匹配关系，强调的是利用机会克服弱点。这种战略思路，常在企业内有劣势而外部却有较多机会的条件下使用。例如，在图 4.5 中，WH 公司有"W1 盈利产品线单一"和"W3 核心技术掌控能力不足"的劣势。根据企业的机会所在，该公司可以利用"O1 国内信息产品需求多样化"和"O2 电信运营商的投资正走出低谷"这两点机会，加强生产的弹性，改变盈利产品线单一的问题；利用"O3 国家政策有益于自主知识产权"的机会，争取国家的政策性支持，加大核心技术的掌控能力。

　　以 WT 为主导的战略思路，主要看重劣势和威胁之间的匹配关系，强调的是撤并收缩规避风险。这是一种注重防御的战略思路，常在企业"内忧外患"的条件下使用。例如，在图 4.5 中，WH 公司的 W1、W2、W3 三点劣势一时难以克服，又面临 T1、T2、T3 三点威胁。此时，企业可以主动撤退，将业务收缩到一个相对实力较强的细分市场，不与竞争者发生正面冲突。最极端时，企业可以放弃这一业务，将其出售，以避免更大的损失。

　　图 4.6 是按照以上思路进行匹配的一个结果。虽然从理论上这一匹配过程应该尽量客观，匹配结果应该尽量反映企业的实际，但是在实际工作中，由于人们的认识能力、知识

水平、掌握的信息量和主观偏好等存在很大的差异，所以即使对同一家企业进行分析，在SWOT矩阵中匹配的结果也是不同的。当然，为了尽量做得客观，可以运用专家会议法、德尔菲法或集体经验判断法进行此项工作。

SWOT 矩阵	O（机会） O1 国内信息产品需求多样化 O2 电信运营商的投资正走出低谷 O3 国家政策有益于自主知识产权 O4 国际市场有扩大趋势	T（威胁） T1 进口产品在价格上竞争力提高 T2 主要客户讨价还价的能力很强 T3 技术进步快，老技术淘汰率高 T4 人才争夺激烈
S（优势） S1 技术自主化程度高 S2 销售网络完善 S3 销售人员素质高 S4 有较强的生产能力 S5 与主要客户关系良好	SO 战略：利用优势，抓住机会 • 获得政府更多的支持（S1，O3） • 了解客户需求，提供个性化解决方案（S2，S3，O1） • 加大开发国际市场的力度（S3、S4，O4） • 针对老客户关系营销（S5，O2）	ST 战略：利用优势，化解威胁 • 加快技术商用化（S1、S2、S4，T3） • 开发新产品（S1、S2，T2） • 针对老客户关系营销（S5，T1）
W（劣势） W1 盈利产品线单一 W2 技术商用化程度低 W3 核心技术掌控能力不足 W4 营销费用较高 W5 人员流动率偏大	WO 战略：利用机会，克服弱点 • 加强生产弹性，增加产品线（O1、O2，W1） • 争取国家的政策性支持，加大核心技术的掌控能力（O3，W3）	WT 战略：撤并收缩，规避风险 • 主动撤退，将业务收缩到一个相对实力较强的细分市场（W1、W2、W3，T1、T2、T3）

图 4.6　S、W、O、T 的匹配与企业的营销战略

在 SWOT 矩阵中进行匹配时，对于每一匹配的结果应该采用具体而不是笼统的短语来描述。当一种匹配的结果很难用具体的短语来描述时，往往意味着匹配者没有真正想清楚匹配关系的含义。笼统的短语，如"我们要利用企业的优势，抓住企业面对的大好时机，化解环境给企业带来的威胁"，这样的说法虽然没有错，但是对于企业制定营销方案没有任何意义。另外，每一匹配结果的后面，给出"（S1，O3）"这样的标示也是十分必要的，因为它给出了每一匹配方案的依据。

四、制定营销方案

根据 SWOT 矩阵的匹配结果，营销管理者可以制定出多套备选的营销方案。

第一，根据企业的发展战略与竞争战略，优先考虑那些与企业的发展战略与竞争战略一致的匹配结果。公司的发展战略指出了整个企业的发展方向、发展目标和行动计划，是一个企业内所有业务单位和职能（包括营销）部门的行动指南。竞争战略确定了某一个业务单位在某一市场上的竞争目标和获取竞争优势的方式。营销战略则通过各业务单位的竞争战略与公司的发展战略相衔接，是公司发展战略中一个重要的组成部分。因此，它必须有助于公司发展战略和竞争战略的实施与实现。当一个业务在发展战略中要被公司淘汰时，除非有足够的理由说服发展战略的决策者改变公司的发展战略，否则营销部门或营销管理者不应该按照 SO 的战略思路来考虑这个业务的营销方案。相反，如果一个业务在发展战略中要被确定为公司的未来之星，除非能够改变公司的发展战略，否则营销部门

或营销管理者也不应该按照 WT 的战略思路来考虑这个业务的营销方案。

因此，在制定营销方案时，要根据相关业务在公司发展战略中现在和未来的定位，选择战略思路。一般而言，明星类产品与 SO 的战略思路相对应，瘦狗类产品与 WT 的战略思路相对应，金牛类产品与 ST 的战略思路有对应关系，而问题类产品与 WO 的战略思路有对应关系。经过这一过程，在 SWOT 矩阵中一些可能的选择就被筛选掉了。

例如，在 WH 公司的例子中，如果所分析的业务是 WH 公司业务组合中现在的明星、未来的金牛，那么营销管理者在制定营销方案时，应该优先考虑 SO 中的匹配结果。如果此业务是现在的金牛，那么营销管理者应该以 ST 的战略思路制定营销方案，优先考虑 ST 中的匹配结果。

第二，根据企业的核心能力或核心竞争力，明确企业营销方案中必须发挥的优势。如前所述，一个企业的核心能力是其竞争优势形成的一个重要基础，具有非衰减性，不会随着应用而消失。以企业核心能力为基础建立的竞争优势具有非完全可模仿、非完全可替代和非完全可交换的特点，因此也是可持续的。在制定营销方案时，要优先考虑利用那些基于企业核心能力的优势要素。

例如，在 WH 公司的例子中，如果技术的自主研发是企业的核心能力，那么营销管理者应该优先考虑与"S1 技术自主化程度高"这一优势要素相匹配的结果，如 SO 战略中的"获得政府更多的支持(S1,O3)"，ST 战略中的"加快技术商用化(S1、S2、S4,T3)"和"开发新产品(S1、S2,T2)"。

第三，系统分析、综合考虑，将各种相容的匹配加以组合，得出多种不同营销方案。在 SWOT 矩阵的各种匹配结果中，一些匹配是相容的。例如 SO 战略中的"获得政府更多的支持(S1,O3)"，ST 战略中的"加快技术商用化(S1、S2、S4,T3)"和"开发新产品(S1、S2,T2)"三者高度相容；而 WT 战略中的"主动撤退，将业务收缩到一个相对实力较强的细分市场(W1、W3、W4,T1、T2、T3)"与以上匹配不相容。营销管理者可以将相容的匹配组合在一起，成为一套营销方案。由此，就可以得出多套不同的营销方案。

第四，从"符合战略目标的程度"、"核心能力的发挥程度"、"资源的利用程度"、"与其他业务的协同效率"、"可操作性"和"风险大小"等方面，对各套营销方案进行评估。

第五，根据营销方案的评估结果，提出建议，并说明依据。

本章小结

企业的营销环境指企业内外营销部门不能控制或随意改变的因素或约束条件。营销策划者在进行营销战略策划之前，必须分析和了解这些环境因素，弄清楚它们给企业营销带来的优势、劣势、机会与威胁。

分析企业的内部营销环境，就是要对公司的使命和愿景、发展战略、组织结构、资源状况、公司以前的业绩以及在相关业务上的竞争战略等因素进行分析，了解企业的优劣势所在。

分析企业的外部营销环境，需要从宏观环境、行业环境和运作环境三个层面进行。宏观环境分析主要是对政治、经济、社会文化、技术和生态等环境因素进行分析。行业环境分析主要是分析行业界限、行业结构和业内竞争结构。运作环境分析就是对对企业营销活动有最直接影响的因素(如顾客、竞争者、供应链、供应商、债权人、人力市场等)进行分析。

现代企业营销强调企业、顾客和竞争者之间的互动,企业通过比竞争者更好地满足顾客需求的方法来创造竞争优势,实现企业的营销目标。因此,营销策划者在进行环境分析时,应该特别注意对顾客和竞争者的分析。

对顾客或用户进行分析,就是要了解顾客或用户的地区分布状况、需求规模、需求结构、需求心理、购买行为特点以及可能的需求变化给企业带来的机会或威胁。对消费者或用户的分析,常用的方法是"5W 分析法"。

对业内竞争者进行分析,就要确定现有和潜在的竞争者,弄清楚他们的相对优势和劣势所在,寻找企业与竞争者的竞合(竞争与合作)点。对竞争者的分析,常用的方法是关键要素加权评分法。

SWOT 分析是指导企业系统地考虑其内部条件与外部环境,并确定企业可行性方案的一个逻辑或理论框架。它可以帮助营销策划者系统地思考企业的优势、劣势、机会和威胁,确认企业内部营销资源与外部营销环境相适应的程度与状态。它是环境分析结果的一个总结,有助于营销策划者对企业内外部环境分析的条理化,使环境分析不再是一堆杂乱无章的事实与数据,而是在一定程度上可以降低营销决策不确定性的信息。SWOT 分析可以按以下四个步骤进行:①S、W、O、T 的识别与整理;②构造 SWOT 矩阵;③S、W、O、T 的匹配;④制定营销方案。

思考题

1. 在为一个企业进行营销策划时,要以这个企业的总体战略为基础或背景。你怎样理解这句话?

2. 一个企业营销做得很好,但是整个企业的发展却每况愈下。你能找到这样的例子吗?为什么会发生这样的事情?

3. 在分析企业的营销环境时,你是喜欢先分析内部环境呢,还是喜欢先分析外部环境?你觉得有区别吗?

4. 请举例分析一家多元化企业的业务组合。什么是企业的主业?你能看出企业的发展方向吗?

5. 如何分析企业的宏观环境和行业环境?

6. 如何用"5W 分析法"对消费者或用户进行分析?请举例说明。

7. 如何用关键要素加权评分法对竞争者进行分析?请举例说明。

8. 什么是 SWOT 分析法?

9. 如何用 SWOT 分析法对企业的营销环境进行分析?

参考文献

[1] Kotler P. Marketing Management (10th Ed.)[M]. 北京:清华大学出版社,2000:69.

[2] David F R. Strategic Management (8th Ed.)[M]. 北京:清华大学出版社,2001:213.

[3] Pearce J A, Robinson R B. Strategic Management: Formulation, Implementation and Control (4th

Ed.）[M]. Boston：Irwin，1991.

[4] Porter Michael E. Competitive Strategy：Techniques for Analysis Industries and Competitors[M]. The Free Press，1980.

[5] 陈国权. 供应链管理[J]. 中国软科学，1999，(10)：101-104.

案例 4.1

西安开米①

　　西安开米股份有限公司（以下简称西安开米）成立于 1997 年 7 月 31 日，注册资本 7 000 万元，专业从事环保型液体洗涤剂的研发、生产和销售。秉承"忠实科学、献身环保、服务社会、造福人类"的企业宗旨，西安开米致力于高科技环保型液体洗涤剂的研制、生产和销售，开发了中国环保型液体洗涤剂市场，引领中国液体洗涤用品的绿色潮流，对中国洗涤行业技术升级和产品结构调整发挥了积极的推动作用。

　　西安开米坚持经济目标和环境目标一致的可持续发展战略，实施"双绿色"经营战略。工厂全过程清洁生产，无三废排放。产品的生产和使用过程节约资源，省水、省电，对环境无污染，对人体安全性高，为节能无公害型绿色洗涤用品。

　　开米公司研制生产的系列环保型液体洗涤产品包括八大系列、100 多个品种，其技术和品质均达到国际先进水平。其中，"开米"品牌荣获"中国驰名商标"，产品荣获"中国名牌产品"、"中国环境标志认证"等多项荣誉。公司对全部技术和产品拥有独立自主的知识产权。"开米"商标已在美国、日本和澳大利亚等 38 个国家成功注册，开米产品已走向国际市场，销往美国、俄罗斯、韩国及东南亚等国家和地区。图 4.7 显示了西安开米的一些主要产品。

图 4.7　西安开米的产品

　　公司发展和经营项目符合国家产业政策、符合环境保护的基本国策、符合国际洗涤行业的发展趋势和市场需求，具有良好的发展前景和强劲的发展潜力。公司现已在国内 30 多个省会城市、单列市设立了子公司、分公司（办事处），建立了 20 多家开米双绿色产品在线专卖店，形成了覆盖全国的营销网络。

_____

① 　根据相关报道和西安开米网站(www.kaimi.com.cn)对外公布的资料编写，2011 年 6 月 27 日读取。

一、涤王洁衣系列

涤王洁衣系列包括涤王多功能中性洗衣液、涤王抗紫外线洗衣液、涤王丝绸洗、涤王衣领净、涤王彩漂和涤王羽绒洗等十余个品种,适用于棉、麻、毛、丝绸、羽绒、混纺及合成纤维等衣物。例如,涤王多功能中性洗衣液适用于棉、麻、丝、毛、合成纤维、婴幼儿衣物、内衣、混纺及羽绒服等各类衣物的洗涤。其特点是:去污力高于行业标准,去污、除菌、柔顺和抗静电多种功能一次完成;中性抑菌,不含磷、铝、碱、烷基苯磺酸钠和荧光增白剂,安全健康;机洗、手洗都方便,不刺激皮肤,环保;洗涤效果不受水温影响,软水、硬水都能洗;洗后令衣物柔软蓬松,色彩鲜艳,消除静电,持久留香。

开米涤王抗紫外线洗衣液,适用于夏季旅游、日常外出和野外作业的衣物洗涤。该产品使用国际先进的绿色表面活性剂高科技抗紫外线配方,融合瑞士 CIBA 研究中心抗紫外线研究成果,能够有效增强衣物抗紫外线能力,防护紫外线对人体皮肤的伤害;添加去异味成分,有效祛除汗味,给人清新的感觉。该产品具有浓缩、去污、抑菌、柔顺、易洗、易漂、抗静电和用量省的特点。

涤王丝绸洗是专为毛、丝、绢、麻、缎、绸、锦等特殊织物而研制的专用洗涤液。特点是:无磷环保中性配方,不含磷、荧光增白剂等成分;专为丝绸、羊毛等研制的洗涤用品,保护丝毛蛋白纤维,不损伤衣物,去污、抑菌、柔顺、抗静电一次完成,洗后纤维不卷曲、不收缩;机洗、手洗均可,不受水温限制,抗硬水,溶解快,易洗、易漂。洗后衣物蓬松、洁白、艳丽,有效去除衣物静电,再现衣物本色。

二、健康餐洗系列

餐具净,适用于清洁各类塑料、陶瓷、玻璃、金属、木质餐具、炊具以及蔬果。该产品采用国际先进的绿色表面活性剂 APG 高科技配方,由椰子油和葡萄糖衍生物精制而成,经过国家级毒理安全性检测,确定为无毒级产品。它具有快速去除油污、强力洁净、有效清除并抑制餐具表面有害细菌以及易洗、易漂、无残留、洗后不伤手的特点。

蔬果清洗剂,专用于清洗各类水果、蔬菜,也可用于清洗餐具。该产品采用国际先进的绿色表面活性剂 NFC 高科技配方,由粟米、椰子油衍生物和芦荟植物精华精制而成,经过国家级毒理安全性检测,确定为无毒级产品。它具有下述特点:迅速分解果蔬表面残留农药、化肥及细菌等有害物质,不破坏蔬果原有营养成分;天然原料,含芦荟精华,滋润不伤手,有效抑菌,安全健康。

三、贝芬护理系列

贝芬护理系列包括贝芬洗手液、贝芬滋养洗手液、贝芬免水洗手液、贝芬润发洗发露和贝芬液态香皂等十余个品种。其中,贝芬洗手液采用高科技环保天然配方,属绿色产品,中性;内含芦荟、沙棘油等天然植物精华,强力除菌,温和去污,滋润双手;防止皮肤皲裂,令肌肤倍感爽滑细腻,清香持久。

贝芬润发洗发露采用 MNRA 绿色环保配方,含人体必需的"营养亲发元素",迅速渗透发芯深层,滋养毛囊。天然蛋白质和保湿因子混合体,调理呵护破损发质,抑制皮脂分泌,清洁头皮,轻柔洗净头发,让头发充分休息。

开米贝芬液态香皂,用于手部清洁、脸部清洁和沐浴等。该产品采用无磷环保和天然皂基液态配方,温和去污;能有效克服香皂公用时引起的交叉感染,避免皂体表面干裂或长时间泡水引起软化、变形不能充分使用的现象；泡沫丰富，柔和滑爽，易于冲洗；有效抑菌，全面滋润护理皮肤。

四、力净清洁系列

力净清洁系列包括力净厨房清洗剂、力净重油垢厨房清洁剂、力净洁厕净、力净不锈钢清洗剂、力净空调清洗剂抑菌灵、力净木地板去渍饰光剂和力净玻璃光亮水等十余个品种。其中，力净厨房清洗剂采用高科技无磷环保配方，性能温和，不含磨料，不伤皮肤，不损灶具；去除油腻污垢，一喷即显效，令灶具历久常新；免拆洗，强力渗透分解油垢，深层去除油污。另外，对大肠杆菌、金黄色葡萄球菌有较强的抑菌作用。

五、涤清系列

涤清系列包括涤清漂渍液、涤清洗衣液、涤清瓷具净和涤清柔顺剂等产品。例如，涤清漂渍液适用于白色棉织物的日常漂洗和特殊污垢的去除，也可用于漂白瓷具、茶具等物体表面。它能够有效祛除织物上的汗渍、奶渍、血渍、果菜渍、茶渍、酱油和霉斑等特殊色斑；对金黄色葡萄球菌和大肠杆菌具有较强的抑菌作用；内含漂白增强剂，令白色衣物更亮白，防止织物变黄变旧；机洗、手洗均可，不损伤衣物。

六、婴童系列

婴童系列包括开米 baby 婴儿沐浴露、开米 baby 婴儿洗衣液、开米 baby 奶瓶洗和涤王婴儿专用洗衣液等产品。例如，开米 baby 婴儿沐浴露专为婴儿皮肤设计，富含多种润肤剂和天然春黄菊植物精华素，清洁肌肤的同时，舒缓滋润肌肤，令肌肤爽洁柔滑，不干燥，不刺激。

开米 baby 婴儿洗衣液，专为洗涤婴儿衣物而研制的洗衣液，采用高科技环保中性配方，不含磷、荧光增白剂等成分，适用于婴儿棉、麻、毛、合成纤维和混纺等布料的洗涤。该产品具有去污、抑菌、柔顺和抗静电等多种功能，可有效清除婴儿衣物上的尿渍、奶渍等顽垢；洗后衣物蓬松柔软，贴身舒适，全面呵护宝宝娇嫩肌肤。

七、工业、公共设施清洗系列

工业、公共设施清洗系列包括宾馆酒店专供洗发水、宾馆酒店专供沐浴露、振动光饰剂、电子工业清洗剂、静电除尘光亮液以及西安铁路局专供洗涤剂（如主洗剂、助洗剂、乳化剂、中和剂）等产品。这些产品都具有去污力强、绿色环保的特点。

八、其他系列

开米宠物浴液，采用绿色无磷环保中性配方，专为宠物沐浴设计。该产品温和去污，柔顺、抗静电，泡沫丰富易冲洗，洗后宠物毛发蓬松光亮，易于梳理，预防打结；有效抑菌，香味持久，让宠物宝宝散发清新香味，洁净滑爽，减少瘙痒等不适感。

开米消毒液，适用于家庭、学校和宾馆等预防和控制病菌感染，主要用于皮肤消毒、织物消毒、物体表面消毒，以及其他表面消毒，有效杀灭肠道致病菌、化脓性病菌和致病性真菌。内含天然松木提取成分松油，气味清新温和。

西安开米坚持以保护生态环境为宗旨，以保护使用者身体健康为原则，以高新技术创新为动力，以高素质的人才队伍为保证，实施"环境标志认证＋环境管理认证"的双绿色发展战略。从最初的股东单位 204 所提供的技术支持起步，西安开米与大专院校、科研院所建立了长期的技术合作。在激烈的市场竞争中，以科技促生产和销售，保证每年都有两个以上的新产品投放市场,"开发一批、生产一批、储备一批"。公司有五种产品荣获中国环境标志认证,是国内洗化行业荣获环境标志认证最多的企业。2000年年初,公司顺利通过ISO14001环境管理体系认证,成为中国洗化行业第一家"双绿色"企业。2000年5月,公司顺利通过中国科技部和中国科学院"双高"认证。2001年8月,开米公司年产5万吨环保型无磷液体洗涤剂专用复合型助剂项目,获得国家计划发展委员会授牌,成为国家高技术产业化示范工程中的百家重点项目之一。

不过,洗涤行业的竞争非常激烈。在西安开米的涤王洗衣液面世以前,中国的洗涤市场已被"传统列强"瓜分。美国宝洁、英国利华、日本花王和德国汉高四家就占领了中国市场的90%。当时,中国每年生产的300万吨洗涤制品中,大部分都是对生态有影响的含磷洗衣粉,无磷的仅仅占到6%。就在这6%中,80%的去污指数只有0.8,低于国家1的标准,不被广大消费者所接受。由于环保、去污力强(去污指数达到1.2),开米涤王洗衣液的面世弥补了市场的空白,受到广大消费者的欢迎。生产规模由1999年的年产3 000吨,猛增到2001年的年产5万吨,扩大了近17倍。

在激烈的市场竞争中,西安开米以科学的管理、一流的产品、完善的服务,有效保证了市场的开发和销售工作,逐步完善自主经营管理的营销运行体系,形成了以终端销售为重点,代理经销和团购直销三条销售渠道相互促进、共同发展的营销网络。"开米——环保优质产品"的品牌形象已经逐步确立,成为消费者心目中新一代环保型洗涤用品的代表品牌。

讨论题

1. 西安开米的宏观环境如何?
2. 洗涤行业的行业结构如何?
3. 谁是西安开米主要的竞争对手? 各自的优劣势在哪里?
4. 开米产品的消费者有什么特点?

 **案例4.2**

贵州茅台①

贵州茅台集团公司(简称贵州茅台,股票代码:600519)的总部位于黔北赤水河畔的茅台镇,地处东经106°22′、北纬27°51′,海拔423米。公司主营贵州茅台酒系列产品的生产和销售,同时进行饮料、食品、包装材料的生产和销售以及防伪技术开发、信息产业相关产品的研制开发。

贵州茅台的茅台酒历史悠久,成名于1915年的巴拿马国际博览会,与白兰地、威士忌并称为世界三大蒸馏名酒。从公元前135年汉武帝"甘美之"的褒奖到1704年清代大儒郑珍"酒冠黔人国"的赞誉,从1915年"巴拿马万国博览会"金奖到1996年荣获纪念"巴拿马万国博览会"80周年"国际名酒品评会"特别金奖第一名,可谓"流香自汉代,溢彩到今朝"。茅台酒开民族品牌获国际金奖之先河,蝉联历次国家名酒评比之冠,先后14次荣获

---

① 根据相关报道和企业对外公布的年报编写。

国际金奖。国酒形象，深入人心。

2000年以来，贵州茅台的经营业绩持续稳定地增长，如表4.6所示。2010年，贵州茅台的茅台酒年生产量突破1万吨，主营业务收入116.3亿元，利润总额71.62亿元，形成了低度（43度、38度、33度）、高中低档（茅台飞天酒、茅台王子酒、茅台迎宾酒、茅台醇等）品牌和极品三大系列、70多个规格品种。

表4.6   贵州茅台的经营业绩

年度	主营业务收入/亿元	利润总额/亿元	净利润/亿元	每股收益/元	每股净资产/元	净资产收益率/%
2001	16.1	6.0	3.2	1.31	10.12	12.97
2002	18.3	6.4	3.7	1.37	10.37	13.21
2003	24.0	9.7	5.8	1.94	11.37	17.06
2004	30.1	14.9	8.2	2.09	10.60	19.68
2005	39.3	19.2	11.2	2.37	10.79	20.68
2006	48.9	24.8	15.0	1.59	6.25	25.51
2007	72.4	45.2	28.3	3.00	8.72	34.38
2008	82.4	53.8	38.0	4.03	11.91	33.79
2009	96.7	60.8	43.1	4.57	15.33	33.55
2010	116.3	71.6	53.4	5.35	19.49	27.45

公司所处行业为食品饮料制造业，主营业务为贵州茅台酒系列产品的生产与销售，饮料、食品、包装材料的生产与销售，防伪技术开发，信息产业相关产品的研制、开发。公司拥有"著名的品牌、卓越的品质、悠久的历史、独有的环境、独特的工艺"等核心竞争力。经过长期的发展和历史的积淀，企业已形成成熟的文化理念。

（1）使命——酿造高品位的生活。

（2）愿景——健康永远，国酒永恒。

（3）核心价值观——以人为本，以质求存，恪守诚信，继承创新。

（4）企业精神——爱我茅台，为国争光。

（5）核心竞争力——品质、品牌、工艺、文化、环境。

（6）经营理念——稳健经营，持续成长，光大民族品牌。

（7）质量理念——崇本守道，坚守工艺，贮足陈酿，不卖新酒。

（8）营销理念——坚持八个营销（即工程营销、文化营销、感情营销、诚信营销、网络营销、服务营销、个性营销、事件营销），追求和谐共赢。

（9）服务理念——行动换取心动，超值体现价值。

（10）领导理念——务本兴业，正德树人。

（11）人才理念——以才兴企，人企共进。

2010年以来，日渐复苏的经济加速了白酒行业的发展，尽管有金融危机、消费税从严征收和原材料涨价等因素，但是白酒行业仍然保持了较快发展，成为支撑酿酒行业快速发展的中坚力量。白酒市场的竞争格局发生了显著变化,地方名酒企业通过营销改革、机制改革和资本运作等方式,增加自身实力,强势崛起。经济的快速发展带来白酒业的全面升级,消费高档酒的人越来越多,喝高档酒已成为消费趋势。在高端白酒的价格呈跳跃式上升的同时,企业间的竞争也在加剧。

在新的一年里,公司面临着以下挑战:①影响企业发展的不确定因素增多;②中国酒水市场已经成为国外酒类品牌的主攻市场,进口葡萄酒和烈性洋酒对中国白酒的挑战力度不断加大;③随着酱香型产品销售的快速增长,越来越多的企业和资本进入到酱香型白酒的生产、销售中,加剧了酱香型产品的市场竞争;④地方保护主义依然存在,各级地方政府主导的白酒产业集群也给公司带来了新的挑战。

公司发展有以下有利条件和发展机遇:①政策方面,国家西部大开发战略进入新的历史阶段,贵州省委、省政府提出了大力实施工业强省和城镇化带动战略,《贵州省政府工作报告》中提出要加快以茅台酒为龙头的优质白酒基地建设,为国酒茅台发展创造了稳定的外部环境和广阔空间;②随着"十二五"期间产业政策调整、市场准入、流通管理等方面的政策、法律逐渐完善,白酒市场将更加规范,名优企业将受到进一步保护;③国家经济的发展、扩大内需政策的强力推进、消费结构和产业结构不断优化所带来的消费升级为公司提供更广阔的市场空间;④茅台自身多年的发展奠定了坚实的基础,积累了宝贵的经验,公司机制改革、经济结构和产品结构不断得到改善和升级,企业竞争力、资源掌控力和抗风险能力显著增强,发展思路、战略着力点更加清晰,公司全体员工干大事、谋发展的热情不断高涨。

"十二五"的开局之年,公司将深入贯彻落实科学发展观,以国家深入实施西部大开发战略、省委省政府实施工业强省战略及城镇化带动战略为契机,坚持"发展壮企、改革促企、管理固企、质量立企、环境护企、科技兴企、人才强企、文化扬企、安全稳企、和谐旺企"理念,努力在产能规模、结构调整、品牌建设、技术创新、循环经济、资本运作、文化发展和构建和谐等方面取得新突破,推动国酒茅台更好更快地发展。

公司"十二五"期间的发展目标是:到2015年,茅台酒生产达到4万吨,力争多一点;销售收入突破260亿元(含税),力争多一点;单位生产总值能耗和二氧化硫、汽车尾气排放量控制在国家下达的指标范围内,全公司员工受教育程度明显提高,公司综合实力进一步增强,绿化、美化厂区,使环境保护更加有力,员工生活更加美好,使公司物质文明建设、精神文明建设、政治文明建设、生态文明建设、党的建设和廉政建设上一个大台阶。

为了实现这些目标,公司计划:第一,继续搞好各项生产经营工作,努力实现销售收入等主要经济指标更好地增长;第二,加快项目建设步伐,为公司未来的发展奠定良好的基础;第三,以"八个营销"为引领,进一步打造好独具茅台特色的营销网络,在搞好国内销售的同时,要积极拓展国外市场,探索组建管理机构,加大广告宣传力度,稳步拓展国际市场;第四,借重新申报全国质量管理奖的契机,进一步深化和精细化企业内部管理,提升公司核心竞争力和抗风险能力。

讨论题

1. 贵州茅台的发展战略和业务组合是什么?
2. 什么是贵州茅台的主业?
3. 公司主业有什么优势、劣势、机会和威胁?
4. 请为贵州茅台的主业做一个营销的 SWOT 分析。

第五章

企业的营销战略策划

　　某一种商品的总需求量是由市场环境决定的，企业很难改变它，只能适应它。不同消费者的消费需求和消费行为有很大的差异性，一个企业很难，也没有必要满足市场对于某种商品的所有需求。因此，如何找到理想的目标市场，为企业的产品、服务或品牌准确定位，是企业营销策划的重要内容。它指出了企业营销活动的方向，属于企业营销的战略策划。

　　本章讲述营销战略与公司战略、竞争战略之间的关系，说明确定企业营销目标的方法，并以 STP 为框架，按照市场细分、确定目标市场和市场定位的顺序，讲解企业营销战略策划的内容和方法。

第一节　企业的营销战略

　　如前所述(本书第二章)，营销战略策划注重企业的营销活动与企业总体战略之间的联系，分为营销战略目标的策划和营销战略重点的策划。因此，为了为企业策划一个切实可行的营销战略，必须对企业营销战略与公司战略、竞争战略之间的关系有一个清楚的认识。

一、战略、策略与战术

　　英语的战略一词，strategy，源于古希腊文，strategos，原意是指在打仗中指挥军队的将军，后被用来指占据将军这一位置的人所应具备的心理与行为技巧，或军队、国家在使用力量征服对手时所应具有的技巧[1]。因此，在西方古代，战略与战术是不分的。

　　只是到近代，西方的军事家们才把战略与战术区分开。例如，《战争论》的作者克劳塞威茨认为：战术讲的是在战争中怎样使用军力，而战略讲的则是为了达到战争的目的怎样使用战争[2]。换句话讲，战术处理的是细节性问题，是怎么做而非做什么的问题；战略处理的则是重大问题，是做什么和为什么做的问题。

　　中国古代的军事家，很早就有了战略的概念。公元前五百多年的春秋时期，在吴国的孙武所写的《孙子兵法》中，先讲战略问题，回答为什么要打仗以及多算、少算的问题；后讲战略原则和战术问题，回答怎么打仗的问题。

　　《孙子兵法》第一篇开宗明义："兵者，国之大事，死生之地，存亡之道，不可不察也。"察，从五个方面进行，即道、天、地、将、法。道，讲的是战争的目的与人心向背；天、地，讲的是战争环境；将、法，讲的是战将与军队的编制和纪律，即军队的内部条件。从这五个方面算计，"夫未战而庙算多者，得算多也；未战而庙算不胜者，得算少也。多算胜，少算不胜，而况于无算乎？"这里考虑的就是战略问题。现在制定企业战略使用的企业使命(道)和

SWOT 分析(天、地、将、法),在这里已经有了雏形。

企业战略学家认为,具有下述六个特性的问题才属于战略问题,且只有战略问题才值得企业高层领导特别关注:第一,需要高层管理决定;第二,需要企业投入较多的资源;第三,会影响到企业的长远发展;第四,面向未来;第五,通常会影响到企业的全局;第六,需要考虑与企业的外部环境相适应[3]。

一个非常有趣的现象是:在中文中有战略、策略和战术之分,而在英文中却只有战略与战术之分。在中国,经常看到在营销学教材中,有叫营销战略的,也有叫营销策略的;有叫产品战略、价格战略、广告战略或渠道战略的,也有叫产品策略、价格策略、广告策略或渠道策略的。这些不同的叫法在内容上有什么区别吗?只要仔细看一下,就会发现它们之间并没有什么区别。出现这种情况的原因是,中国的市场营销学是从美国引进的,在从英文翻译成中文时,有人喜欢将"strategy"翻译成"战略",有人喜欢将其翻译成"策略"。二者本同源,不同的结果只是人们喜好的不同而造成的。

然而,在中国人的心目中,战略与策略之间是有区别的。尽管说不清它们究竟区别在何处,但是有趣的是,当问到二者区别时,大部分中国人会告诉你:战略更大一点,策略更小一点;战略更长一点,策略更短一点;战略更虚一点,策略更实一点。对二者这样区别的最大问题,就是无法将策略与战术区别开了。

仔细思考战略、策略和战术三者之间的关系,下面这样一种说法也许成立:战略强调方向与目的,策略强调计谋或计策,战术则强调执行方法与技巧。在中文中,常讲"策略性地做某事",英文可用"to do something strategically"来表达。此时,用"战略性地做某事"就讲不通。用"策略性地做某事",想表达的意思是:做事要注意方法,不能太直白。例如,针对自己的合作伙伴,要用合作伙伴能够接受的方法说或做某事;针对自己的竞争对手,可以用一些计谋和手段蒙骗他们。

实际上,将"策略"从"战略"中独立出来是很有必要的,因为计谋常常既不是"方向正确"的问题,也不是一般性的"执行效率"的问题。为了蒙骗对手,一个人常常需要"低效率"地做"方向不正确"的事。

在本书中,用"战略"指与营销方向有关的内容,例如将市场细分、确定目标市场和市场定位看做营销战略;用"策略"指计策或进行某种营销活动采用的不同的方法,例如品牌策略、价格调整策略、渠道策略和促销策略;用"战术"指营销战略执行过程与"执行效率"有关的问题。

二、公司战略、竞争战略与营销战略

前文讲过,企业战略有三个层次,即公司战略、经营单位战略和职能部门战略。三者相互渗透,同时又有一定的分工。三者之间的关系可用图 5.1 来说明。

图 5.1 是 20 世纪 90 年代美国通用电影公司(General Cinema Corporation)的企业战略[3]。该公司根据环境的变化,制定的总体战略是:使用公司现有业务(影院)提供的资金,多元化进入休闲娱乐业,完成每年 15%~20% 增长率(图 5.1 的第一层)。公司的发展方向,是从过去的单一业务向相关多元化业务转变。

影院业务是公司现有的一项业务。企业未来要发展与娱乐业相关的一些其他业务。

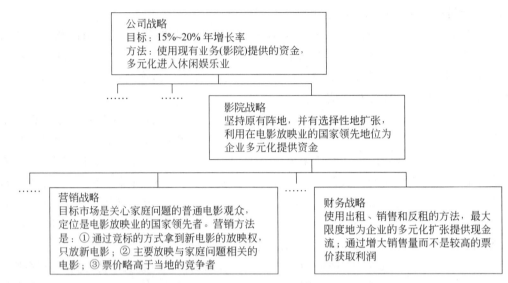

图 5.1　公司战略、竞争战略与营销战略之间的关系

公司的每一项业务都有与之相应的业务战略，不过为了简便起见，这里只显示了影院的业务战略，即坚持原有阵地，并有选择性地扩张，利用在电影放映业的国家领先地位为企业多元化提供资金（图5.1的第二层）。影院的业务战略，首先要服从企业的总体战略——为多元化发展提供资金；其次主要考虑本业务单位的竞争战略——坚持在电影放映业的国家领先地位，并进行选择性扩张。

每一项业务都有与之相对应的职能部门战略，如研发战略、人力资源战略、财务战略、服务战略和营销战略等，这里只显示了电影放映业务的财务战略和营销战略（图5.1的第三层）。营销战略可以简单地表述为：目标市场是关心家庭问题的普通电影观众，定位是电影放映业的国家领先者。营销方法是：①通过竞标的方式拿到新电影的放映权，只放新电影；②主要放映与家庭问题相关的电影；③票价略高于当地的竞争者。电影放映业务的营销战略，第一，是为企业的整体战略和电影放映业务的竞争战略服务的；第二，发挥、保持或创造企业在电影放映业务上的竞争优势。

由这个例子可以看出，企业战略的三个层次既有不同，又密切相关。

公司战略着眼于整个企业，考虑企业作为一个整体的发展问题，内容主要包括公司使命、公司的长期发展目标和公司的业务组合。最重要的分析工具是波士顿矩阵。运用波士顿矩阵对企业现有的业务进行分析，汰弱扶强，确定企业未来应有的业务组合。

经营单位战略着眼于某一个业务经营单位（SBU），主要考虑某一个业务经营单位在某一个给定市场上的竞争问题。公司战略通过业务选择，为企业划定竞争范围。经营单位战略则是在竞争范围给定的前提下，每一个业务经营单位确定自己的竞争对手，并参照竞争对手确定自己的优势和劣势，决定采用什么具体的方法竞争。常用的分析工具有五力模型、三种一般的竞争战略模型和价值链分析。通过五力模型分析，了解哪些力量是影响企业盈利能力的主要因素；通过三种一般的竞争战略模型分析，确定企业要获得什么竞争优势；通过价值链分析，明确企业可以从哪些方面获得欲求的竞争优势。

职能部门战略着眼于某一个职能部门,考虑某一个职能部门根据公司战略和竞争战略所应该完成的具体任务、目标以及采用的手段和控制方法。具体到营销部门,一方面要为企业所选择的每一项业务确定一套营销战略;另一方面要考虑在每一项业务中如何利用、保持企业的竞争优势,从营销方面为企业创造竞争优势,如图 5.2 所示。

职能部门	企业的业务组合						
	A	B	C	D	E	F	
生产部门							
营销部门	√	√	√	√	√	√	√整个企业的营销战略
财务部门							
人事部门							
研发部门							

图 5.2　企业的业务组合与营销战略

图中的企业有 A、B、C、D、E 和 F 六项业务。营销管理人员要为所有六个业务单位制定营销战略,而当把六个业务单位的营销战略叠加以后,考虑它们之间的相互影响进行整合,就形成了整个企业的营销战略。因此,业务单位的营销战略是整个企业营销战略的构成要素和基础。

三、企业营销战略的内容与策划程序

企业的营销战略注重企业营销活动与企业发展战略、竞争战略之间的联系,涉及企业的营销目标、市场细分、确定目标市场和市场定位等内容。

企业营销战略策划的程序,可以按照科特勒的营销战略 4P 框架,分为探测(probing)、划分(partitioning)、优先(prioritizing)和定位(positioning);也可以按照 ASTP 框架,分为分析(analyzing)、市场细分(segmenting)、确定目标市场(targeting)和市场定位(positioning),如图 5.3 所示。

探测或分析的内容第四章已经讲过,其中最重要的是对顾客和竞争者的分析。最后一步,确定营销因素组合,实际上是企业营销战术策划的内容,将在下一章以及后面的各章讲解。不过,这里要特别注意,企业营销战略策划与企业营销战术策划(即确定营销因素组合)不能截然分开,否则营销战略无法操作

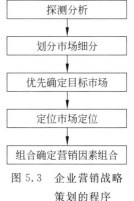

图 5.3　企业营销战略
策划的程序

和实施。实际上,企业营销战略策划与营销战术策划的区别仅在于侧重点的不同。当一项营销策划的重点在于确定企业的目标市场和营销原则时,是营销战略策划。当一项营销策划的重点在于如何高效率地为既定的目标市场创造和传送价值时,是营销战术策划。营销战略策划解决的是方向或效果(effectiveness)问题,即企业在营销中要做正确的事;营销战术策划解决的是效率(efficiency)问题,即企业在营销中要正确地做事。

市场细分、确定目标市场和市场定位是本章以下各节的内容。不过,在此之前,必须

先了解确定企业营销目标的方法。

第二节　确定企业的营销目标

如图 5.1 所示，企业战略可以分为公司战略、经营单位战略和职能部门战略三个层次，而营销战略是企业的一个重要的职能部门战略。它一方面告诉企业高管人员，营销部门准备怎样贯彻企业的发展战略和竞争战略；另一方面也通过具体的任务、目标、实施和控制方法，为营销部门的员工提供行动的指南。

一、营销目标、发展目标和竞争目标的关系

营销目标是企业进行各项营销活动欲得到结果的规范化表述。它一方面提出企业营销活动追求的结果，另一方面也是营销部门为了实现企业的发展目标和竞争目标必须完成的任务。因此，营销目标既要符合企业实际，也要符合企业发展目标和竞争目标的要求。

有一些发展目标，需要在不同的业务单位之间进行分解。例如，一个企业有 A、B、C、D、E、F 六个业务单位。在其发展目标中，销售额指标是要在某一年达到 100 亿元，利润额指标是要达到 15 亿元。为了实现这一目标，企业就需要把这 100 亿元的销售额和 15 亿元的利润额分解到每一个业务单位。因为不同的业务单位竞争条件和竞争环境不同，所以销售额指标和利润额指标也不一样。例如，为了完成公司发展目标中 100 亿元的年销售额，六个业务单位分别需要完成 50 亿、20 亿、10 亿、10 亿、5 亿和 5 亿元的年销售额，如表 5.1 所示。

表 5.1　发展目标、竞争目标与营销目标的衔接　　　　　　　　　　亿元

地区	企业发展目标：年销售额 100					
	A	B	C	D	E	F
	50	20	10	10	5	5
甲	20	10	—	5		
乙	20	5	5	—		5
丙	5	5	—	5	5	
丁	5	—				

各业务单位的目标确定之后，每一个职能部门要据此分业务单位逐一确定各自的职能目标。营销也不例外。不过，由于营销的特性，营销目标不但要分业务单位逐一确定，而且还要分区域逐一确定。继续用前面销售目标的例子说明。假设企业的六个业务单位覆盖了甲、乙、丙、丁四个区域，表 5.1 显示了六个业务单位在不同区域的销售目标。其中，有一些业务单位的产品还没有进入某些区域市场，所以这些业务单位与这些区域市场的交叉格内是空的。

当然，这些区域销售目标只反映了企业发展目标和竞争目标的要求，在最终确定营销

目标时,营销部门还需要考虑市场和企业的实际情况,进行必要的修正。当市场和企业的实际情况与企业发展目标和竞争目标的要求差距较大时,营销部门需要向上反映。必要时,可能需要重新考虑企业的发展目标和竞争目标。

由此可见,在很多指标(如销售额和利润额)上,营销目标与发展目标、竞争目标没有什么不同,它们是发展目标和竞争目标在营销管理方面的具体体现或落实。此时,竞争目标先要对发展目标按业务分解;然后,营销目标在竞争目标按业务分解的基础上再按区域分解。

另外,营销部门有一些重要的、自己特有的目标,如顾客满意度、顾客流失率、品牌忠诚度和广告有效到达率等。这些目标虽然与企业的发展目标和竞争目标没有一一对应的关系,但是因为能够帮助企业提高销售额、利润额、市场占有率和品牌价值等,因此有助于企业实现其发展目标和竞争目标。

总之,在确定营销目标时,营销部门要把企业的发展目标和战略以及竞争目标和战略作为背景或环境来考虑——不是要为企业制定新的目标,而是要将企业的发展目标和竞争目标落到实处。

二、长期目标与短期目标

企业的发展目标、竞争目标和营销目标都有长短之分。长期目标反映企业某一战略层次的努力方向与战略基点,是判断企业在公司这一战略层次上一个较长时间段(一般5年或以上)成功与否的最终标准。短期目标则是为实现长期目标而制定的年度或一年以内的项目目标,是企业管理人员指导日常工作的依据。二者的关系如下:从目标的制定过程来看,短期目标是长期目标的分解;从目标的实现过程看,长期目标是短期目标的积累。因此,企业战略目标的分解实际上有两个方向,一个是时间,如将企业长期目标中的销售额与利润额分解到每一年;另一个是自上而下,如将企业总的销售额与利润额分解到每一个业务单位,然后再分解到每一个职能部门(如生产部门的产量和成本,营销部门的销售额和营销费用,财务部门的资金运作)。由此就可以得到企业整体每一年的年度目标、各业务单位每一年的年度目标和各职能部门每一年的年度目标。

不过,企业不同的战略层次对长期目标和短期目标的侧重是不一样的。一般而言,公司层次(发展战略)更注重长期目标,职能部门层次(职能部门战略)更注重短期目标,而业务单位层次(竞争战略)对长期目标和短期目标的重视程度是相近的。

营销目标更注重一年或一年以内的短期目标。当然,如果企业在发展战略中强调企业品牌价值的提升,特别是设有可量化的品牌价值提升长期目标,那么品牌价值提升也就自然成为营销的长期目标。

另外,很多营销目标还以项目目标的形式出现。如某一次广告活动的目标,就可以是提高企业品牌的知晓度、改变顾客对企业品牌态度或增大顾客的重购比率。

三、财务目标与非财务目标

营销目标还有财务目标和非财务目标之分。财务目标是那些可以用财务指标测量的目标,如毛利、税前利润和投资收益率等。下面是一些营销财务目标的例子。

(1) 销售额：到 2011 年 12 月 31 日,XYZ 公司的电冰箱在中国国内的年销售额要达到 15 亿元。

(2) 产品销售量：在 XYZ 牌电脑促销活动期间,XYZ 公司在西安每个月要卖出电脑 1 000 部。

(3) 渠道销售量：到 2011 年年底,XYZ 公司通过互联网销售 XYZ 牌电脑要达到 5 万元的月销售额。

(4) 收益率：到 2011 年年底,XYZ 公司要使 XYZ 牌电脑的毛利率增加到 25%。

(5) 投资收益率：XYZ 公司营销活动的投资收益率要达到 17%。

(6) 收支平衡：到 2011 年 6 月 30 日,XYZ 公司要使电冰箱的销售额和成本达到盈亏平衡点。

非财务目标虽然不能用财务指标来测量,但它们与企业的营销管理活动直接相关,常常是影响财务指标表现的原因,如顾客满意度、渠道关系、顾客关系、品牌认知度和忠诚度等。下面是一些营销非财务目标的例子。

(1) 争取顾客：下年度,XYZ 公司将通过每个月增加 10 个渠道终端的方式向市场渗透。

(2) 维系顾客：在年末,XYZ 公司将把顾客流失率控制在 13% 以内。

(3) 顾客满意度：下一年度,XYZ 公司要使一半的顾客满意度考评超过 95 分。

(4) 渠道关系：下一年度,XYZ 公司要与 10 家超市签订合同以扩大分销渠道。

(5) 市场占有率：到 2011 年 7 月 31 日,XYZ 公司要使其电脑在中国的市场占有率达到 15%。

(6) 产品开发：到 2011 年 12 月 31 日,XYZ 公司要开发并向市场推出四款新电脑。

(7) 交付订单：到 2011 年 5 月 15 日,XYZ 公司网上交付订单的时间要缩短两个小时。

在实际的运用中,财务目标和非财务目标可能出现方向不一致的情况,如为了抢占市场(提高市场占有率),企业有时不得不放弃较高的利润率。此时,如果一味地强调财务目标而忽略非财务目标,企业也许能获得眼前较高的利益,但可能失掉市场份额,使将来的利益受损。因此,制定营销目标时,要注意财务目标和非财务目标的综合运用。

四、常用的营销目标

销售目标、利润目标、满意目标和形象目标等是企业常用的营销目标。这些目标并不相互排斥,有一些企业试图达到所有这些目标。当然,更多的企业可能专注于实现某一些目标。

(一) 销售目标

销售目标包括销售额、销售增长率和市场占有率等指标。

销售额是营销部门的一个基本目标,指的是企业销售商品或服务获得的、不含税的全部收入。它与营业额的区别在于,营业额属于含税收入。销售额在很大程度上体现着一个企业满足顾客需求量的大小。由于在一个企业实现的销售额中包含这个企业为顾客创造的价值,所以它是企业为顾客创造价值的一个基础。如果产品卖不出去,没有销售额,那么企业的一切生产经营活动都是没有价值的,也是无意义的。

销售增长率以前期销售量作为基准来衡量本期销售量的增长情况。企业常常把销售增长率看做一个重要的营销目标。在这个目标指导下,企业最关心的是企业产品销售规模的增大。销售增长率计算公式为:

$$销售增长率 = \frac{本期销售量 - 前期销售量}{前期销售量} \times 100\%$$

市场占有率又称为市场份额,是指企业某产品在市场上的比重。又可以分为收益市场占有率(revenue market share)、销量市场占有率(unit market share)和相对市场占有率(relative market share)。收益市场占有率是企业某产品的销售收入占市场该产品总销售收入的百分比;销量市场占有率是企业某产品的销量占市场该产品销售总量的百分比;相对市场占有率是企业某产品的市场占有率或销售额与最大竞争对手该产品市场占有率或销售额的比值。市场占有率的计算公式为:

$$市场占有率 = \frac{企业某产品的销售额(量)}{市场上其他企业该产品的销售额(量)之和} \times 100\%$$

销售增长率和市场占有率指标不仅对企业某种产品的营销非常重要,它们还常常被用来确定企业的发展战略。前者预示着企业该种产品或该项业务的发展前景,后者则体现着企业该种产品或该项业务的竞争者的销售状况。

(二)利润目标

利润目标包括净利润、销售利润率和投资收益率等指标。

净利润(net profit)等于销售额减去总成本(费用)。与销售额不同,它显示的只是实现这一利润额的企业或企业某一业务单位的生产经营成果,不包含其他上游企业(如原材料和零部件的生产制造商)为顾客创造的价值。因此,它能够更真实地反映一个企业为顾客创造价值的大小。实际上,它可以被看成因为企业的价值创造而通过顾客的选择从社会获得的奖励。虽然销售额是利润额的必要前提,但是不是充要条件。有销售额而没有利润额,意味着企业没有为顾客创造多少价值或创造的顾客价值不被社会承认,是"只赚吆喝不赚钱"。

获取利润是企业区别于非营利性组织的根本特性,也是企业满足顾客需求程度的一个标志。以利润额或利润率为目标,意味着企业或企业的某一业务单位要在一定的时期(通常是一年)内达到一个最低限度的利润额或利润水平。利润水平有两种不同的表示方法,即销售利润率和投资收益率。

销售利润率是一定时期内净利润在销售收入中所占的百分比,显示单位销售额的获利能力。计算公式为:

$$销售利润率 = \frac{净利润}{商品销售额} \times 100\%$$

投资收益率(return on investment)是净利润与实现这些利润所需投资的比值,显示单位资产的获利能力。计算公式为:

$$投资收益率 = \frac{净利润}{投资额} \times 100\%$$

不过，从营销部门考虑，投资收益率可以用营销投资收益率（return on marketing investment）来替代[4]。营销投资收益率即由于营销活动而增加的收入与营销投入的比值，可以显示单位营销投入的获利能力。计算公式为：

$$营销投资收益率 = \frac{由于营销活动而增加的收益 \times 贡献率 - 营销费用}{营销费用} \times 100\%$$

（三）满意目标

满意目标指满足利益相关者需求或要求的程度，包括顾客满意度、部门员工满意度、供货商或经销商满意度以及政府满意度等。另外，顾客忠诚度、偏好度和自愿推荐度等也可以作为衡量顾客满意度的相关指标提出。

以上目标都可以用一些量表测量。在获得调查数据后，应用统计工具进行计算，就可以获得量化的结果。例如，表5.2是某电机公司的顾客满意度调查表，涉及产品质量、交付质量和服务质量等内容。

表 5.2　某电机公司的顾客满意度调查表

调查项目		很满意	满意	一般	不满意	很不满意	不满意，请说明原因
产品质量	产品性能						
	产品稳定性						
	产品安全性						
	产品维修性						
	产品性能与价格比（价格合理性）						
交付质量	交付及时性						
	发货准确性						
	包装质量						
	检验报告完整性						
	使用说明书可操作性						
	产品成套性						
服务质量	服务的及时性						
	服务人员的态度						
	服务人员解决问题能力						
	对产品的使用、维护说明						
	销售人员的业务素质						

（四）形象目标

企业或品牌形象是指消费者或其他相关群体对一个企业或品牌的总体评价。一个企业或品牌可以被看做进取的，也可以被看做保守的；可以被看做专业的，也可以被看做综合的;可以被看做豪华的,也可以被看做大众化的。形象目标的关键,是要使消费者或相关群体对企业或品牌形成一个企业欲求的形象。

例如品牌影响力目标,可以通过品牌知晓度、品牌态度、品牌信念、购买意愿、购买比率和重购比率等指标设置和测量。品牌知晓度(awareness)指知晓某个品牌的顾客人数占总人口的百分比;品牌态度(attitude)指顾客喜欢或不喜欢某个品牌的程度;品牌信念指顾客对某一品牌形成的比较固定的看法;购买意愿(purchase intentions)指意愿购买某种品牌的程度或购买的可能性;购买比率指购买某个品牌的顾客人数占总人口的百分比;重购比率指重复购买某个品牌的顾客人数占曾经购买过这个品牌的顾客人数的百分比。

此外,脑中第一占比(top of mind)也是企业常用的一个形象目标。脑中第一指当向顾客提出某种类别的产品时,在无提示的条件下,顾客最先想到的品牌。脑中第一占比,即将企业某品牌列为脑中第一的顾客占顾客人数的比例。这一指标在很大程度上能够反映某一品牌对顾客的影响力和在顾客心目中的形象。

五、有效的营销目标

确定有效的营销目标,要注意以下要点。

第一,具体、明确、可衡量。目标必须具体、明确,要包括最后期限和量化的评估方法,以便于营销管理人员制定活动进度表和进行监督。对于不易量化的目标,也要尽量想出较为客观的评价标准。

第二,实际而具有挑战性。营销目标必须以企业的现实情况为基础,不能不顾现实提出过高的目标,但是又要有足够的挑战性,刺激营销业绩的提高。

第三,服从企业使命和企业整体战略目标。营销部门要把企业的发展目标和战略以及竞争目标和战略作为背景或环境来考虑,设立的营销目标应该有助于企业实现其终极目的(企业使命)和完成其总的战略目标(发展目标和竞争目标)。

第四,反映企业的内部资源和核心竞争力。营销目标必须反映企业的资源、核心竞争力和优势,否则营销目标或者不具有挑战性,或者具有挑战性但难以实现。

第五,与外部环境的机会和威胁相匹配。设立的营销目标必须与外部环境所提供的机会与威胁相匹配,有针对性地利用机会或避免威胁。

第六,不同的营销目标之间互相配合。如果是多个目标,则目标之间不应有矛盾,在有矛盾时,要明确表述目标的优先顺序。

通用电气公司设立营销目标时,经常会提出下面的问题,以检验营销目标的有效性[5]。

(1) 营销目标具体吗?

(2) 营销目标有进度表吗?

(3) 营销目标可衡量吗?

(4) 营销目标现实吗?

(5) 营销目标具有挑战性吗?

(6) 营销目标是否与组织使命相一致?

（7）营销目标是否与组织总体导向一致？

（8）营销目标是否与组织内部资源和核心竞争力相一致？

（9）营销目标是否与外部环境的机会和威胁相匹配？

六、确定营销目标的步骤

确定营销目标可以按照以下几个步骤进行。

第一步，回顾企业的发展目标和发展战略以及各业务单位的竞争目标和竞争战略，明确营销战略在企业发展与竞争中的地位以及设置营销目标的指导原则。如上所述，企业的发展目标和战略以及竞争目标和战略是营销部门确定营销目标和营销战略的背景或环境，营销目标和营销战略要有助于企业的发展目标、发展战略、竞争目标和竞争战略的实现。除非它们本身有问题，否则营销目标和营销战略是不能与它们相违背的。

第二步，根据企业的发展目标和各业务单位的竞争目标，拟定能够实现企业的发展目标和各业务单位的竞争目标的营销目标。具体的方法与内容，上面已经做了说明。

第三步，考虑企业的实际情况，分析有利条件和不利条件，评估实现营销目标的可能性。当发现评估结果与此前确定的营销目标有较大差距时，需要与上级和相关业务单位沟通，在此基础上对营销目标做出修正，力求营销目标"实际而具有挑战性"。

第四步，考虑不同营销目标之间的互相配合问题，以免不同的营销目标相互撞车。在不同的营销目标之间有矛盾且无法避免时，要按照重要性为营销目标排序：哪一个是最重要的，需要优先完成；哪一个是不太重要的，需要为其他目标的实现让步。

第五步，根据企业需要和实际情况的变化，调整和修改营销目标。一般而言，营销目标是企业进行营销控制的依据，因此一经确定就要相对稳定，不能随意改变。否则，朝令夕改，未完成目标可以被操纵为完成了目标（只要降低营销目标就可以了），营销管理者就无从确定营销目标是否完成，也就难以对相关人员进行奖罚和控制了。但是，这并不意味着营销目标一经确定，就不能调整和修改。在企业的发展目标和发展战略以及各业务单位的竞争目标和竞争战略改变后，在实际情况变化以后，企业原来的营销目标可能不再适用，此时就需要对其进行调整和修改。

第三节　市　场　细　分

一、市场细分的本质

市场细分是指根据消费者需求的差异性，把市场分割为多个消费者群的过程。经过细分之后，每一个消费者群就是一个细分市场。这样，每一个细分市场都是由需要和愿望大体相同的消费者组成。

例如，很多人需要手表作为计时工具，但不同的人有不同的要求。有的人对手表质量要求不高，只要价廉，能计时就行；有的人要求手表要走时准确、耐用，价格也不能太贵；还有的人不但要求手表质量高，还要造型豪华，价格高很多也能接受。因此，只生产一种手表投放市场,无法满足所有人的需求。

实际上,任何国家或地区的市场都不是铁板一块,而是由具有不同特征的消费者或用户构成的。这些消费者或用户需求不同、动机不同,购买行为与习惯也不相同。将具有近似特征的消费者或用户在一个大的市场中进行切割,分为众多的分市场,就是市场细分。

图5.4表达了市场细分的本质。图中纵轴表示货币量的多少,横轴表示顾客感知价值(即顾客相信商品能够给他带来的利益或满足感)的大小。市场上有 A、B、C 三个顾客群体。假设其他相同,三个顾客群体只是在收入上不同。因为收入不同,所以他们对于同一数量货币(如 P_1)的感知价值是不同的。顾客群体 A 的收入最低,他们对 P_1 的感知价值最高,为 V_A;顾客群体 B 的收入中等,他们对 P_1 的感知价值为 V_B,低于顾客群体 A,但是高于顾客群体 C;顾客群体 C 的收入最高,他们对 P_1 的感知价值最低,为 V_C。换言之,当一个商品的感知价值为 V_A 时,三个顾客群体愿意与其交换的货币数量(即价格)是不同的,分别为 P_1、P_2 和 P_3。由此就构成了 A、B、C 三个细分市场。

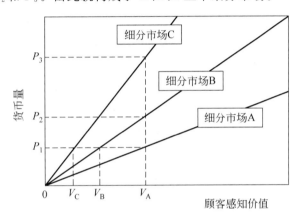

图 5.4　顾客感知价值与市场细分

市场细分的概念,对于企业的营销实践有着重要的启示。市场上存在着成千上万分布于不同地区的消费者或用户,他们的需求及欲望千差万别,因此企业有可能集中力量满足其中一部分顾客的需求。这样做,即使是一个实力弱小的小企业,也可能在市场上立足,而不至于被大企业吃掉。另外,市场细分还可能帮助企业找到各种各样的卖点,如针对某一个或一些细分市场提升服务质量、提高产品档次、弥补市场空白和进行产品创新等[6]。

正是有了市场细分的概念,企业的营销活动才有了战略的内涵。市场细分所得的细分结果,相当于是为企业指出了许多不同的发展方向。不管选择其中的任何一个或几个,都意味着一个方向性的选择,而且这个选择都会影响到企业未来的发展。市场细分使企业必须面对"做什么?"的问题进行选择:到底企业应该做哪一个或一些市场?试想,如果市场选错了,例如对上面只看重手表计时功能的第一种人销售价格昂贵的"劳力士"或对看重手表象征意义的第三种人销售价格 20 元的电子表,产品、价格、分销和促销做得再好,又有什么用呢?

企业通过营销活动不但要为顾客创造价值，而且还要高效率地为顾客创造价值。高效率地为顾客创造价值的标志，就是为市场提供高性价比或高"利价比"[7]的产品或服务。不过，同一个产品或服务对于不同的消费者，其价值是不一样的。例如，一个被拍出几千万元的古董，对于购买者而言，物有所值，"利价比"至少大于1，否则他不会购买；但是对于一般老百姓而言，其价值就很小了，即使让他掏1 000元购买，他也未必愿意。再如，一个购买QQ（小汽车）的顾客会觉得花几十万元买一辆宝马不划算，还是QQ实惠。对他而言，虽然宝马的价值远大于QQ，但是其"利价比"却不比QQ高。相反，宝马的购买者却不会这么认为。他们会觉得QQ虽然便宜，但是由于价值太低，"利价比"远不如宝马。顾客对于产品或服务在价值和"利价比"认识上的差异，是市场细分的根本。市场细分的目的，就是根据这种差异性，将顾客划分成不同的群体，以便企业确定服务对象（目标市场），制定更有针对性的营销战略。

二、市场细分的标准

市场细分的标准是顾客需求的差异性，也称为细分变量。由于消费品与工业品是两种性质不同的产品，需求的差异性有很大区别，所以两种市场的细分标准也不一样。

（一）消费品市场的细分标准

消费品市场需求的差异性，主要表现在地理、人口统计特征值、心理和行为四个方面。因此，对消费品市场的细分，也可以从四个大的方面进行，称为地理细分、人口细分、心理细分和行为细分。每一个细分因素中，又有许多小的细分因素。这些小的细分因素，就是细分标准。表5.3归纳了消费品市场四种细分因素中常用的细分标准。

表5.3　消费品市场的细分标准

地理细分	人口细分	心理细分	行为细分
国家 地区 城市规模 气候 人口密度 地形地貌 发达程度	年龄 性别 职业 收入 家庭规模 教育程度 家庭生命周期 宗教 种族 国籍	社会阶层 态度 生活方式 个性特点：冲动型、保守型、自负型；自信型、自主型、支配型、顺从型、适应型	追求利益：便利、品质、易于购买 使用状况：经常购买者、首次购买者、潜在购买者、非购买者 使用数量：少量使用、大量使用、轻度使用、重度使用 品牌忠诚

（二）工业品市场的细分标准

许多消费品市场的细分标准，可以根据具体情况用于对工业品市场进行细分。例如，工业品市场也可以根据地理因素、企业追求的利益和使用情况等变量加以细分。不过，由于生产者与消费者在购买动机和购买行为上存在着很大的差异，所以大部分用于消费品市场的细分标准在细分工业品市场时并不好用。表5.4是对工业品市场进行细分时可以选择的一些标准举例。

表 5.4　工业品市场细分的标准

产 品 用 途	购 买 状 况	用 户 规 模
使用行业：工业、商业、银行、建筑业、政府、学校、医院等 主要部件或配件	购买类型：直接重购、修正重购和新任务购买 购买方式 决策过程	企业规模：大、中、小 购买量大小：大额购买者与散客、VIP 客户与一般客户

三、市场细分的方法

对市场进行细分时,根据所采用细分标准的多少以及是否交叉,有多种不同的方法。

(一)平行细分法

平行细分法指选用一个或多个标准不交叉对市场进行细分。例如,根据年龄把服装市场分成老年服装市场、儿童服装市场和成人服装市场;根据性别把服装市场分成男性服装市场和女性服装市场。图 5.5 是根据某地区一项关于休闲食品的调查结果而画的表。这实际上是用年龄和购买地点两个标准对该地区休闲食品市场进行了平行细分。注意,虽然用了两个指标细分,但我们并不知道青少年在超市、商场和路边小店购买休闲食品的比例各占多少。

年龄细分	消费比例/%
青少年	50.0
中年人	14.4
老年人	3.2
儿童	32.4

地点细分	购买比例/%
超市	51.2
商场	7.4
街边小店	41.4

图 5.5　平行细分

(二)交叉细分法

交叉细分法指选用两个或多个标准对市场进行交叉细分。例如,将上面例子中的年龄和购买地点两个标准一交叉,就得到平行交叉的细分结果,如图 5.6 所示,共分出 $3 \times 4 = 12$ 个子市场。注意,此时我们不但知道如图 5.5 所示的年龄细分结果和地点细分结果,还知道图 5.6 中每一个子市场的比例,即青少年、中年人、老年人和儿童在超市、商

	超市(51.2%)	商场(7.4%)	街边小店(41.4%)
青少年(50.0%)	27.7%	3.6%	18.7%
中年人(14.4%)	7.0%	1.1%	6.3%
老年人(3.2%)	0.7%	0.5%	2.0%
儿童(32.4%)	15.8%	2.2%	14.4%

图 5.6　交叉细分

场和街边小店购买休闲食品各自所占的比例。显然，在其他情况相同时，交叉细分法比平行细分法提供了更大的信息量。

如果选择三个标准对市场进行交叉细分，就是立体交叉细分。例如，如果在图5.6中再加一个性别变量，就可以得到3×4×2＝24个子市场。

当运用更多的标准对市场进行交叉细分时，可以用雷达图表示。图5.7是一个雷达图，它描述了两个细分市场在五个细分标准上的相对强弱。例如，细分市场一在A、B两个特性上明显强于细分市场二；细分市场二在C、E两个特性上明显强于细分市场一。

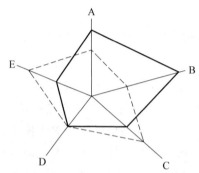

注：实线为细分市场一在五个细分标准上的描述；虚线为
细分市场二在五个细分标准上的描述

图5.7　多维交叉细分的雷达图

（三）多步细分法

多步细分法指运用多标准分步骤对市场进行细分。例如，用消费者的年龄、职业、文化程度、生活方式和收入等细分标准对市场进行细分，如图5.8所示。

年龄	职业	文化程度	生活方式	收入
儿童 青年 中年 老年	工人 农民 教师 医生 私营业主	初中 高中 大学 研究生	时髦 保守 猎奇 平平淡淡	高 中等偏上 中等 中等偏下 低

图5.8　多步细分

例如，年龄选中年，职业选工人和农民，文化程度选高中，生活方式选保守，收入选中等偏下。由此组成一个细分市场。这样的组合还有很多，企业可以根据自己的情况确定。其中，各项细分标准既可以交叉，也可以不交叉。

在对市场进行细分时要特别注意，并非选用的细分标准越多越好，也并非把市场划分得越细越好。市场划分得越细，每一个子市场的市场容量就越小。一个极端的情形是：每一个人或每一个用户都是一个子市场，企业要针对每一个人或每一个用户设计不同的产品与服务组合，进行不同的营销活动。在消费品营销中，这被称为"大规模定制"；在工业品或服务营销中，这被称为"大客户管理"。

（四）聚类分析

聚类分析（cluster analysis）也称为归类分析或群分析，是一种通过数据挖掘将研究对象聚合归类的统计分析方法。从统计学的观点看，聚类分析是通过数据建模简化数据的一种方法。聚类分析方法包括系统聚类法、分解法、加入法、动态聚类法、有序样品聚类、有重叠聚类和模糊聚类等。常用的方法是 k 均值聚类法和 k 中心点聚类法，已被加入到一些统计分析软件包（如 SPSS、SAS）中。

在市场调查与分析中，聚类分析有广泛的应用。它可以用于市场细分，对消费者进行分类研究；也可以用于识别竞争对手，通过对品牌或产品分类，寻找相近的品牌或产品，确认主要的竞争者。另外，它还可以用于产品试销中，通过对城市分类和选择可比的城市，测试不同营销策略的效果。

聚类分析可以按照以下步骤操作：第一，选择变量指标和测量尺度；第二，选择聚类方法，不同的聚类方法得到的分类结果会有所不同；第三，确定群组数目并将数据对象分到不同的类中；第四，对聚类结果进行评估。

四、市场细分的原则

选择细分标准要以符合企业的实际需要为原则。此外，细分出来的市场还应满足以下几个方面的要求[8]。

第一，可衡量，即细分市场的规模、购买力以及特性能够被测量。

第二，有获利能力，即细分出来的市场要足够大，使企业有获利的可能。如果细分出来的市场规模过小，企业根本没有办法通过服务这些市场获利，那么对市场进行细分就没有意义了。

第三，可进入，即细分出来的市场应是企业通过营销努力能够进入的。一方面，有关产品的信息能够通过一定的媒体，顺利传递给该市场的大多数消费者；另一方面，企业在一定时期内有可能将产品通过一定的分销渠道运送到该市场。例如，生产冰淇淋的企业，如果将我国西部偏远的农村作为一个细分市场，恐怕在一个较长时期内都难以进入。

第四，有反应差异，即各细分市场的顾客对同一营销组合方案会有不同的反应，否则企业没有必要对市场进行细分；针对不同的细分市场，企业要能够分别制定出不同的营销方案，否则也没有必要对市场进行细分。

五、市场细分的步骤

市场细分具体分为以下几个步骤。

第一步，选定市场范围，即企业确定进入什么市场，范围有多大。市场范围应以顾客需求，而不是产品来确定。例如，某一房地产公司打算在乡间建造一幢简朴的住宅。如果只考虑产品特征，该公司可能认为这幢住宅的出租对象是低收入顾客。但是从市场需求的角度看，高收入者也可能是这幢住宅的潜在顾客，因为高收入者住腻了高楼大厦，可能恰恰向往乡间的清静，从而可能成为这种住宅的顾客。

第二步，列举消费者或用户的基本需求。例如，通过市场调查，上面的房地产公司了解到乡间住宅消费者的基本需求，包括安全、方便、宁静、设计合理，室内陈设不一定豪华，但要经久耐用。

第三步，了解不同消费者或用户的不同要求，选择市场细分的标准。对于列举出来的基本需求，不同顾客强调的侧重点可能会有差异。例如，安全、能够遮风避雨是所有顾客对于乡间住宅都重视的，但是有的顾客可能更重视出行方便，有的则更强调安静、舒适和恰当的内部装修等。抽掉消费者或用户的共同要求，以特殊需求作为细分标准。

第四步，按照选定的细分标准，对市场进行细分。

第五步，为细分的子市场命名。根据潜在顾客基本需求上的差异，将其划分为不同的群体或者子市场，并赋予每一子市场一定的名称。例如，上面的房地产公司把购房的顾客分为好动者、老成者、新婚者和度假者等多个子市场。

第六步，分析与确定子市场。进一步分析每一细分子市场的需求与购买行为特点，并分析其原因，以便在此基础上决定是否可以对这些子市场进行合并，或做进一步的细分。

第七步，评估子市场。在调查基础上，估计每一细分市场的顾客数量、购买频率和平均每次的购买数量等，并对各子市场的竞争状况及发展趋势做出分析，为确定目标市场做好准备。

第四节　目标市场选择

目标市场就是企业决定要进入并从中获利的市场。企业在对市场进行了细分之后，就有了多个不同的选择，意味着不同的市场机会。选择哪一个或哪一些市场机会，会影响到企业今后的每一项市场营销活动，关系到企业的长期发展。

目标市场选择有三项在顺序上相互连接的内容：第一，对细分市场进行评估；第二，确定或选择企业目标市场模式；第三，考虑影响目标市场模式选择的其他因素。

一、细分市场评价

企业进入某一市场是期望能够有利可图。因此，企业在决定进入哪一个或哪一些细分市场之前，先要对各细分市场的规模、盈利能力和市场潜力进行了解、分析和预测。图 5.9 是一个简单的例子。

首先，根据细分结果，计算或估算各细分市场的销售量（图 5.9(a)）。有两种情况：如果产品是首次投放市场，那么各细分市场的销售量就为估计值；如果是某种已投放市场的产品，那么各细分市场的销售量就是销售实绩。这里假设是销售实绩。

其次，预测各细分市场的销售潜力并计算市场占有率。这里只以"女装×中等收入"子市场为例（图 5.9(b)）。采用同样的方法可以得到其他子市场销售潜力和市场占有率的估计值。

再次，拟定实现销售预测值的方案，并估算营销费用。例如，为了实现"女装×中等收入"子市场 200 万元的销售额，一个可行的营销方案是：商品不变，价格不变，加大对零售商的广告支持和公关活动以及通过批发商和零售商进行的营业推广活动（图 5.9(c)）。

最后，估算每一细分市场的利润空间。

商品类别	收入/万元			
	低	中	高	总计
男装	100	200	150	450
女装	150	180	300	630
童装	50	120	30	200
总计	300	500	480	1 280

（a）对市场进行细分的结果

女装×中等收入	今年实际	明年预计	年增长/%
行业销售额/万元	800	850	6
公司销售额/万元	180	200	11
公司市场占有率/%	22.5	23.5	4

（b）预测市场潜力(万元)和计算市场占有率

营销渠道	促销费用/万元				合计
	广告	人员推销	公关	营业推广	
自销					
批发				20	20
零售商	15		5	30	50
合计	15	5		50	70

（c）女装×中等收入市场的营销费用

图 5.9　某服装公司的市场细分评估程序

二、目标市场模式选择

目标市场模式指企业所选择的目标市场的组合方式。因为一家企业往往在多个行业经营多种产品，所以目标市场模式常常表现为产品＋市场的组合方式。假设企业经营的产品可以分为 P1、P2、P3 三种，每种产品可以分出 M1、M2、M3 三个细分市场。那么，就有五种目标市场模式可供企业选择，如图 5.10 所示[8]。

（一）密集单一市场

密集单一市场模式，指企业只生产经营一种产品，集中营销力量做一个细分市场（图 5.10(a)）。也有人把它称为弥隙(niche)策略或补缺策略[9]，即弥补市场缝隙的意思。

密集营销，能使企业更加了解和更好地迎合某一个细分市场的需要，从而在一个特殊的消费者或用户群体中树立起特别的声誉。另外，通过在一个细分市场上进行专业化的生产、销售和促销，如果补缺得当，企业可能在投资方面获得较高的收益。不过，密集单一市场模式有较大的风险。在企业的细分市场不景气或者某个强大的竞争者决定进入企业的细分市场时，都可能给企业造成灾难性的后果。

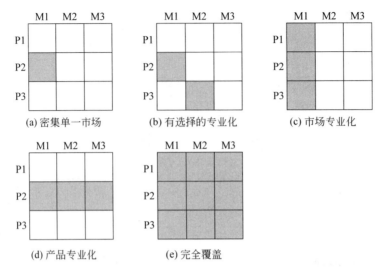

图 5.10　目标市场模式

（二）有选择的专业化

有选择的专业化模式，指企业同时生产经营多种产品，在若干个经过挑选的、有吸引力且符合公司战略目标和能力的细分市场上进行营销活动（图 5.10（b））。

采用这种多种产品、多目标市场模式，即使企业经营的某个产品或细分市场失去吸引力，企业仍然可以继续在其他产品或细分市场上获取利润，不会影响到企业的生存。因此，与密集单一市场模式相比，它可以分散企业的营销风险。不过，由于各细分市场之间没有或少有联系，所以企业在生产和营销两个方面都很少有协同效应（synergy），类似于企业的不相关多元化发展战略。

（三）市场专业化

市场专业化模式是指企业同时生产经营多种产品，专门满足某一个细分市场上顾客群体的需求（图 5.10（c））。例如，有的企业专为大学的实验室提供系列产品，包括显微镜、示波器、本生灯、化学烧瓶等；很多采购代理商专为一些零售商或生产制造商采购各种各样的商品或原材料；"左撇子商店"专门为"左撇子"提供各种各样适用的工具或日常用品。

市场专业化模式在营销方面有协同效应——企业可以使用同一种营销能力，满足同一批顾客各种不同的需求。这种模式的威胁主要来自市场方面。例如，如果企业服务的市场由于某种原因萎缩了，那么企业的生存就会受到威胁。另外，一些因素发生暂时性的变化，也会导致企业发生危机。例如，大学实验室突然削减经费预算，它们就会减少购买仪器的数量。此时，专为大学的实验室提供系列产品的公司，就会产生危机。

（四）产品专业化

与市场专业化模式相对，产品专业化模式指企业只生产经营一种产品，向各个细分市场营销同一种产品，不过产品形式或营销方式可能会有差异（图 5.10（d））。例如，英特尔和微软在生产上只专注于生产电脑芯片和电脑软件，在营销上则向不同的顾客提供同种但层次或级别不同的产品。

产品专业化模式在生产方面有协同效应——企业可以使用同一种生产能力,满足需求各不相同的顾客。大规模定制是其极端形式。大规模定制把每一个消费者或用户都看做一个细分市场,通过柔性化生产,满足每一个消费者或用户的需求。产品专业化模式的威胁主要来自生产方面。例如,如果一项新的生产技术使企业以前的生产技术过时,那么企业的生存就会受到威胁。再如,如果用于生产某一种产品的原料枯竭,企业就会面临生死抉择。

（五）完全覆盖

完全覆盖模式,指企业同时生产经营多种产品,用各种不同的产品有针对性地满足各个不同细分市场上顾客的需求(图5.10(e))。不过,这里要特别注意:此时企业的完全覆盖,不是简单地对顾客不加任何区别地进行营销活动,而是在市场细分的基础上,根据每一个细分市场的特点,设计相应的营销方案,进行有针对性的营销活动。因此,有市场细分的完全覆盖与没有市场细分的完全覆盖有本质上的区别。前者被称为差别营销(differentiated marketing),后者则被称为无差别营销(undifferentiated marketing)。

只有大公司才能采用这种市场模式,如可口可乐和娃哈哈提供各种各样不同的饮料,有针对性地满足饮料市场上不同的顾客对于饮料的各种需求;宝洁提供各类洗涤用品和化妆品,满足各层次顾客对洗涤用品和化妆品的需求。

由于企业用自己生产的所有产品针对各个市场上所有可能的顾客进行营销活动,试图抢占所有可能的细分市场,所以完全覆盖模式风险最小,抗风险能力最强。不过,这种模式要求企业有较大的实力,实力不强的企业很难采用。另外,企业多方向用力,如果控制不好,有可能失去主要方向,做一些自己不该做的事。

（六）目标市场模式与企业发展战略的联系和区别

企业的发展战略分为集中增长战略、产品开发战略、市场开发战略和多元化发展战略。其中,在企业的四大类发展战略中,集中增长战略和市场开发战略对应于专业化,可以获得规模经济;产品开发战略和多元化发展战略对应于多元化,可以获得范围经济(economies of scope)以及协同效应(synergy)。

表面上看,目标市场模式很像企业的发展战略,它们都涉及产品与市场的组合。例如,产品专业化模式很像市场开发战略,都强调用企业原有的产品,满足各类顾客的需求。市场专业化模式和产品开发战略有点像,都强调用多种产品满足同一个市场上顾客的各种需求。而完全覆盖模式则很像多元化发展战略,都是用各种不同的产品满足各个不同市场上顾客的需求。

然而,它们之间实际上有根本区别。企业发展战略规定着企业发展的总体思路或方向,例如是专业化、单一市场发展,还是多元化、多市场发展;目标市场模式则是在企业发展的总体思路或方向已定的情况下,营销部门根据企业的产品类别和市场细分的结果而确定的目标市场结构,例如企业是用自己的产品集中满足一部分顾客的需求,还是满足所有顾客的需求。另外,企业发展战略中的产品类别,是企业规划中的或有待调整的——企业根据各个产品类别市场潜力的大小、企业有无明显的竞争优势而选定产品类别。企业倾向于发展那些市场潜力大、企业竞争优势明显的产品,而淘汰那些市场潜力小、企业竞争无明显优势的产品。企业一旦做出这样的选择,就确定了其发展方向。而目标市场模式中的产品类别,是企业既有的——企业根据既有的产品类别来选择目标市场模式。换言之,营销部门对目标市场模式的选择受企业发展战略限制。例如,一家企业以专业化为自己的发展战略,那么其营销部门不能选择有选择的专业化、市场专业化和完全覆盖目标市场模式。相反,一家采用多元化发展战略的公司,选择密集单一市场和产品专业化目标市场模式也是有问题的。表5.5显示了目标市场模式与企业发展战略的区别与关联性。

表 5.5   目标市场模式与企业发展战略的区别与关联性

目标市场模式	发 展 战 略			
	集中增长 原有产品、原有市场	产品开发 新产品、原有市场	市场开发 原有产品、新市场	多元化发展 新产品、新市场
密集单一市场：单一产品、单一细分市场	专业化生产、集中满足原有市场中一个细分市场的需求			
有选择的专业化：个别产品、个别细分市场		多元化生产、集中满足原有市场中个别细分市场的需求		多元化生产、满足原有市场中个别细分市场的需求
产品专业化：单一产品、多细分市场	专业化生产、满足原有市场中多个细分市场的需求		专业化生产、满足原有和新市场中多个细分市场的需求	
市场专业化：多产品、单一细分市场		多元化生产、集中满足原有市场中一个细分市场的需求		
完全覆盖：多产品、多细分市场		多元化生产、满足原有市场中多个细分市场的需求		多元化生产、满足原有市场中多个细分市场的需求

由表可见,集中增长战略与密集单一市场和产品专业化目标市场模式有较强的对应关系,产品开发战略与有选择的专业化、市场专业化和完全覆盖目标市场模式有较强的对应关系,市场开发战略与产品专业化目标市场模式有较强的对应关系,而多元化发展战略则与有选择的专业化和完全覆盖目标市场模式有较强的对应关系。

三、选择目标市场模式要考虑的因素

选择目标市场模式时,要考虑的因素很多。除了在对细分市场进行评价时要考虑各细分市场的规模、盈利能力和市场潜力以外,还要考虑其他一些重要的影响因素。

第一,企业的发展战略与战略目标。如上所述,企业选择的目标市场及其模式,要与企业的发展战略与战略目标相符合。那些与企业发展战略、战略目标不符的细分市场,即使有较大的吸引力,企业也不宜进入。

第二,企业的资源和实力。当企业生产、技术、营销和财务等方面实力很强时,可以考虑采用覆盖范围比较大的目标市场模式,如完全覆盖模式、产品专业化和市场专业化模式;而当资源有限、实力不强时,只能采用覆盖范围比较小的目标市场模式,如密集单一市场模式和有选择的专业化模式。

第三,产品和市场的同质性。产品同质性,是指在顾客眼里,不同产品的相似程度。相似程度越高,同质性越强。市场同质性,是指各细分市场顾客需求、购买行为等方面的相似程度。相似程度越高,市场同质性越强。同质性强的产品或市场,竞争多集中在价格上,不太适合于进行差别营销,因此基于市场细分的目标市场选择的必要性也比较小。不过,现在这一观念正在改变。那些原来被认为同质性很强的产品,如味精、食盐和酱油等,都通过品牌塑造有了很大的差异性。

第四,产品所处生命周期的不同阶段。产品处于投入期,同类竞争产品不多,竞争也不激烈,企业采用无差别营销(即不对市场进行细分,对所有的顾客采用相同的营销方式)所受到的威胁较小。当产品进入成长期或成熟期,同类产品增多,竞争日益激烈,企业采用无差别营销所受到的威胁较大。这时,基于市场细分的目标市场选择就变得非常必要。当产品步入衰退期,为保持市场地位,延长产品生命周期,全力对付竞争者,需要采用集中性营销策略。此时,基于市场细分的目标市场选择是基础。

第五,竞争者的目标市场模式。如果竞争者采用无差别营销,企业可以采用无差别营销或差别营销与之对抗。无论怎样做,企业都不会吃亏。但是,当竞争对手采用差别营销,选用图 5.10(b)、(d)、(e)作为自己的目标市场模式时,企业需要采用差别营销与之抗衡,选用图 5.10(b)、(d)、(e)或图 5.10(a)、(c)。否则,企业就处于不利地位。

第六,竞争者的数目。当市场上同类产品的竞争者较少,竞争不激烈时,可采用无差别营销,对所有的顾客使用相同的营销战略。当竞争者多,竞争激烈时,则需要采用差别营销,针对不同的细分市场,使用不同的营销战略。

第七,企业在选择目标市场时,可能还会涉及道德问题。例如,一些细分标准可能涉嫌性别、性格或种族歧视。另外,对于不同的市场群体(例如孩子、城市贫民)有不公平的营销手段。企业要慎重对待这些问题。

总之,企业要选择那些符合企业战略目标、有条件进入、能充分发挥其资源优势的细分市场作为自己的目标市场或目标市场的组合。

第五节　定位战略

企业在选择了要进入的细分市场并确定了目标市场模式之后,就需要根据顾客重视的要素确定企业、企业产品或企业产品品牌的市场地位,以便与竞争者、竞争者的产品或竞争者产品品牌相区别。

一、定位的含义

定位就是企业根据目标市场上同类产品竞争状况,针对顾客对该类产品某些特征或属性的重视程度,为本企业产品塑造与众不同的特性,并将其形象生动地传递给顾客,求得顾客的认同。市场定位的实质是使本企业与其他企业严格区分开来,使顾客明显感觉和认识到这种差别，从而在顾客心目中占有特殊的位置。

定位是由里斯（Al Ries）和屈劳特（Jack Trout）于 1972 年在《广告时代》发表的一系列名为《定位时代》的文章中提出并流行起来的[10]。他们这样限定定位的含义："定位始于一件产品、一种商品、一次服务、一家公司、一个机构，甚至一个人……不过，定位并不是要对一件产品本身做些什么，而是要针对潜在顾客的心理采取行动。也就是说，要给产品在潜在顾客的心目中确定一个适当的位置。"

由此可见：第一，定位是企业采取的使产品、品牌或企业在顾客心目中留下某种独特印象或形象的活动，不一定要改变产品本身的某些特质或功能；第二，定位既可以是针对某一特定产品或服务的产品定位，也可以是针对某一特定品牌的品牌定位，还可以是针对某个企业或组织的组织定位；第三，从定位的角度看，企业的战术 4P，不过是企业实现产品、品牌或企业本身定位的各种沟通手段。

定位的实质是差异化。差异化分为实质性差异化和心理性差异化。实质性差异化通过产品的功能特点差异或者产品设计和制造过程差异体现出来；心理性差异化通过消费者感觉或印象差异体现出来。定位更主要的不是对产品做什么，而是在消费者的头脑里做些什么。品牌形象的本质是差异。

定位是企业在营销方面的一项战略性决策。一旦企业的定位方案启动，企业所有可以控制的营销手段都将动员起来，为宣传产品、品牌或企业的独特形象而服务。企业应用产品、价格、分销和促销手段，向其消费者或用户传达产品、品牌或企业的一种独特印象或形象，获得一种持续的、竞争者难以替代的竞争优势。定位的投入常常是巨大的，影响也是深远的。一旦决策失误，如选择了错误的定位，企业的一切营销活动即使再有效率，也没有多少意义。

定位从两个方面为企业带来利益：一方面是为企业和其产品带来特色优势，一是可以在一定程度上减轻价格战的压力；二是增加了其他产品替代的难度。另一方面是为企业制定市场营销战术奠定基础。

二、定位的程序

企业要实施正确、有效的定位，可以遵循以下步骤：确定定位对象、识别重要属性、绘制定位图、评估与选择定位和执行定位。

（一）确定定位对象

确定定位对象，就是要明确给什么定位，是产品、品牌，还是企业或组织。大部分消费品的生产制造商侧重于为产品或品牌定位，而服务性质的企业（如宾馆、饭店和商店等）则侧重于为企业定位。

生产制造商在促销商品时，更重视的是为产品或品牌定位，而在树立企业形象时，则更重视为企业定位。品牌定位与企业定位常常分离，例如 P&G 的洗涤用品，针对不同的消费者有很多不同的品牌；也常常合二为一，例如可口可乐与可口可乐公司。

（二）识别重要属性

识别重要属性，就是要弄清楚产品、品牌或企业的哪些属性，会影响消费者或用户对产品、品牌或企业的形象认知,使一个特定的产品、品牌或企业明显地区别于竞争者。企业用于定位的属性,必须是目标市场上的消费者或用户比较看重的因素,否则市场定位的作用将大打折扣。

例如,消费者对于航空公司提供的飞行服务,一般最看重的是安全、快速、准时和舒适等。这些特性就可以成为航空公司服务定位的重要属性。

再如,中国电冰箱市场上曾经有一个扬子冰箱。扬子冰箱在广告宣传中特意突出其外取冷饮的设计。因为这项设计是该公司的一项专利,别的企业不能采用。但问题是,消费者真的很在意冷饮是内取还是外取吗? 如果消费者觉得无所谓,那么用外取冷饮为企业的产品定位就是不恰当的。

(三)绘制定位图

在确定了重要的属性之后,就要绘制定位图,并在定位图上标示出本企业(产品或品牌)以及竞争者(竞争产品或品牌)所处的位置。在使用两个变量定位时,可以使用平面图。例如,图 5.11 用价格和商品选择范围两个指标绘制了英国主要的食品零售企业的市场定位图[11]。

图 5.11 英国主要食品零售企业的市场位置

如果存在多个重要属性时,既可以通过统计程序将之简化为能代表顾客选择偏好的最主要的两个变量,也可以用雷达图表示多个属性,还可以用变通的多向定位图来描述多个属性。图 5.12 是市场定位雷达图。虽然看起来与图 5.7 一样,但是图 5.12 表达的含义完全不同。图 5.7 是对两个细分市场特性的描述,而图 5.12 则是对两个产品的顾客感知特性的描述。由图 5.12 可见,甲企业的产品在 A、B 两个特性上顾客的感知明显优于乙企业的产品;乙企业的产品在 C、E 两个特性上顾客的感知明显优于甲企业的产品。

图 5.13 是一个变通的多向定位图[12]。假设在图 5.11 中,我们现在最关心的是第三象限,也即 Kwik Save 所在的象限。因此,可以不考虑其他象限的企业,只单独考虑第三象限的企业。于是,把第三象限的企业取出,在另外一个平面直角坐标系上为企业再定位。这相当于四维多向定位图。

选取多少个属性绘制定位图,并没有一个统一的标准,以适应企业的需要为好。但

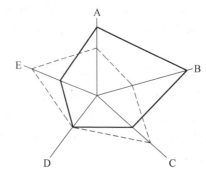

注：实线为甲企业的产品描述；虚线为乙企业的产品描述

图 5.12 雷达图

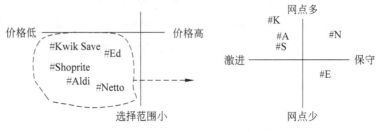

图 5.13 变通的多向定位图

是，一般不易过多。过多，往往意味着企业的市场调研不够深入，没有把消费者或用户最看重的属性找出来。

（四）评估与选择定位

根据重要属性绘制出定位图以后，企业就对自己的市场地位有了一个相对客观的了解。接下来，企业就要针对自己的市场地位做出评估，看看自己的市场地位与目标市场需求之间有没有以及有多大的差距，原因是什么；自己在某一个细分市场上有没有以及有多大的竞争优势，或者有没有可能获得竞争优势。在此基础上，为企业选择定位战略。

企业的定位战略反映企业与目标市场、竞争者的关系，有多种类型。根据企业的市场地位与目标市场需求之间的关系，可以分为新定位、强化定位和重新定位三种类型；根据企业的市场地位与竞争者之间的关系，可以分为弥隙定位、共存定位和取代定位三种类型（表 5.6）。这两种分类方法是交叉的，即 3×3＝9，有 9 种类型。

表 5.6 定位战略的类型

	新 定 位	强 化 定 位	重 新 定 位
弥隙定位			
共存定位			
取代定位			

（1）新定位。当企业进入一个新的市场时，就需要在那个市场确定一个初始地位。初始地位可以是弥隙定位、共存定位，也可以是取代定位。

（2）强化定位。当企业以前的市场地位与目标市场的要求之间没有或只有较小的差距时，企业需要强化原来的市场地位，可以是弥隙定位、共存定位，也可以是取代定位。

（3）重新定位。企业以前的市场地位与目标市场需求之间有较大的差距时，需要进行重新定位。一般来讲，重新定位是企业为了摆脱经营困境，寻求重新获得竞争力和增长的机会。当然，也可能是由于发现了新的产品市场范围引起的。例如，某些专门为青年人设计的产品在中老年人中也开始流行后，这种产品就有了重新定位的机会。重新定位也可以是弥隙定位、共存定位或取代定位。

（4）弥隙定位。企业不与竞争对手直接对抗，将自己置于某个市场的"空隙"里，发展目前市场上没有的特色产品，开拓新的市场领域。这种定位战略，市场风险较小，成功率较高，常常为很多中小企业采用。例如，美国的 Aims 牌牙膏专门对准儿童市场这个空隙，在佳洁士（Crest）和高露洁（Colgate）两大品牌占优的世界牙膏市场上，获得了 10% 的市场份额。

（5）共存定位。这是一种与在市场上居支配地位的竞争对手"对着干"的定位方式，即企业选择与竞争对手重合的市场位置，争取同样的目标顾客，彼此在产品、价格、分销和供给等方面少有差别。在世界饮料市场上，后起的百事可乐进入市场时，就采用过这种方式，"你是可乐，我也是可乐"，谋取与可口可乐共存。在企业实力较强，但还没有强到占绝对优势的情况下，常常采用这种战略。

（6）取代定位。如果企业实力十分雄厚，有比竞争者更多的资源，能生产出比竞争者更好的产品，不甘于与竞争者共享市场，则可以采取取代定位战略，把现有的竞争者赶走，取而代之。采用这种策略的原因，一是与企业条件相符合的市场已被竞争者占领，而且这个市场的需求不够大，不足以让两个企业共同分享；二是企业有足够的实力，想成为行业领先者。采用这种战略，如果成功了，企业可以独占鳌头；但一旦失败，企业则有可能会陷入被动局面，或者被别人赶走，或者两败俱伤。

（五）执行定位

定位最终需要通过各种营销和沟通手段，如产品、价格、营销渠道、广告、员工的着装、行为举止以及服务的态度等传递出去，并为顾客所认同。在实践中，企业期望的定位经常与实际传递的定位不一致。这往往是营销战略和营销战术整合不足造成的。成功的定位需要企业整合一切可以控制的手段，协调一致，共同努力，才能达到。

市场定位，说穿了，就是要使本企业与其他企业在产品、品牌或形象上有明显的区别，使消费者或用户明显地感觉和认识到差别的存在。定位差异化的工具很多，只要是有助于企业与竞争者相区别的属性或要素，企业在市场定位时，都可以考虑。从市场营销的角度看，主要是产品、价格、分销和促销四大要素。如上所述，这四大要素在定位时所起的作用很大程度上是沟通，即它们是沟通的媒体，企业通过它们来体现定位。

三、定位依据

定位依据是那些消费者或用户比较看重的属性。由于各个企业经营的产品不同，面对的顾客、所处的竞争环境也不同，所以市场定位的依据也有区别。一般而言，常用的定位依据有产品特点、产品使用场合及用途、利益、使用者类型。

（一）根据产品特点定位

构成产品内在特色的许多因素都可以作为市场定位的依据，例如产品所含成分、所用材料、质量和价格等。七喜汽水的定位是"非可乐"，强调它是不含咖啡因的饮料，与可乐类饮料不同，以吸引那些不喜欢可乐的购买者。"泰宁诺"止痛药的定位是"非阿司匹林的止痛药"，显示药物成分与以往的止痛药有本质的差异。

（二）根据产品的使用场合及用途定位

例如，保健品原本的使用场合和用途是保健，但被人成功地定位成礼品（脑白金），而且"送礼只送脑白金"；有一家生产"曲奇饼干"的厂家，最初将产品定位为家庭休闲食品，后来发现不少顾客购买它是当早餐用的，又将之定位为"早餐饼干"；海王金樽的定位是酒后护肝的药："干，干，更要肝！"

（三）根据顾客得到的利益定位

世界上各大汽车巨头都采用这种方法为其产品定位，如劳斯莱斯车豪华气派，丰田车物美价廉，沃尔沃则结实耐用。1975 年，美国的米勒（Miller）公司推出了一种低热量的"Lite"牌啤酒，将其定位为喝了不会发胖的啤酒，迎合了那些经常饮用啤酒而又担心会发胖的人的需要。

我们在青岛的一项对于在中国的跨国零售企业的调查[13]发现，被调查的三家大型超市对其市场定位，各有其独特的表述。家乐福主张"一次购足、超低售价、免费停车、自助式服务、新鲜和品质"；诺玛特强调"永远为顾客提供最优质商品，永远为顾客节省钱"；大福园承诺"替顾客采购、保持低价、商品 0 利润"，作个"社区好邻居"。另外，三家超市都特别强调低价，有全市最低价保证，如在购物 7 天内，若发现某某店相同品牌产品的价格高于同类超市，顾客凭有效单据可获差价两倍的奖励。

（四）根据使用者类型定位

企业常常试图将其产品指向某一类特定的使用者，以便根据这些顾客的看法塑造恰当的形象。如美国米勒啤酒公司，曾将其原来唯一的品牌"高生"啤酒定位为"啤酒中的香槟"，吸引了许多不常饮用啤酒的高收入妇女。后来发现，占 30％的狂饮者大约消费了啤酒销量的 80％，于是，该公司在广告中展示石油工人钻井成功后狂欢的镜头，还有年轻人在沙滩上冲浪后开怀畅饮的镜头，塑造了一个"精力充沛的形象"。在广告中提出"有空就喝米勒"，从而成功占领啤酒狂饮者市场达 10 年之久。

在实践中，许多企业进行市场定位的依据往往不止一个，而是多个同时使用。另外，定位的依据也不仅是上面所讲的几个，而是可以根据企业目标市场和竞争者的实际情况进行选择。例如，有人曾经对美国零售企业市场定位的依据进行研究，发现零售企业常用的定位依据有价值定位、时间定位、关系定位和感官定位[14]。

本章小结

企业战略有公司战略、经营单位战略和职能部门战略三个层次。公司战略着眼于整个企业,考虑企业作为一个整体的发展问题。经营单位战略着眼于某一个业务经营单位,主要考虑某一个业务经营单位在某一个给定市场上的竞争问题。职能部门战略着眼于某一个职能部门,考虑某一个职能部门根据公司战略和竞争战略所应该完成的具体任务、目标以及采用的手段和控制方法。

企业的营销战略是企业的一种职能部门战略,它一方面通过营销职能贯彻企业的总体战略;另一方面通过具体的任务、目标、完成手段和控制方法,为企业营销人员以及其他相关人员提供行动的指南。企业的营销战略注重企业营销活动与企业发展战略、竞争战略之间的联系,涉及企业的营销目标、市场细分、确定目标市场和市场定位等内容。

企业营销战略策划的程序,可以按照营销战略 4P 框架,分为探测、划分、优先和定位;也可以按照 ASTP 框架,分为分析、市场细分、确定目标市场和市场定位。

营销目标是企业进行各项营销活动欲得到结果的规范化表述。它一方面提出企业营销活动追求的结果,另一方面也是营销部门为了实现企业的发展目标和竞争目标必须完成的任务。营销目标既要符合企业实际,也要符合企业发展目标和竞争目标的要求。

营销目标有长期目标与短期目标之分,也有财务目标与非财务目标。长期目标反映企业营销管理活动的努力方向与战略基点;短期目标则是为实现长期目标而制定的年度或一年以内的项目目标,是企业营销管理人员指导日常工作的依据。财务目标是那些可以用财务指标测量的目标,如毛利、税前利润和投资收益率等;非财务目标虽然不能用财务指标来测量,但它们与企业的营销管理活动直接相关,常常是影响财务指标表现的原因,如顾客满意度、渠道关系、顾客关系、品牌认知度和忠诚度等。

市场细分是指根据消费者需求的差异性,把市场分割为多个消费者群的过程。消费品市场细分的标准有地理细分、人口细分、心理细分和行为细分。工业品市场细分的标准则略有不同,主要使用产品用途、购买状况和用户规模等标准。

市场细分根据所采用细分标准的多少以及是否交叉,有平行细分法、交叉细分法、立体交叉细分、多维交叉细分、多步细分法和聚类分析等多种不同的方法。聚类分析是一种通过数据挖掘将研究对象聚合归类的统计分析方法,可以用于市场细分,对消费者进行分类研究。

市场细分要满足可衡量、有获利能力、可进入和有反应差异等原则。

细分市场的程序,大致可以分为以下七个步骤:第一步,选定市场范围;第二步,列举消费者或用户的基本需求;第三步,了解不同消费者或用户的不同要求,选择市场细分的标准;第四步,按照选定的细分标准,对市场进行细分;第五步,为细分的子市场命名;第六步,分析与确定子市场;第七步,评估子市场。

目标市场就是企业决定要进入并从中获利的市场。目标市场选择是在对市场进行有效细分的基础上，考虑其他影响因素，选择企业欲进入的细分市场的过程。有三项在顺序上相互连接的内容：第一，对细分市场进行评估；第二，确定或选择企业目标市场模式；第三，考虑影响目标市场模式选择的其他因素。

企业的目标市场模式有多种，包括密集单一市场模式、有选择的专业化模式、市场专业化模式、产品专业化模式和完全覆盖模式。

定位就是企业根据目标市场上同类产品竞争状况，针对顾客对该类产品某些特征或属性的重视程度，为本企业产品塑造与众不同的特性，并将其形象生动地传递给顾客，求得顾客的认同。市场定位的实质是使本企业与其他企业严格区分开来，使顾客明显感觉和认识到这种差别，从而在顾客心目中占有特殊的位置。

企业定位步骤可以分为确定定位对象、识别重要属性、绘制定位图、评估与选择定位和执行定位。常用的定位依据有产品特点、产品使用场合及用途、利益和使用者类型等。

思考题

1. 企业战略有哪三个层次？
2. 营销战略属于哪一个层次的战略？
3. 企业的营销战略和营销战术有什么关系？
4. 什么是营销目标？如何确定企业的营销目标？
5. 企业营销战略策划分哪几个步骤？
6. 请举例说明如何进行市场细分。
7. 请举例说明如何确定目标市场。
8. 请举例说明如何进行产品或品牌的市场定位。

参考文献

[1] Weitz B A, Wensley R. Readings in Strategic Marketing[M]. Orlando：The Dryden Press，1988：2-3.

[2] Von Clausewitz C. On War[M]. traslated by M Howard，P Paret. NJ：Princeton University Press，1976：177-187.

[3] Pearce J A，Robinson R B. Strategic Management：Formulation，Implementation and Control (4th Ed.)[M]. Boston：Irwin，1991.

[4] Farris P W. 营销量化指标[M]. 何志毅，赵占波译. 北京：中国人民大学出版社，2007：351-372.

[5] Wood M B. The Marketing Plan：A Handbook[M]. NJ：Pearson Education，Inc. 2003：67-74.

[6] 夏志琼. 细分市场总有卖点. 资本周刊，2003-01-24.

[7] 庄贵军. 营销管理：营销机会的识别、界定与利用[M]. 北京：中国人民大学出版社，2011：3-7.

[8] Kotler P. Marketing Management (10th Ed.)[M]. 北京：清华大学出版社，2000.

[9] 李艳华. 重组后中小航空公司的弥隙战略[J]. 中国民用航空，2002，(7)：36-38.

[10] 菲利普·科特勒. 营销管理[M]. 第11版. 梅清豪译. 上海：上海人民出版社，2003：340.

[11] Burt S，Sparks L. Structure Change in grocery retailing in Great Britain：A discount reorientation? [J].

International Review of Retail，Distribution and Consumer Research，1994，2(Oct.)：195-217.

[12]　周筱莲. 零售企业市场定位的两个工具及其应用[J]. 商场现代化，2004，(9)：31-33.

[13]　刘周平，庄贵军，周筱莲. 跨国零售企业在中国的经营战略研究[J]. 管理世界，2004，(8)：90-101.

[14]　庄贵军. 零售企业的市场定位策略[J]. 商业经济与管理，1996，(5)：30-33.

聚类分析的原理

聚类分析是一种通过数据挖掘将研究对象聚合归类的统计分析方法，在市场细分中有重要的应用。根据类与类之间定义距离的方法不同，聚类分析分为最短距离法、最长距离法、中间距离法、重心法、类平均法、可变类平均法、可变法和离差平方和法。方法虽有不同，但是归类的步骤基本上是一样的。以下，以最短距离法为例，用一个简单的例子说明聚类分析的原理。

假设有五个消费者，让他们对一个品牌的喜好程度从 1 到 9 打分，打分结果分别为 1、2、3.5、7、9。研究问题是：根据消费者对这个品牌的喜好程度对这五个消费者进行分类。

采用绝对距离，计算消费者两两间的距离，得距离矩阵 $\boldsymbol{D}_{(0)}$，如表 5.7 所示。表中，G_i 表示第 i 个消费者，X_i 表示第 i 个消费者在 X（品牌的喜好程度）指标上的测量值。

表 5.7　距离矩阵 $\boldsymbol{D}_{(0)}$

	$G_1=\{X_1\}$	$G_2=\{X_2\}$	$G_3=\{X_3\}$	$G_4=\{X_4\}$	$G_5=\{X_5\}$
$G_1=\{X_1\}$	0				
$G_2=\{X_2\}$	1	0			
$G_3=\{X_3\}$	2.5	1.5	0		
$G_4=\{X_4\}$	6	5	3.5	0	
$G_5=\{X_5\}$	8	7	5.5	2	0

找出 $\boldsymbol{D}_{(0)}$ 中非对角线最小元素是 1，即 $D_{12}=1$，则将 G_1 与 G_2 并成一个新类，记为 $G_6=\{X_1,X_2\}$。然后，按下面的公式计算新类 G_6 与其他类的距离：

$$G_{i6} = \min(D_{i1}, D_{i2}), \quad i = 3,4,5$$

即取表 $\boldsymbol{D}_{(0)}$ 前两列中较小的数值，得 $\boldsymbol{D}_{(1)}$，如表 5.8 所示。

表 5.8　距离矩阵 $\boldsymbol{D}_{(1)}$

	G_6	G_3	G_4	G_5
$G_6=\{X_1,X_2\}$	0			
$G_3=\{X_3\}$	1.5	0		
$G_4=\{X_4\}$	5	3.5	0	
$G_5=\{X_5\}$	7	5.5	2	0

找出 $D_{(1)}$ 中非对角线最小的元素是 1.5，则将相对应的两类 G_3 和 G_6 合并为 $G_7=\{X_1,X_2,X_3\}$。然后，再按公式计算各类与 G_7 的距离，将 G_3 和 G_6 归并，新的列由原来两列中较小的数值组成，结果得 $D_{(2)}$，如表 5.9 所示。

表 5.9　距离矩阵 $D_{(2)}$

	G_7	G_4	G_5
$G_7=\{X_1,X_2,X_3\}$	0		
$G_4=\{X_4\}$	3.5	0	
$G_5=\{X_5\}$	5.5	2	0

找出 $D_{(2)}$ 中非对角线最小的元素是 2，则将 G_4 与 G_5 合并成 $G_8=\{X_4,X_5\}$，最后再按公式计算 G_7 与 G_8 的距离，即将 G_4 和 G_5 归并，新的列由原来两列中较小的数值组成，得矩阵 $D_{(3)}$，如表 5.10 所示。

表 5.10　距离矩阵 $D_{(3)}$

	G_7	G_8
$G_7=\{X_1,X_2,X_3\}$	0	
$G_8=\{X_4,X_5\}$	3.5	0

最后，将 G_7 和 G_8 合并成 G_9，完成整个聚类过程。

上述聚类过程可用图 5.14 表达。其中，横坐标的刻度是并类的距离。

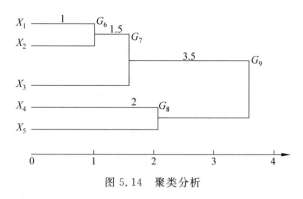

图 5.14　聚类分析

由图可见，按照数据分布，消费者被归为两类 $\{X_1,X_2,X_3\}$ 和 $\{X_4,X_5\}$ 比较合适。前者对这个品牌的喜好程度较低，而后者则对这个品牌的喜好程度较高。如果事前给一个阈值 T，要求类与类之间的距离小于 T，那么有些样本可能就归不了类。

在实际工作中，用于市场细分的标准往往不止一个。当使用多个标准通过聚类分析对市场进行细分时，过程和计算会复杂一些，但是原理是相同的。

案例 5.1

商业银行个人理财业务的市场细分①

一、研究背景与方法

商业银行个人理财业务是一种建立在委托-代理关系基础上的个性化综合服务。商业银行理财专家根据个人客户所处的生活阶段、财务状况、理财价值观和投资目标,结合客户的收入、消费、投资经验、风险承受能力和风险态度偏好等特征,帮助客户分析资产管理和运作中可能存在的风险,通过多元化的投资组合降低或规避风险,达到个人资产效益的最大化。商业银行可以通过财务分析、财务规划、投资顾问和资产管理等服务来实现个人理财。

为了有效地进行商业银行个人理财产品的营销,需要对商业银行个人理财业务的市场进行细分,设计适合于不同客户群的个性化理财产品。

聚类分析有很多方法,常用的是 k 均值聚类法。k 均值(k-means)聚类法又称快速聚类法。它的基本操作思路是:首先按照一定方法选取一批凝聚点,让样本向最近的凝聚点凝聚,形成初始分类;然后,再按最近距离原则修改不合理的分类,直到合理为止。

二、数据

调查以某地区有个人理财需求的居民为样本进行问卷调查。共发出调查问卷 200 份,回收有效问卷 190 份,回收有效率为 95%。

调查问卷涉及性别、年龄、受教育程度、月均收入、职业、所处的人生阶段、理财必要性、理财价值观、理财目标、投资经验、理财决策、风险偏好、选择的投资工具、理财最关注的因素和对商业银行个人理财业务的首要期望 15 个指标。对年龄、受教育程度、月均收入、职业、所处的人生阶段、理财价值观、理财目标、理财决策、风险偏好、选择的投资工具10 个指标进行相关分析,结果显示:年龄和所处的人生阶段有显著的相关关系;理财价值观、理财目标、理财决策和投资工具选择有显著的相关关系。

为了避免同类变量的重复"贡献",所以剔除年龄、理财目标、理财决策、投资工具选择4 个指标,只对剩余指标进行 k 均值聚类分析。

三、分析结果

在 k 均值聚类分析过程中,不断调整 k 值,通过不断检验,最终确定 k 值为 4,分析结果如表 5.11 所示。由表可见,聚类分析将客户分为四大类,分别将其命名为潜力型客户、关注型客户、战略型客户和稳定型客户。

(一)潜力型客户

潜力型客户大多数是处于单身阶段的在校大学生或研究生,月收入在 1 000 元以下,理财价值观多处于先享受型。他们倾向于把大部分的选择性支出投入到当前消费上,以

---

① 根据乔楠楠和吕德宏发表在《海南金融》2010 年第 8 期的文章《基于聚类分析的商业银行个人理财产品市场细分》改写。

提升当前的生活水平。在理财工具方面，多倾向于收益固定、风险较小的货币性理财工具或者债券型理财工具，属于保守类投资者。这类客户因其当时所处的人生阶段和环境使得他们的理财需求有限，但是他们丰富的知识和较高的文化修养使他们对于理财有着独特的见解和很好的规划。随着工作收入的增加，其所投资的理财工具将会多元化，更容易接受新型的、收益风险比较高的理财工具。

表 5.11 k 均值聚类分析的结果

指　标	类　别			
	1	2	3	4
所处的人生阶段	1.00	1.96	3.30	5.00
受教育程度	4.00	2.67	3.69	3.00
理财价值观	1.50	1.33	3.50	1.00
职业	1.00	2.67	3.00	5.00
月均收入	1.25	2.33	4.50	5.00
风险偏好	2.00	3.33	2.50	1.00
每一类的样本数	76	57	38	19

（二）关注型客户

关注型客户大多数处于单身或者家庭形成期（建立家庭，生养子女）阶段，多数是月收入达到 3 000～5 000 元的公司职员和基层管理人员，教育程度为本科或者大专。此类客户的理财价值观多属于先享受型或者购房型，理财风险态度属于偏好类型，能把选择性支出积极地投入到股票、外汇、黄金和衍生品等高风险、高收益投资领域，取得高收益。同时，此类客户还买房贷寿险、短期储蓄险等保险来取得相应保障。

（三）战略型客户

战略型客户是处于家庭成熟期（从子女长大上学到子女独立）的高层管理人员，月收入多为 5 000 元以上，教育程度为研究生和本科。此类客户的理财价值观是以子女为中心，以定/活期存款、中长期投资基金、蓝筹股、债券、教育基金和黄金等作为投资工具。他们更注重多元化投资和投资工具收益的平衡，属于中庸稳健型的群体。他们投资理念比较开放，能够承受较大的风险，在综合评价各种投资组合收益的基础上都能理性地选择适合自己的理财产品。

（四）稳定型客户

稳定型客户多处于家庭衰老期（从子女成家到家庭消失）阶段，收入很高，教育背景以本科为主，多工作于政府、教育等稳定行业。此类客户的理财价值观为后享受型，把大多数选择性支出用于退休规划，多投资于债券（以国债为主）、稳定收益的基金、保险、储蓄和结构性理财产品等保守型理财产品，以求得稳定收益和资产的保值增值。这类客户投资理念比较保守，承受风险能力较弱，属于比较保守型的群体。

四、营销建议

银行应根据各类客户的不同理财需求，提供个性化的服务。

战略型客户是商业银行个人理财业务的优质客户,也是营销重点。利用跟踪式的理财服务和增值服务来锁定这一目标群体,设计收益和风险最佳平衡的理财产品,使风险处于他们可以接受的范围内;及时了解银行理财服务是否与客户所期望的相符合,慎重考虑客户的反馈意见;根据需求的个性化,为他们提供合适的理财规划,很好地维系和这类客户的关系,实现客户和商业银行的双赢。

关注型客户是商业银行个人理财业务的次优客户。商业银行应及时利用各种渠道给此类客户发送有效的理财信息,和他们分享理财经验;根据其理财目标和承受能力,提供合理的生活理财计划和高收益的投资计划;在某个程度上适当给予他们费用方面的优惠,提高客户的满意度和忠诚度。

潜力型和稳定型客户是商业银行个人理财业务的一般客户。他们的理财需求因收入状况或所处的人生阶段受到抑制,其中潜力型客户群是重要的市场机遇,他们有可能成为商业银行未来的优质或者次优客户,所以目前对这类客户的一般业务提供优质服务,同时大力宣传理财产品和理财理念,不断提高和巩固银行在他们心目中的位置,使商业银行取得更大的市场占有率。稳定型客户非常注重资产的保值增值,所以他们对商业银行的个人理财服务质量和产品收益要求非常高。商业银行应结合此类客户现在的理财情况,给他们提供固定收益、至少保本的理财产品和高质量的、合理的退休规划等理财服务,为客户提供一体化的优质服务,给银行树立好的形象,从而给商业银行带来更大的利润空间。

讨论题

1. 分小组通过问卷调查收集数据,应用 SPSS 软件中的聚类分析进行市场细分。
2. 应用聚类分析进行市场细分的关键是什么?
3. 在操作过程中,你们在哪里进行了主观上的判断和选择?为什么?
4. 你们发现在本案例的操作过程中存在什么问题吗?

案例5.2

寻找中国饼干市场的缺口①

2003 年,中国饼干的年产量达到 150 万吨,全年销售收入为 152 亿元,并以每年 10%～15% 的速度递增。但是,饼干市场的竞争却陷入了价格大战之中。在激烈竞争的环境中,北京百年智业营销策划机构董事长黄泰元,成功地帮助一些饼干生产企业打开了市场缺口。

黄泰元是台湾人。16 年前,他正式进入食品业策划领域,为中国台湾、美国、日本和意大利等地的客户进行营销策划,积累了丰富的实践经验。2001 年 5 月,在北京创立了北京百年智业营销策划机构,致力于帮助中国内地企业打造自己的食品品牌。以下是黄泰元策划的两个案例。

---

① 根据章玉在《中国食品报》2004 年 9 月 10 日的报道《差异化营销打开中国饼干市场缺口》改写。

一、河北博通饼业

河北博通饼业靠一包一块钱的薄脆饼以及早餐饼这两项拳头产品，积累了实力。然而，业绩一直徘徊在 1.2 亿元，费用却不断增加，市场竞争压力越来越大。为了寻求突破，2002 年 7 月，博通公司的杜总找到了百年智业，希望黄泰元能帮他们找出解决方案。百年智业为河北博通饼业做了全案策划，取得了立竿见影的效果。其中，最让黄泰元得意的是"博通 500 精致点心系列"的策划。

在市场调研中，黄泰元发现：饼干克重呈现两极化现象。小包装从 65 克到 200 多克都有，大包装则介于 800 克到 2 000 克之间。这似乎已约定俗成，但是并不符合消费者的消费习惯。一个产品新上市，大多数消费者在第一次购买时，由于是尝试性购买，一般只会买小包装的，一来单价低，二来万一不合口味也不会太浪费。当消费者觉得好吃，重复购买时，因为实惠，他才会考虑买大包装的。但是，目前中国国内饼干的克重存在两极化现象，从 200 克到 800 克甚至 2 000 克的落差太大。因为大包装短期内吃不完，所以当消费者站在货架前，即使是重复购买也往往会放弃大包装，而再买小包装。在中国城市里，2～3 人的小家庭越来越多，市场对于饼干的需求已经发生了明显的变化。但是，生产厂家似乎并没有随着市场需求的变化而改变其营销方法。

黄泰元约杜总见面，对市场做了分析。症结找到了，解决方法系于一个神秘数字：500！中国饼干的市场缺口，正是 500 克的中包装！杜总恍然大悟，拍案叫绝。第二天，黄泰元为这个即将诞生的新产品提炼了四条关键策略：第一，首创"500 克"的产品形态，填补中国饼干的市场缺口；第二，诉求"博通 500 精致点心"的形象，而不只是饼干；第三，一次推出系列产品，快速占领市场缺口，形成第一品牌的态势；第四，营造"好吃又实惠"的形象。

在具体落实时，企业在 500 克的包装盒内，又内装了 3 包 168 克的铝箔单包装，既满足了消费者要求实惠的经济需求，又解决了产品保鲜的问题。黄泰元感慨地说，"国内饼干竞争激烈，要找到市场缺口谈何容易，但是魔鬼出在细节上。正是克重这个细微的差异，让我找到了中国饼干的市场缺口，事情也就变得不那么难了！"

二、华尔的功能性概念饼干

宜昌华尔公司是一个专业的饼干生产企业，采用最先进的生产设备，生产的饼干质量好，口味也棒，但价格一直卖不上去。同时，作为宜昌的地方品牌，产品主要在宜昌及湖北部分区域销售。这样一个既不具备品牌知名度又没有拳头产品的企业，该如何应对激烈的市场竞争呢？

黄泰元在为企业进行产品诊断时，从厂家提供的资料中，敏感地发现了"甘露低聚糖"这个卖点。经国家权威机构的功能试验证明，每天摄入 0.7～1.4 克甘露低聚糖，一周后人体内双歧杆菌（有益菌）会自然增殖，肠杆菌（有害菌）显著减少；甘露低聚糖还具有补充营养、调节肠胃、美体养颜、提高免疫力等功效。黄泰元当即决定，以"甘露低聚糖"为产品的核心卖点，为企业策划一系列的差异化产品。

黄泰元一头钻进了产品的研究工作中，最后提炼出甘露低聚糖的多种功效，把消费者锁定在四个群体，并根据这四个群体把产品策划成四个系列：可促进儿童成长发育的"成长营养饼干"，针对爱美女士的"女士轻盈饼干"，有益中老年人保健的"中老年高钙降糖饼干"，适合普遍人群的"全家营养早餐饼干"。最后把产品的总名称定为"麦特龙甘露低聚糖饼干"，力图打造一个崭新的中国功能型健康饼干品牌。

为了更彻底地实施差异化营销策略，黄泰元又想到了新产品的招商会。国内传统的招商会大多是在星级酒店召开，固定的模式使经销商都疲了，参与的兴趣并不大，就算来了，签约后打款率也不高。想到客户位于宜昌，临近长江三峡，他决定把华尔的招商会放在三峡的旅游船上，让经销商边旅游、边开会，一来新鲜感十足，二来在船上开会，开船后经销商无法随意下船，有充裕的时间进行沟通，在优美的环境与轻松的氛围中促成签约。

2003年8月8日，华尔的招商会在三峡的"朝天门"豪华游轮上召开。上午9点上船，晚上9点下船，结果还没下船，经销商现场打款金额就达到人民币400多万元，签约金额更突破2000万元大关。

讨论题

1. 为什么黄泰元能够找到中国饼干市场的缺口？
2. 从黄泰元的这两个策划案例中，你得到了什么启示？
3. 你能够按照ASTP的策划思路，还原这两个案例的策划过程吗？
4. 黄泰元的这两个策划，有什么不足吗？

 **案例5.3**

红旗轿车应该怎样定位？[①]

红旗牌轿车在中国人心目中是神圣的。一位汽车商人说，一次他在欧洲一处名胜看见停满了各种品牌的豪华轿车，他就琢磨，如果再加一辆中国车，那就只有大红旗了，跟谁比也不跌份儿。但是，面对今天红旗轿车越来越多的车型，不免让他担忧，这是红旗轿车该走的路吗？

1958年8月，为新中国成立10周年庆典，国家向一汽下达了制造国产高级轿车的任务。工人们以借来的1955型克莱斯勒高级轿车为蓝本，手工制作了一辆高级轿车。1959年10月1日，10辆崭新的红旗轿车在首都国庆庆典上亮相，引得国外媒体争相报道。从此以后，红旗轿车就成为国宾车。

然而，1981年，一纸批文，这个生产了23年的"国车"停产了。红旗，中国第一车，1981年从无限辉煌的顶峰跌落下来。到那时为止，一汽在20多年里总共生产红旗轿车1540辆。大红旗停产的理由是油耗高、成本大、产量低。在红旗轿车由国家分配的时代，这个理由无可厚非。但是用今天的眼光来看，停产指令的下达有些武断。放眼全球，豪华轿车油耗都是惊人的。号称车中贵族的劳斯莱斯、本特利，其油耗比红旗低不了多少。红旗轿车因为油耗高而停产实在是可惜。

到了20世纪90年代，一汽引进克莱斯勒的2.2升发动机配奥迪100轿车的车身，造

---

① 根据下列资料改编：张智在《北京日报》2003年7月13日发表的文章《红旗轿车该走哪条路？》；一汽轿车红旗盛世网站(www.faw-hongqi.com.cn)提供的资料，2011年8月1日读取。

出了人们俗称"小红旗"的红旗牌轿车。这是一汽的创造。当一汽骄傲地宣布"愿红旗遍神州"时，人们却发现，这款外形和奥迪酷似的红旗已没有了原来"大红旗"的气派。销量虽然比过去生产的大红旗有了很大提高，但仍然远远不及同级别的其他车型。于是降价。当时一辆小红旗的价格，有的已经和桑塔纳 2000 的价格差不多，但小红旗在人们心目中已经和原来的大红旗不可同日而语了。

也许一汽意识到小红旗即使加长也填补不了老一代大红旗的市场真空，于是又将美国福特林肯的城市轿车(Lincoln Towncar)嫁接到红旗轿车上作为红旗品牌的旗舰。但是，这个挂着红旗标志的加长豪华轿车远看像林肯，近看像林肯，坐进去还是林肯。如果说这在经济型汽车中还可以接受的话，那么在豪华轿车中，造型相近则是大忌。林肯式的红旗卖不动是意料之中的，同样是花 100 多万元，为什么不买原装的林肯加长车呢？

红旗之所以是红旗，源于它当年的神圣。对于这样的品牌，要充分挖掘其品牌价值，生产与其品牌价值对应的产品，千万不能有"遍神州"的想法。如果可能，找回当年生产红旗的工人、技术人员，利用现在的技术与设备，对当年的大红旗进行复制与改进，产量不要很大，但造型与质量一定要精益求精。

2004 年以后，一汽针对红旗陆续有一些动作，包括在 2004 年推出 2.4 升排量的世纪星；2006 年年底，红旗 HQ3 在前往西柏坡的路程中移动上市，推出红旗 HQ300 商务型、红旗 HQ300 豪华型、红旗 HQ430 精英型和一款政府专用版。不过，红旗 HQ3 的发动机、变速箱和底盘全部来自日本丰田皇冠 12 代，外观也与其如出一辙。在技术上依靠外国，当年国车的风采现在已经大打折扣。人们怀念的还是 20 世纪 80 年代之前具有中国特色的"大红旗"。2008 年年末，一直定位于公务车市场的红旗盛世与一汽奔腾实现了并网销售，使一汽这两个品牌的销售渠道更加全面、完整。一直定位于高端公务车的红旗品牌，只有盛世一款产品在市场上销售，一汽红旗方面表示将推出更高端的车型。

讨论题

1. 你觉得"红旗"的问题出在哪里？查阅相关资料，支持你的观点。

2. 请按照 STP 的思路，给"红旗"定个位。

3. "对于红旗这样的品牌，千万不能有'遍神州'的想法。"你同意这句话吗？为什么？

第六章

企业的营销战术策划

　　企业的营销战术策划,是指企业在决定了目标市场、市场定位和营销目标之后,对企业可以控制的营销手段所进行的组合或项目策划。它是在做什么(目标市场、市场定位和营销目标)已经确定的情况下,思考如何做的问题。其中,对营销手段的组合策划,称为营销组合策划或营销因素组合策划;对某一单个营销因素(如品牌、产品组合、公关、会展、营销渠道或某一时段的广告)的策划,称为营销项目策划,用被策划的对象命名,如广告策划、品牌策划、产品组合策划、公关策划、会展策划和营销渠道策划等。在实践中,企业既可以做整体的营销组合策划,也可以做专项的营销项目策划,而且它们的程序也完全一样。二者的区别在于:前者更多地考虑和强调各个营销因素之间的相互作用和营销的综合效果,后者则更注重如何使某一个营销因素更有效率地发挥作用。

　　本章讲解企业整体的营销组合策划,第七章至第十五章讲解专项的营销项目策划。这样安排,只是为了叙述方便,并不表示它们可以完全割裂。其实,它们之间是互补的关系。专项策划以整体策划为背景,如品牌策划,并非只是考虑品牌一个因素,而是要以所有企业可以控制的营销因素为工具提升品牌的价值。整体策划以专项策划为实现途径,它本身就是由一个一个项目策划组成的。

第一节　营　销　因　素

　　营销因素是指企业可以控制或可以利用的所有因素,既包括战略方面的因素(如科特勒的营销战略4P),也包括战术方面的因素。不过,一般情况下,人们在讲营销因素时,多指战术因素,即人们熟知的营销战术4P,即产品、定价、分销和促销。本书用营销因素特指营销战术因素。

一、营销因素概述

　　营销因素有很多,传统上分为产品、定价、分销和促销四大因素;其中,每一个大因素又是由很多小因素构成的(表6.1)。企业的营销战略要想得到有效贯彻,必须将其转化成可以实施的营销因素,否则只是纸上谈兵。

表 6.1　营销因素及其子因素

产　　品	定　　价	分　　销	促　　销
性能、质量、花色、品种、规格、型号、商标、包装、服务、产品因素组合等	成本、基本价格、价格折扣、付款条件、信贷条件、各种定价方式	营销渠道的结构、产品运输方式、仓储地点等的选择;批发商、中间商和零售商的选择和控制	广告、人员推销、销售推广活动、公共关系

（一）产品

产品是指任何能够满足消费者或用户需求的货物、服务、观念或它们的组合。从提供者角度看，它是提供者劳动的产物；从接收者角度看，它是能够满足其某方面需求，为其带来利益的物质和非物质的东西。

产品又可以划分成很多更小的因素，称为产品因素，包括产品的性能、质量、花色、品种、规格、型号、商标、包装、服务等。从营销的角度来讲，企业在产品方面的决策，包括以下几个方面：产品构成要素的组合与决策，服务设计、组合与决策，品牌决策，产品市场寿命周期不同阶段的营销决策，产品差异化因素决策，与产品组合相关的营销问题的决策。

（二）定价

价格是商品价值的货币表现。一方面，它是产品在进入市场时，企业对产品价值的一个估计或预期；另一方面，它又是顾客获得产品利益而必须支付的货币成本。

企业可以在一定程度上控制的价格因素主要有以下几种：基本价格，即明码标定的或实际成交的价格；价格折扣，即从基本价格中折让给顾客的部分或称减免额；付款条件，即约定的结算和付款方式；信贷条件，即约定的信贷要求。基本价格的高低，与产品设计、促销方式和销售渠道的选择有密切的关系。折扣、付款条件、信贷条件的选择都是营销者为达到营销目标而采取的重要手段。

（三）分销

分销是指分销渠道或营销渠道，是产品从生产者向顾客转移所经过的中间环节或路径，包括所有参与其中的组织或个人。从生产者角度讲，分销渠道是企业销售产品的路径；而从顾客的角度看，分销渠道意味着便利，即在适当的时间、适当的地点，以适当的形式获得想要的产品或服务。

分销渠道因素又可分为以下主要内容：分销渠道结构，即产品从生产者向顾客转移所经过路径的长度、宽度和密度等；渠道治理形式的设计与选择；中间商的选择和控制；运输方式和路线的选择；商品仓储地点的选择及存货控制。

（四）促销

促销是指企业通过人力或非人力方式向顾客传递信息，以促使他们知晓和购买本企业产品或服务的一种说服沟通行为。从生产者角度看，它是促进产品销售的工具；而从顾客的角度看，它是顾客获得产品或企业信息的途径。

企业可以采用的促销因素主要包括以下几种：广告、人员推销、销售推广活动、公共关系、直复营销。

二、从营销 4P 到营销 4C

从上面对 4P 的说明可以看出，4P 里实际上隐含着 4C，即顾客价值（customer value）、成本（cost）、便利（convenience）和沟通（communication）。4C 是站在消费者或者用户的角度看 4P,更能反映现代市场营销的理念,因此有人倡导用 4C 代替 4P[1-3]。

用顾客价值来代替产品,即企业为顾客提供的不是产品或服务而是价值或利益。

用成本来代替价格,即企业不但要关心自己的生产成本和价格,更要关心顾客的购买与使用成本。这些成本一方面包括顾客购买时的货币成本(产品价格);另一方面包括顾客为获得和使用产品或服务而耗费的时间、体力和精力以及需要承担的购买风险。

用便利来代替分销,即企业分销活动不是为了销售产品,而是为顾客的购买和使用提供便利。

用沟通来代替促销,即企业的促销活动不是进行产品的推广和宣传,而是与消费者或用户沟通。在推广和宣传中,信息多是单向流动的;在沟通中,信息是双向流动的。

实际上,4P 与 4C 并不矛盾;相反,倒是一种相辅相成的关系[4,5]。4C 是从消费者或用户角度看企业的营销活动,指出消费者或用户所希望得到的;而 4P 则是从企业的角度看企业的营销活动,指出一般情况下企业可以利用的营销手段都有哪些。二者的关系可以用图 6.1 表示。

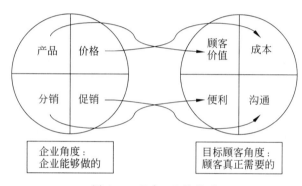

图 6.1 4P 与 4C 的关系

根据图 6.1,从目标市场的角度考虑企业的营销组合因素,利用企业所有可以利用的手段,有针对性地通过产品和服务为顾客提供利益,通过价格为顾客节约成本,通过分销为顾客提供便利,通过促销与顾客沟通,满足目标市场各方面的需要。这是营销组合的本质内涵。

三、理解营销因素应注意的问题

理解营销因素应注意以下问题。

第一,营销因素被分成 4 个 P 或者 4 个 C,只是为了便于讲述、便于普及和便于使用,绝不能因此而排斥其他可能的因素。比如,在中国进行营销活动时,关系就是企业需要考虑的一个重要的营销因素,因为企业可以通过有计划地建立、发展、维持和利用关系,更显著地提高自己的营销效率。我们常常听到这样的说法:企业搞了一大堆的 4P,但在争取某一个客户时,往往不如竞争对手的一个关系。这说明,在中国进行营销活动必须考虑关系;不考虑关系的营销,不是中国的营销。

第二,虽然营销 4P 可以作为一个参考或者基准,但是每一个企业都应该根据自己的实际情况确定自己的营销因素，而不能将自己的营销因素硬往 4P 模型里套。比如，零售企业可以控制的营销因素与一般生产制造企业有所不同，更好的区分方法是店址（location）、商品组合（merchandise）、服务（services）、定价（pricing）、商店设计与展示（store design and display）、广告与促销（advertising and promotion）和人员推销（personal selling）[6]。再比如，铁路货运企业的营销因素除了 4P 以外，还可以包括人员、过程和顾客服务[7]。如果硬往 4P 里套，削足适履，很容易把重要的营销因素漏掉。

第三，营销 4P，更应该被视为是一个范例，比较适合于日用消费品营销的范例。工业品营销、服务营销或其他营销，可以参考此范例，但不宜照搬。我们这里讲 4P，也是把它作为范例来讲。

第四，企业的营销战略和战术策划可以是全面的，比如一个企业整体的营销策划；也可以是单项的，比如一个企业的品牌策划或一个企业的一次会展策划。不管是全面策划还是单项策划，策划的思路是基本相同的，需要考虑各种营销因素的相互配合。

第二节　营销因素组合

营销因素组合是指企业在选定目标市场后，根据目标市场的特点和营销环境的变化，综合运用一切企业可以控制的各种营销因素，进行优化组合，以高效率地实现企业的营销目标。营销因素组合，也简称为营销组合或整合营销（integrated marketing）。

对于营销因素组合的认识，经过了一个长时间的演进。了解其演进过程，有利于我们更深刻地认识其本质内涵。

一、早期的认识

根据相关文献[8]，詹姆斯·库里敦（James Culliton）最早使用了"要素的组合者"（mixer of ingredients）来形容营销管理者，意指营销管理者的主要职责，就是根据企业所面临的营销任务，把企业可以控制的所有营销手段进行组合，以使企业得到最大的利润。

尔后，尼尔·鲍敦（Neil Borden）[9]把企业可以利用的各种营销手段加以整理和分类，共分了 12 类因素，作为构成营销组合的基本因素，并将这些因素的综合运用正式用"营销组合"（marketing mix）这一名称命名。值得注意的是，鲍敦特别强调，营销者一定要根据企业所处的行业、企业产品的特性、消费者的特性和企业的营销任务，灵活地确定营销因素，进行营销因素组合。因此，营销组合概念的关键并不在于营销组合中有多少因素，这些因素都应该包括什么和不包括什么，而在于企业可控因素的综合运用。不管一个因素是否被称为营销因素，只要企业能够通过控制或影响它为企业带来利益，那么它就是营销因素，就应该在企业的营销组合中有所体现。

鲍敦提出营销组合概念之后不久，哈瑞·汉森（Harry Hansen）在 1956 年第一次用类似于 4P 组合模型式的方法编写教材。在汉森的教材中，营销变量被分为六大类：产品政策、分销渠道、广告、人员推销、定价和销售活动。

二、麦卡锡的 4P 模型

1960 年,麦卡锡(McCarthy)在综合前人研究成果的基础上,在他所编写的教科书《基础市场营销学》中首次使用了后来被世人广泛传播和采用的 4P 组合模型(图 6.2)[10]。由此模型不难看出现代市场营销学的雏形:首先,影响企业营销活动效果的因素被分为两种,即企业不能控制的政治、法律、经济、人文、地理等环境因素和企业可以在一定程度上控制的生产、定价、分销、促销等营销因素;其次,企业从事营销活动就是以消费者需求为中心,在充分了解企业不可控因素的前提下,对企业可控因素加以组合,以使企业可控因素的组合状态适合企业面对的不可控因素的变化,更好地满足消费者需求;最后,企业的营销因素要综合使用,以使企业的营销效果达到整体最优。

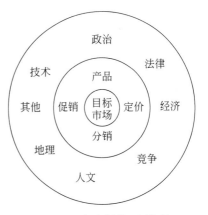

图 6.2 麦卡锡的 4P 模型

此模型的优势是显而易见的。它把企业营销活动这样一个错综复杂的经济现象,概括为三个圆圈,把企业营销过程中可以利用的成千上万的因素概括成四个大的因素,的确非常简明、易于把握。得益于这一优势,它不胫而走,很快成为营销理论界和营销实践者普遍接受的一个营销组合模型,它的创造人也因此很快成为享誉海内外的知名学者。营销理论界在构建市场营销学体系时,总是有意无意地将其主干纳入 4P 模型这样一个理论构架之内。

麦卡锡之后,虽然有许多人对 4P 模型表示不满,并试图对其加以修正,但只是在营销因素上加一个或几个 P[8],如最多曾加到 12 个 P,可其基本思路并没有改变。

毫无疑问,4P 模型的贡献是巨大的。它的出现一方面使市场营销理论有了体系感,从而促进了市场营销理论的发展;另一方面使复杂的现象和理论简单化,从而促进了市场营销理论的普及和应用。然而,随着时代的发展,环境的变化,4P 模型的缺陷也越来越明显。

第一,一个简单的要素清单是不足以涵盖所有的营销变量的,也不可能对任何情况都适用。无疑,4P 模型有着很高的概括性。因为每一个 P 都是一个次组合,都是由很多很多更小的要素组合而成的,所以在消费品营销中让人感觉到几乎营销者需要考虑的每一个要素都可以归之于四个 P 中的一个。然而,不同产品或行业的营销活动可以利用的可控因素并不总是相同的,即使相同,同一个要素的重要性也会有差别,比如工业品营销、国际营销和服务营销等就与我们通常所说的消费品的营销有很大差别。

第二,将四个 P 从企业其他部门的工作中分离出来,由市场营销部门专门负责,实在是有违营销组合之原意,也不利于企业从事市场营销工作。市场营销不仅仅是营销部门的工作,它涉及企业工作的每一个环节,需要各个部门、方方面面的配合。市场营销工作只靠营销部门是不可能干好的。比如产品的生产,按照营销组合的原意,每一个生产线上的工作人员在生产时心里都要装着顾客,处处为顾客着想,而当为顾客着想的任务只由营销部门负责完成时，生产线上的工作人员就只管生产不管销售了。生产线上的工作人员处于这样一种思维状态之中，是很难真正贯彻营销部门意图的。再如企业形象的树立（CIS），原本是企业每一个部门、每一个人的职责，但现在却只由营销部门负责。没有企业其他部门和全体员工的配合，很难想象企业欲求的形象能够树立起来。

第三，4P组合模型只适合于指导制造业中消费品的营销活动，而不太适合指导其他产品（如工业品和服务）和其他行业（如零售业、金融业、公共事业等）的营销活动。4P模型是在研究制造业中消费品的营销活动时发明的，因此在指导制造业中消费品的营销活动时较为适用。一旦超出这个领域，指导其他产品或其他领域的市场营销活动，它就显得力不从心了。比如零售企业的可控因素，就很难纳入4P模型之中。首先，零售企业的产品无法按照4P模型中的产品来理解；其次，零售企业的市场也不应按照4P模型中的市场来把握；最后，很多对于零售企业来讲非常重要的可控因素，或者无法包括在4P模型之中，或者不能在4P模型中得到应有的突出，比如店址、采购、企业形象等。

三、科特勒的营销组合模型

科特勒在4P模型的基础上，将产品、价格、分销、促销四个要素（即4P）称为战术4P，又提出了探测（probing）、划分（partitioning）、优先（prioritizing）和定位（positioning）战略4P，再加上国际营销中的政治权力和公共关系，凑成了10个P[11]。科特勒还修改了麦卡锡的4P模型（图1.1）[12]。

科特勒将企业的营销组合提升到战略高度来认识：先考虑战略4P，再根据战略4P制定战术4P。这一方面推动了企业营销活动与企业总体战略的衔接；另一方面使企业通过对于战略4P的思考更加明确了企业营销活动的方向。不过，虽然多达10个P，但并不能穷尽企业可以利用的所有营销手段。因为一个简单的要素清单不能涵盖所有的营销变量，一个复杂的要素清单同样也不足以涵盖所有的营销变量。

四、目标函数营销组合模型

根据营销组合的含义和以往营销组合模型的缺陷，我们提出了一个"目标函数营销组合模型"[13]，将营销组合用一个目标函数式表示为

$$\begin{cases} G = F(P_1 + P_2 + \cdots + P_i + \cdots + P_n) \\ D\begin{cases} b_1 + b_2 + \cdots + b_i + \cdots + b_n \leqslant B \\ b_1, b_2, \cdots, b_n \geqslant 0 \\ 其他约束 \end{cases} \end{cases}$$

其中，G为企业要达到的目标，P_i为企业可以控制或利用的各种手段，D为企业从事营销活动的一组约束条件。在D中，B为企业从事营销活动的总预算，b_i为企业投入P_i的费用。实际上，类似于预算这样的约束还有很多，如人员、办公设备、营业场地、通信与交通工具等。

目标函数营销组合模型的含义是：在既定的约束条件（D）下，企业综合运用一切可以利用的手段（P_i），以便使企业的目标（G）达到整体优化。

与其他模型相比,目标函数营销组合模型有如下优点。

第一,它抓住了营销组合概念的本质。营销组合概念的本质,在于企业所有可控因素的综合运用。目标函数营销组合模型用目标函数式表达了这种思想。式中的 P_1、P_2,一直到 P_n 代表企业可以控制的所有营销手段,它们或多或少都在一定程度上影响着企业的营销业绩。不仅如此,它们之间还有相互强化或相互抵消的交互关系。企业在确定营销组合策略时,目的不是使某一个 P 处在最佳状态,也不是使某几个 P 彼此之间达到较好的匹配状态,而是使所有的 P 达到一种最佳的或相对满意的配合状态,使企业的目标(G)最大化。

第二,它把企业进行营销活动的约束条件作为营销组合概念的一个重要内容在模型中表现出来。企业从事营销活动,要受很多条件的限制,如人、财、物等方面的限制,企业在短期内无法超越它们。再大的企业,也有它办不到或办起来感到力不从心的事情。所以,在约束条件下办自己能办的事,是营销组合概念的应有之意。

第三,它既有很高的概括性,又有很强的适应性。目标函数营销组合模型具有很高的概括性。它虽然很简单,但却高度概括地表示了营销组合概念的本质内涵,而且企业在营销活动中可以利用各种因素,从而避免了人们在营销因素多与少、包括什么、不包括什么等问题上的纠缠。它并没有直接说出企业可以利用的营销因素是什么,因为不同的企业在不同的时期销售不同的产品,可以利用的营销因素是不同的;即使利用的因素相同,每一个因素相对的重要性也是不同的。得益于其概括性,目标函数营销组合模型还有更强的适应性。因为在模型中没有给出具体的营销因素,所以它更灵活,适应性更强。理论研究者可以根据自己所研究的对象,找出适合于它们的营销因素,并对这些营销因素加以研究,找出规律性的东西,指导它们的实践活动。营销实践者也不必拿着营销教科书,把自己可以利用的手段硬往 4P、5P、6P 上套。有了这个模型,一切往 4P 上加 P 的行为都显得毫无意义。它将把人们的注意力由加 P 的游戏引向对于营销组合概念本质内涵的把握。

第三节　企业营销组合的策划思路

营销因素很多,并且每一个因素都在变化。因此,企业在营销过程中,对于营销因素组合的选择是无穷无尽的。进行营销组合策划,必须对营销组合的特点了然于心,遵循营销组合策划的规律。

一、营销组合的特点

营销因素组合有很多特点,概括而言,具有可控性、动态性、整体性和艺术性。

(一)可控性

营销因素是指企业可以控制或发挥显著影响作用的因素。企业通过市场调查,针对目标市场的特点,可以决定自己的产品组合,拟订定价目标,选择分销渠道和促销方式。对这些因素,什么时间、选用什么、如何使用,企业都可以自主决定。有些因素企业虽然不能决定,但却可以采取某种方式,发挥较大的影响作用,使其朝着有利于自己的方向发展,例如企业所面对的这样那样的关系。那些企业不能控制或不能发挥显著作用的因素，不能称为营销因素。

（二）动态性

营销因素组合是一种动态组合，要随着市场需求的变化、企业内外部环境的变化而变化。原因有以下两点。第一，营销组合要为实现企业的营销目标服务，而企业的营销目标是根据市场需求和企业的内外部环境来确定的。当市场需求和企业的内外部环境发生变化时，企业的营销目标需要进行调整。营销目标调整了，营销组合势必要跟着调整。只改变营销目标，而不改变原有的营销组合，目标与手段脱节，营销组合的效果就无法保证。第二，如前所述，每一个营销因素各包含着众多小的因素。如果市场或环境的改变致使某个营销因素中的一个子因素发生变化，那么原有的营销组合就发生了变化，企业正在利用新的营销组合策略。

（三）整体性

营销因素组合以目标市场上的消费者或用户需求为中心，采取整合的营销方式，影响消费者或用户，使其采取有利于企业的购买行为。营销组合由无数的大因素、小因素组成，这些大因素、小因素之间的交互影响是很复杂的。有时，强化一种因素的作用，可能会弱化另一种因素的作用。因此，同时处于各自最佳状态的组合，也许并不是一个最好的组合。另外，企业的营销预算也是有限的，不可能在各个因素上同时发力。营销组合强调企业营销活动的整体性，追求整体优化，而不是金鸡独立式的次优化——单个看达到了最优，但放在系统中可能还不如优化前。

例如，在其他因素不变的情况下，使产品质量达到现有条件下的最高，这一定能提高企业的营销效率吗？不一定。因为产品质量最高，如果生产成本也是最高的，那么价格就不能低了。质量高，价格也高，产品质量的提高并没有使产品的性价比提高，并不能给消费者或用户带来实际的利益。这时，企业的营销效果不但不会提高，可能还会下降。

（四）艺术性

营销因素组合是企业经营智慧、经营技艺的结晶，不同类型的产品，选用的营销组合因素不同；同类产品，由于人们对问题认识的角度不同，认识的深度不同，也会选用不同的营销组合。我们无法说一个营销组合一定比另一个营销组合好，也无法说一种营销组合在一种场合下一定是正确的，而另一种营销组合在这种场合下一定是错误的。

营销组合是科学性和艺术性的统一。科学性表现在，它要依靠市场调研提供准确、客观的数据与资料，帮助企业进行决策；艺术性表现在，它的答案不是唯一的——在同一场合下，人们可以采用的营销组合方式很多，而且并无好坏之分。营销组合的好与不好，完全取决于它是否符合企业的总体战略，是否与企业的外部环境和内部条件相匹配，是否在限制条件下较好地满足了目标市场的需求，发挥了企业的优势。

在进行企业营销策划时，策划人员一定要记住：企业的市场营销活动首先不是科学，而是艺术；是艺术中加入科学的成分。因此，不要轻易地肯定一种营销组合，也不要轻易地否定一种营销组合。

最后,因为营销活动首先是艺术,所以创新才最为重要。一般而言,越是创新的,营销效果才会越显著;而模仿则使人生厌。使用"送礼只送脑白金"的,是天才;随后那些再把保健药品当礼品塑造的,就有些东施效颦的味道了。

二、营销组合的策划原则

营销组合策划是企业营销战术与策略策划的主要内容,是实现企业营销目标和营销战略的基本手段。根据营销组合的特点,企业在进行营销组合策划时,要遵循以下基本原则。

第一,战略优先。营销组合策划是企业在决定了目标市场、市场定位和营销目标之后,对企业可以控制的营销手段所进行的组合策划。它是在做什么已经确定的情况下,思考企业如何做的问题。因此,在企业进行营销组合策划之前,一定要先弄清企业的营销战略是什么。否则,策划就失去了方向。

第二,综合运用,发挥营销组合的最大效用。营销因素组合的效用不是各因素效用的简单相加,不是 $1+1=2$,而是 $1+1>2$。运用系统论的理论与方法,对营销因素进行组合,综合发挥各个因素的效用,并注意它们之间的交叉影响,以使企业的营销组合整个效果最佳。

第三,密切配合,互相协调。企业进行市场营销因素组合时,要注意三个方面的协调:首先是营销因素组合与市场环境的协调,即营销组合方式要适合目标市场的需要和企业外部环境的特点;其次是营销因素组合与企业内部条件的协调,即营销组合方式要体现企业内部的资源特性,协调企业内部的人力、物力和财力,考虑企业各部门的利益,得到各部门的支持;最后是营销因素组合内各因素之间的协调,即使各组合因素有机地结合起来,发挥组合因素间的协同作用,实现企业营销资源配置的整体优化。

第四,突出重点,重视一般。企业在运用营销组合时不应对所有组合因素平均使用力量,要注意抓主要矛盾。在不同时期、不同场地,应根据目标市场的特点,重点运用其中某一个或两个因素,并重视其他因素的配合作用,做到有主有辅、整体运用。

第五,反馈信息,及时调整。营销因素组合具有动态性特点,它随着市场环境的变化而变化。因此,营销组合方式不是一劳永逸、一成不变的。营销组合方式确定以后,在执行过程中,也需要根据市场变化随时进行调整。这就要求企业必须重视市场信息的反馈,以便及时发现问题,及时做出必要的调整。

三、营销组合策划的逻辑框架

营销因素组合有无穷无尽的选择。那么,营销因素应该怎样组合呢?或者说,怎样的组合才符合营销的逻辑呢?这个问题并不容易回答。其中,最困难的就是怎样把企业所选定的目标市场与企业的营销因素及其组合衔接起来。表6.2是一个逻辑框架,可以将目标市场与企业的营销因素及其组合衔接起来,使营销组合中的每一个因素都成为有据可依的[14]。

表 6.2　确定营销因素组合方案的逻辑框架

目标市场	营销组合因素					
	产品	价格	分销	促销	关系	其他
Who						
What						
Why						
When						
Where						

　　应用这一逻辑框架确定营销因素组合有这样一个假设的前提：企业的公司战略已经确定了业务组合，营销策划的任务，就是要为其中的一项业务（如一个产品或一项服务）设计一套营销方案。

　　使用这一分析框架确定营销因素及其组合，企业第一要根据此前市场调查、需求分析和市场细分的结果，回顾目标市场的五个 W，并用简短的语言将回顾的结果写在表格内。比如，下面是一个房地产企业用五个 W 对其目标市场的回顾结果[15]。

　　（1）Who：35～55 岁，具有积极进取的生活态度，从容自信并且注重生活品位与文化内涵，有一定成就的成功人士和业界精英。

　　（2）What：环境好的住房；舒适安静的居家生活，强调生活私密性。

　　（3）Why：改善居住条件或第二居所；向往豪华舒适安静的居家生活，注重大环境，强调生活私密性，有品位，消费挑剔，价格敏感度低。

　　（4）When：现在或两年之内。

　　（5）Where：曲江——历史、文化、安静与品味。

　　第二，针对目标市场的五个 W，系统地思考和分析企业产品或服务能够在哪些方面（与哪一个 W 有关）给顾客带来什么利益（即顾客价值），为获得这一利益顾客必须在哪些方面（与哪一个 W 有关）付出什么成本（即顾客成本）。

　　第三，将五个 W 和每一个营销因素一一对应，认真考虑每一个企业已做的和可能做的内容。将其思考的结果以一一对应的方式填写于每一格中，比如用缩略语的形式将其标注在每一格中。当然，有些格中可能没有内容。

　　第四，思考每一格内容的相容与不相容之处，将相容的结果整合，在不相容的结果之间做出选择。

　　第五，把选择和整合的结果用文字描述出来，由此就可以制定出内部不相矛盾的营销因素组合方案。

　　由于营销因素的选择与组合以目标市场为依据，所以这样制定出的营销因素组合方案与企业的目标市场紧密衔接，是实现企业营销战略所需要的。另外，以此为框架制定企业的营销因素组合，使营销组合策划变得简单、清晰、易操作。营销策划人员只需基于目标市场的特点进行表上作业，当表上的空格填满了，企业的营销组合方案就基本出来了。

　　当然，这一营销组合策划的逻辑思路不是唯一的，它只是在逻辑上比较清晰而已。对应于机会利用型、问题解决型、市场定位型、关系发展型和价值传递型等不同的营销管理分析框架[10]，营销组合的策划思路可能是不一样的。本章后面的附录4给出了"问题解决型营销组合的策划思路"。实际上，每一个营销策划者都可能，也应该有自己一套自认为符合逻辑的策划思路。

本章小结

企业的营销战术策划是指企业在决定了目标市场、市场定位和营销目标之后，对企业可以控制的营销手段所进行的组合或项目策划。它是在做什么(目标市场、市场定位和营销目标)已经确定的情况下，思考企业如何做的问题。

营销因素指企业可以控制或可以利用的所有因素，既包括战略方面的因素，也包括战术方面的因素。不过，一般情况下指战术因素，即人们熟知的营销战术4P，即产品、定价、分销和促销。营销战术4P又可以从顾客角度用4C来表示，即顾客价值、成本、便利和沟通。4P与4C是一种相辅相成的关系。

在理解营销因素时，要特别注意三点：第一，营销因素虽然被分成4个P或者4个C，但绝不能因此而排斥其他可能的因素；第二，每一个企业都应该根据自己的实际情况确定自己的营销因素；第三，营销战术4P，是一个范例，不宜在任何情况下都简单照搬。

营销因素组合是指企业在选定目标市场后，根据目标市场的特点和营销环境的变化，综合运用一切企业可以控制的各种营销因素，进行优化组合，以高效率地实现企业的营销目标。目标函数营销组合模型准确地表达营销组合的含义：它是企业所有可控因素的综合运用；企业的营销活动是在各种约束条件下进行的。

营销因素组合具有可控性、动态性、整体性和艺术性。企业在进行营销组合策划时，要遵循以下五大原则：第一，战略优先；第二，综合运用，发挥营销组合的最大效用；第三，密切配合，互相协调；第四，突出重点，重视一般；第五，反馈信息，及时调整。

营销组合策划的逻辑框架将目标市场与企业的营销因素及其组合衔接起来，使营销组合中的每一个因素都成为有据可依的。使用这一分析框架确定营销因素及其组合，企业首先要根据此前市场调查、需求分析和市场细分的结果，回顾目标市场的五个W；然后，针对目标市场的五个W系统地思考和分析企业产品或服务能够在哪些方面给顾客带来什么利益，并将思考的结果进行整合，制定营销组合方案。

思考题

1. 什么是营销因素？你是怎样理解的？

2. 营销战术4P与4C有怎样的关系？你觉得4C可以取代4P吗？为什么？

3. 什么是营销因素组合？你是怎样理解的？

4. 你怎样理解目标函数营销组合模型？你觉得与以前的营销组合模型相比，它的优点和缺点是什么？

5. "营销因素组合是一种艺术"，你如何评价这句话？

6. 企业在进行营销组合策划时要遵循哪些原则？

7. 你如何评价本书所给出的营销组合策划的逻辑框架？你有更好的思路吗？

8. 请运用本书所给出的营销组合策划的逻辑框架做一个案例。

[1] 马惠萍. 试论市场营销组合由 4Ps 向 4Cs 的转变[J]. 昆明大学学报(综合版),2003,(3)：24-26.

[2] 元凤江. 刍议市场营销组合要素之变化[J]. 现代财经,2001,20(7)：43-44.

[3] 杜伟. 从 4P 到 4C 房地产营销组合的创新[J]. 中国房地产金融,2000,(10)：21-23.

[4] 吴运生. 4P 营销组合的完善与创新——如何评价 4P 营销组合[J]. 商业研究,2001,(5)：14-16.

[5] 朱文忠. 论营销组合在不同市场的区别性特征[J]. 经济问题,2003,(7)：55-57.

[6] Levy M, Weitz B A. Retailing Management (4th Edn.)[M]. NY：McGraw-Hill/Irwin,2001.

[7] 劳政昌. 铁路货运市场营销组合探讨[M]. 铁道运输与经济,2003,25(3)：21-22,31.

[8] Van Warterschoot W. Quo Vadis, Marketing? Toward a relationship marketing paradigm[J]. Journal of Marketing Management,1994,10(5)：347-360.

[9] Borden N. The Concept of the Marketing Mix[J]. Journal of Advertising Research,1964,4 (June)：2-7.

[10] McCarthy E J. Basic Marketing：A Managerial Approach, Homewood：Richard D. Irwin, Inc. 1960.

[11] Kotler P. Megamarketing[J]. Harvard Business Review,1986,64(March-April)：46-54.

[12] Kotler P. Marketing Management (10th Edn.)[M]. Beijing：Tsinghua Public Press,2000.

[13] 庄贵军. 四 P 营销组合策略的不足与修正[J]. 北京商学院学报,1998,(6)：20-24.

[14] 庄贵军. 营销管理：营销机会的识别、界定与利用[M]. 北京：中国人民大学出版社,2011：212-213.

[15] 邵炬(庄贵军指导). T 房地产公司 H 项目的营销策划. 西安交通大学 MBA 毕业论文,2005.

附 录 4

问题解决型营销组合策划的逻辑思路①

营销组合策划，第一要战略优先，因此它不能与营销战略策划脱节；第二，有很大的艺术性，即不能把它看成纯粹的科学——只有这样做才是对的，其他的都是错的。

问题解决型营销组合策划的逻辑思路，是进行营销组合策划的另一种思路或流程。它只是一个例证，而不是唯一正确的方法。每一个营销策划者都可能，也应该有自己一套自认为符合逻辑的策划思路。

问题解决型营销组合策划的逻辑思路有这样一个假设的前提：企业的公司战略已经

---

① 本附录由庄贵军撰写，是本书第一版第六章第四节。

确定了业务组合(参见本书第四章第一节),营销策划的任务,就是要为其中的一项业务设计一套营销方案。

一、营销策划的几种情境

图6.3是用安绍夫模型所表示的几种企业不同的发展战略。在不同的发展战略之下,企业的营销任务往往是不同的,营销策划的思路也不一样。

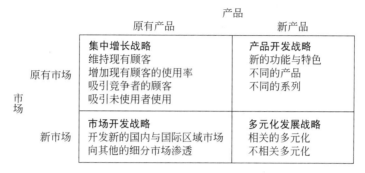

图6.3 安绍夫模型

这里对安绍夫模型稍加改造,在产品方面多加一"原有相关产品",即企业生产的、与原有产品相关的产品。另外,将企业不同的发展战略看做一个动态的过程。这样就得出四种不同的营销情境:市场渗透、市场开发、需求延伸和需求升级(图6.4)。

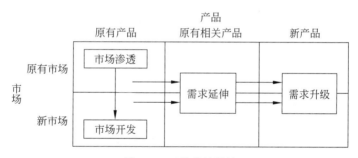

图6.4 四种营销情境

这四种营销情境既可以被看做企业营销所给定的条件,也可以看做企业营销四个不同的阶段。假设一个企业需要为它的某一个业务经营单位制定一套营销战略和战术(注意,这里与营销的总体战略相联系,参见本书第四章第一节的内容),那么,这个业务经营单位所处的位置或营销情境可能是:①用原有的产品向原有的市场渗透,当然也包括对原有市场的维持;②用原有的产品攻占新的市场;③向原有市场或新市场推荐原有的相关产品;④用新产品推动原有市场或新市场的需求升级。

二、程序

我们将营销组合策划的思路分为六个大的步骤,即需求分析、竞争分析、客户利益分析、内外部环境分析、成本和利润分析、制定营销组合方案。

(一)需求分析

需求分析的目的,是识别需求,发现机会。要回答下述问题。

第一，我们准备为消费者提供的核心利益是什么？或者通过消费，我们所提供的产品能满足消费者什么方面的基本需求？这一问题一般围绕着我们的产品或我们所要涉足的产品提出。

第二，这一需求有多大？可以有两种表示方法：其一，人口或用户数量＋购买力＋现有消费量或消费额；其二，人口或用户数量＋购买力＋未来消费量或消费额。

第三，现在他们是怎样满足这些需求的？

第四，有需求缺口吗？或者说消费者或用户对于消费现状满意吗？需求缺口等于需求期望与满足现状之差。如果有，在哪些方面有哪些需求缺口？如果没有，是消费者没有意识到吗？

第五，有需求缺口的需求有多大？可再用"人口或用户数量＋购买力＋现有（或未来）消费量或消费额"的公式，对于有需求缺口的需求大小进行推测。

第六，通过填补这一缺口，能够为企业带来多大的利益？只有能给企业带来利益的需求，才是企业欲满足的，才有可能成为企业的目标市场。

第七，哪些需求缺口我们能填补？这涉及企业能力。有欲求而没有能力，也不是企业的市场机会（参见本书第五章第二节）。

当企业把这些问题弄清楚以后，就知道了它的市场机会在哪里，并且能把企业的产品特性与消费者或用户的利益联系起来。

（二）竞争分析

竞争分析的目的在于知己知彼，竞争定位。这里要回答这样的问题：与竞争对手相比，第一，在哪些方面我们能够比竞争对手更好地填补缺口？这涉及企业的竞争优势；第二，在哪些方面我们不如竞争对手？这涉及企业的竞争劣势。在进行分析时，切忌泛泛而谈。为此，可以采用如表6.3所示的分析思路。

表6.3 竞争分析

竞争对手	需求缺口			
	缺口1	缺口2	缺口3	缺口4
我们	我们怎样做？有什么优缺点？	我们怎样做？有什么优缺点？	我们做不了？有什么制约条件？	我们做不了？有什么制约条件？
对手1	对手1怎样做？有什么优缺点？	对手1做不了？为什么？	对手1怎样做？有什么优缺点？	对手1做不了？为什么？
对手2	对手2怎样做？有什么优缺点？	对手2做不了？为什么？	对手2怎样做？有什么优缺点？	对手2做不了？为什么？
对手3	对手3怎样做？有什么优缺点？	对手3做不了？为什么？	对手3怎样做？有什么优缺点？	对手3做不了？为什么？
对手4	对手4怎样做？有什么优缺点？	对手4做不了？为什么？	对手4怎样做？有什么优缺点？	对手4做不了？为什么？

首先，考虑为了填补需求缺口，我们能够做什么，我们那样做有什么优缺点。

其次，考虑不同的竞争对手能干什么，有什么优缺点。当我们能做，而竞争对手不能做的时候,我们需要特别留心,因为那可能是我们最好的定位机会。比如,按表6.3所示,缺口2和缺口4是其他竞争对手都无法做到的,那么我们设计出相应的营销组合战术去弥补需求缺口,竞争对手就很难与我们直接对抗。

最后,当我们与多个竞争对手都能做的时候,如表6.3中的缺口1和缺口3,要继续分析:谁能做得更好? 那些我们能够做得更好的地方,也是我们的定位机会。因为虽然大家都能够通过组合营销手段,弥补需求缺口,但我们能做得更好,就会在竞争中获得较大的竞争优势,从而在竞争中立于不败之地。

根据上面的分析结果,就可以很自然地得到一个竞争性的市场定位,如图6.5所示。我们通过弥补需求缺口给消费者或用户带来利益,但是并不弥补所有的缺口,也不为消费者或用户带来所有的利益,只弥补那些我们能够比竞争者弥补得更好的缺口,为消费者或用户带来我们能够比竞争者做得更好的利益。

图6.5　企业的产品或服务的市场定位

由此,企业的市场定位将企业的能力、优势与消费者或用户的利益联系起来。

（三）客户利益分析

客户利益分析的目的是确定利益组合,分析客户认可度。

在确定了竞争定位以后,我们要对我们能够给消费者或用户带来的独特利益进行整合,使其成为一个利益组合。为此,需要考虑以下两个方面。

第一,我们可以同时填补哪些缺口? 我们为消费者或用户提供的利益或利益组合是什么? 这涉及利益整合。

第二,消费者或用户真的很重视我们所提供的填补其需求缺口的利益或利益组合吗? 如果重视,他们愿意为得到这一利益或利益组合付出多少? 如果不重视,是因为他们没有意识到这一利益或利益组合的好处吗? 这涉及消费者或用户对于客户利益的认知或认可程度。

通过这样的分析,大致可以确定:在我们为消费者或用户提供的利益中,哪些有较大的商业价值,而哪些商业价值不大。由此,企业的能力、优势与消费者或用户重视的利益被联系起来。如果没有其他条件的限制,企业就可以设计营销组合,进行填补缺口的活动了。

（四）内外部环境分析

内外部环境分析的目的是要确保营销战略与战术不但是企业欲求的,而且是可行的。

很多内外部环境因素会限制或促进企业实施其营销战略和战术,填补需求缺口。因此,我们不但要使营销战略与战术对企业是有益的,而且也是可行的。确定其可行性,需要考虑企业的内外部环境。

首先是企业的外部环境。在我们考虑好欲填补哪些缺口以后,要问下面的问题。

第一，有什么环境因素限制或鼓励我们填补缺口吗？政治上、法律上、技术上、文化上等。

第二，限制因素我们能化解吗？如果能，化解的方案是什么？如果不能，则停止。

第三，对于鼓励或促进因素，我们能利用吗？怎样利用？

其次是企业的内部环境。我们要问下面的问题。

第一，填补缺口符合企业的战略目标和总体战略吗？如果不符合，则停止。

第二，哪些部门会限制或鼓励我们填补缺口？我们能化解限制性因素吗？如果能，如何化解？如果不能，则填补某一缺口的可行性就有问题。

第三，如何利用鼓励或促进因素？

（五）成本和利润分析

成本和利润分析的目的是要确定填补缺口的成本和企业利润。要回答下述问题。

第一，填补缺口的成本有多大？

第二，随着规模的扩大，成本会以怎样的速度下降？

第三，我们会在多长时间内得到多少利润？

（六）制定营销组合方案

制定营销组合方案的目的就是要设计出企业的营销组合方案。要回答的问题是：我们应该针对什么缺口做些什么？具体的设计方法可以按照表 6.4 给出的思路进行。列出我们要弥补的所有缺口，然后逐项考虑可以利用的营销因素。

表 6.4　制定营销组合方案

营销方案	需求缺口			
	需求缺口 1	需求缺口 2	需求缺口 3	需求缺口 4
产品	直接应用企业原有产品，还是要做某些改进？	直接应用企业原有产品，还是要做某些改进？	直接应用企业原有产品，还是要做某些改进？	直接应用企业原有产品，还是要做某些改进？
价格	弥补这一缺口的成本是多少？可以加价多少？	弥补这一缺口的成本是多少？可以加价多少？	弥补这一缺口的成本是多少？可以加价多少？	弥补这一缺口的成本是多少？可以加价多少？
分销	通过什么渠道销售？为什么？	通过什么渠道销售？为什么？	通过什么渠道销售？为什么？	通过什么渠道销售？为什么？
促销	卖点是什么？选择什么媒体？如何宣传？	卖点是什么？选择什么媒体？如何宣传？	卖点是什么？选择什么媒体？如何宣传？	卖点是什么？选择什么媒体？如何宣传？
关系	哪些关系可以利用？如何用？	哪些关系可以利用？如何用？	哪些关系可以利用？如何用？	哪些关系可以利用？如何用？
其他	还可以做些什么？如何做？	还可以做些什么？如何做？	还可以做些什么？如何做？	还可以做些什么？如何做？

当然，也许弥补某一个缺口只需要一两个营销因素。我们这样做，只是想使我们思考问题的方法更加系统。

在把弥补每一个缺口可以使用的每一种手段考虑清楚以后,需要在两个层次上对营销组合方案进行进一步的整合。第一个层次是对营销手段的整合,即考虑每一个营销因素的投入产出比,找出弥补每一个缺口最佳的或满意的营销组合方案;第二个层次是对弥补每一个缺口的营销方案进行整合,使各方案之间相互强化,互为补充,有协同效应,达到整体优化。

（七）营销情境与策划思路

前面讲过,企业营销有四种不同的营销情境,即市场渗透、市场开发、需求延伸和需求升级。这里所讲的营销组合策划思路,只要稍加调整,就适合于上面所讲的每一种营销情境。

在市场开发情境中,企业要用已有的产品开发新的市场。这时,企业面对的市场可能有两种具体情况:第一,这是一块未开垦的处女地,即以前从没有企业使用某种产品满足一个市场上消费者或用户的某一种需求;第二,这是一个已经被一些竞争者占领或已经有一些竞争者在其中运作的市场。对于第一种情况,企业的营销相对比较简单,只需弄清楚消费者或用户的基本需求,并设计营销组合,满足其基本需求就可以了。可以把对于竞争者的分析省略。对于第二种情况,企业可以严格按照我们所给的逻辑思路来思考企业的营销战略与战术。此时,企业谋求的就是在竞争者的占领区内,通过差异化的市场定位,打出一块自己的天地。

在需求延伸的情境中,企业是在一个已经占领的或新市场上推出一些企业已有的相关产品。相关产品一般是与消费者或用户正在使用的产品有配套关系的产品。我们所给的逻辑思路,也完全适用这种情境:找出消费者或用户在使用产品中的需求缺口,设计能够弥补需求缺口的营销组合方案。

在需求升级的情境中,企业要开发新产品,更好地满足现有或新市场的需求。这时,也可以使用我们所给的逻辑思路,找出消费者或用户在使用现有产品中的需求缺口,然后设计新产品,并辅以恰当的营销组合方案,进行营销活动。

在市场渗透情境中,企业营销的主要任务是维持现有顾客,增加现有顾客的使用率,吸引竞争者的顾客使用或者吸引未使用者使用。此时,虽然企业的营销重点不在于发现需求缺口和竞争定位(一般假设企业已经有了一个很好的定位),但是企业却要了解和关注消费者或用户使用企业产品时的需求缺口。否则,竞争者找到能够弥补缺口的替代品或营销方案,这些市场就很难维持了。因此,在这种情境下,企业虽然可以沿用已有的营销组合方案,但是要经常按照我们所推荐的逻辑思路做一些分析,以便及时发现和解决问题。

三、小结

问题解决型的营销组合策划思路,将问题的提出和问题的解决对应起来,将企业营销的战略性思考与战术性思考联系起来,将各种分析方法和分析内容综合起来。这样一套策划思路,以发现问题为出发点,围绕着解决问题和发挥企业优势,考虑企业的营销战略与战术问题,不会出现"理论上正确,实际上没用"的营销策划现象——许多策划者在还没有弄清楚企业的营销问题出在哪里的情况下,就套用市场营销理论中的一些对策,比如企业要在产品上如何如何,要在价格上如何如何,要在广告上如何如何,从理论上看没有问题，该考虑的他都考虑到了，但实际上却没有办法用。图 6.6 是问题解决型营销组合策划思路的一个小结。

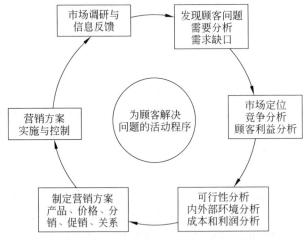

图 6.6　关于营销组合策划逻辑思路的一个小结

第一，企业的营销组合策划开始于对需求现状的分析。通过需求分析，发现顾客的问题。顾客总是在使用某种方法满足他们的某种需求。但是，其中存在着一些他们意识到或没有意识到的问题，即他们从中得到的利益与他们应该得到或期望得到的利益之间有差距。这些差距可以被称为需求缺口。需求分析的目的，就是找到顾客满足某种需求时可能存在的各种需求缺口。

第二，通过竞争分析和顾客利益分析，为企业的产品或服务定位。一是竞争分析，考虑哪些需求缺口企业不但能够弥补，而且能够比竞争者做得更好。二是顾客利益分析，考虑企业应该怎样整合它能够给顾客带来的独特利益（比竞争者能够更好地弥补的需求缺口），形成一个利益组合，并了解顾客对利益组合的认可度。据此，企业可以很自然地为其产品或服务找到一个市场定位（图 6.5）。由此，企业的能力、优势与顾客重视的利益被联系起来。

第三，通过企业内外部环境分析以及成本和利润分析，确定解决顾客问题的可行性。对企业的内外部环境进行分析，主要是考虑企业解决顾客问题时可能遇到的限制性或鼓励性条件；进行成本和利润分析，就是要确定填补缺口企业可能发生的成本和企业可以得到的利润。

第四，制定营销方案。如果上面的分析都对企业有利，那么企业就需要着手设计解决顾客问题的具体营销方案。要回答的问题是：我们应该针对什么需求缺口做些什么？设计思路如表 6.4 所示，先列出企业要弥补的所有缺口，然后逐项考虑企业可以利用的营销因素，最后对弥补每一个需求缺口的营销方案进行整合，使各方案之间相互强化，互为补充，有协同效应，达到整体优化。

第五，营销方案的实施与控制。

第六，市场调研与信息反馈。它们虽然被放在整个程序的最后，但是当我们把企业营销看成一个连续不断的循环的时候，它们又成为企业营销的第一项活动——企业的营销活动要针对企业营销中存在的问题进行(信息反馈),而企业对顾客问题的分析又建立在市场调研所获得信息的基础之上。

 **案 例 6.1**

脑白金的定位与营销创新①

自 1998 年开始,在很长的一段时间内,"送礼只送脑白金"的广告系列不断地在中国各地的电视台一遍又一遍地重复。很多人觉得,这个广告系列俗不可耐。有人甚至撰文在报纸上质问:"凭什么送礼只送脑白金?"

然而,脑白金却以极快的速度启动了市场,在两三年内创造了十几亿元的销售奇迹。这是为什么? 通过对促成脑白金神话的各种因素进行分析,业内人士认为,脑白金在产品配方、促销手段、广告投放、渠道控制、分支机构管理等多个方面的差异化创新,才是它成功的关键因素。

一、产品创新:复合配方巧造进入壁垒

脑白金申报的功能是"改善睡眠、润肠通便"。不过,认真考证一下,就会发现,支撑脑白金的产品概念是"脑白金体"。脑白金的宣传材料"席卷全球"中称:大脑是人体的司令部,大脑的核心是脑白金体,其分泌的物质是脑白金,为人体机能的最高主宰。脑白金只能在睡眠的时候分泌,睡眠不足导致脑白金分泌不足,影响人体的各种机能,从而使人体衰老。这个理论因为有了脑白金体的支撑,将脑白金改善睡眠的功能,很自然地扩大到延缓衰老、提供性能力、防止心脑血管病等众多利益点上。虽然利益点众多,但因为是从一点引出,脑白金的理论显得有很强的说服力,卖点很好。

这个理论实际上也存在纰漏,因为脑白金润肠通便的功能依靠的是含有山楂、茯苓、低聚糖等原料的口服液,而大脑中的"脑白金体"是无法分泌山楂、茯苓和低聚糖的。口服液破坏了脑白金的理论,但却制造了拦截竞争对手跟进的壁垒。

道理如下:如果巨人在宣传中强调其促进睡眠的主要原料是 MT(Melatonin),那么巨人开拓出来的市场,很快就会被跟进的竞争对手通过市场细分、价格战抢走。巨人采取的对策是不宣传 MT,而是为 MT 起了个有意义、有吸引力的中国名字"脑白金",并把"脑白金"注册为商标。所有的宣传都围绕着商标进行,一旦竞争对手在宣传中提到脑白金,就会遭遇法律诉讼。于是商标成了脑白金的第一道保护壁垒。

即使不强调 MT,宣传注册商标"脑白金",其竞争对手还是可以跟进的。如果都是简单的胶囊,因为产品形态雷同,在竞争对手的宣传攻势下,消费者很快就会意识到产品是一样的。这样通过价格战、市场细分,竞争者同样能够夺取脑白金的市场。怎么办呢?

---

① 本案例根据以下资料编写:张继明的网上(www.a.com.cn/cn/yxch/yxld/020123tsnb.htm,2004 年 10 月 15 日读取)文章《透视脑白金的营销策略》;佚名作者的网上(www.21hr.cn/Article_ show.asp? ArticleID =3251,2004 年 10 月 15 日读取)文章《解读脑白金营销模式》;何学林 2004 年 3 月 6 日的网上(全球品牌网,www.globrand.com/2004/1008.shtml,2011 年 8 月 3 日读取)文章《两颗生物原子弹:脑白金的软文炒作策略》;上海黄金搭档生物科技有限公司(www.goldpartner.com.cn,2011 年 7 月 31 日读取)。

巨人的策划人员采用了复合包装，在胶囊外又加了口服液，在产品形态上和竞争对手不同（差异化）。加上口服液后，消费者就会感觉到脑白金和单纯的胶囊MT产品存在差异；当竞争对手试图说服消费者两者成分一样时，因为感受到的产品形态不同，很难获得消费者的认同。

就这样，脑白金通过商标保护、产品形态创新，形成了脑白金的两重保护壁垒，将自己培育出来的市场牢牢把握住。目前，全球MT销量的半数以上为脑白金占据，这是其产品创新效果的证明。

二、促销创新：大打新闻广告

脑白金面世的时候，保健品行业刚刚经历了"三株垮台"、"巨人倒闭"的连环事件。舆论界、消费者对保健品行业的信心跌入低谷。因为消费者对保健品信心不足，传统的营销手段——报纸广告、电视广告促销效果非常差。那么，怎样说服消费者呢？

经过分析研究，巨人决定选择在报纸上做"软广告"，也就是新闻广告。在报纸上刊登新闻广告，早在20世纪80年代"101毛发再生精"就成功应用过，家电企业海尔等也一直在用，这并不是脑白金的创新。脑白金的创新之处，是它将新闻广告应用到了极致。

脑白金早期的软文《98全球最关注的人》、《人类可以"长生不老"吗？》、《两颗生物"原子弹"》（见后面的案例附录）、《宇航员如何睡觉》、《人不睡觉只能活五天》以及《一天不大便＝吸三包烟》等软广告，信息量丰富，数字确切具体，文笔轻松夸张，可读性极强。很多读者习惯了看报纸上的新闻报道，他们看不出那些软文是脑白金的广告，而错以为是科学普及性新闻报道，甚至一些媒体编辑都上当了。脑白金的新闻广告在南京刊登时，没钱在大报上刊登，就先登在一家小报上。结果南京的某大报竟然将脑白金的软文全部转载。新闻广告让消费者在毫无戒备的情况下，接受了脑白金的"高科技"、"革命性产品"等概念。

脑白金促销手段的创新，还不仅仅是软文广告。脑白金还出版书籍作为推广手段，在书中大段摘录发表在报纸上的软文广告，巧妙地避开了政策法规的限制。

脑白金的广告投放方法也与红桃K等企业不同，从一开始几乎全部由总部统一策划，各级办事处只要做一些细节调整，进行媒体谈判后，就可以投放当地广告了。这种策略和很多跨国公司的策略是一致的，能够保证全国范围内产品形象统一、产品诉求统一，最大限度地避免传播中出现的噪声，避免了消费者接收信息时的误解。

三、卖点创新：收礼只收脑白金

脑白金在促销方面的最大创新，表现在广告卖点的创新上，那就是将保健品定位为礼品：收礼只收脑白金。

脑白金转变成礼品得益于一次偶然的机会。当时资金不足，于是随便请了一些老头老太太，花了5万元，拍成了一个送礼广告。播放后，没有想到销量立即急速上涨。发现保健品作为礼品的市场机会后，史玉柱立即调整枪口，从功效宣传为主转为礼品宣传为主。

脑白金在送礼广告上投入了巨额广告费（由于脑白金的销售额很大，广告占销售额的比例仍在合理范围内）。每到过年、过节，脑白金的"收礼只收脑白金"让电视观众看得只反胃。因为打得太多，又总是简单重复，连史玉柱自己在私下里都说老头老太太送礼的广告"对不起全国电视观众"。这种策略虽然为脑白金引来漫天非议,但实施的效果却非常好。因为广告投放集中、诉求单一、强度大,脑白金占据的送礼市场份额远远超过了其他保健品的份额。

通过电视广告轰炸,2000年脑白金销量超过12亿元,其中礼品的贡献达到50%左右。到了2001年,脑白金礼品的销售额则超过了功效市场的销售额。

四、渠道管理:让经销商成为配货中心

脑白金启动的时候,采用了一种非常独特的渠道策略。脑白金在省级区域内不设总经销商,在一个城市只设一家经销商,并且只提出对终端覆盖率的要求。因为不设总经销商,就让渠道实现了"扁平化"。尽管公司内部办事处分为省级、地级,但各地方经销商相互间却没有等级之分。将一个经销商的控制范围限制在一个地区、一个城市,防止了经销商势力过大对企业的威胁。另外,一个城市只设一家经销商,保证了流通环节的利润,厂家对经销商的合作关系因此变得更加紧密。

在功能分配上,经销商只负责铺货、配货,其他的终端包装、终端促销、广告投放等,均由脑白金设在各地的办事处负责。在这种模式下,经销商的作用已经非常有限,实际上仅起到一个配货中心的作用。正因为这样,脑白金给予经销商的让利并不大。

脑白金在进入某一市场之初,还采用了"倒着做渠道"的策略,即先在报纸上投放广告,让消费者到终端点名要货。这样就大大降低了渠道开拓和铺货的难度。脑白金的现款现货政策,也和倒着做渠道的策略有关。

五、相关背景资料

上海黄金搭档生物科技有限公司是一家注册资本为1亿港元的外商独资企业,由巨人投资公司所属健康产业经整合而成。2004年3月以17亿元的身价重组成为香港上市公司四通控股(0409)的子公司。公司主要从事保健品、化学合成药品和生物工程制品的研发、生产和营销,主导产品有"脑白金"、"黄金搭档"和"黄金血康"等,是上海市高新技术企业,拥有通过国家药品GMP认证的生产基地。

2009年,脑白金上市12年来,销售额累计超过100亿元,连续8年荣获保健品单品销量第一名;黄金搭档上市9年,连续6年荣获维生素类保健品销量第一名。由于脑白金和黄金搭档适用人群广泛,产品功效显著,已经成为老百姓送礼和自用的首选品牌,消费者对其认知度和忠诚度明显高于其他保健品。

六、案例附录:两颗生物"原子弹"

20世纪末生命科学的两大突破,如同两颗原子弹引起世界性轩然大波和忧虑:如果复制几百个小希特勒岂不是人类的灾难?如果人人都能活到150岁,且从外表分不出老中青的话,人类的生活岂不乱套?

(一)"克隆"在苏格兰引爆

苏格兰的一个村庄,住着一位53岁的生物科学家,他就是维尔穆博士。这位绅士温文尔雅,慢声细语。年薪仅6万美元,他培育一个名叫"多利"的绵羊,为此他本人获得的专利费也不会超过2.5万美元。但这头绵羊和脑白金体的研究成果一样,形成世界性的冲击波。

从总统至百姓无不关注培育出"多利"的克隆技术,克林顿总统下令成立委员会研究

其后果，规定 90 天内提交报告，并迫不及待地在他的白宫椭圆形办公室发布总统令。德国规定，谁研究克隆人，坐牢 5 年，罚款 2 万马克。法国农业部长发表讲话：遗传科学如果生产出 6 条腿的鸡，农业部长可就无法干了。

"多利"刚公之于世，《华盛顿邮报》即发表《苏格兰科学家克隆出羊》，美国最权威的《新闻周刊》连续发表《小羊羔，谁将你造出来？》《今日的羊，明日的牧羊人》。

美国广播公司晚间新闻发布民意测验 87％的美国人说应当禁止克隆人，93％的人不愿被克隆，50％的人不赞成这项成果。

（二）"脑白金体"在美利坚引爆

脑白金体是人脑中央的一个器官，中国古代称之为"天目"，印度 2 000 年前就称之为"第三只眼"。近年美国科学家们发现，它是人体衰老的根源，是人生的生命时钟。这项发现如同强大的冲击波，震撼着西方国家。《华尔街日报》发表《一场革命》；《新闻周刊》居然以"脑白金热潮"为标题，于 8 月 7 日、11 月 6 日封面报道，阐述补充脑白金的奇迹：阻止老化、改善睡眠……

美国政府 FDA 认定脑白金无任何副作用后，脑白金在美国加州迅速被炒到白金的 1 026 倍。不过在规模生产的今天，每天的消费仅 1 美元，在中国不过 7 元人民币。

美国西北大学教授格利塔在电视新闻中感叹："美国人为它疯狂了！"

脑白金体的冲击波迅速波及全球。日本《朝日新闻》、NHK 电视大肆报道，中国台湾地区的人从美国疯狂采购脑白金产品。香港地区有关部门不得不出面公告：奉劝市民服用脑白金要有节制。

中国内地也不例外，1998 年 4 月 5 日中央电视台"新闻联播"播放"人类有望活到 150 岁"，详细介绍脑白金体的科技成就，《参考消息》等各大媒体也都相继报道。中国部分城市已经出现脑白金热潮的苗头。

在美国，不少人撰文表示了对脑白金体成果的担忧。如果人人都活到 150 岁，从外表分不出成年人的年龄，会出现许多社会问题。世界老化研究会议主席华特博士在其科学专著中指出，补充脑白金明显提高中老年人的性欲。于是评论家们担心，性犯罪必将上升。

（三）什么是克隆？

克隆是"clone"的音译，含义是无性繁殖。传统的两性繁衍中，父体和母体的遗传物质在后代体内各占一半，因此后代绝对不是父母的复制品。克隆即无性繁殖，后代是完全相同的复制品。

复制 200 个爱因斯坦和 500 个卓别林，是件大快人心的事。但如果复制 100 个希特勒，实在令人担忧。50 多年前纳粹医生约瑟夫曾为了复制希特勒研制克隆技术，幸亏没有成功。"克隆"对伦理道德的冲击更大：如果复制一个你，让你领回家，你太太和女儿应该如何称呼"他"。

世界级大药厂发现了克隆的巨大商机。美国商业部预测，"2000 年克隆生物技术产品的市场规模将超过 500 亿美元"。克隆技术主要用来制造保健品，国外许多媒体认为美国商业部的预测太保守，如同 20 世纪 50 年代美国商业部预测，"2000 年，全球的计算机数量将高达 80 台"。

（四）什么是脑白金体

人脑占人体重量不足 3%，却消耗人体 40% 的养分，其消耗的能量可使 60 瓦电灯泡连续不断地发光，大脑是人体的司令部，大脑最中央的脑白金体是司令部里的总司令，它分泌的物质为脑白金。通过分泌脑白金的多少主宰着人体的衰老程度。随年龄的增长，分泌量日益下降，于是衰老加深。30 岁时脑白金的分泌量快速下降，人体开始老化；45 岁时分泌量以更快的速度下降，于是更年期来临；60～70 岁时脑白金体已被钙化成了脑沙，于是就老态龙钟了。

如果想尝尝年轻时的感觉，脑白金的确能让人过把瘾。

美国三大畅销书之一的科学专著《脑白金的奇迹》根据实验证明：成年人每天补充脑白金，可使妇女拥有年轻时的外表，皮肤细嫩而且有光泽，消除皱纹和色斑；可使老人充满活力，反映免疫力 T 细胞数量达 18 岁时的水平；使肠道的微生态达到年轻时平衡状态，从而增加每天摄入的营养，减少毒素侵入人体。

美国《新闻周刊》断言"补充脑白金，可享受婴儿的睡眠"。于是让许多人产生了误解，以为脑白金主要用于帮助睡眠，其实脑白金不能直接帮助睡眠。夜晚补充脑白金，约半小时后，人体各系统就进入维修状态，修复白天损坏的细胞，将白天加深一步的衰老"拉"回来。这个过程必须在睡眠状态下进行，于是中枢神经接到人体各系统要求睡眠的"呼吁"，从而进入深睡眠。

脑白金可能是人类保健史上最神奇的东西，它见效快，补充 1～2 天，均会感到睡得沉、精神好、肠胃舒畅。但又必须长期使用，补充几十年还要每天补充。

（五）热点问题

据中国《参考消息》、中国香港《明报》及美国几大报刊综合出以下人们最关心的问题及答案。

（1）可以克隆人吗？ 答：可以。

（2）可以克隆希特勒吗？ 答：理论上可以。

（3）死人可以克隆吗？ 答：不。

（4）女人可以怀有"自己"吗？ 答：可以。

（5）克隆人合法吗？ 答：法国合法，英国、德国、丹麦不合法。

（6）西方国家总统每天补充脑白金吗？ 答：许多媒体曾如此报道。

（7）补充脑白金，人可以长生不老吗？ 答：不，只能老而不衰。

（8）成年人可以不补充脑白金吗？ 答：可以，如果对自己不负责的话。

（9）美国 5 000 万人为什么因脑白金体而疯狂？ 答：他们想年轻。

讨论题

1. 你怎样看待脑白金的成功？

2. 试用五个 W 来描述脑白金的目标市场。

3. 运用本书所给出的"确定营销因素组合方案的逻辑框架"还原脑白金的营销方案。

4. 你觉得脑白金的营销中，还存在什么问题吗？

5. 脑白金的成功可以复制吗？ 为什么？

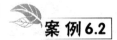

案例6.2

田七牙膏高端市场的营销组合策略①

一、公司背景介绍

广西奥奇丽股份有限公司始建于 1945 年,1998 年组建为广西梧州奥奇丽集团股份有限公司,2002 年改制为广西奥奇丽股份有限公司。而后,由广西奥奇丽股份有限公司担纲领衔,江苏句容奥奇丽股份有限公司、张家口奥奇丽股份有限公司、辽宁丹东康齿灵发展有限公司、广州欣瑞化妆品有限公司、沈阳奥奇丽孕婴用品有限公司等多家企业共同组建成立奥奇丽(集团)公司,成为一家集科研、生产、销售于一体的大型日化企业集团。营销和管理总部设于广州,拥有广州、梧州、丹东、南京、哈尔滨、张家口等多家骨干生产基地,10 个大型物流中心,营销网络覆盖全国并递延东南亚、欧美大陆,旗下拥有"田七"、"康齿灵"、"十二月坊"、"乖宝"等品牌。

公司涉足口腔护理、个人护理、餐具及织物洗涤三大产业,构建了以口腔清洁护理为核心业务的现代企业市场营运模式。公司主导品牌"田七",2004 年 11 月被国家工商总局认定为"中国驰名商标",主营业务牙膏品类"田七中药牙膏",以植物药效、天然良品的市场定位,成为中药牙膏的领航者,2005 年 10 月荣获"中国名牌产品"称号。

二、品牌故事

"田七"品牌名称来源于中国的国粹——中药。而田七是中国历代名医所推崇的中草药,又名"金不换"。据《本草纲目》记载:田七,味微甘而苦,颇似人参之味;以根、根状茎入药。主治:止血、散血、定痛。同棵植物的花叶也能入药,当茶饮;能加强和改善冠脉微循环。

1975 年,奥奇丽的科研人员开始研制以中药田七为主要药效原料的新牙膏产品。这款牙膏,纯中药成分,能止血祛火、缓解疼痛和肿胀,突出了"田七"药物牙膏蕴涵中国传统中药疗效机理的独创性,于是命名为"田七"。

1978 年,第一支田七牙膏生产上市;1984 年,田七药物牙膏荣获 1984 年度广西"名牌产品"称号;1992 年,"田七"商标荣获 1992 年度"广西著名商标"称号;1999 年,"田七"牙膏被中国牙膏工业协会推荐为中国牙膏工业优秀品牌;2004 年,"田七"品牌被国家工商行政管理总局认定为"中国驰名商标",田七牙膏跃居中国国产牙膏产销量第一名,突破 4 亿支;2005 年,田七本草系列牙膏上市。

现在,"田七"已经成为中国中药牙膏的代名词:中药牙膏选田七。它已经实现了品牌的年轻化、信息化、人性化、乐趣与功效的完美结合:"拍照喊田七。"

三、牙膏市场调查的结论

牙膏市场调查的结论如下。

---

① 根据西安交通大学 MBA 学生张建军等人的"营销管理"作业以及奥奇丽公司网站(www. aoqili. cn,2011 年 8 月 2 日读取)提供的相关内容编写。

第一,世界口腔清洁用品市场已进入成熟期,市场细分程度高,价格竞争越来越激烈。在市场国际化的背景下,中国牙膏市场的半壁江山被外资品牌(如高露洁、佳洁士、联合利华旗下的品牌)占据。外资品牌初入中国以抢占高端市场为主,站稳脚跟后,大量推出低价产品抢占市场,给国产牙膏带来冲击。

第二,中草药已经成为众多牙膏品牌的市场卖点之一,市场竞争越来越激烈。

第三,牙膏既不是高科技产品,也不是创意产品,功能诉求有限,产品品质也相差不大。它的竞争力主要表现在品牌上,如何将品牌概念清晰地传达给消费者是取得成功的关键。

第四,消费者调查结果显示:消费者选择牙膏时最关注品牌、使用效果和价格;最认可佳洁士、高露洁、中华等占市场份额高的品牌;大多数消费者习惯用一种品牌;对习惯使用的品牌满意度无明显差异。

针对外资品牌推出低价产品抢占市场的动向,凭借"田七"品牌自身的优势,田七牙膏的当务之急是向高端市场渗透,与外资品牌在其核心市场争夺,以此抵消或减轻对低端市场的影响。另外,通过市场细分、品牌定位,利用独立子品牌战略针对高、中、低档市场推出不同的品牌。

四、高端目标顾客分析

通过市场细分和目标市场选择,最终选定的高端目标顾客群有下述特点。

(1)Who:20～50岁,具有较好的教育背景,经济基础良好,重视牙齿护理。

(2)What:减少看牙医的顾虑,不看或少看牙医也有好的牙齿;中药牙膏迎合了很多中国人的观念和习惯。

(3)Why:认可中国传统中药牙膏的疗效机理和"田七"品牌。

(4)When:日常重复性购买,日常口腔护理,早晚刷牙。

(5)Where:属于便利品,需要时随时购买。

五、营销组合策略

针对目标市场的五个W,从产品、定价、分销和促销等方面,确定了营销因素组合方案,如表6.5所示。

表6.5　田七牙膏高端市场的营销因素组合方案

目标市场的特点	产品策略	价格策略	分销策略	促销策略
Who:20～50岁,具有较好的教育背景,经济基础良好,重视牙齿护理	中药牙膏的牙齿护理功能	市场价格不能太低,否则很难让人相信其功能	与外资高档品牌相同的销售终端	强调牙齿护理功能和神秘的中医文化
What:减少看牙医的顾虑,不看或少看牙医也有好的牙齿;中药牙膏迎合了很多中国人的观念和习惯	高档本草中药牙膏,产品汲取中药精华		多渠道分销,可与药店合作销售	延续田七拍照广告的思路,使田七品牌代表快乐
Why:认可中国传统中药牙膏的疗效机理和"田七"品牌	强化品牌力量,重新设计外包装	强调性价比、较高的市场价格		与中国传统文化相联系,强化品牌宣传

目标市场的特点	产 品 策 略	价 格 策 略	分 销 策 略	促 销 策 略
When：日常重复性购买，日常口腔护理，早晚刷牙		节假日可促销打折		经常性店内促销，如附赠优惠体验装
Where：属于便利品，需要时随时购买	便于携带和使用的容量和外包装		便利品销售渠道，如超市、便利店	全国性广告媒体宣传

讨论题

思考表 6.5 中每一格内容的相容与不相容之处，将相容的结果整合，在不相容的结果之间做出选择。然后，把选择和整合的结果用文字描述出来。

1. 你得到了什么结果？

2. 你如何评价这一结果？

3. 你觉得这样制定营销因素组合方案有什么优点和不足？

4. 你有什么更好的方法吗？

第七章

企业产品策划

企业的营销组合策划,强调综合运用,使各组合因素有机地结合起来,达到"1+1>2"的效果。其中,对每一个因素的策划,都可以看做一个项目策划。另外,企业有时也需要做专项的营销项目策划。本章至第十五章,分别介绍企业经常会遇到的营销项目策划。

产品是企业营销组合中最重要的一个营销因素,是企业决定其他营销因素的基础。企业要靠产品去满足消费者和用户的需要和欲望,占领市场,因此产品策划是企业营销项目策划的重中之重。本章将分别讲述产品的概念、单一产品策划、产品组合策划和新产品开发与推广策划。

第一节 产品的概念

产品位于营销战术 4P 之首,是其他营销因素的基础。虽然我们常说,企业可以没有产品而生存——如某些零售企业,它们销售的产品可能一件都不是自己的,仍然生存得很好,但是当这样讲时,我们实际上使用的是狭义的产品概念,即产品是有形的物质。实际上,在营销学中,产品并不仅仅指有形的物质,还包括各种各样非物质的东西,如服务、品牌。如果对产品做这样的理解,那么每一个企业都有产品,而且没有产品就没有营销。

一、产品层次

产品有广义和狭义之分。广义的产品,是指那些能够提供给市场以满足消费者或用户需要和欲望的任何东西(offering),包括有形的物质和无形的服务、创意、理念和形象等。而狭义的产品,则是那些能够满足消费者或用户需求的有形产品。我们这里的产品,指广义的产品,它由多个层次构成,如图 7.1 所示[1]。

产品最基本的层次是核心利益,是指产品向消费者或用户提供的基本效用,也即消费者或用户通过购买和消费产品所得到的基本利益。消费者购买某种有形产品并不是为了拥有该产品的实体,而是为了通过使用该产品而获得能满足自身某种需要的效用或利益,或如有人所讲的产品实体提供的服务[2]。

产品所能提供的核心功能,被称为基础产品。产品的核心功能,需要依附一定的实体来实现,因此基础产品包括产品的主要功能和构造外形等。

期望产品是产品的第三个层次,是指消费者购买产品时期望得到的一整套属性。

附加产品是产品的第四个层次,是指产品包含的附加服务和利益,主要包括运送、安装、调试、维修、产品保证、零配件供应、技术人员培训等。附加产品的多少或质量,很大程度上取决于消费者或用户是否愿意承担因附加产品的增加而增加的成本。

产品的最后一个层次是潜在产品,预示着某一种产品所有可能的变化。

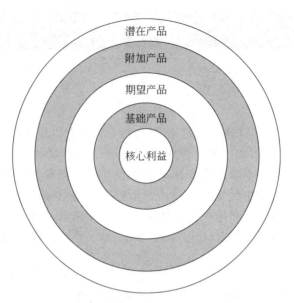

图 7.1　产品的层次

以宾馆为例，宾馆所提供的核心利益是休息和睡眠，基础产品是房屋、床、被、褥等，期望产品是干净的房屋、床、被、褥和安全的居住环境，附加产品是电视、上网和好的服务等，潜在产品是用新的方法满足客人的这些要求。

将产品进行分层，有利于我们更深刻、更全面地认识产品的本质，也有利于企业在实践中更有效地在产品上进行差异化。实际上，产品就是一个可以分层的价值包（value package）：最里面的一层是产品可以提供的基本利益，也是每一个消费者在购买一种产品时都看重的；虽然越向外走，产品向消费者提供的利益越多，但是消费者对它们的重视程度会出现越来越大的差异。当购买者只看重产品的基本利益时，他们更重视产品的实用性——只要产品能够满足基本需求，价格越便宜越好。此时，企业的营销活动会受到很大的限制，市场细分和对不同消费者的差别营销都不是特别重要。但是，在购买者开始看重产品其他层次的利益时，企业的营销活动就有了无限的空间。因为不同的消费者有不同的要求，对不同的附加利益赋予不同的价值，所以企业在营销中需要对市场进行细分，也需要对不同的目标市场进行不同的营销活动。其中的组合是无穷无尽的。

二、产品的构成要素

产品的构成要素是指产品在各层次上的构成因素，包括产品的质量、功能与性能，结构与外观造型，规格与型号，品牌与商标，包装与装潢，产品保证与产品服务等。

（一）产品的质量、功能与性能

产品质量是指产品"反映实体满足明确和隐含需要的能力和特性的总和"[3]。所谓"明确的需要"，是指在标准、规范、图样、技术要求和其他文件中已经做出规定的需要；"隐含的需要"，则是指消费者和社会对产品的期望，即人们公认的或不必明说的需要。

产品质量由各种要素组成。这些要素也被称为产品所具有的特性或性能，其总和便构成了产品质量的内涵。产品的性能很多,不同类型的产品有不同的性能要求,诸如强度、硬度、化学成分、纯度、功率、转速、抗压度、磨度、缩水率、耗电量等。产品性能一般都有行业标准,包括产品的使用性能、安全性、可用性、可靠性、可维修性、经济性和环境友好性等。企业生产的产品,必须达到行业标准的要求,否则被视为劣质产品。

产品的功能,则是指产品的特定使用目的或用途。它与产品的使用性能含义相近,在日常生活中二者可以互换使用。不过,严格来讲,二者有下面的区别:产品的功能更强调产品的用途,而产品的使用性能则更强调产品满足人们某方面需求(实现某种用途)的能力。日常生活中人们所说的"产品的性价比",是指产品使用性能与产品价格之比,也即产品满足顾客某种需要的能力与顾客消费这种产品的货币成本之比。

一个产品可以具备一种或多种功能。比如,手机最初的功能就是打电话和接听电话。而后,加入了接发短信的功能。再下来,又加入了游戏、照相、收音机、蓝牙和新闻组等功能。随着科技的发展,许多其他的功能可能加进去,手机越来越像一个万能机器。

近年来,一些企业着力开发所谓"功能型产品",即一种产品的功能能够给消费者在使用中带来某种特定的利益,该利益在其他的同类产品中难以获得,如功能型食品、功能型家电、功能型电子产品、功能型化妆品和功能型饮料等。

(二)结构与外观造型

产品结构指产品实体的各部件之间的构成状况,如车身、车头、刀架、尾座、齿轮箱等零部件在整个机床中的结构关系。产品结构设计是整个产品设计过程中最复杂的一个工作环节。设计者既要构想一系列关联零件来实现各项功能,又要考虑产品结构紧凑、外形美观;既要安全耐用、性能优良,又要易于制造、降低成本。

产品的外观造型指产品的形状、图案、色彩或者它们的组合。它与产品结构密切相关。外观造型是否美观,很大程度上取决于产品的物理形态(如液体、固体或气体)和产品的结构设计(如产品体积、重量和零部件的构成状况)。消费者及用户选购产品的一个重要标准,是看其外观造型是否美观、新颖。

产品的外观设计可以申请专利。中国《专利法》第二条中规定:适宜于申请专利的外观设计,是那些对产品的形状、图案或者其结合以及色彩与形状、图案的结合所做出的富有美感并适于工业应用的新设计。

(三)规格与型号

产品规格(product specification)是产品的形状、体积和材制等物理特性。产品型号(product model)则是用来标识不同规格产品的编号。以汽车轮胎为例,规格指轮胎的大小尺寸、结构和使用材料等,而型号就是对不同规格汽车轮胎的编号,一般标注在轮胎的侧面,如8.25R20中的8.25表示断面宽是8.25英寸,R表示子午线或者花纹的结构,胎圈直径为20英寸。其中任何一个部分的改变,都是规格的改变,当然型号也就不同。

规格若存在国家标准、行业标准或地方标准,企业应该遵照执行。如果没有,企业可以在自己的技术文件中进行规定。同一生产企业、功用相同而型号不同的系列产品,其型号的使用必须符合技术文件中的约定。此时,每一型号产品的基本功用或声明用途必须是相同的,但可以基于配置和附件(包括应用软件等)等诸方面的不同,在产品的附加和扩展功能上存在区别。一般而言,产品只要规格相同,就可以做到某种程度上的互换或通用;只要是型号相同,那就一定可以通用。

条形码(barcode)是将宽度不等的多个黑条和空白,按照一定的编码规则排列,用以表达一组信息的图形标识符。常见的条形码是由反射率相差很大的黑条(简称条)和白条(简称空)排成的平行线图案。条形码可以标出商品的生产国、制造厂家、商品名称、生产日期、规格、分类号等许多信息,在商品流通领域都得到广泛应用。

（四）品牌与商标

品牌是一种名称、术语、标记、符号或设计,或是它们的组合。其目的是用以辨认某个生产者或销售者的产品或服务,使之与竞争对手的产品和服务区别开。商标则是遵守商标法的规定,在工商管理部门经过注册的品牌,一般标明"注册商标"四字或有"R"标记。

（五）包装与装潢

包装是指产品的容器或将产品盛放在某种容器或包装物内。装潢则是对产品包装进行的装饰和美化。包装最基本,也是最初的作用,是保护产品,便于储运和携带。但是在现代市场营销中,它越来越多地被用做美化产品、宣传企业形象、促进和扩大销售的工具。

包装与装潢通常分为两个层次：第一层次是内包装,也称销售包装,即直接与产品接触的盒、瓶、罐、袋等包装,其目的主要是便于陈列、销售、携带和使用；第二层次是外包装,也称运输包装,即加在内包装外面的箱、桶、筐、袋等包装,其目的主要是保护产品和方便储存及运输。

另外,标签也是包装的一部分。它可以单独附在包装物上,也可以与包装物融为一体,用以标识产品的商标、质量等级、生产日期、使用方法。食品、药品等产品还要标明保质期。有些标签还印有彩色图案或实物照片等信息,以促进产品的销售。

（六）产品保证与产品服务

产品保证是企业在销售产品时对购买者做出的承诺,比如"三包",即企业对所售商品实行"包修、包换、包退"的政策。消费者购买的产品出现以下情况,有权要求经销商承担三包责任：①不具备产品应当具备的使用性能,而事先没有说明的；②不符合明示采用的产品标准要求；③不符合以产品说明、实物样品等方式表明的质量状况；④产品经技术监督行政部门等法定部门检验不合格；⑤产品修理两次仍不能正常使用。

服务是企业为满足顾客或用户的需求而进行的商业活动。有两类：一类是服务产品,它以服务活动本身来满足目标顾客或用户的需求,如餐饮业、电信业、教育产业、医疗卫生、旅游业等；另一类是服务功能,它是产品的延伸性服务,如出售计算机时附带的安装、培训等活动。这里所讲的产品服务,指企业针对产品所提供的服务功能。比如,上面所讲的"三包",实际上就是产品在进入消费领域后,卖方对买方提供的一种保证性服务。

产品服务包括售前、售中和售后服务。售前服务是顾客购买行为发生之前企业所提供的有关服务,如提供样品、产品目录、使用说明书及其他培养顾客或消费教育的举措；售中服务是在顾客购买成交过程中,由企业提供的有关服务,如回答顾客提问,提供和推荐产品,介绍产品性能、特点、调试、封装等；售后服务则是企业向已购产品的顾客提供的服务,如技术培训和使用指导,代包装、代运输,提供零配件和备用件,以及安装和维修等。

"三包"是一种售后服务。

三、产品分类

产品可以按照多种不同的标准来分类。从大的方面,产品可以根据用途分为消费品(consumer goods)和工业品(industrial goods)。前者用于人们的消费,通常由个人或家庭购买;后者用于企业的生产,通常由具备专业知识的采购人员购买。产品也可以根据是否有形体,分为实体产品和服务。实体产品有形体,即人们通常所指的产品或商品;服务无形体,具有无形性、不可分离性、可变性、不可储存和易消逝性。两种分类方法结合,得到图7.2。

用途	是否有形体	
	实 体 产 品	服务
消费	便利品、选购品、特殊品、非欲求品;耐用消费品、易耗消费品	消费性服务
生产	完全进入产品、部分进入产品和不进入产品;固定资产、流动资产	生产性服务

图 7.2 产品的分类

(一)消费品分类

消费品最常用的一种分类方法是根据人们的购物习惯将其分为便利品(convenience goods)、选购品(shopping goods)、特殊品(specialty goods)和非欲求品(unsought goods)四类。

便利品是指消费者需要经常购买的消费品,包括日用消费品(如牙膏、烟酒和报纸)、冲动购买物品(如饮料和小食品)和应急品(如药品)等。便利品多为消费者日常生活的必需品,在一般的零售商店中都可以买到。由于经常购买,消费者对商品的品牌、价格、质量和销售地点等都很熟悉,所以他们只是根据便利与否决定是否以及在哪里购买,在购买之前很少花时间与精力搜寻信息,在商品品种和品牌之间做选择。

选购品指消费者不经常购买,但在购买时会针对产品的质量、性能、价格和式样等进行慎重挑选的消费品,如贵重的衣物、家具、电脑和私家车等。由于不需要经常购买,所以消费者缺乏购买经验,常常不知道哪一个牌子的产品最合适自己。再加之,选购品多是较为贵重的耐用消费品,所以消费者会花较多时间和精力搜寻商品信息,在不同的购买方案之间进行比较和选择。

特殊品指在某些特性或品牌标识上对购买者有独特意义,购买者不愿意接受替代方案的消费品,如某些特殊品牌和造型的奢侈品、名牌服装、名画、供收藏的特殊邮票和钱币等。由于特殊品的购买者更注重产品的象征意义,不愿意接受替代品,所以他们会花很多时间和精力搜寻相关商品的信息,并且在购买时也会比较不吝惜自己的时间、精力甚至金钱。

非欲求品指购买者未注意或虽注意但没有兴趣购买的消费品,如一些刚上市还未引起人们注意的新产品、生病时才需要的家用医疗工具(如针管、针头)、丧葬用品和一些专业书籍。非欲求品不是必需品，只有在需要时才会注意到，不需要时常常显得可有可无。不过，一旦需要，购买者会有较强的购买欲望，不会太计较产品的价格。

另一种常用的分类方法是按照耐用性，将其分为耐用消费品和易耗消费品。耐用消费品是指在正常情况下耐用性强、可以反复使用的有形物品，如电视机、空调、汽车和住房等。一般而言，耐用消费品的购买频率低，但价格较高。易耗消费品是指在正常情况下，消费者使用一次或数次后就会消失或丢弃的有形物品，如小食品、一次性内衣、文具、化妆品和烟酒等。这些物品容易被消费掉，消费者需要经常购买。

此外，按照购买者参与程度，消费品还可以分为高卷入度产品（high involvement products）和卷入度产品（low involvement products）。高卷入度产品涉及较为复杂的内容和程序，有较大的风险，因此在购买时，购买者需要认真思考，仔细评估和选择。低卷入度产品涉及的内容和程序比较简单，购买风险低，不需要太多的考虑便可做出购买决定。

（二）工业品分类

工业品最常用的一种分类方法，是按照参与生产过程的程度和价值来分，分为完全进入产品的工业品、部分进入产品的工业品和不进入产品的工业品三类。

完全进入产品的工业品是指进入整个产品制造过程，价值最终要全部转化到制成品中去的工业品，分为原料、材料与零部件。原料指未经过加工的天然物品（如煤、原油、矿石和原木）和农副产品（如小麦、棉花、烟叶、水果、皮张、羊毛和肉类）。材料是已经经过部分加工，但尚需再加工才能变为制成品的货物，如棉纱、面粉和橡胶。零部件则是经过部分加工程序、不再需要进一步加工就可以组装而成制成品的货物，如汽车的轮胎、电冰箱的压缩机、螺丝和螺帽。

部分进入产品的工业品是指在生产过程中能为多个生产周期服务，价值分次地部分转移到制成品中去的工业品，分为主要设备和辅助设备两类。主要设备指企业进行生产的基础设施和工具，包括建筑物（如厂房、办公室）和固定设备（如各种机器、车床、锅炉和起重机）。辅助设备则是指除主要设备以外的能够帮助企业进行生产的其他设施和工具，如各种手工工具、办公家具、小型马达、打字机、计算器以及各种衡器量具。

不进入产品的工业品是指那些虽然价值计入产品成本但不会在生产过程中变为实际产品的物料。它们是维持企业生产与经营管理所必需的工业品，包括一般物料（如润滑油、燃料、会计账簿和打字纸）和维修物料（如机器清洁、修理和保养的工具和材料）。此外，生产性服务（如维修服务、企业咨询服务等）一般也被计入不进入产品的工业品。

另外，工业品也可以按照流动性（即资产的变现能力和支付能力）分为固定资产（fixed asset）和流动资产（current asset）。属于固定资产的工业品是指企业使用期限超过一年的房屋、建筑物、机器、机械、运输工具以及其他与生产、经营有关的设备、器具、工具等。它们虽然长期保持原有的实物形态，但其价值则随着企业生产经营活动而逐渐地转移到产品成本中去，并构成产品价值的一个组成部分。属于流动资产的工业品是指企业可以在一年内或者超过一年的一个营业周期内变现或者耗用的物品。它们在很大程度上与完全进入产品的工业品重合，主要指原材料与零部件。

（三）服务分类

如上所述，服务是企业为满足顾客或用户的需求而进行的商业活动，有服务产品和服务功能（即产品服务）的区别。当服务被单独拿出来作为主要手段满足顾客或用户的需求时，它就是所谓的服务产品，如餐饮服务、电信服务、医疗卫生服务、宾馆服务等。如图 7.2 所示，服务产品可以分为消费性服务和生产性服务。消费性服务以消费者个人或者家庭为服务对象，如人们日常消费中的餐饮、电信、医疗、旅行和宾馆等；生产性服务以企业或其他的团体为服务对象，如企业在生产过程中常常需要的安装、维修和清理等。

产品与服务往往你中有我，我中有你，很难截然分开。所以，实际生活中的产品或服务大多是产品和服务的某种组合，产品偏重于有形的实体，而服务则偏重于无形的活动。比如，产品销售中常有售前、售中和售后服务，但是这些服务都是以产品为依托的。售前、售中和售后服务再好，如果没有好的产品，也没有太多的意义。相反，宾馆虽然也有实体，如房屋、床铺和被褥，但是消费者到宾馆消费，却不是为了得到这些实体，而是要享受宾至如归的服务。硬件再好，如果服务不好，消费者也不会满意。

四、产品策划的主要内容

在企业的营销实践中，与产品相关的营销决策主要包括以下几种。

第一，产品的因素组合决策，即决定企业的产品在产品的各层次都由哪些具体的要素构成，每一个要素都在哪些方面为消费者或用户提供哪些利益。具体内容包括产品的质量、性能、花色品种、规格、型号、品牌或商标、包装与装潢等。

第二，新产品开发与推广决策。新产品是指那些在产品整体概念中（图 7.1）任何一部分的变革或创新，并能给消费者或用户带来新的利益或能够提高其满足程度的产品。新产品开发与推广的决策内容，包括产品创意、创意筛选、概念的形成与测试、市场分析、研制、试销、商品投放和上市推广等。

第三，与产品组合问题相关的营销决策。企业往往经营多种产品，这就有产品组合问题。不过，因为产品组合的宽度预示着企业未来的发展方向，所以产品组合问题与企业的发展战略有关，需要由企业高层通过制定企业的发展战略决定。营销部门所能做和需要做的，是在企业的发展方向已经明确、产品组合的宽度已经确定的条件下，对产品线的深度以及产品项目进行调整，或者根据产品组合的关联性进行公司层面的营销协同，以获取营销的协同效应。

第四，服务的设计与营销决策。产品与服务常常难以截然分开，大多是二者的某种组合，有些偏重于有形的实体，有些则偏重于无形的活动。服务的设计与营销决策，既包括为有形的产品设计附加的服务（服务功能），也包括为服务产品设计营销方案。

第五，品牌决策。品牌是一种用以辨认某个企业产品或服务，使之与竞争对手的产品和服务相区别的名称、术语、标记、符号或设计以及它们的组合。企业产品或服务的差异化，很大程度上由品牌形象来体现。两个产品也许本身没有什么区别，但如果给它们贴上不同的商标或品牌，它们立刻就有了很大的差异。品牌的决策内容，涉及用不用品牌、用什么品牌、品牌如何定位、品牌是否延伸、是否用家族品牌、如何用、如何保护品牌等问题。

以上决策内容，是产品策划经常会遇到的策划问题和策划内容。本章先依次讲解前四个决策内容的策划，下一章专讲品牌策划。

第二节　产品的因素组合策划

如上所述，任何一种产品都包含五个层次，即核心利益、基础产品、期望产品、附加产品和潜在产品；任何一种产品都是多因素的组合体——各种因素的不同组合形态，形成不同的产品。因此，产品的因素组合策划有两种基本的思路：基于产品层次的产品因素组合策划和基于产品构成要素的产品因素组合策划。

一、基于产品层次的产品因素组合策划

表 7.1 显示了基于产品层次进行产品因素组合策划的基本思路，即企业需要根据目标市场的特点（五个 W）来选择和组合产品各层次的利益，将其打成一个价值包。其中的组合变化也是无穷无尽的。当然，重点是根据目标市场的特点突出企业产品能够给目标市场带来的独特利益。

表 7.1　基于产品层次的产品因素组合策划

目标市场	产品层次					
	核心利益	基础产品	期望产品	附加产品	潜在产品	其他
What						
Who						
Why						
When						
Where						

这一分析框架实际上是营销组合策划框架（表 6.2）在产品因素上的应用。第一，根据环境分析和市场细分的结果，回顾目标市场的五个 W，并用简短的语言将回顾的结果写在表格内；第二，针对目标市场的五个 W 系统地思考和分析产品能够在哪些产品层次给顾客带来什么利益或价值；第三，将五个 W 和各个产品层次一一对应，认真考虑表中每一格企业已做的和可能做的内容，并将思考的结果以一一对应的方式填写于每一格中；第四，思考每一格内容的相容与不相容之处，将相容的结果整合，在不相容的结果之间做出选择；第五，把选择和整合的结果用文字描述出来，得出产品因素组合策划。

由于产品因素的选择与组合以目标市场为依据，所以这样制定出的产品因素组合方案与企业的目标市场紧密衔接，有助于实现企业的营销战略。另外，操作简单，营销策划人员或产品设计人员只需进行表上作业，当表上的空格都思考过，把该填的填满了，企业的产品因素组合方案就基本成形了。

二、基于产品构成要素的产品因素组合策划

产品因素组合也可以根据产品构成要素来确定，其基本思路如表 7.2 所示，即企业需要根据目标市场的特点（五个 W）来选择和组合产品的各种构成要素，将其打成一个价

值包。

表 7.2　基于产品构成要素的产品策略

目标市场	产品构成要素					
	质量、功能与性能	结构与外观	规格与型号	品牌与商标	包装与装潢	服务
Who						
What						
Why						
When						
Where						

操作程序与基于产品层次的产品因素组合策划完全相同。不同只在于：基于产品层次的产品因素组合策划是针对目标市场的五个 W 确定产品各层次给顾客带来的利益或价值，而基于产品构成要素的产品因素组合策划则是针对目标市场的五个 W 确定产品各构成要素给顾客带来的利益或价值。相对而言，前者更多地是从顾客的角度看产品，注重产品的不同层次给顾客带来的利益或价值，因此更符合现代营销的理念；后者更多地是从企业的角度看产品，注重产品的构成要素与顾客利益或价值的关系，因此更便于企业操作。当然，二者并不矛盾，可以结合起来灵活运用。

三、产品质量设计

产品质量是产品构成要素中最基本和最重要的一个。一般来说，人们总是喜欢高质量的产品。但是，由于提高产品质量会增加成本，导致销售价格的提高，所以当考虑价格因素时，产品质量并不是越高越好。当产品质量过高、价格超出市场愿意接受的水平时，产品也会无人问津。这时，产品被称为"功能过量"[4]。

另外，质量相同的一个产品，由于顾客的消费需求不同，会有不同的顾客感知价值，顾客愿意为其付出的价格也不一样（参看第五章第三节的内容）。因此，企业要为不同的目标市场设计质量性能不同的产品。

产品质量设计的要点在于：根据目标市场的特点，通过产品性能的选择、组合和设计，提高产品的性价比。

产品性能有很多方面，大多有行业标准，包括产品的使用性能、安全性、可靠性、可维修性、经济性和环境友好性等。

（1）产品的使用性能是指产品在一定条件下，实现预定目的或者规定用途的能力。

（2）产品的安全性是指产品在使用、储运、销售等过程中，保障人体健康和人身、财产安全的能力。

（3）产品的可靠性是指产品在规定条件和规定的时间内，完成规定功能的程度和能力，一般可用功能效率、平均寿命、失效率、平均故障时间、平均无故障工作时间等参数进行评定。

（4）产品的可维修性是指产品在发生故障以后，能迅速维修恢复其功能的能力，通常采用平均修复时间等参数表示。

（5）产品的经济性是指产品的设计、制造、使用等方面付出或消耗成本的程度，也包含可获得经济利益的程度，即投入与产出的效益能力。

（6）产品的环境友好性是指产品在环境保护方面的表现，如是否可回收利用、是否低碳排放、是否低资源消耗。

产品的性价比是指产品使用性能与产品价格之比，也即产品满足顾客某种需要的能力与顾客消费这种产品的货币成本之比。它是我们日常活动中常用的一个概念，可以写成如下形式。

$$性价比 = \frac{产品性能}{产品价格}$$

式中，产品价格指购买者购买产品的价格或企业销售产品的价格；产品性能指产品的使用性能或产品功能实现的能力。

在产品质量策划中，一个产品应有哪些性能和具体标准，不仅要考虑企业的生产能力，更重要的是取决于目标市场的需要和所能接受的价格。例如，在 20 世纪末期，我国广东的一些生产企业制造了一批价格低廉、只能用几次的简便雨伞，出口到美国和西欧市场大受欢迎。原因是在美国和西方发达国家，人们多以汽车代步，但下车后从停车场到目的地往往还要步行几分钟。遇到刮风下雨，需要雨具，而用过后就丢在一边。这批看似质量低劣的雨伞，由于价格低廉，正好适应了这种需要，反而受到目标市场的欢迎。

四、产品外观设计

顾客选购产品的一个重要的信号标准，是看其外表是否美观、新颖。所谓信号标准，是指顾客用来判断企业满足其使用标准能力的线索，包括企业的声誉、品牌形象、广告效应，产品的包装装潢、外观和尺寸，营销人员的态度和形象[5]。

尽管人们购买的是产品功能或价值（使用标准），但是在购买时却常常使用信号标准进行判断，尤其在初次购买某种产品时。因此，一个企业只在使用标准上满足顾客的要求是不够的，还要使用一些线索将其表现出来，使之成为信号标准。强调使用标准而忽视信号标准是企业在生产经营中常见的一种错误，这会使顾客低估产品的价值，从而在一开始就不购买企业的产品。当然，过分强调信号标准而忽视使用标准，也会导致产品的失败。因为这会使顾客高估产品的价值，而一旦产品在使用时不能达到顾客的期望，顾客就会产生不满，最终不再购买这种产品。

通过产品外观设计，强化产品外观的信号作用，是产品因素组合策划的重要组成部分。进行产品外观设计，主要考虑以下主要因素：产品形态，产品造型、款式和颜色，产品体积和重量，品牌，产品包装与装潢等。

产品形态指产品的物理属性，如液体、固体或气体。企业在设计产品时，既要考虑技术水平、工艺要求和原材料性质，也要考虑市场需求和顾客喜好。比如，许多日用工业品，既可制成固态粉末或颗粒状，又可制成液体。

顾客对产品的造型、款式和颜色有不同的偏好，企业在进行产品外观设计时，一方面要迎合目标市场的偏好，另一方面可以在造型、款式和颜色等方面求变，以适应不同顾客的需要。另外,还要考虑不同国家、地区或民族由于文化、风俗习惯和历史传统的不同而形成的对某些造型或颜色的偏好或禁忌。

产品的体积和重量,要便于顾客购买、携带、使用和保管。比如,市场上的瓶装软饮料,就有各种不同的体积和重量,满足人们不同的需求。

品牌是产品差异化的重要来源,既用于标记产品的生产者或经营者,也可以用来吸引消费者的注意力。因此,品牌标志的设计既要有独特的个性,又要醒目,有助于吸引顾客的注意力。此外,品牌有价,它本身就是一种产品。品牌标志的设计质量,会影响品牌价值的提升。因为品牌策划对企业营销非常重要,所以本书第八章将对它进行专门的讨论。

产品包装与装潢不但能促进销售,而且能增加利润。包装能够保护产品,便于分销;与装潢相结合,还有很好的促销效果。在进行产品包装与装潢设计时,企业可以在以下几个方面做出选择:是否使用包装?使用几个层次的包装?使用什么材料的包装?使用相似包装还是不同包装?使用组合包装还是个别包装?是否使用多用途包装、附赠品包装以及礼品包装?

五、产品服务设计

产品服务是产品层次概念中期望产品和附加产品的重要内容,包括售前、售中和售后服务。企业常常把售前、售中服务当做促销手段,而把售后服务当做衡量企业诚信的标准。产品服务设计涉及服务项目、服务收费、服务人员和服务网点等内容。

(1)服务项目。例如,企业针对在售产品思考下述问题:是否实行包退包换政策?什么情况下包退,什么情况下包换?是否提供安装、送货、调试服务?是否承诺终身维修?

(2)服务收费。例如,企业要决定:上述产品服务是否免费?是否把预期费用摊入产品售价中?如果酌情收费,收多少?

(3)服务人员。例如,企业要决定:上述服务由谁承担?是企业自己设点或派出人员到达顾客指定地点提供服务,还是委托当地经销商?

(4)服务网点。例如,企业要决定:为了提供上述服务,企业是否需要建设服务网点?服务网点如何布局?密度和覆盖率如何?

六、产品项目差异化

产品项目差异化,一是指企业设法使其产品项目之间在形象上让顾客有不同的感知,二是指企业设法使它的某一个产品项目与竞争者类似的产品项目之间在形象上让顾客有不同的感知,并且对自己的产品项目产生某种偏好。由于产品项目差异在很大程度上是一种主观感受,它存在于消费者或用户的心里,所以很难测量。从理论上讲,需求的交叉弹性可以用来测量产品项目的差异程度[6]。计算方法如下:假设 E_{xy} 为产品项目 x 关于产品项目 y 的需求交叉弹性,则

$$E_{xy} = \frac{\Delta q_x}{q_x} \bigg/ \frac{\Delta p_y}{p_y} = \frac{\mathrm{d}q_x}{\mathrm{d}p_y} \bigg/ \frac{q_x}{p_y}$$

式中 $\mathrm{d}q_x/\mathrm{d}p_y$ 为 x 需求量关于 y 价格的导数。考虑 $E_{xy} > 0$ 的情形,在 x 与 y 可替代的条件下,E_{xy} 越大,则 x 与 y 的替代程度越高,产品差异程度越小;反之,E_{xy} 越小,则 x 对 y 的

差异化程度就越大。将产品项目之间的交叉弹性进行比较，需求的交叉弹性越高，产品项目之间的差异程就越低；反之，则越高。

企业可以使用以下方法实现产品项目差异化：第一，通过产品项目的设计与研发，使其产品项目之间在质量、式样和造型等方面有所不同；第二，通过品牌形象塑造，使其产品项目在品牌形象上有别于竞争对手的产品；第三，通过其他方法，如营销渠道差异、促销方式差异以及服务差异，使其产品项目之间在顾客心目中或者有实质性差异或者有感知上的差异，并有别于竞争对手的产品。

第三节　新产品开发与推广策划

新产品可以从企业、市场和技术三个角度来认识。对企业而言，只要是企业第一次生产的产品就是新产品；对市场来讲则不然，只有在一个市场第一次出现的产品在这个市场上才叫新产品；从技术方面看，凡是在产品的原理、结构、功能和形式上发生了改变的产品就叫新产品。

营销学对新产品的认识包括前面三种成分，但是更注重顾客的感受和认同。从产品几个层次（图 7.1）看，凡是其中任何一部分的变革或创新，并能给消费者或用户带来新的利益或能够提高其满足程度的产品，都叫新产品。按照新的程度，新产品可分为以下几种类型：全新产品，即采用新技术、新工艺、新材料或新原理制造而在市场上前所未有的产品；换代新产品，即采用新材料、新组件、新技术制造而使原有产品的性能得以显著提高的产品；改进新产品，即对现有产品的质量、特点、外观设计或包装作全面或局部改进之后生产出来的产品；仿制新产品，即企业通过对市场上现有产品的模仿而制造出的新产品。

虽然企业开发新产品的过程并没有固定的模式，但是大致包含以下几个步骤：产品创意、创意筛选、概念的形成与测试、市场分析、研制、试销和商业投放七大步骤。新产品开发与推广可以按照这个顺序进行策划。

一、产品创意

产品创意是指关于满足消费者需求的一些新产品的创造性设想。虽然并不是所有的产品创意都可能变成产品，但较多的产品创意却可以为开发新产品提供较多的机会，所以有志于开发新产品的企业都非常重视寻找新产品的创意。

新产品开发策划始于产品创意。要想获得较多和较好的产品创意，需要对产品创意的来源和方法进行策划。产品创意可以来源于各种渠道，主要有顾客、科学家、竞争对手、企业推销人员和经销商、企业高管、调研公司、广告代理商以及大学、咨询公司、行业协会、报刊媒体等。企业为了寻找新产品的创意，可以采用以下方法。

第一，产品属性列举法，即将市场上现有的某种产品分解为若干属性（如电子计算机的属性包括存储能力、图像显示能力、软件的适用性、体积、重量、式样等），一一列出，然后寻求改进每一种属性的方法，从而对产品进行改良。

第二，交叉关系法，即列举不同物体之间的交叉关系，引发联想，得到新的创意。

第三，顾客问题分析法，即要求消费者或用户，提出他们使用一种或一类产品时所遇到的各种问题,并进行综合分析、整理,转化为创意。

第四,头脑风暴法。召集有关人员和专家一起座谈。一般在会前提出有关问题,请大家事先考虑、准备,座谈时畅所欲言,交流各自的想法,组织者由此征求到各种创意。原则上参加者人数控制在 5～10 人,不宜过多;当面不准批评,欢迎自由发挥。这种方法也叫开好主意会,它是策划方法中最常见的一种方法。

第五,提示法。挑选若干性格、专长各异的人员组织讨论,一步一步地把讨论引向深入,通过争辩把各种观点展开。当讨论深入不下去时,组织者才透露一点有关这个问题进一步的规定。当讨论接近一个满意的答案时,组织者便详细说明该问题的本质。然后,参加者再修改解决方案。这种方法可以避免在策划过程中没有进行充分的构想之前仓促下结论的弊端。

二、创意筛选

新产品创意的好坏,对新产品开发能否成功影响很大。因此,征求到创新的构想以后,还要进行抉择和取舍,即组织创意的筛选。筛选工作可从 4 个方面入手进行评估。

创意筛选是指在取得一定量的创意之后,对其进行评估和选择的过程。目的是淘汰那些不可行或可行性较低的创意,将企业的资源集中于成功机会较大的创意上。此时,企业需要考虑两个因素:第一,某一创意是否符合企业的战略目标;第二,企业是否在资金、技术、人力资源、销售等方面有足够的能力开发这种创意。具体操作过程中,可以用新产品创意评估表进行筛选,如表 7.3 所示。

表 7.3　新产品创意评估表

新产品成功的必要条件	重要性系数(A)	企业的能力水平(B)											加权分 A×B
		0	0.1	0.2	0.3	0.4	0.5	0.6	0.7	0.8	0.9	1	
研发能力	0.30									✓			0.24
公司信誉	0.20								✓				0.14
营销措施	0.20									✓			0.16
资金支持	0.10								✓				0.07
生产能力	0.10							✓					0.06
采购与供应	0.05									✓			0.04
人力资源	0.05							✓					0.03
总评	1.00												0.74

表 7.3 中第一列是评估因素,列举某种新产品成功地进入市场所必备的条件;第二列是按照这些条件的不同重要性所给出的权数;第三列要求企业根据自己在各条件上的能力打分;第四列是计算出的加权分值。将所有的加权分值相加后,就得出某新产品创意投入市场能力的总分值。最后,根据一定标准,如 0～0.40 为劣,0.41～0.75 为良,0.76～1.00 为优,对所计算的各种新产品创意的能力分值划分等级和排列,从中选出较为可行

的创意。比如,表 7.3 中给出了对某一个新产品创意的评分,0.74 分。

三、概念的形成与测试

产品概念是指企业从消费者的角度对某种创意形成内涵的具体描述。这里,需要注意产品创意和产品概念的区别。产品创意是企业从自己的角度考虑产品的内涵;产品概念是指企业从消费者的角度考虑产品的内涵。

从产品创意到产品概念的形成与确定,企业必须考虑产品的使用对象是谁,它能满足什么需要与欲望,怎么使用,在什么场合使用等问题。例如,从产品创意上看,手表最初是一个指示时间的机械装置,但从产品概念上看,手表在准确性、外型、材质、价格、保修服务、适合的群体等方面有许多不同组合。

在形成产品概念以后,企业还需要对其进行测试,如进行产品概念试验。产品概念试验就是用文字、图画或实物将产品概念展示于目标顾客前,观察或测试他们的反应,以便了解他们喜欢不喜欢某一个产品概念以及喜欢的程度。测试内容一般包括以下问题:产品概念是否清楚? 新产品的特点是否容易接受? 是否喜欢这个新产品? 有哪些用途? 是否会购买? 买给谁用? 该产品还需做哪些改进?

四、市场分析

市场分析是指产品概念形成与确定之后,企业根据测试结果对新产品将来的销售额、成本和利润做出的估算。其中,一项重要内容是考虑新产品是否符合企业的发展方向和战略目标。如果不符合,企业就应该果断停止新产品的设计和生产,以免发生更大的损失。

五、研制

产品概念在通过商业分析以后,转交研发部门;企业投入必要的资金,研发部门研制出模型或样品。由此,产品概念转变成为实体产品。

期间,企业要对新产品的研制制定科学的方案。一般而言,一个新产品的样品研制要经过小试、中试和终试三个阶段才能完成。样品生产出来后,还要进行反复实验,才能最终确定其实体产品样式。

六、试销

新产品开发成功后,就可以着手进行品牌命名、包装和初步设计营销方案,对新产品进行小批量生产,并上市试销。此时,企业需要特别注意了解消费者和经销商对于经营、使用和再购买新产品的情况,估计市场的大小,以便为今后的正式推广提供可靠的信息。经过市场分析以后,产品由概念进入实际生产过程。

七、商业投放

商业投放是新产品开发的最后一步。一个新产品是否真正成功,需要商业投放的最终检验。因此,企业需要详细考虑投放时间、投放地点和最初的目标市场,设计有效的新产品营销方案,以确保新产品能够跨过这最后一步。

（一）时机策略

企业营销管理人员必须分析何时为推出新产品的最佳时机。比如,如果需求有较强的季节性,新产品就应该在消费季节来临之前引进市场;如果推出新产品是为了替代老产品,那么就要考虑是否在企业老产品存货销完之时才推出新产品。另外,新春佳节是中国人辞旧迎新之际,也是日常生活中交流、沟通最为频繁之时,是新产品向市场推广的大好时机。

（二）地理策略

企业和策划人员还要决定,向什么地方推出其新产品。本地市场还是外地市场;城市还是农村;国内还是国际。尤其重要的是,决定新产品在上市之初的推出地点。一下子就把新产品推向全国,覆盖整个市场,通常很少企业能够办到。大多数企业的做法是随时间而逐步拓展市场,先在本地站稳脚跟,然后再向同类地区渗透,最后覆盖全部市场。中小企业则多会选择少数有吸引力的地区,力求闪电式地进入市场。

决定新产品的地理策略,关键在于对不同地区的吸引力做出评价。评价的内容包括市场潜力、企业在该地的商誉、分销成本、该地对其他地区的影响力以及竞争渗透力和竞争程度。

（三）目标顾客策略

创新产品的上市,早期的分销目标和促销对象应选择最有希望的购买群体。突破一点、带动其余是常用的策略;泛泛地向目标市场推出新产品,要么代价太高,要么收效甚微。企业应根据新产品试销所得的数据,描述出早期目标顾客的特征。新产品理想的潜在顾客,多具有以下特点:可能成为早期采用者;会是大量使用者的用户;某一方面的"意见领袖",又对该新产品颇有好感、赞不绝口;与之发生联系(促销、分销)的成本不高。

（四）市场进入策略

为了提高新产品成功的可能性,在新产品推出之前,企业需要为新产品的推出制定市场进入策略。比如,一个企业采用了以下手段将其新产品推入市场:召开新产品新闻发布的记者招待会;雇用许多模特,增强宣传效果;赠送与试用样品,提高产品的认知度;产品展示,注重产品宣传效果。

第四节　产品组合与相关的营销策划问题

产品组合是指一个企业向市场提供的所有产品的结构,由产品线和产品项目组成。产品线也称产品系列或产品大类,是指在功能上、结构上密切相关,能满足同类需求的一组产品。每条产品线内包含若干个产品项目。产品项目则指某一特定品种、规格、型号、质量和价格的产品。

一般情况下,企业不止经营一种产品。当企业经营多种产品时,就有产品组合问题。企业需要考虑它应该经营多少产品,应该经营哪些产品,应该淘汰哪些产品,各产品之间应该有怎样的关系。于是,不同的企业在产品组合上就有了宽度、长度、深度和关联性四个方面的区别。组合宽度是指企业拥有产品线的数目；组合长度是指企业各条产品线所包含产品项目品牌的平均数；组合深度是指一条产品线中包含产品项目的多少；组合关联性则是指企业各产品线在最终用途、生产条件、分销渠道等方面的相关程度。

产品组合的宽度、长度、深度和关联性在企业的发展战略、竞争战略和营销战略上有重要意义。增加产品组合的宽度（即增加产品线或产品大类），意味着企业扩大经营范围，实行多元化发展战略。这可以充分发挥企业的特长，使企业的资源、技术得到充分利用，还可以减少经营风险。增加产品组合的长度和深度（即增加产品项目），意味着企业在产品款式、品种、规格和品牌等方面的改变和多样化。这可以迎合更多消费者的不同需求和偏好，招徕和吸引更多的消费者购买自己的产品。增加产品组合的关联性，意味着企业各个产品大类在最终使用、生产条件、分销渠道等方面的关系更加密切。这可以使企业在分散经营风险的同时，还能获得协同效应（synergy）和范围经济（economies of scope）。

一、产品组合内的营销协同策划

产品组合问题更多地与企业的发展战略有关（参看第四章第一节）。当企业由小到大不断成长时，它涉足的产业会由少变多，市场范围也会由小到大。当企业由专业化（在一个行业从事生产经营活动）公司转变为多元化（在多个行业从事生产经营活动）公司以后，随着它的业务组合由单一业务转向多业务，它的产品组合也会由单一产品线发展为多条产品线。

这里要注意产品组合与业务组合的区别。产品组合由企业的产品线构成，业务组合由企业的业务经营单位（SBU）构成。二者有时是相同的，比如当企业的业务经营单位按照产品大类或行业来划分时；有时是不同的，比如当企业的业务经营单位按照经营区域或品牌来划分时。产品组合越宽，意味着产品组合内产品线越多，也意味着企业涉足的行业越多，多元化程度越大。因此，与业务组合类似，企业产品组合的宽度不但标志着企业成长的结果，而且预示着企业未来的发展方向。这需要由企业高层通过制定企业的发展战略决定，不是营销部门能够左右的——营销部门不能随意增减企业的产品线，即使发现产品组合的宽度需要改变，如需要增加或减少一条产品线，它也只有建议权，而没有决定权。它应该把企业产品组合的宽度看做其营销活动的一个背景或环境因素，设法去适应或者利用，而不是去改变。因此，从营销的角度提出"扩大产品组合"与"缩减产品组合"的战略是不合适的，因为这会改变企业的发展方向。

营销部门所能做的和需要做的，是在企业的发展方向已经明确、产品组合的宽度已经确定的条件下，对产品线的深度以及产品项目进行调整，或者根据产品组合的关联性进行公司层面的营销协同，以获取营销的协同效应。表 7.4 是在公司层面进行营销协同策划的一个思路。

首先，将企业所有产品线的营销目标、目标市场与市场定位以及营销各因素的相关内容列入表中。这里要注意，由于采用密集单一和产品专业化目标市场模式的企业只有一条产品线，所以在进行营销活动时不需要考虑不同产品线之间的配合。相反，采用其他目标市场模式的企业，由于有多条产品线，所以需要考虑不同产品线之间的配合，以获取协同效应。

表 7.4 产品组合内的营销协同

产品线	营销战略						
	营销目标	目标市场与市场定位	产品因素	价格因素	分销因素	促销因素	其他
产品线 1							
产品线 2							
产品线 3							
……							
产品线 n							
协同因素							

其次,找出各条产品线在营销目标、目标市场与市场定位以及营销各因素的相容与不相容之处。对不相容的内容,要考虑孰重孰轻,以便取舍;对相容的内容,要考虑它们之间如何搭配效果(如较大的投入产出比)更好。尤其要注意分析和考虑各条产品线在营销方面的关联性。

最后,在公司层面对企业各条产品线的营销活动进行整合。对不相容的内容,取舍轻重;对相容和关联性的内容,合理搭配效果,以便用一次投入获得多方面的营销效果,在营销方面获得协同效应。比如,如果几条产品线在目标市场方面相同或有交叉,那么企业就可以通过一条营销渠道销售几条产品线的产品。这可以大大减少企业在营销费用上的投入。

二、产品线延伸策划

产品线延伸是指在企业原有产品线中加入新的产品项目,使其不同于原有产品项目的市场定位,争取新顾客。不管企业有几条产品线,都会经常面对产品延伸问题。因为产品延伸更多地涉及营销职能,且不涉及产品组合宽度或企业发展方向的改变,所以营销部门在产品延伸决策中不仅有很大的发言权,而且有很大的决策权。

产品线延伸的关键是通过加入新的产品项目及其新的市场定位,满足更多细分市场上顾客的需求。每一个企业生产经营的产品,都有其特定的市场定位。例如,在汽车市场上,BMW 定位在高档车市场,大众的别克定位在中档车市场,而奇瑞的 QQ 则定位于低档车市场。如果这些企业想通过产品线延伸向其他的细分市场渗透,BMW 可以向下延伸,QQ 可以向上延伸,别克则可以双向延伸。

(一)向下延伸

向下延伸是指企业原来生产高档产品,后来决定增加低档产品项目。企业采取这种策略的主要原因有以下几点:①高档产品的销售增长缓慢,因此需要在产品线中开发中、低档产品提高销售增长率;②高档产品受到竞争者的挑战,通过向低档产品市场渗透的方式反击;③当初进入高档产品市场是为了建立一个高质量的品牌形象,目的是成功后开发中、低档产品;④增加低档产品是为了填补市场空隙,不使竞争者有机可乘。

企业在采取向下延伸策略时,要注意:向下延伸有可能损害企业原有高档品牌的形象（企业可以考虑使用新品牌）；向下延伸不仅有可能导致激烈的价格竞争，而且会因为原有低档产品生产者的反击（如生产高档产品，争夺高端市场）而威胁自己原有的高档品牌；因为经营低档产品所得利润较少，所以企业原有的经销商可能不愿意经营低档产品，如果企业开拓新的营销渠道，一方面会增大营销成本；另一方面可能会引发营销渠道冲突。

（二）向上延伸

向上延伸指企业原来生产低档产品，后来决定增加高档产品。主要原因有以下几点：①高档产品更畅销，销售增长更快，利润率更高；②企业估计高档产品市场上的竞争者较弱，易于被击败；③企业想使自己成为品种齐全的生产者。

企业采取向上延伸策略也有风险，如可能迫使高档品牌的生产者进入低档产品市场，对自己形成威胁；顾客可能不相信企业的能力，因此不认可其生产的高档产品；企业销售代理商和经销商可能没有能力经营高档产品。

（三）双向延伸

双向延伸即原定位于中档产品市场的企业掌握了市场优势以后，决定向产品线的上下两个方向延伸，一方面增加高档产品；另一方面增加低档产品，扩大市场阵地。产品线双向延伸可以使企业占领更多的细分市场，满足更广泛的市场需求，增强产品线的竞争力。

但是，产品线并不是越深越好。产品线过深，有可能带来产品线过深综合征。比如，一些产品项目销售额很低，对企业业绩的贡献很小；一些新引入的产品项目虽然有一定的销售额，但是会使其他产品项目的销售额大幅下降或者使原有的产品项目迅速老化、过时；资源被较多地投入到销售额和利润额很小的产品项目中。

三、产品线优化

随着市场需要和偏好的变化以及竞争者的进出，企业的营销环境在不断变化。这会给企业的某些产品线带来机会或者威胁。因此，企业需要经常分析、评价和优化产品线。特别是在市场不景气或原料、能源供应紧张的情况下，企业需要收缩产品线。此时，从产品线中剔除那些获利很少甚至亏损的产品项目，有利于企业集中力量做那些获利多、竞争力强的产品项目，提升企业的总利润。

产品线优化就是指企业在分析和评价现行产品线的基础上对其做出的调整。

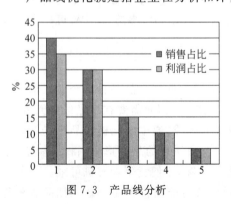

图 7.3　产品线分析

首先，分析、评估现行产品线内不同产品项目所带来的销售额和利润额，即进行"产品线销售额和利润分析"。如图 7.3 所示，企业的一条产品线共有五个产品项目。第一个产品项目的销售额和利润占比分别为 40％、35％；第二个产品项目为 30％、30％。如果这两个项目突然受到竞争者的打击或销售疲软，整个产品线的销售额和利润额会迅速下降。在一条产品线上，如果销售额和利润额集中在少数几个产品项目上，意味着这条产品线比较薄弱。此时,公司一方面要对其加强保护;另一方面需要努力发展其他具有良好市场前景的产品项目。最后一个产品项目只占整个产品线销售额和利润额的5％,在企业需要收缩产品线时,可以剔除。

其次,分析产品线内各产品项目与竞争者同类产品的对比状况,即进行"产品线竞争定位分析"。如果竞争对手和企业的产品线雷同,则要分析彼此的强弱。如图7.4所示,A家具公司的一条产品线是沙发。顾客对沙发最重视的指标是款式和功能。款式分为豪华、漂亮、一般三个档次;功能分为单功能、双功能、多功能。A公司生产三种沙发:豪华双功能型、漂亮双功能型和漂亮多功能型。它有两个竞争者,B公司和C公司。B公司

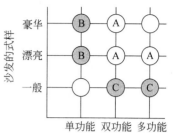

图 7.4　产品线竞争定位分析

生产两种沙发:豪华单功能型和漂亮单功能型;C公司也生产两种沙发:一般双功能型和一般多功能型。如果A公司另有一个产品项目为豪华单功能型,与B公司的产品重叠,那么在进行产品线收缩时,就可以考虑先把它剔除。相反,从图中也可以看出,市场上仍有两个空白点。在市场前景看好、企业需要延伸产品线时,企业可以优先考虑开发能够占据这两个空白点的产品项目。

最后,综合考虑产品线的盈利能力和竞争地位,提出优化组合方案,并对各种方案进行论证,反复对比,做出选择。经过这样的调整,企业的产品线得以优化。

第五节　服务的设计和营销策划

服务是一种广义的产品,特指为他人做事并使他人从中受益的一种有偿或无偿的活动。它可以附着于实体产品之上,是实体产品的一个组成部分,也可以独立出来,成为市场买卖的标的物。本节的服务(与产品服务有别)以及"服务业"所指的服务,是后一种,即以非实物的形式满足顾客或用户需求的活劳动。服务业即专门提供某一类服务并以此盈利的企业之集合,包括交通运输、仓储和邮政;信息传输、计算机服务和软件;批发和零售;住宿和餐饮;银行和保险;租赁和商务服务;科学研究和技术服务;水利、环境和公共设施管理;教育;文化、体育和娱乐;卫生、社会保障和社会福利。它是现代市场经济中的一个重要产业。

一、服务的特点

与实体产品相比,服务具有无形性、不可分离性、易变性和易消逝性的特点。它是无形的,人们在购买之前难以感觉到它;它的生产与消费同时进行,生产与消费的过程难以分离;它的质量高度可变,具有易变性的特点;它还是易消逝的,不能储存。这些特点,对企业的营销活动既有有利影响,也有不利影响。

(一)无形性

无形性是服务最显著的一个特点。因为服务是由一系列活动所组成的过程,而不是实物,所以顾客不能像感觉有形商品那样看到、感觉或者触摸到服务。

服务无形性对企业的有利的影响表现在：第一，因为看不见、摸不着，所以给顾客的想象力留下了更大的空间；第二，可以让服务技巧以及知识和文化等在服务营销中有更大的施展余地；第三，与产品相比，服务给顾客带来的利益更直接，它直接带给顾客满足的感觉。

不利的影响表现在：第一，因为看不见，摸不着，所以在购买之前，顾客难以辨识或判断服务给其带来的利益；第二，顾客在购买之前，缺乏确定服务质量的线索；第三，顾客在接受服务后，也常常很难察觉或立即感受到服务所带来的利益，无法对服务的质量做出客观的评价；第四，企业对服务质量的考核和控制比较难，常常会忽视服务质量问题，难以对服务人员的行为过失进行处罚；第五，因为缺乏有形的依据，所以企业难以公平地处理顾客的服务投诉和企业与顾客之间的纠纷；第六，缺乏展示手段，展示困难。

（二）不可分离性

服务的提供和消费具有同步性，提供与消费的过程难以分离。大多数有形产品是先生产，然后存储、销售和消费。而服务却是先销售，然后同时进行生产和消费。

服务的不可分性对企业营销活动的有利影响表现在以下方面：第一，由于生产和消费不可分，所以服务企业不得不更关心顾客的需求，这恰恰是营销的本质要求；第二，不可分性使企业必须随时随地直接面对不同的顾客，因此服务营销的市场细分、市场定位和差异化更重要、更有价值；第三，不可分性使得企业可以在与顾客接触中提高服务质量，及时进行服务补救；第四，适合于采用短渠道，有利于减少渠道费用；第五，有利于推动企业的全员营销，使企业的全体员工都成为营销人员。

不利影响则表现在：第一，难以通过集中化进行大规模生产，规模经济效应不显著；第二，一些服务只能用一对一的方式提供，这会限制客流量，出现排队等候现象，从而削弱服务的吸引力，而另一些服务是向很多顾客同时提供，比如一场音乐会，顾客之间往往相互影响彼此的体验；第三，顾客参与是服务质量的保证，但是顾客参与会使整个服务过程变得很复杂；第四，一些挑剔或因不顺心而找茬的问题顾客在服务提供过程中可能给企业或其他顾客造成麻烦，从而降低其他顾客的满意度；第五，服务质量需要全体员工或所有部门的参与才能保证，但是要做到这一点，很困难；第六，由于服务不像产品一样可以储存，所以在服务需求下降时，会造成人手过剩。

（三）易变性

服务的质量高度可变，服务提供者不同、提供服务的时间与地点不同，甚至服务对象（如顾客的多少、顾客参与的积极性）不同，都会使服务质量有很大差别，得到不同的效果。服务是由人表现出来的一系列行动，而且员工所提供的服务通常是顾客眼中的服务，由于没有两个完全一样的员工，也没有两个完全一样的顾客，那么就没有两种完全一致的服务。当服务由中间商提供时，因为无法直接控制质量，所以服务的易变性会更大。

服务的易变性或不一致性对服务营销的有利影响，主要表现在：第一，差异化与个性化营销在服务营销中更有优势；第二，促使企业更关注市场的变化，提高应变能力和营销的柔性；第三，需要更大的创造性和灵活性，有助于吸引创造性和灵活性较强的员工参与；第四，比制造业更容易采取差别定价。

不利影响主要表现在：第一，服务不易标准化和规范化，因此服务质量不稳定；第二，由于易变，所以服务规范较难严格执行；第三，顾客不易确定服务的质量，因此企业形象和服务品牌较难树立。

（四）易逝性

服务还是易消逝的，不能储存，即使没有人购买，相关的服务与设备也不能撤离。比如一个有 300 个座位的航班，如果在某天只有 50 个乘客，它不可能将剩余的 250 个座位储存起来留待下个航班销售和使用；咨询师提供的咨询服务即使没有任何价值，顾客也无法退换，更不能转让给他人。

服务的易逝性对服务营销的有利影响，主要表现在以下两个方面：第一，促使企业珍惜时间资源和服务的时间效率，因为再有价值的服务，如果提供的时间不对，也会变得没有价值；第二，促使企业珍惜空间资源和服务的空间利用率，因为对服务空间进行适当的设计和安排，就会大大提高服务的产出量。

其不利影响，主要在于：第一，服务供求在时间上和在空间上的矛盾很难协调，这使很多企业（比如一些季节性旅游热点地区的宾馆和餐饮企业）只能做一季生意；第二，在时间上的变动大，容易出现忙闲不均，影响服务质量和效率；第三，受空间或地理条件的限制较大。

二、服务营销的策划思路

服务的四个特性既对服务营销有有利的影响，也有不利的影响，因此服务营销的关键就是利用它们有利的影响，克服它们不利的影响。具体的策划思路如表 7.5 所示。

表 7.5　服务营销的策划思路

服务特性	设　计　思　路	
	针对有利影响	针对不利影响
无形性	服务提供技巧化	服务提供有形化
不可分离性	服务提供关系化	服务提供可分化
易变性	服务提供差异化	服务提供规范化
易逝性	服务提供效率化	服务提供可调化

资料来源：根据陈祝平[7]修改与整理。

针对服务特性的有利影响，企业可以按照以下思路进行服务设计：①服务提供技巧化，即针对无形性的有利影响，强化在服务提供时服务人员的技能、技巧和知识以及企业文化的作用；②服务提供关系化，即针对不可分离性的有利影响，在服务提供时强调与顾客的沟通和互动，鼓励顾客参与，真诚待客，特别是善待老顾客，从与顾客的关系中提高服务质量，建立顾客对服务品牌的忠诚；③服务提供差异化，即针对易变性的有利影响，在服务提供中强调顾客差异以及服务的个性化和多样化，提高服务人员的应变能力；④服务提供效率化，即针对易逝性的有利影响，在服务提供中合理安排，强调规模化与灵活性的平衡以及服务的多功能化。

针对服务特性的不利影响,企业可以按照以下思路进行服务设计:①服务提供有形化,即针对无形性的不利影响,在服务提供时利用服务品牌、服务标志物、服务效果展示、服务承诺、服务设施、服务环境、服务人员的形象等有形手段使其有形化。②服务提供可分化,即针对不可分离性的不利影响,在服务提供时强调中间商的代理作用,通过电子网络、自动化和自助化的手段使服务提供与消费适度分开。③服务提供规范化,即针对易变性的不利影响,在服务提供时强调服务人员理念和行为的规范化,制定和执行服务质量的标准化条例,加强服务质量监督;还可以拟定不同的服务收费制度,将服务按质量分类提供。④服务提供可调化,即针对易逝性的不利影响,在服务提供时,灵活设计和调整服务时间、服务地点、服务供应量,灵活运用价格手段调节服务需求,在没有储存的条件下解决平衡供求矛盾。比如,可采用弹性工作制,利用排队、预约时间、浮动价格来调节供求。

三、基于服务缺口的服务营销策划

服务质量模型认为,服务质量是由顾客对服务的预期和对服务的实际感受二者的比较得来的[8]。因为二者不完全相同,所以就有一些缺口(gap),如图7.5所示。

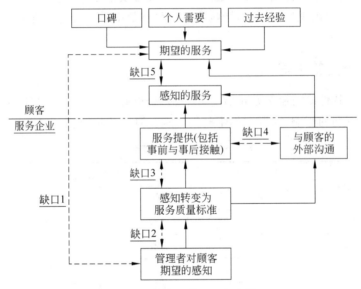

图 7.5　服务质量模型与服务缺口

缺口1:管理者对顾客期望的感知与顾客期望之差,简称管理者认知缺口。服务提供商的管理者无法完全了解顾客真正希望得到的服务,这就可能造成企业提供的服务与顾客的需求不符,服务质量难以达到顾客的预期,导致顾客不满。

缺口2:管理者对顾客期望的感知与服务质量标准之差。即使管理者对顾客期望的感知与顾客期望吻合,企业仍然面临着将这些信息转化为服务标准的挑战。企业的管理者常常无法制定出他们真正欲求的服务质量标准。

缺口3:服务质量标准与服务提供之间的差距。此缺口大多由一线员工的服务意愿不强和服务能力不足造成。即使管理者制定了完整和切实可行的服务质量标准,但是服务人员在提供服务的过程中,由于服务意愿不强或服务能力不足,无法达到企业的服务质量标准。

缺口4：服务提供与顾客的外部沟通之间的差距。该缺口产生于企业在进行广告宣传、市场促销时的过分承诺。当实际提供的服务低于顾客根据这些承诺产生的期望时，顾客便会产生失望情绪，导致这种缺口的产生。

缺口5：顾客对服务质量的感知与期望之间的差距。此缺口很大程度上源自顾客在接受服务前对服务的期望。当顾客期望过高时，企业很难达到其要求。此时，不管企业做得多好，顾客都难以满足。顾客的需求、过去的经验和企业的口碑都会影响顾客期望的形成，并最终决定顾客对服务的满意与否。此缺口直接决定着顾客对服务质量的评价，是五种缺口中最重要的。

以上五个缺口，前四个来自企业，最后一个来自顾客。服务质量可以被看成服务缺口的函数，服务缺口越大，顾客对服务质量就越不满意。因此，对这些缺口进行分析，设法弥补这些缺口，正是企业提高服务质量的途径，也是企业进行服务营销策划的起点和依据。

第一个缺口可以通过企业进行深入细致的市场调研活动来弥补；第二个缺口和第三个缺口可以通过企业的服务标准化活动来弥补；第四个缺口可以通过企业的营销和市场沟通活动来弥补；企业的服务管理做得好，第五个缺口就会缩小。

四、服务标准化

服务标准化指对企业服务应达到的质量标准进行规范和控制的过程，包括标准的制定和执行。

服务质量标准是企业为顾客提供服务时的指标，也是考核企业服务水平的基本依据。国家标准和行业标准具有规范的强制性。如果企业标准低于国家标准、行业标准或者与国家法律、法规、规章的规定相抵触，则该标准不具有法律效力。企业标准只适用于企业内部，对社会不具有约束力。但如果企业标准被写进说明书或者对社会公布，则企业标准便具有了合同条款的性质。企业提供的服务或者产品不符合其标准的规定，要承担违约责任。

服务质量标准的主要内容包括适用范围、制定依据和具体指标。例如，运输服务最重要的质量指标是安全、正点和服务。安全，除了不使旅客的身体和物质受到伤害外，还包括旅客的精神不受到意外损害。正点，是保证旅客在票面规定的时间内到达目的地，避免误点、晚点。服务的内容则很广，比如文明服务、礼貌待客等。这些都是考核运输企业服务质量的基本指标，也是企业标准的内容。

服务质量标准的制定有以下原则。第一，吻合性，即服务标准要与客户的需求相吻合。第二，明确性，即服务标准必须明确，如规定微笑服务，就要界定清楚什么叫微笑服务。第三，可衡量性，即服务标准要可量化，能够测量。例如，微笑服务要笑露八齿；接听电话不能超过三声；城区以内的维修服务都要当天解决。第四，可行性，即建立的标准不能无法实现，应该是切实可行的，否则会出现较大的缺口3（服务质量标准与服务提供之间的差距）。

在执行服务标准的过程中，建立服务质量保证体系是一个重要的措施。服务质量保证体系从确保服务质量入手，完善服务管理制度，让服务观念深入到每个员工的心中，并自上而下地进行服务质量的监督、检查和考核，通过各个部门的协调，实现全程控制，保障企业的服务流程畅通。

本章小结

产品是指那些能够提供给市场以满足消费者或用户需要和欲望的任何东西，包括有形的物质和无形的服务、创意、理念和形象等。产品可以分为核心利益、基础产品、期望产品、附加产品和潜在产品五个层次。

产品的构成要素指产品在各层次上的构成因素，包括产品的质量、功能与性能，结构与外观，规格与型号，品牌与商标，包装以及服务等。

产品可以根据用途分为消费品和工业品。消费品用于人们的消费，通常由个人或家庭购买，根据购物习惯又分为便利品、选购品、特殊品和非欲求品四类。工业品用于企业的生产，通常由具备专业知识的采购人员购买，按照参与生产过程的程度和价值来分，又分为完全进入产品的工业品、部分进入产品的工业品和不进入产品的工业品三类。

产品也可以根据是否有形体，分为实体产品和服务。实体产品有形体，即人们通常所指的产品或商品；服务无形体，具有无形性、不可分离性、易变性、不可储存和易消逝性的特点。实体产品与服务往往你中有我，我中有你，很难截然分开。实际生活中的产品或服务大多是产品和服务的某种组合。

产品策划的主要内容，包括产品的因素组合策划、新产品开发与推广策划、与产品组合问题相关的营销策划、服务的设计与营销策划、品牌策划。

产品的因素组合策划有两种基本的思路：基于产品层次的产品因素组合策划和基于产品构成要素的产品因素组合策划。比较重要的内容，包括产品质量设计、产品外观设计、产品服务设计和产品项目差异化。

新产品开发与推广策划按照企业开发新产品的程序进行策划，内容包含产品创意、创意筛选、概念的形成与测试、市场分析、研制、试销和商业投放等。

与产品组合问题相关的营销策划包括产品组合内的营销协同策划、产品线延伸策划和产品线优化等内容。

服务的设计和营销策划方面，针对服务特性的有利影响，企业按照服务提供技巧化、关系化、差异化和效率化的思路进行服务设计；针对服务特性的不利影响，企业按照服务提供有形化、可分化、规范化和可调化的思路进行服务设计。另外，还可以根据服务缺口进行服务营销策划。

思考题

1. 如何理解产品概念的五个层次？
2. 产品策划的内容都包括哪些？
3. 产品因素组合策划可以按照哪两种思路进行？都包括哪些内容？

4. 产品质量设计的要点是什么？

5. 新产品开发与推广策划都包括哪些内容？

6. 新产品的商业投放和市场推广都有哪些策略？

7. 与产品组合问题相关的营销策划包括哪些内容？

8. 如何进行产品组合内的营销协同策划？

9. 针对服务的特性，服务设计的要点有哪些？

10. 如何进行基于服务缺口的服务营销策划？包括哪些内容？

参考文献

[1] Kotler P. Marketing Management (10th Edn.)[M]. Beijing：Tsinghua Public Press，2000：395.

[2] Stephen L V，Robert F L. Evolving to a new dominant logic for marketing[J]. Journal of Marketing，2004，68(January)：1-17.

[3] 国际标准化组织. 质量管理和质量保证——术语. 1994，百度百科，http://baike.baidu.com/view/42488.htm，2011年7月21日读取.

[4] 庄贵军. 市场营销在质量管理中的应用[J]. 当代经济科学，1998，(2)：67-71.

[5] 甘华鸣. 经营战略[M]. 北京：中国国际广播出版社，2000：492-503.

[6] 吴健安. 市场营销学[M]. 合肥：安徽人民出版社，1994：326，331.

[7] 陈祝平. 服务市场营销[M]. 大连：东北财经大学出版社，2001：129-145.

[8] Parasuraman A，Zeithaml V，Berry L. A conceptual model of service quality and its implications for future research[J]. Journal of Marketing，1985，49：41-50.

案例 7.1

光泰果树营养肥的市场开拓问题①

2000年12月31日，杨凌光泰新农化股份有限公司总经理吕宝生，坐在他的丰田霸道车里，在赶往西安的路上，心情十分低沉，今天，在中国的北部地区已经进入了冰冻时期，可是董事会交给他的任务只完成了不到20%，如何开拓市场？如何把光泰果树营养肥快速推向市场，完成董事会交给的任务？当务之急，只有借助外脑，请专家会诊，今天西安之行的目的，就是请教西安交通大学管理学院市场营销系的专家和教授。他的思绪随着汽车的颠簸，不断地起伏着，企业、产品、市场、困惑……

一、企业概况

杨凌光泰新农化股份有限公司是一个民营股份制企业，公司地址设在陕西杨凌示范区，注册资本为2 800万元人民币。现有职工52名，其中，有高级职称人员占60%以上。公司开发的"光泰"果树营养注射肥产品已全面上市销售。公司和西北农林科技大学合作建立的"农大光泰农化高新技术研究所"，技术和资金实力雄厚，具有很强的技术开发和成

---

① 本案例由范高潮撰写。

果转化能力。2000年7月企业被认定为陕西省高新技术企业。"光泰"果树营养注射肥项目被列入2000年国家高技术产业示范工程项目、2000年西部大开发农村产业化示范工程项目、2000年国家生态环境保护专项工程项目。

光泰新农化公司以"光泰"果树营养注射肥为企业的经营切入点，紧紧抓住西部大开发的历史机遇，以技术创新为企业最高宗旨，积极促进科研与生产、技术与经济密切的结合，努力寻求在市场经条件下加速高新技术成果转化和农村发展农化高新技术产业的新途径，是一个很有发展前途的民营股份制企业，企业发展也受到国家计委、国家经贸委以及国家科技部和农业部有关政策和资金等多方位的支持。

二、主要产品概况

"光泰"果树营养肥，是杨凌光泰新农化股份有限公司科技人员，经过十几年上百次极性实验、示范后，开发出的一种农业高新技术产品。该产品采用强力注射和滴流注射的方法，将营养肥稀释后，注射到果树树干中，达到防病、治病、强壮和调节树体生理机能的作用，并促进新陈代谢，改善果实品质，增产增收。业内专家学者一致认为，该产品的问世是农业施肥的一次"绿色革命"。

（一）产品的技术原理及作用

"光泰"果树营养注射肥，是基于果树生长发育所必需的三大主体元素氮、磷、钾及多种微量元素和有机营养成分的要求比例，经过精细加工，在严格工艺流程下生产的产品。

该产品通过强力注射或滴流注射进入树体后，使树体在短时间内积聚和储藏充足的营养，补充和增加树体所必需的多种微量元素，大大提高和改善果树的营养结构水平和生理调节机能，叶片变大、变厚，叶色变绿，提高光合作用，治理微量元素缺乏所引起的非侵染性病害，使老树、弱树树体复壮。

由于果树根系营养充分，可以激发根系活性，促进根系生长，大大提高了根系对土壤中矿物质的吸收和利用率，充分利用了土壤中现有的营养，大幅度减少了投入，增加了产量，改善了品质，并有效延长树体的生命。

（二）产品的使用特征

该产品是通过强力注射或滴流注射进入树体，因此在注射前必须根据树体的大小确定注射量的多少，再根据注射量的多少，确定给树打孔的多少并合理分布孔的方位，打完孔后，才能使用注射针头，将营养肥液体注入树体中。

该产品分为果树的休眠期产品和生长期产品，目前在试销期主要是休眠期产品，即一年四季中分为两个使用阶段：第一阶段，果树落叶后到冰冻开始的施用期；第二阶段，开春后到果树初芽的第二个施用期。因此，该产品特别是休眠期产品有着很强的季节性和时间性要求，错过就不能再施用。

（三）产品使用的功能

该产品的使用可以大幅度降低果农用于果树施肥的总费用。传统的施肥方法每亩地果农需投入的资金为250～500元（主要由地区和每亩地的果树棵树决定），而用该产品施肥，则每亩地只需90～120元。因此，在降低农业生产成本方面，该产品有着很强的市场吸引力。

该产品的使用可以有效地预防、治疗果树的一般常见疾病，效果比传统的土壤施肥和叶面施肥都要高得多,而且见效快,因而在提高农业生产效率中,有着不可低估的作用。

该产品的使用,可以有效地提高果实商品率。与传统施肥比较,注射施肥的果实产量高,而且果实的大小整齐,商品率高。因此,这是提高农民收入的有效途径。

(四)产品的市场潜力

从全国的果树面积看,全国共有果树面积1.3亿亩,其中仅苹果就有4 000多万亩,梨树为2 000多万亩,苹果、梨共有7 000万亩左右。1万吨的"光泰"果树营养肥可提供400万亩的果林,这不到全国果树面积的4%,不足苹果、梨树面积的6%。

从目前开发的市场看,现已开发8个省、29个地市、80个县,这些省、市、县,主要集中在我国的北部,以苹果、梨、枣、猕猴桃等为主,这些果树占全国果树面积的70%以上,而且都或多或少存在着由干旱引起的黄叶、小叶等疾病,因此,急需一种低成本、高效用的果树营养肥料和有效的施用方法,"光泰"果树营养肥正是这种需求最适用的营养肥料,它有着无限广阔的市场前景。

三、困惑

无论从产品的三大功能看,还是从它的市场前景看,该产品的市场销售都应该是非常好的,因此,在2000年10月的董事会上,决定在全国8个省、29个地市、80余个县,有重点地展开销售,时间分为两个阶段,即,2000年11月初至12月底的第一个阶段和2001年2月初至3月中旬的第二个阶段,任务为500吨,施肥面积为20万亩的苹果和梨树。但是,第一个销售阶段结束,任务却完成了不到20%。问题出在哪儿呢? 公司市场开拓部和销售部的员工在一起讨论时,归纳原因,无外乎以下几点。

第一,经销商机制不好。总经销商只占地盘,坐商习气严重,而且对下一层分销商的利益分配不合理,真正给果农面对面宣传销售的终端经销商利益很少,无法调动他们的积极性。因此,严重影响了整个市场的宣传和销售进展。

第二,果农对农化新产品认识周期时间长。由于长时间我国农化市场混乱,假冒伪劣产品坑农、害农事件屡见不鲜,而且这些假冒伪劣产品都是打着高科技产品的幌子,果农上当受骗的事情太多了,戒备心也强了,不会轻易相信高新科技产品,他们最有效的方法就是看效果,看别人使用以后的效果。公司在以前的示范过程中,主要区域集中在陕西,全国其他省的示范范围很小,大多数果农不可能直观看到示范效果,因而,果农对该产品的认识和接受都有一个过程。

第三,果农由于农业收入下降,引起对果树施肥热情下降。这几年,我国农村普遍存在增产不增收,果树丰收了,却卖不上好价钱,手头缺钱,对果树施肥的热情下降。尽管公司致力宣传施用"光泰"营养注射肥可以降低整个施肥成本的2/3,但果农仍然要等到果子有一个好的价钱,才愿意对果树进行投入,有的果农干脆任由果树自生自灭,有的已经或准备将果树挖掉,改种其他作物。所以,这也给宣传、销售带来了很大的阻力,影响了新产品的推广。

第四,新产品的使用有别于传统的使用方法,有碍果农接受。在我国广大农村,人员文化素质还较低,闲置的妇女劳动力占多数。使用"光泰"果树营养肥,首先要给树打孔,再强力注射或滴流注射。打孔又分为两种方式:一种是手动打孔,另一种是电动打孔。前者投入成本低,但效率低,后者效率高,但投入成本也较高。妇女基本上都不使用这两种打孔方式。在接受了该产品的地区，由于使用方法有个熟练程度问题，刚开始使用手动或电动打孔，较多地出现钻头断裂、钻机伤损等现象。于是果农普遍认为，施用"光泰"产品效果好，但却要费神出力，这样，就有了延迟购买使用的思想和行动。

第五，公司宣传力度不够，促销组合不配套也影响推广和销售。由于新产品是农村市场产品，公司在价格制定上，定得不高，因此，用于宣传预算费用不大，广告只在陕西电视台的"秦之声"栏目出现。标语、横幅，数量有限，因此，宣传的力度、深度、幅度都不够。致使销售、市场开发不理想。

吕总在汽车里沉思着，主要原因出在什么地方？如此好的产品为什么打不开市场呢？见到西安交通大学的教授，又该如何介绍呢？教授能够诊断出问题的根源吗？又能提出什么样的好策略呢？

讨论题

1. 你认为"光泰"产品市场开发不力的问题出在哪里？主要原因是什么？
2. 你认为"光泰"产品的内涵应包括哪些内容？
3. 如果你是西安交通大学被咨询的教授，你能够为吕总提什么建议呢？

银行的排队问题①

常去工商银行北京一些储蓄所办事的人已经注意到，许多营业室原来站着排队的客户最近坐下了。银行为这些椅子和叫号系统花了不少钱，据说可以缓解客户等待时急躁的心情。然而，在中关村支行学院路储蓄所，一位姓张的先生却不念银行的好："我不在乎站着还是坐着，重要的是不要浪费我的时间。"他抱怨，每次来交个电话费都要等上半小时。

翻开工行一些营业网点的留言本，都能感到客户对等待时间过长的不满。在东城支行营业室的留言本上，不到20条的留言中，有10条是在抱怨"效率太低"、"时间太长"。一位没有署名的客户说："交一笔水费足足等了45分钟。在竞争社会中，这种工作能力能生存吗？"

工行北京分行方面承认"排队问题"，但不承认"效率太低"："不是柜员慢，而是客户多。工行业务员在目前国内所有银行中业务能力最好，日处理业务量最大。从1998年至今，资本、证券、保险等业务冲击，加上央行一再下调利率，冲击了商业银行以前最主要的存款业务。各家银行不得不努力开辟新业务：代发工资、养老金，代交电话、水、电、气费，甚至代收交通罚款等。工行是这场竞争中的赢家。在目前北京16家中资商业银行中，工

① 根据以下资料编写：何磊2001年11月16日的报道《客户长龙困扰北京工行》，中青在线（www.cyol.net），2001年12月1日读取；李利明2007年7月22日在《经济观察报》的报道《银行排队：抱怨有理，排队有因》；佚名作者2011年1月10日的报道《原平市四措并举解决银行排队苦》，忻州廉政网（www.sxxzlz.gov.cn），2011年8月1日读取。

行一家就占去 48.9% 的储蓄、缴费等个人零售业务市场。"

北京工行的"蛋糕"越做越大，但网点基本没有增加，原因是成本太高。如果每个网点增加两个窗口，就意味着多两个柜员，而全北京 600 个网点就得增加 1 200 个员工，这一年下来工资就得多花 2 000 多万元。

对客户的抱怨，银行方面说："其实，早就找到解决办法了。这两年工行陆续开设ATM（自动取款机）、95588 电话银行、网上银行等，都是为了把一些代理业务从网点分流出去。可北京市民接受新鲜事物的能力还不够，因而效果并不理想。一笔几十块钱的电话费在 ATM 自动取款机上就可以交，或者拨电话 95588 也能解决，甚至可以委托银行代扣、网上办理，为什么非要去网点排队呢？"工行在北京设有 700 多台 ATM，平均每台每天的交易量只有 81 笔，与深圳的平均 300 多笔相比，实在太少了。95588 电话银行现在也没有发挥出应有的作用，绝大多数打电话的人是来咨询，而不是来办理实质性业务的。

针对工行北京分行的解释，一些客户表示理解，一些客户却提出了疑问。一位大学教授当着记者的面拨打该行电话服务中心 95588，结果被电子声音告知，电话自动交费功能暂不开放。"看看，这就是工行所说的便捷方式，不去排队能行吗？"他说。

一位曾经在一家储蓄所的意见簿上写下整整一篇意见的客户说：就算上网、打电话可以分流银行里的焦急队伍，可银行为自己节省了成本，客户却不得不支付网费、话费"配合"，这合理吗？他举例，如果想在 ATM 上取 1 万元钱，至少要分两天取。客户不仅享受不到便捷的服务，反而要付出更多的时间和精力。这就是工行的服务宗旨吗？他尤其不能同意工行北京分行对"排队"问题的解释。"没有金刚钻，别揽瓷器活儿。长期不能兑现优质服务的承诺，银行是可以不再付出增设网点成本，却也不得不考虑失望的客户最终用脚投票的成本。"

以上是 2001 年的情况。六年以后，尽管一些银行使出了各种招数试图缓解，但是收效甚微。2007 年有记者体验发现：在北京，中午时段国有银行网点的平均排队时间为41 分钟。为了搞清楚其中的原因，中国银行业协会于 2007 年 4 月 18 日至 23 日先后组织了 13 个快速调查小组，对分布在北京 8 个城区各银行的 83 个营业网点进行了调查。结果显示，六大原因造成了银行排队难题。

第一，银行承担大量各类公共事业费用代收代缴的职能，各类代收代缴业务品种及数量暴增，而各公共事业单位的系统接口、数据要求、发票格式等千差万别，造成银行电子渠道系统开发改造困难，业务无法大规模迁移至电子渠道进行，客户柜台拥挤严重。

第二，居民理财需求迅速增长，个人金融产品和金融衍生产品不断推出，客户量激增。客户大量增加，而银行网点受营运成本等因素制约，总量上基本保持不变，不同程度上造成了银行网点排长队的现象。

第三，网点布局不够合理，业务量较大的地区主要集中在经济发展热点地区、繁华商业区、大型居民社区、大型批发市场周边以及新建的、配套设施不完善的地区，这些地区由于银行网点相对偏少，服务半径过大，不能充分满足金融服务需求。同时，部分银行柜面开工率较低。比如有的网点共有 14 个窗口，但仅开放 6 个，开工率仅为 42.86%。

第四，自助渠道利用率不高。各银行在自助设备方面已有很大的投入，ATM、电话银行、网上银行的种类和数量日益丰富，但是客户不了解、不信任或不习惯，仍然选择传统的柜台服务。

第五，为防范各类风险，业务办理环节增加，致使每笔业务的平均处理时间拉长。

第六，部分银行推行全员营销，大堂经理承担了诸如基金等业务的营销任务，影响了疏导客流功能的发挥。

下面是 2010 年原平市工商银行原平支行的做法，据说靠四项措施有效解决了客户排长队问题，受到社会各界的一致好评。

一靠宣传效应斩长龙。通过新闻媒体和网点柜台的大力宣传，向客户介绍推介工行新品牌、新业务，让更多的客户了解和使用银行卡、网上银行、电话银行、手机银行，靠新品牌和新业务的渗透作用从源头上截断客户进入排队的行列，在足不出户的条件下同样办理各类业务，享受该行宣传带来的好处。

二靠合理疏导斩长龙。营业网点大堂经理在对客户主动询问和主动指引的同时，对客户进行合理的疏导或进行正确的排队指导，避免了客户排冤枉队和无效队，使客户一进门就能在最短时间内办理业务。

三靠自助设备斩长龙。发挥自动设备 ATM 的分流作用，把自助取款金额上限进行适当的调高，使低于上限的取款客户进行自助取款，离开窗口办理业务，减轻了窗口压力。同时引进叫号机设备，让客户等着耐心，坐着舒心。

四靠营销离柜斩长龙。全行员工主动行动起来，积极拓宽营销渠道和创新营销手段，把该行离柜业务逐步营销出去，靠离柜业务的扩大从根本上解决排队顽症。

讨论题

1. 银行的排队问题出在哪里？可以解决吗？
2. 根据服务质量模型，银行排队问题存在哪些服务缺口？
3. 原平市工商银行原平支行的做法，能够弥补哪些缺口？
4. 请为解决银行排队问题支招。

第八章

品 牌 策 划

　　品牌是企业一项重要的战略资产。它把企业的产品或服务与竞争对手的产品或服务区别开来,使企业的产品或服务有了个性和特色。同等质量的产品,当标上不同知名度的品牌时,产品售价大相径庭。品牌有价。创造品牌价值,已成为企业奉行的一种新的营销导向。从这个意义上讲,品牌策划具有营销战略策划和竞争战略策划的性质。

　　本章首先介绍品牌的基本概念,然后介绍品牌策划的基本程序,最后讲解品牌建设策划和品牌发展策划。

第一节　品牌的内涵与作用

一、什么是品牌

　　品牌是一种名称、术语、标记、符号或设计,或是它们的组合,用以辨认某个生产经营者或销售者的产品或服务,并使之与竞争对手的产品和服务区别开来[1]。换言之,品牌是用以辨别不同企业、不同产品的文字、图形,或文字、图形的有机结合,包括品牌名称、品牌标志和商标。

　　品牌名称,即品牌中能用语言称呼的部分,如可口可乐(饮料)、柯达(胶卷)、脑白金(营养口服液)、桑塔纳(汽车)等。它的主要功能是产生听觉效果。

　　品牌标志,是品牌中能够识别,又不能用语言直接读出的部分,如可口可乐品牌中的黑红白三色和独特的图形。它的主要功能是产生视觉效果。

　　商标,是按法定程序向商标注册机构提出申请,经商标注册机构审查,予以核准,并授予专用权的品牌或品牌中的一部分。商标受法律保护,任何他人未经商标注册人许可,不得仿效和使用。

　　品牌与商标的区别在于:品牌是一种商业称谓,商标则是一个法律术语。商标相当于一个受法律保护的品牌,而品牌如果没有注册,则不受法律保护。由于两者是从不同的角度指称同一事物,故在日常生活中,它们经常被混用。在中国,还有"注册商标"与"未注册商标"的说法。"注册商标"就是我们所说的商标,而"未注册商标"就是未注册的品牌。

二、品牌价值及其来源

　　2010 年 2 月 17 日,英国品牌价值咨询公司 Brand Financel 公布了 2010 年度全球品牌价值五百强排行榜,零售巨头沃尔玛依然高居榜首,Google(谷歌)则超越可口可乐、IBM、微软,从第五位跃升至亚军的位置。

　　五百强的品牌总价值已达 28 730 亿美元,相比 2009 年度增加了 26%。沃尔玛的品牌价值为 413.65 亿美元,占其企业总价值的 22%。Google 的品牌价值为 361.91 亿美

元,占企业总价值的 23%。可口可乐、IBM、微软的品牌价值分别为 348.44 亿、337.06
亿、336.04 亿美元。第六位通用企业的品牌价值也超过了 300 亿美元,达到 319.09 亿美
元。第七位到第十位分别是沃达丰、汇丰银行、惠普、丰田。

全球最有价值 500 品牌排行榜,由国际五大品牌价值评估权威机构之一的英国著名
品牌管理和品牌评估独立顾问公司 Brand Financel 每年发布一次,采用的信息均来自公
开渠道,这一排名因其专业性和独立性而受到全球上市公司的广泛认可。

以上的数据反映出品牌不但有价,而且品牌有很高的价值。一般而言,品牌价值来源
于品牌资产,分为顾客对品牌的认知(brand awareness)、顾客对品牌的忠诚度(brand
loyalty)、顾客对产品质量的感知(perceived quality)、顾客对品牌产品在使用或消费过程
中产生的附加联系(brand associations)、品牌资产的其他专有权(如专利、商标、营销渠道
中的成员之间的关系)等[2]。

那么,品牌资产又来源于何处呢? 人们可能有很多不同的说法。这里将品牌资产的
来源归于营销磁滞的积累[3]。

营销磁滞(marketing hysteresis)用于描述一种特殊的现象:一个营销因素(如广告)
的暂时性变化引起了另一个营销因素(如销售额或市场占有率)的永久性变化。比如,如
图 8.1 所示,当一个企业在时间 T_1 突然增强广告攻势,产品的销售额会随之快速上升。
在时间 T_2,这个企业又突然将广告支出降回到原有的水平上,但是销售额并没有与其一
同降到原来的水平上,而是长时间地维持在一个较高的水平上。时间 T_2 以后销售额所
维持的水平与时间 T_1 销售额所处的水平之差被称为营销磁滞。滞留可能是全部的,也
可能是部分的。一些世界著名品牌(如可口可乐、索尼、英特尔、BMW、IBM 等)的价值,
实际上来自它们几十年坚持不懈的营销推广以及企业形象创造与维护活动所带来的营销
磁滞。

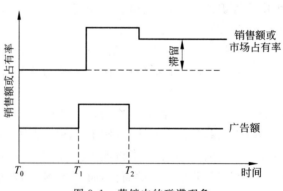

图 8.1　营销中的磁滞现象

磁滞(hysteresis)一词最早出现在物理学中,由尹文(Ewing)于 1881 年提出[4]。尹文
在磁化实验中发现,当把一块铁放入一个磁场中,铁会被磁化;而且随着磁场中磁力的加
强,被磁化的铁块的磁力会增加,直到达到饱和状态。随后,如果磁场的磁力减弱或消失,
铁块的磁力并不会回归到原来的起点或零点。部分磁力永久性地滞留于铁块中。尹文将
这种现象称为磁滞。西蒙更简明地将磁滞定义为这样一种现象:"一个因素的暂时性变
化引起了另一个因素的永久性变化。"

经济学家后来将其引入经济学中,研究与分析经济领域中发生的类似现象,如失业和对外贸易问题。经济学家们发现,一般情况下,当最初导致失业率上升的因素消失以后,失业率不会因此而降到原来的水平上,而是会继续高企。在对外贸易中,暂时性的汇率波动往往使一国的贸易地位发生变化,而且往往是永久性的变化。很多人认为,类似于此的经济问题,不借助于磁滞这一概念是不容易说清楚的。有人则认为,磁滞现象实际上是反映了人们的习惯性行为[5]。近十多年,磁滞的概念又被引入市场营销理论中,一些人开始研究市场营销中存在的磁滞现象。

根据西蒙的观点[4],营销磁滞产生的主要原因有三点。

第一,顾客的长久记忆。一般来讲,磁滞现象是在消费者受到强烈刺激以后产生的。某一刺激物(如广告或产品的大幅度降价)的强烈刺激,会使顾客无意识地将有关信息或感觉储存于长期记忆中,就像烙印烙在人的记忆中一样。在进行购买决策时,也许他们自己并无意识,但这种滞留在记忆中的信息或感觉会发挥关键性的作用,从而导致磁滞现象的发生。

第二,顾客的忠诚度。在刺激物的刺激之下,新的顾客会加入到某种产品或品牌的消费者队伍之中。如果用后满意,他们会继续使用,从而形成对某一品牌的忠诚。这时,即使刺激物取消,他们也不会转而购买其他品牌。

第三,购买者的麻木状态。购买一个新的产品或品牌一旦成为习惯,购买者就不会再去购买老产品或老品牌。这时,他们对于刺激物的存在与否处于一种麻木状态。特别是工业品的购买者,一旦某一项重复性购买决策做出了,一般长时间不会改变,除非有非常意外的事情发生。

磁滞概念给我们的一个重要启示是:品牌价值是品牌所属企业长期不懈进行营销活动积累起来的营销磁滞。因此,品牌价值所带来的竞争优势是可持续的。因为营销磁滞有可能是负面的,所以企业一定要像保护自己眼睛一样精心保持自己的品牌资产和品牌价值。

三、品牌的作用

品牌价值表现在品牌的作用上。品牌的作用可以概括为建立差异、识别产品、保证质量和维护权益。

(一)建立差异

品牌的首要作用是建立差异,即在众多竞争者中使自己的产品成为独一无二的。品牌通过向消费者或用户提供一组特定的特点、利益和服务,并通过申请法律保护(即成为商标),建立起持久性的差异化特性。根据科特勒[1],品牌是一个复杂的符号标志系统,能够表达出下列六层意思:

(1)属性,如昂贵、制造和工艺精良、耐用、好的声誉。

(2)利益,即属性转化成功能和情感利益,如属性"耐用"可以转化为"我可以用很长时间"的功能利益,而属性"昂贵"则可以转化成"这东西体现了我的重要性和令人羡慕"的情感利益。

(3)价值,即品牌还体现了制造商的某些价值感,如高性能、安全和威信。

（4）文化，即品牌常常是一种文化的象征，如可口可乐、麦当劳体现着美国文化。

（5）个性，即品牌代表一定的个性，如万宝路让人想起富有冒险精神的美国西部牛仔。

（6）使用者，即品牌还暗示出购买或使用这种产品的消费者，如脑白金的使用者是中老年人。

品牌就是通过这样一个复杂的符号标志系统，把一个企业的产品或服务与竞争者的产品或服务区别开；而又通过申请法律保护，使其成为独一无二的。独一无二意味着竞争障碍，意味着其他企业的产品或服务不能完全取代本企业的产品或服务，也意味着企业有一定的特色优势。这一优势一旦建立起来，在法律的保护下，就是可持续的。

（二）识别产品

品牌以简单、扼要、清晰的方式，告诉了消费者或用户产品的生产者和产品的特点，给消费者或用户提供了一个识别产品和判断产品质量的根据，从而大大简化了消费者或用户选择商品的过程。由于能够帮助消费者或用户识别产品，所以从企业的角度看，它又是产品促销的一个很有效的工具。

（三）保证质量

品牌既代表着某一生产或经营者，也代表着这一生产或经营者产品或服务的一般质量。一个消费者之所以要特别去购买某个知名品牌的产品，往往是因为这一知名品牌产品在产品质量或服务方面有着良好的声誉。在现实生活中，大多数人买名牌，就是买产品和服务质量保证。这是因为，一方面名牌在产品或服务上更可靠，另一方面即使出现问题，由于名牌产品的企业需要保护其品牌不受损害，也会想办法尽量对消费者或用户的损失予以补偿。

（四）维护权益

企业的品牌一经注册，就取得了商标的专用权，其他企业不能仿冒。一旦发现仿冒产品，企业可以依法追究，这就保护了品牌拥有者的利益。消费者也可以利用产品的品牌来保护自己的权益，一旦发生产品质量问题，消费者有据可查，通过品牌来追查有关厂家或销售者的责任。

第二节　品牌决策的内容与品牌策划

图 8.2 表示了企业进行品牌决策的程序和内容。这些内容包括品牌化决策、品牌使用者决策、品牌数量和名称决策、品牌延伸决策和品牌再定位决策。

根据品牌决策的内容，品牌策划可以从以下几个方面进行：品牌化策划、品牌使用者策划、品牌设计、品牌数量策划和品牌扩展策划。品牌设计和品牌扩展策划内容较多，将放在本章第三节和第四节专门讲解。

一、品牌化策划

品牌化策划的目的就是决定是否使用品牌。如上所述，使用品牌具有建立差异、识别

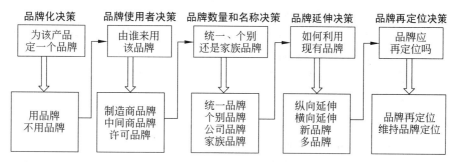

图 8.2　品牌决策的内容

产品、保证质量和维护权益等作用,但是也需要相当大的费用支出。另外,有的产品使用品牌意义不大。在下列情况下,企业可能会不使用品牌:①同质性产品,即品种、规格相同,产品不会因为生产者不同而出现差别;②人们不习惯认牌购买的产品,如白糖、食盐、一些农副产品、原材料和零部件等;③生产简单、无一定技术标准的产品,如土纸、小农具等;④临时性或一次性生产的产品;⑤人们已经习惯于某个经销商的品牌,乐于在此处购买包装简单、无品牌的商品。

由于品牌所起的差异化作用越来越显著,所以一些传统上不使用品牌的产品也开始使用品牌,如大米、食油、食盐和水果等。然而,也有一些企业反其道而行之,推出许多无品牌产品,如一些零售企业在其店中推出的"无品牌"商品。这些商品没有品牌,多为人们日常所需,如面条、卫生纸和一些罐装食品,包装简易。由于节省了包装、广告等费用,其售价比使用品牌的同类产品低 15%~30%,又有零售企业的信誉做担保,所以很受欢迎。

二、品牌使用者策划

一旦决定使用品牌,企业还要考虑使用谁的品牌。对于生产者来说,他可以使用自己的品牌;也可以使用别人的品牌,如中间商品牌或别的制造商品牌;还可以使用别人的特许品牌。做出品牌使用者策划的关键,是确认哪一种做法对企业、对产品更有利。

(一)使用制造商品牌

制造商品牌(manufacturer brand)即生产制造商创建和拥有的品牌。

品牌最初是产品生产者的标记,因此大多数生产制造商都拥有和使用自己的品牌,比如中国家电行业中的海尔、长虹、康佳、美的和 TCL 等。生产者使用自己的品牌,虽然要为此花费一定的费用,但可以获得品牌带来的全部利益。另外,生产制造商还可以将其品牌租借给他人使用,收取一定的特许权使用费。

(二)使用中间商品牌

中间商品牌(distributor brand)即批发商或零售商创建和拥有的品牌,常被称为中间商自有品牌(private brand)。

商业的发展使许多中间商有了自己的声誉,开始使用自己的品牌进行销售。例如,现在国内外一些大的超市零售商都经营自己的品牌,一些零售商自有品牌的销售占比高达

60％以上。中间商使用自己的品牌，可以大大增强它对制造商的渠道控制能力和针对制造商的议价能力，从而获得更高的收益。而对于制造商而言，使用经销商的品牌往往是迫不得已。那些产品质量好但品牌不强的企业，如果不依靠中间商通过自有品牌为其提供信誉保证，它们的产品可能很难打开销路。另外，一些品牌强势但产能过剩的企业，也可能为零售商生产自有品牌的产品。

（三）使用许可品牌

许可品牌(licensed brand)也称授权品牌，是指品牌所有者将自己所拥有或代理的品牌，以合同的形式授予使用者，并对其提供人员培训、组织设计、经营管理等方面的指导与协助，而使用者则按合同规定，从事生产经营活动，并向授权者支付相应的费用或权利金。

许可品牌可以分为生产许可和经营许可。生产许可指受许人使用授权者的品牌或商标以及专利、技术、设计和标准等以 OEM（贴牌生产）的方式生产，如可口可乐的灌装厂、奥运会标志产品的生产。经营许可也即经营特许(franchising)，指受许人使用授权者的服务品牌或商标进行服务与经营活动，如麦当劳、肯德基以及零售连锁企业的特许加盟店。

（四）混合使用品牌

企业还可以混合使用生产者品牌和经销商品牌，包括以下三种方式。

第一，生产者部分产品使用自己的品牌，部分批量卖给经销商，使用经销商品牌。这样做，既能保持本企业品牌的特色，又能扩大销路。

第二，为了进入新市场，企业先使用经销商品牌，取得一定市场地位后再改用自己的制造商品牌。比如，日本索尼电视机刚进入美国市场时，在西尔斯·罗巴克公司销售，先用西尔斯的品牌，产品受到市场欢迎后，再转用自己的品牌。

第三，两种品牌并用，兼收两种品牌单独使用的优点。例如，在香港，许多标有同一制造商品牌的产品，在不同商店都有出售，价格却不一样。在著名商店，同一商品往往比一般商店贵好几倍，并标有该店的经销商品牌，以示区别。

三、品牌数量策划

决定使用自己品牌的企业，还要对使用多少品牌做出选择，包括是否使用统一品牌、是否使用个别品牌、是否使用公司品牌以及是否使用家族品牌。

（一）使用统一品牌

统一品牌，即企业为其生产的各种产品使用相同的品牌。例如海尔集团，从冰箱、洗衣机、空调、电视机以及电脑等一系列产品，皆以"海尔"为其品牌。美国通用电气公司，也是所有产品只用"GE"一个品牌。

使用统一品牌，不仅可以节省发展新品牌的时间和费用，而且还可以集中力量突出品牌形象，显示企业实力，提高企业声望，节省促销费用，提高促销效果。另外，企业新产品上市也可以借助已有品牌的影响力，减少和消除人们对它的陌生感，缩短适应过程，更快也更容易打入市场。

不过，如果产品的质量水平参差不齐，使用统一品牌会模糊品牌形象；另外，如果一个产品出了问题,也会殃及统一品牌之下的其他产品。

(二) 使用个别品牌

个别品牌,即企业为其生产的各种产品使用不同的品牌,有时甚至针对不同的细分市场为相同的产品使用不同的品牌。最典型的就是宝洁,仅它的洗发水产品就有许多不同的品牌,如飘柔、海飞丝、潘婷、润妍、沙宣和伊卡璐等。

使用个别品牌,可以为每种产品寻求更适当的品牌定位,也可以起隔离作用,以免某一种产品的负面形象影响其他的产品。此外,个别品牌还有利于新种类和新定位产品的推广。例如,一家企业原来生产某种低档产品,当要开发另一种产品且定位高档时,就不宜采用原有品牌,因为原有品牌留给人的是低档次的形象。此时,企业可以选择使用一个新品牌,推出这种高档次产品。

(三) 使用公司品牌

公司品牌,即企业将其名称作为品牌使用,如海尔、长虹、TCL 等。

公司品牌用得最多的,还是服务性企业。比如,在电信运营商中,有中国电信、中国移动和中国联通;在银行中,有中国银行、中国工商银行、中国建设银行、中国农业银行、招商银行等;在零售商中,有沃尔玛、家乐福、王府井百货大楼、百联、国美和苏宁等;在宾馆业,几乎每一个城市都有很多当地知名的宾馆品牌。

(四) 使用家族品牌

家族品牌,即在企业的个别品牌前冠以统一品牌或公司品牌,以显示个别品牌的出处。

使用家族品牌,既可以使企业的某一种产品正统化,享受企业声誉带来的利益,又可以使产品有个性,适合目标市场的要求。例如,日本的丰田汽车,使用丰田登丰、丰田卡利姆和丰田皇冠等。美国通用汽车公司(GM)生产的各种小轿车,既有各自的个别品牌,如卡迪拉克(Cadllac)、别克(Buick)、奥斯莫比(Oldsmobil)、潘蒂克(Pontic)和雪佛兰(Chevrolet)等,前面又另加"GM"二字母,以表示它是通用汽车公司的产品。

第三节　品牌命名与设计

品牌作为一种识别标记,通常由三大主要部分构成:一是品牌名称,以语义符号指称企业的产品;二是字体图案,以形象体现产品特色或企业特征;三是色彩组合,以明度、色相、纯度突出和渲染品牌的感知氛围。所以,企业一旦决定使用自己的品牌,就需要进行品牌命名和设计。

一、品牌命名的原则

品牌命名如同给人取名,所用语义符号要给人留下深刻难忘的良好印象。一般而言,要遵循以下原则。

第一,易于发音、拼读和辨认。读音响亮、音韵好听的品牌,叫起来顺口,听起来顺耳,自然就便于流传。品牌名称要易于拼读,还应力求文字简洁。根据人们的记忆规律,一般多以两三个字为宜，超过五个字以上则不易记忆，而且印象模糊。

第二，独特新颖，不落俗套。好的品牌名称要有独特的风格，以便于记忆和识别。许多企业为了寻找独特的品牌名称，不仅避免常用词，而且选用一般字典上查不到的词。例如日本的索尼（Sony）、美国的柯达（Kodak），作为品牌使用之前，任何国家的词典上都没有这个词。现在则被人们看做"某公司的品牌名称"。这些词既易于注册又不易被假冒，在法律上具有专有性，在译成其他语言时又无不好的意思，容易被不同文化的顾客接受。

第三，提示产品特色。一般来说，品牌名称不允许直接用来表达产品性能、质地。但是，好的品牌名称又需要与产品本身有某种联系，如暗示产品的优点，使人产生某种联想。百事可乐的英语原文是 Pepsicola，Pepsi 发音清脆响亮，使人很容易联想到开启饮料罐时气体冒出的"嘶嘶"声，所以 1969 年，该公司重新设计品牌时，干脆去掉了 Cola，只保留 PePsi，并在 PeP 和 si 之间点断形成停顿，突出"嘶嘶"声，强调该品牌产品的个性。

第四，不触犯法律，不违反社会道德和风俗习惯。品牌名称作为一种语义符号，稍有不慎，便可能触犯目标市场所在国家或地区的法律，违反当地社会道德准则或风俗习惯，使企业蒙受不必要的损失。因此，品牌的名称要符合目标市场的法律、社会道德和风俗习惯。

二、品牌命名的方法

品牌命名有很多方法，下面是一些常用的。

第一，按照产品的主要性能、功能或作用命名，比如飘柔、海飞丝（洗发香波），冷酸灵、美加净（牙膏），前列康、爱心保（药品）等。这种方法使消费者望名知义，迅速理解产品效用，而且便于联想和记忆。

第二，依地名及名胜古迹命名，如长城、黄山、青岛、黄鹤楼等。这种品牌能直接显示产品的产地和地方特色，使消费者一看便想到产品的产地。不过，这种品牌必须选用众所周知的地名或名胜古迹，才能收到预期效果。地名没有特色，就不宜用做品牌命名的题材。

第三，以老字号为品牌，如中国历史上有名的王麻子剪刀、同仁堂中成药、老孙家羊肉泡馍、贵州茅台酒等。老字号为品牌，具有传统特色，为广大消费者所熟悉，可以扩大企业影响力，提高企业声誉。

第四，取材神话、传说与传奇故事。中国古代有许多美丽的神话、传说，人们日常生活中也流传着许多传奇故事，例如嫦娥奔月、木兰从军、八仙过海、牛郎织女、孙悟空大闹天宫等。从中提炼出品牌名称，很容易使人联想到某段历史或传统，激发消费者的兴趣。

第五，用数字作品牌。有两种情况：一是数字本身没有什么特殊意义，只是简单易记，容易上口，如英国的 555 卷烟，中国的 555 电池、666 高压锅、505 神功元气袋；另一种情况是利用数字的发音暗示，如某企业的品牌命名为 168，正是广东话"一路发"的谐音，能够迎合某些消费者的消费心理。

第六，用某种外文的中文译称命名品牌，如精工手表、美能达相机、可口可乐等。使用这种方法既可以意译，也可以音译，或两者结合。

三、品牌设计的要点

品牌是产品的标记,不但要有好的名称,还要有好的造型和色彩。另外,文字、图像和色彩的运用,必须具有显著的特征,能够与其他同类产品相区别。因此,品牌设计有一些要点,企业在进行品牌设计时需要特别注意。

第一,简洁明了,新奇独特。好的品牌设计,应当图案清晰,文字简练,符号简明,色彩醒目,个性鲜明。只有这样,企业的产品才能区别于其他企业的同类产品,对顾客产生吸引力,在"眼球竞争"中出奇制胜。

第二,易懂易记,启发联想。好的品牌设计,既蕴涵着丰富的信息,又使人容易明白和记忆。比如,不少国家的航空公司,都用箭或飞鸟作为其服务品牌的一个组成部分,以暗示飞机的快和稳定;有的食品企业,品牌设计是一个兴高采烈的人物肖像,给人以质量好的暗示。日本美能达(Minolta)相机的品牌设计,取英文字母中的"O"代表摄影镜头的镜片,拉丁字母的字体选择轮廓清晰、很有机械制造感的黑色,准确地传达出了光学产品的性质和特点。

第三,形象生动,美观大方。品牌既是产品的标记,又是产品形象及企业形象的代表物。因此,在设计上,要形象生动、美观大方、有强烈的艺术感染力。

第四,功能第一,传播方便。品牌的主要作用不是美化产品,而是传达特定的产品或企业信息。因此,作为产品的一个有机组成部分,品牌应为企业营销服务,尽可能适应各种传播媒体和手段的技术要求。品牌图像要能够符号化和可通用。可大可小,可正可反,可阴可阳,大而不疏,小而不密,正反一致,阴阳相似。

第四节　品牌扩展策划

企业常常利用自己已获成功品牌的声誉,推出新产品。这就是所谓的品牌扩展策略。进行品牌扩展策划,涉及品牌延伸、多重品牌和品牌再定位等几个方面的问题。

一、品牌延伸策划

品牌延伸(brand extension)是指企业利用其成功品牌的声誉来推出改良产品或其他类别新产品,如推出新的包装规格、口味和式样以及完全不同的产品等。比如,康师傅在成功推出康师傅方便面之后,又利用这个品牌推出冰茶、纯净水和其他一些新产品。显然,如果不利用康师傅方便面这个成功的品牌,这些新产品很难快速地打入市场。

通过品牌延伸,制造商可以节省宣传介绍新产品的费用,使新产品能够迅速、顺利地进入市场。品牌延伸有两种基本做法。

第一,纵向延伸,即企业先推出某个品牌的产品,成功以后,再用这个品牌推出新的、经过改进的产品,不断升级换代。例如,宝洁公司在中国市场上先推出飘柔洗发香波,后又推出创新一代的飘柔洗发香波;奥迪依次推出 A6-1.8、A6-2.4、A6-2.8 等车型;英特尔依次推出 286、386、486、586 等芯片;波音依次推出 727、737、747 等机型。纵向延伸的特点是:基于同一品牌,不断推出有所变化的产品,满足顾客不断增长的需要,巩固企业的市场地位。

第二，横向延伸，即把成功品牌用于新开发的不同产品，如上面所讲的康师傅。娃哈哈集团也采用横向延伸，先后以娃哈哈品牌推出口服液、果奶、纯净水和服装等产品。

有些企业将品牌延伸与促销相结合，把已获成功的高档次品牌用在新开发的低档次产品上，用以招徕顾客。比如，某公司以高档金笔的品牌闻名。为了满足一般消费者对名牌的渴望心理，它推出大众化钢笔，很快走俏市场。不过，这种策略有很大的风险，因为时间一长，消费者可能会认为其品牌价值下降了，高档品牌不再高档。

二、多品牌策划

与品牌延伸相对应的，就是在推出新产品时使用新的品牌。由此，发展为多品牌策略。

企业采用多品牌策略的原因有以下几种。①有助于在零售终端与竞争者竞争。多种不同的品牌只要被零售商店接受，就可占用更大的货架面积，挤压竞争者的展示空间。②有助于提高企业产品的市场占有率。在日用品购买中，顾客经常会转用品牌。多品牌可以赢得一些品牌转换者，不使他们流失。另外，多品牌策略还可以使企业的产品深入到各个不同的细分市场，获得更大的市场份额。③有助于在企业内部各个产品部门、产品经理之间开展竞争，提高生产与营销效率。

不过，在推出多种品牌时，如果每个品牌的竞争力都不强，则对企业而言，就是资源的浪费，不如将资源集中用于少数有发展潜力的品牌上。因此，使用多品牌的企业经常需要考虑应该放弃哪些较弱的品牌，重点发展哪些强势品牌。

是否使用多品牌策略？是否要为同一产品增加新的品牌？在进行选择时，企业需要考虑以下问题。

第一，企业是否能为顾客找到购买新品牌的理由？如果顾客认为新品牌仅仅是名称或标志的不同，缺乏有实际意义的变化，要让其接受就比较困难。

第二，新品牌的销售收入是否足以弥补品牌开发和促销费用？如果新品牌的销售收入不足以弥补品牌开发和促销费用，那么多品牌策略就失去了意义。

第三，新品牌会减少企业原有品牌的市场份额吗？与其新争得市场份额相比，损益如何？如果不能从总量上扩大销售，就意味着新品牌的成长要牺牲原有品牌的收益，多品牌并用不一定有利。

三、品牌再定位策划

即使最初品牌在市场上的定位很好，但随着时间的推移，也可能需要重新定位。这主要是因为环境在不断地变化。比如，某竞争者推出一个品牌，与本企业品牌的定位相近，使本企业品牌的市场占有率下降。再如，目标顾客的喜好发生了变化，由原来喜欢本企业的品牌形象到转而喜欢其他企业的品牌形象，致使本企业品牌的销售减少。在类似这样的市场情况下，企业就需要进行品牌再定位。

进行品牌再定位策划时，策划人员需要考虑再定位的成本和收益。一般来讲，新旧定位距离愈远，成本或费用就愈高。而收益大小则取决于再定位市场的规模。企业需要权衡各种重新定位的收入和费用,然后决定如何为品牌再定位。

另外,在企业的定位战略(表 5.6)中,品牌再定位属于其中的重新定位。而重新定位战略有弥隙定位、共存定位和取代定位三种类型。策划人员需要根据企业的市场地位与竞争者之间的关系,确定使用哪一种战略。

本章小结

品牌是一种名称、术语、标记、符号或设计,或是它们的组合,用以辨认某个生产经营者或销售者的产品或服务,并使之与竞争对手的产品和服务区别开来。

品牌与商标的区别在于:品牌是一种商业称谓,商标则是一个法律术语;商标相当于一个受法律保护的品牌,而品牌如果没有注册,则不受法律保护。

品牌价值来源于品牌资产,分为顾客对品牌的认知、顾客对品牌的忠诚度、顾客对产品质量的感知、顾客对品牌产品在使用或消费过程中产生的附加联系、品牌资产的其他专有权(如专利、商标、营销渠道中的分销成员之间的关系)等。而品牌资产又来源于营销磁滞的积累。

磁滞是一个因素的暂时性变化引起了另一个因素的永久性变化。营销磁滞产生的主要原因有三点:顾客的长久记忆、顾客的忠诚度和购买者的麻木状态。

品牌的作用可以概括为建立差异、识别产品、保证质量、维护权益。

品牌决策的内容分为品牌化决策、品牌使用者决策、品牌数量和名称决策、品牌延伸决策和品牌再定位决策。

品牌化策划的目的就是帮助企业决定是否使用品牌。

一旦决定使用品牌,企业就要考虑使用谁的品牌。企业既可以使用自己的品牌,也可以使用别人的品牌,如中间商品牌或别的制造商品牌,还可以使用自己与别人共有的品牌。

决定使用自己品牌的企业,还要对使用多少品牌做出选择,包括是否使用统一品牌、是否使用个别品牌、是否使用公司品牌以及是否使用家族品牌。

在决定了使用自己的品牌之后,企业还要考虑品牌质量。品牌质量是指使用该品牌的产品质量,主要反映该品牌产品的耐久性、可靠性、精确性、易于操作和便于修理等有价值的属性。企业有三种可供选择的策略,即提高品牌质量定位、保持品牌质量定位和逐渐降低品牌质量定位。

品牌命名与设计,即为创建品牌而进行的策划,内容包括品牌名称、字体图案组合和色彩组合。

品牌扩展策划包括品牌延伸、多重品牌和品牌再定位等方面的策划。品牌延伸有纵向延伸和横向延伸。多重品牌策划就是在推出新产品时使用新的品牌,采用多品牌策略。品牌再定位策划即为企业某一品牌改变定位进行的决策。

思考题

1. 你怎样理解品牌有价?
2. 你认为品牌价值来自何处?
3. 你怎样理解品牌的作用?
4. 品牌决策的内容有哪些?
5. 品牌策划有哪些重要内容?
6. 如何进行品牌命名与设计?
7. 品牌延伸有哪些优点和缺点? 如何进行品牌延伸策划?
8. 多品牌策略的优点和缺点各是什么? 如何进行多品牌策划?
9. 品牌为什么要重新定位? 如何进行品牌再定位策划?

参考文献

[1] Kotler P. Marketing Management (10th Ed.)[M]. Beijing:Tsinghua University Press,2000:
404-405.

[2] 夏扬. 论品牌资产的价值基础[J]. 管理现代化,1996,(4):22-24.

[3] 庄贵军,周南,欧阳明. 市场营销中的磁滞现象[J].北京商学院学报,2001,16(1):9-12.

[4] Simom H. Hysteresis in marketing:A new phenomenon? [J]. Sloan Management Review,1997,
38(3):39-49.

[5] Brown T M. Habit persistence and lags in consumer behavior[J]. Econonmetrica, 1952,
20 (July):355-371.

王麻子剪刀①

2003 年 1 月 23 日,中国著名品牌、始创于清朝顺治八年(1651 年)的老字号北京王麻子剪刀厂向法院申请破产。根据相关审计资料,截至 2002 年 5 月 31 日,北京王麻子剪刀厂资产总额 1 283.66 万元,负债总额 2 779.98 万元,资产负债率为 216.6%。王麻子剪刀厂无奈之下,被迫申请破产以求还债。

一、北京刀剪业的象征

"北有王麻子,南有张小泉",这是近代中国刀剪行业中出现的两大泰斗。北京王麻子在长江以北地区家喻户晓,市场占有率在 50% 以上。依托 300 多年的品牌积淀,王麻子成为北京刀剪业的象征。

---

① 改编自胡纲 2003 年 3 月 9 日在智囊财经报道(www.brains.com.cn/)上发表的文章《王麻子错在哪里?》。

从始创品牌直到 20 世纪 50 年代末的几百年间,王麻子自身并不生产剪刀,而是采取一种类似于现代"贴牌"的经营方式,从大量普通匠人的供货中精选出质量上好的剪刀,然后打上"王麻子"的钢印出售,正是凭借精品效应,王麻子剪刀才逐渐洗练成名扬四海的国货名品。然而,这样一块凝聚国人数百年心血的品牌,怎么说倒下就倒下了?

二、品质成就了王麻子

王麻子创牌伊始,就认识到了产品质量的重要性,将品质作为立身之本。为保证质量,掌柜的(相当于总经理)亲自下去选货,并形成了自己的一套质量检测体系,即"三看"、"两试"。"三看"是看外观、看刃口、看剪轴;"两试"是试剪刃、试手感。凡无法通过检测的产品一律不予销售,以保证门市柜台卖出的都是一流精品。

王麻子自身不参与生产流程,而是大量收购普通匠人制出的剪刀,精选出质量上好的剪刀,打上"王麻子"的钢印出售,淘汰的产品全数退回,有点类似现在的 OEM(贴牌生产)的一套体系。直到 1959 年,随着需求和规模的扩大,王麻子才逐渐由贴牌向制售一体过渡,正式成立了北京王麻子剪刀厂。

王麻子的产品不仅在门市柜台上出售,为了扩大销量,王麻子经常派伙计(相当于销售员)采用走街串巷担卖、赴庙会开设售点、下农村挨户售卖等方式拓展销路。为了做宣传、闯牌子,王麻子剪刀铺卖出的剪刀都装在一个印有"王麻子"字样的纸袋里。王麻子有一项重要的服务承诺:如在一年之内,发生某种损坏情况,包换包退。王麻子说到做到,即使有超过一年损坏而要求退换的也照样受理。

王麻子杂货铺的剪刀,以其质量好、服务佳而远近闻名,赢得了美誉。经过几百年发展,王麻子品牌可谓名扬四海。

三、问题出在哪里

时至今日,北京王麻子由鼎盛时期的每月生产 7 万把,到破产时全年还不到 10 万把的产销量,这种巨大的落差,到底是何种因素使然?在王麻子品牌依然响亮的光环中,王麻子品牌的拥有者竟然宣布破产还债,问题何在?

(一)品牌维护

王麻子招牌名声在外以后,从民国开始,北京就有很多地方出现了"汪麻子"、"旺麻子"、"老王麻子"、"真王麻子"等招牌,企图以假乱真,争取顾客。由于当时市场竞争不甚激烈,加之王麻子剪刀在质量上的精品口碑,这些假冒"王麻子"都没有能够立足。

步入市场经济,传播手段极大丰富,造假者乘虚而入,造成大量假货充斥市场,致使王麻子品牌形象严重受损。面对如此窘境,由于经营状况等各种原因,王麻子并没有在打假上投入力量。

在品牌继承上,王麻子也犯下了不可原谅的错误。在 2002 年 4 月 4 日北京市工商局公布的重新认定的 173 件北京市著名商标中,王麻子竟然不见了,而新秀品牌如曲美家具、婷美等却昂然其中。在得知王麻子因没有申报而未能入选的消息后,北京王麻子剪刀厂厂长白锡乾竟非常震惊地说:"什么时候申报的?我一点儿消息都不知道。"

(二)产品与品牌创新

1959 年北京市人民政府正式命名成立王麻子剪刀厂后,充实了设备,进一步改进工艺,使产品质量更上一层楼,一度远销港澳及东南亚各国。但随着市场经济的到来,企业缺乏创新意识，坐吃老本，显露出新产品开发速度过慢、难以跟上市场步伐的弊端。与诸如"十八子"等一些新牌子相比，王麻子在产品款式、科技技术含量上已经显得土气。利润高的旅游刀具等中高档产品，更没有王麻子的踪影。

（三）机制老化

作为一家老国有企业，王麻子品牌在继承老字号深厚文化遗产的同时，也背上了沉重的机制包袱。有关资料显示，1997 年时，该厂在岗职工 697 人，退休职工却已达 500 多人。企业机制、管理方式、产品开发及外部环境等几方面的不足与制约，导致王麻子处境日趋艰难。2001 年，王麻子经历了停产、改制等过程，但销售情况依然不景气，降到了新中国成立后的最低点，平均每月仅销售 1 万把菜刀、十几万把剪刀，总销售额仅仅 1 500万元，亏损达 200 多万元。

（四）延伸失误

1995 年，王麻子刀剪厂与北京市文教器材厂等十几个厂子合并成立王麻子工贸集团公司，并重新注册了王麻子商标。合并后的新王麻子，在产品的商标使用上，新、老商标紊乱，被用在不同的产品上。合并当年就亏损 100 多万元。此后，王麻子便一蹶不振，平均每年亏损近 300 万元。

1999 年，王麻子工贸集团中的王麻子剪刀厂及另外三家厂子又被合并划归为北京昌平区的区属企业。因为王麻子工贸集团注册在先，真正王麻子的传人竟只能重新注册"栎昌王麻子"商标。

这一通分分合合，王麻子内部不仅乱作一团，品牌资产更是支离破碎。王麻子便这样一直挣扎于混乱之中，亏损也越来越大。

（五）传播乏力

由于经营不善，近几年来，王麻子的品牌宣传少得可怜，总共投入也不过是区区的几万元资金。尽管依仗百年品牌积淀的福祉，还有一些老人的口碑传播，但品牌知名度已呈下降趋势。

讨论题

1. 从这个案例中，你得到了什么启示？
2. 除了案例里讲的一些原因，你觉得还有什么因素导致了王麻子的衰落？
3. 尽管王麻子倒了，你觉得王麻子的品牌还可以怎样被利用？

案例 8.2

不该争的第二个标王①

在 20 世纪 90 年代，秦池从山东临朐县的一个年产不足 1 万吨的小酒厂，发展为年销售额突破 10 亿元的名牌企业。秦池用 6 年的时间攀上了巅峰，但是却用更短的时间又跌

_____

① 改编自鲁超国和刘海鹏 2008 年 6 月 17 日发表在《钱江晚报》的文章《秦池：大起大落之后的中庸》以及其他报道。

入了深渊。秦池的故事因其连续两年成为央视年度标榜广告的"标王"而广泛流传。

1995年11月8日,秦池酒厂销售经理姬长孔带着一张3 000万元的支票,来到北京梅地亚中心中——央电视台的一个综合性商务宾馆。3 000万元,这几乎是去年一年厂里的全部利税。姬长孔此行的目的,就是要去争央视年度标榜广告的"标王"。不过,他被懂行者告知,3 000万元只是"标王"价格的一半。

经过商讨,秦池酒厂决定拿出比1994年的"标王"多一倍的价格争取,取了一个吉利的数字:6 666万元。当主持人用嘶哑的嗓音叫响"临朐秦池,6 666万元!"时,台下的反应是——"谁是秦池?""临朐在哪里?"

成为中央电视台的标王,为秦池带来了巨大的影响和声誉。经新闻界的一再炒作,秦池在全国一夜之间由无名小辈变成了公众明星,产品知名度、企业知名度大大提高,使秦池在白酒如林的中国市场成为名牌。全国各地商家纷纷找上门来,在很短的时间建立起遍布全国的销售网络。

秦池迅速成为中国白酒市场最显赫的新贵。1996年,根据秦池对外通报的数据,当年销售收入9.8亿元,比1995年增长500%;利税2.2亿元,比1995年增长600%。秦池很快完成了从一个地方酒厂到一个全国知名企业的转变。

1996年11月,姬长孔再次来到梅地亚,用3.2亿元再夺"标王"。不过,树大招风。一个县城小企业,竟喊出3.2亿元的天价,遭到人们质疑。要消化掉3.2亿元的广告成本,秦池必须在1997年完成15亿元的销售额,产销量必须在6.5万吨以上。秦池准备如何消化巨额广告成本?秦池到底有多大的产能?

1997年1月,当姬长孔兴冲冲赴北京领取"中国企业形象最佳单位"奖时,《经济参考报》刊出一组三篇关于秦池的通讯。该报的4位记者调查发现,秦池在山东的基地每年只能生产3 000吨原酒,根本无法满足市场的需要。因此,该厂从四川宜宾邛崃的一些酒厂大量收购原酒,运回山东后进行"勾兑",然后以"秦池古酒"、"秦池特曲"等品牌销往全国。这组报道被广为转载,引起了舆论界与消费者的极大关注。在巨大的危机面前,秦池竟然做不出任何有效的反应。在新闻媒体的一片批评声中,消费者迅速表示出对秦池的不信任。秦池的市场形势开始全面恶化,销售额急剧下降。

1997年,尽管秦池的广告依旧铺天盖地,但销售收入比上年锐减。当年,秦池完成的销售额不是计划的15亿元,而是6.5亿元;第二年,更是下滑到3亿元。从此一蹶不振,最终从传媒的视野中消失了。2000年,秦池商标被法院判决裁定拍卖。

讨论题

1. 如何从营销磁滞角度解释秦池现象?

2. 根据营销磁滞的概念,在第一个标王使秦池迅速成为中国白酒市场最显赫的新贵后,为什么秦池不该争第二年标王?

3. 秦池品牌还有价值吗?可以怎样被利用?

第九章

企业价格策划

企业的营销活动由四个基本的战术要素组成,即产品、促销、分销和定价。企业通过前三个要素创造和传递顾客价值,通过价格要素获取收益。价格决定着企业收益的大小。其他因素做得再好,如果不能体现在价格上,不能让企业得益,从营销的角度讲也是失败的。不过,因为价格方面出现的问题很容易用其他方面的问题解释或掩饰,所以企业如果定价有误,一般很难发现。因此,企业价格策划不仅非常重要,而且也很困难,有很高的艺术性。

本章介绍企业价格策划的主要内容,包括价格构成、价格的基础与企业定价权、企业的定价目标、企业的定价方法以及企业价格策划的程序。

第一节　价格构成

价格构成是指构成价格的各要素及其在价格中的组成状态或比例。它实际上是站在卖方的角度看价格。由于商品种类繁多,规格千差万别,经过的环节也不一样,所以其价格有不同的构成。表 9.1 显示了商品价格构成在生产、流通的不同环节上的具体因素。

表 9.1　商品的价格构成

生产环节			流通环节						增值税	含增值税价格
生产成本	工业利润、农业纯收入	消费税、资源税、农业税*	产地批发环节		销地批发环节		零售环节		生产的销售商品环节增值税	含税工业品出厂价格
			流通费用	批发利润	流通费用	批发利润	流通费用	零售利润		
生产者价格			进销差价						批发环节增值税	含税批发价格
产地商业批发价格					地区差价					
销地商业批发价格							批零差价		零售环节增值税	含税零售价格
零售价格										

资料来源:翟建华,孙德峰. 价格理论与实务[M].大连:东北财经大学出版社,2002;80.

* 农业税在中国于 2009 年取消。

由表 9.1 可见,从供应者角度,商品的价格构成大致可以分成生产者价格构成和经营者价格构成。生产者价格构成是商品在生产环节价格的构成。比如,工业品出厂价格的构成有三种情况:①一般工业品出厂价由生产成本、工业利润构成;②如果工业企业生产的是应税消费品,则出厂价格是由生产成本、利润和消费税三个因素构成;③如果是矿产品开采和盐的生产企业,则出厂价格是由生产成本、利润和资源税三个因素构成。三种情况再加上工业生产环节增值税,则为含税工业品出厂价格。农产品收购价格由农产品生产成本、农业税(农林特产品是农业特产税)和农业纯收益构成。

经营者价格构成是商品在流通环节价格的构成。比如,产地批发价格由出厂价格(或收购价格)加产地批发企业流通费用和利润构成,再加上该环节的增值税,则为含税产地批发价。销地批发价格由产地批发价格加销地批发企业的流通费用和利润构成,再加上该环节的增值税销项税额,则为含税销地批发价。商品零售价格由批发价格加零售环节的流通费用和利润构成,再加上该环节增值税,则为含税零售价格。我们在商店中购买商品时的价格,就是含税零售价格。

尽管商品价格构成的具体因素有很多变化,但是生产成本、经营费用、税金和利润是四个基本要素。

一、生产成本

生产成本是指生产制造企业或其他生产单位(如农民)为生产商品和提供服务而发生的、用货币测定的各种付出。它是生产过程中各种资源利用情况的货币表现。

工业品生产成本由制造成本和期间费用构成。其中,制造成本是指与企业直接生产过程有关的物质消耗和工资支出,包括直接材料、直接工资和制造费用三个部分。直接材料是指在生产过程中消耗的原材料、辅助材料、备品备件、燃料和动力等;直接工资是指生产过程中所耗费的人力资源,可用工资额、补贴和福利费等计算;制造费用则是指生产过程中使用的厂房、机器、车辆及设备等设施及机物料和辅料,它们的耗用一部分是通过折旧方式计入成本;另一部分是通过维修、定额费用、机物料耗用和辅料耗用等方式计入成本。

期间费用指与直接生产过程无关但又与生产活动有关的费用,包括管理费用、财务费用和销售费用。

生产成本是衡量生产耗费的尺度,是计算生产制造企业盈亏的依据,也是企业制定产品价格的一个重要基础。生产制造企业只有当其收入超出其为取得收入而发生的支出时,才有盈利。因此,生产成本规定了生产制造企业出售其产品的最低价格界限。低于这一界限,生产制造企业就入不敷出,发生亏损。

二、经营费用

经营费用也称为销售费用或销售成本,指企业在销售产品、自制半成品和提供服务过程中所发生的各种费用,包括由企业负担的包装费、运输费、广告费、装卸费、保险费、委托代销手续费、展览费、租赁费(不含融资租赁费)和销售服务费、销售部门人员工资、职工福利费、差旅费、办公费、折旧费、修理费、物料消耗、低值易耗品摊销等。

设有独立销售机构(如门市部、经理部)的工业企业,其独立销售机构所发生的一切费用均列入销售费用。未设立独立销售机构且销售费用很小的工业企业,按照规定,可以将销售费用并入管理费中。商业企业在商品销售过程中所发生的各项费用属于商品流通费,一般不计入商品的经营费用,而是通过商品的进销差价(表9.1)来直接补偿。

经营费用可以再分为变动性经营费用和固定性经营费用。变动性经营费用是指企业在销售产品过程中发生的与销售量成正比例变化的各项经费,如委托代销手续费(代理商佣金）、包装费、运输费、装卸费等。固定性经营费用是指企业在销售产品过程中不随产品销售量的变化而变化的各项费用，如租赁费、销售人员的工资、办公费、折旧费以及销售人员培训费等。

三、税金

税金是纳税人依法向国家或地方政府缴纳的各种费用，如消费税、营业税、城乡维护建设税、资源税、土地增值税等。它负担着国家和地方政府运转以及为国民提供服务所需的费用。国家安全、国家外交、社会基础设施建设、社会福利、教育、保健卫生、警察和消防等这些方面的支出，大多来自税金。

商品价格构成中的税金，主要发生在生产制造企业的商品销售环节、批发企业的批发环节和零售企业的零售环节，是增值税（表9.1）。

课税的基础是计税价格，即课税对象在计算应征税额时使用的价格，如消费税以出卖产品的销售价格为计税价格，进口关税以到岸价格为计税价格。一般而言，计税价格越高，应纳的税额越多；反之，则越少。

计税价格有含税价格和不含税价格两种形式。含税价格是商品或服务包含税金在内的销售价格。国家一般以含税价格为计税基础，含税价格乘以税率即为企业应纳的税金。企业以含税价格对外销售其产品或服务在取得销售收入之后，需要向税务机关交纳税金。不含税价格是不包含税金在内的商品或服务的销售价格。一种商品销售价格中不含税，通常有三种情况：一是国家规定对该产品不征税；二是国家对该产品免税；三是实行价外税制度。前两种情况一般适用于增值税以外的流转税，第三种情况一般适用于增值税或从量定额计征的税种。

四、利润

利润是一个企业生产经营成果的最终体现。由表9.1可见，利润发生在每一个生产或经营环节。一般而言，企业的利润越多，其绩效就越好；在市场体制健全的条件下，也意味着企业为顾客创造的价值和对社会做出的贡献越大。反之，则反是。

利润有多种不同的表现方式，如毛利润、净利润、利润总额和商品的单位利润等。

毛利润简称毛利，由企业的营业收入减营业成本而得。比如，一家企业的营业收入为60亿元，业务成本是40亿元，那么它的毛利就是20亿元。

毛利润减去经营费用和应交纳的税金以后就是营业利润。比如，上面企业业务收入的经营费用为5亿元，需要按照业务收入的20%交纳税金，即纳税额为1.2亿元，则其营业利润就是13.8亿元。

营业利润加上营业外收入，减去营业外支出，就是利润总额。比如，上面企业无营业外收入和支出，那么其利润总额与营业利润相等，都是13.8亿元。

从利润总额中减去按规定交纳的所得税，就是净利润。净利润的计算公式为：

$$净利润 = 利润总额 \times (1 - 所得税率)$$

比如，上面企业的所得税率为20%，那么其净利润就是11.04亿元。

商品的单位利润指一单位商品内所含的利润。它等于商品单价减去该商品内所含生产成本、流通费用和税金以后的剩余,也等于一种商品给企业带来的总利润额与该种商品销售量之商。它与商品价格的关系最为密切。

第二节　价格的基础与企业定价权

在没有其他限定条件下,价格指单价,即一个计量单位的某种商品与某一种货币的交换比例。商品单价包括三项基本内容:①计量单位,如一件、一个或一台等;②计价货币,如人民币、美元或欧元;③单位商品的价值金额,如每件 3 元、每吨 500 美元、每辆 40 000 欧元。

价格是商品或服务与货币交换的比例。从生产经营者的角度看,价格是他们劳动成果的体现,也是其利润源泉;从购买者或消费者的角度看,价格则是他们为得到一个单位的某种产品或服务而必须付出的货币成本。

一、价格的基础

价格的基础是价值。不过,我们这里按照营销学的传统,从购买者或消费者的角度理解价值,将价值看做顾客价值(customer value),即购买者或消费者从某一特定产品或服务中获得的利益总和,包括产品价值、服务价值、人员价值和形象价值。因此,市场交换不是按照"等价交换"的原则进行的——一个人之所以会购买,是因为他认为他所购买物品的价值(给他带来的利益或满足感)大于他手中货币的价值(给他带来的利益或满足感)。

"价格的基础是价值"有以下两种含义:其一,价值是购买者衡量一个价格是否可以接受的最高基准——在正常情况下,一个购买者不会接受一个他认为价格大于价值的产品或服务;其二,企业必须向市场提供物有所值的产品或服务,即企业提供的产品或服务至少对于一部分购买者(一个细分市场)而言价值大于价格,否则企业没有存在的意义。因此,从经验的角度看,顾客价值就是所谓的"顾客感知价值"——购买者所感知到的商品能够给他带来的利益或满足感。

不同的人对同一事物的感知是不一样的;同一个人在不同的时间或用不同的方式获得的感知也不相同。因此,顾客感知价值有很强的主观色彩——不同的人对于同一个产品价值的感知或判断是不同的。不过,如果我们把顾客感知价值看做社会某一个群体感知到的一个产品或服务给其带来的平均利益,那么它就具有了客观性,即它不是以某一个人感知的改变而改变。从这个意义上讲,主观价值不主观。

一个顾客对于一个产品或服务的感知价值常常会和其他人的感知价值不一致,甚至与社会平均的顾客感知价值有很大的差距。可能的原因有两个:第一,他对这个商品能给其带来的利益不了解或不关心;第二,他对每一单位货币的价值与别人有不同的感知。正是因为这种差别,给市场细分提供了可能性和必要性(参看第五章第三节)。

二、顾客感知价值与参考价格

顾客感知价值与参考价格(reference price)很像。参考价格(reference price),也被称为心理价格或保留价格,是指消费者在购买决策时用来与观测到的实际价格进行比较的那个心理标准[1]。一般而言，观测到的价格低于参考价格时，消费者会感到物有所值，这是其购买的一个必要条件；反之，则会觉得物非所值，不愿购买[2]。按照维纳尔（Winer）的说法，"假设 P_o 是观测到的零售价格，P_r 是消费者个人内心的参考价格。P_o-P_r 为正，消费者就会感到物有所值；P_o-P_r 为负，消费者就会感到物非所值"[3]；只有在感觉物有所值甚至物超所值时，消费者才会考虑购买。换言之，与顾客感知价值类似，一个商品的参考价格也是一个购买者愿意购买那个商品的最高价格。

不过，参考价格也有与顾客感知价值不同之处。它一般会低于顾客感知价值，因为它是顾客自觉不自觉整合各种相关信息（不仅仅是商品能够给他带来的利益或满足感）而形成的一个价格心理标准。影响顾客参考价格形成的因素很多，其中一个很重要的因素是市场上竞争产品的多少以及相对优劣。即使顾客对一种产品的感知价值不变，如果有更多的竞争产品且竞争产品在价格上更有优势，那么顾客也会形成对这种产品较低的参考价格。因此，一个企业要想使其产品在市场竞争中胜出，就要想办法使顾客对其产品形成较高的参考价格。此时，即使企业的产品价格较高，顾客也会接受；而当企业的产品价格较低或与竞争的产品价格相同时，顾客会更乐于接受，由此企业产品的市场占有率得以提高。

参考价格的概念有助于企业在定价时思考产品价格的上限。根据企业定价理论[4]，企业定价有上下两个界限：下限是生产成本和运营费用，产品价格必须能够弥补生产成本与运营费用，否则企业就会亏损；上限就是顾客关于企业产品的参考价格，企业的产品价格不能高于这一价格，否则购买者就会感到物非所值或有更好的替代品，从而放弃购买企业的产品。根据内部成本核算，企业很容易确定定价的下限。然而，要确定定价的上限，因为涉及的因素太多，而且这些因素又在变动之中，所以非常困难，企业需要进行深入细致的市场调研才能有所把握。

三、企业定价权

企业的定价权与市场结构密切相关。在完全竞争的市场上，价格完全由市场决定，企业只是价格的接受者；在垄断竞争市场上，企业对价格的控制程度取决于产品的差异化程度。产品差异化程度越大，企业对价格的控制能力越强；在寡头垄断市场中，少数企业控制着整个市场，它们对自己的产品有很大的垄断性和定价权；在完全垄断的市场中，企业对价格有很大的控制权，但是一般会受政府的干预与管制，以防止企业获取过高的利润，损害消费者利益。

表 9.2 给出了影响企业定价权的一些具体因素。其中有一些与竞争结构有关，如主要竞争对手的数量、企业与竞争者的成本结构相似度、需求增长状况、市场进入壁垒和市场退出壁垒，有一些则与企业营销其他的环境因素有关，如顾客的地理分布、产品占消费或生产成本的比例、顾客忠诚度、产品差异性、品牌强度、品牌或产品象征意义以及政府管制。

表 9.2　决定企业定价自由度的因素

影 响 因 素	企业定价的自由度	
	高	低
主要竞争对手数量	很少	很多
企业与竞争者的成本结构相似度	小	大
需求增长状况	速度快、稳定	速度慢、不稳定
固定成本与可变成本之比	低	高
过剩产能	小	大
顾客的地理分布	分散	集中
产品占消费或生产成本的比例	小	大
市场进入壁垒	高	低
市场退出壁垒	低	高
顾客忠诚度(转移成本)	大	小
企业与竞争者之间产品的差异程度	大	小
品牌强度	强	弱
品牌或产品象征意义	大	小
政府管制	有	无

四、价格的质量指示功能

一般情况下,一种产品的市场需求会随着价格的涨跌呈反向变化。于是,当一个企业降低其产品售价时,往往会问:销售量将增加多少?当提高产品价格时,又会问:每单位产品增加的收益能否弥补销售量下降带来的损失?这种价格观念虽然十分有助于经济学中的理论分析,但是由于忽视了消费者购买过程中的心理因素的影响,所以它常常与现实相悖。一些研究发现,需求量有时会随着价格的上升而增大。其中一个重要原因,是价格的质量指示功能。

随着市场经济的发展,产品种类增多,产品差异化加大,特别是高技术产品出现,使得消费者成为购物专家的可能性越来越小。为了在购物时买到称心如意的产品,消费者不得不依靠各种各样的指示器判断产品质量的优劣。商标、包装,公司的规模、历史甚至财务状况都可能被用来作为判断一个产品质量高低的依据。价格更是因其易于衡量的特性而成为指示产品质量的一个最重要的工具[5]。

经验告诉人们,价格高的产品并不总是比价格低的产品质量好,但是高价产品比低价产品质量好的可能性大。因此,消费者在选购商品时总是试图在花钱多少和风险大小之间做出平衡。为了躲避决策风险,消费者常常购买高价品牌或商品,特别是当消费者购买的目的是作为礼物送人时,更是如此。

在企业定价中,恰当地运用价格的质量指示功能,能够使企业获得更多的利益,在市场上占据更有利的竞争地位。比如，质量高低难以判断且差异较大的产品、对主件影响较大的零配件、礼品等，适合于运用价格的质量指示功能定较高的价；而追求商品的象征意义、缺乏自信以及不愿承担风险的消费者，最常用价格的质量指示功能判断产品的质量，也易受高价策略的影响。

第三节　企业的定价目标

企业的定价目标是企业通过为产品定价所要达到的目的，体现且服从于企业的营销目标。企业的营销目标包括销售目标、利润目标、满意目标和形象目标等（参看第五章第二节），企业定价目标则分为销售目标、利润目标、竞争目标和生存目标等。表9.3显示了它们的对应关系。

表9.3　企业定价目标与营销目标的对接

定价目标	营销目标				
	销售目标	利润目标	满意目标	形象目标	其他目标
销售目标	通过价格工具，提高销售额、销售增长率和市场占有率	通过价格工具，提高销售额的同时提高利润额。有时会有矛盾	通过价格工具，为顾客提供利价比更高的产品，扩大市场需求	通过价格工具，塑造高利价比形象，扩大市场需求	……
利润目标	以提高销售额为途径提高利润额。有时会有矛盾	通过价格工具，提高净利润、销售利润率和投资收益率	通过价格工具，为顾客提供利价比更高的产品，提高利润额	通过价格工具，塑造高利价比形象，提高利润额	……
竞争目标	通过价格工具，在竞争中提高或维持自己的市场占有率	通过价格工具，在竞争中提高或维持自己的利润水平	通过价格工具，为顾客提供利价比更高的产品，提高竞争力	通过价格工具，塑造高利价比形象，提高竞争力	……
生存目标	通过价格工具，在逆境中获得可生存的销售额	通过价格工具，在逆境中获得可生存的利润	满足顾客对"长尾巴"产品的需求	……	……
其他目标	……	……	……	……	……

比如，定价目标中的销售目标与营销目标中的销售目标完全一致，目的都是为了提高或维持企业的销售额、销售增长率和市场占有率。不同在于，定价目标中的销售目标主要通过企业定价和价格调整来实现，而营销目标中的销售目标不仅仅通过价格工具来实现，而且通过其他营销因素（如产品、促销、营销渠道和顾客关系管理）来实现。另外，定价目标中的销售目标与营销目标中的利润目标、满意目标、形象目标等虽然关注点不同，但是并不矛盾。

一、销售目标

销售目标是以销售额的增大为导向的定价目标，其目的是提高或维持市场占有率。

这种定价目标的思路是先做大,再做强;以市场规模的扩大或市场占有率的提高,降低企业单位产品的生产成本和营销费用,达到盈利的目的。

市场占有率是一个企业经营状况和企业产品在市场上竞争能力的直接反映,关系到企业的兴衰存亡。较高的市场占有率,可以保证企业产品的销路,巩固企业的市场地位,从而使企业的利润稳步增长。市场占有率的高低常常比投资收益率更能说明企业未来的营销状况。有时,由于市场的不断扩大,一个企业的投资收益率可能很高,也获得了可观的利润,但是相对于整个市场来说,企业的市场占有率正在下降。这预示着企业产品在市场上竞争力正在下降,企业未来的投资收益率或利润额会下降。因此,大多数企业在行业成长期都会以提高市场占有率为目标定价。

不过,这种定价目标很容易引起行业内的价格战。当一家企业通过低价抢夺市场地盘时,其他企业是不会袖手旁观的。先是失去地盘的企业会报复或反击,继而其他企业跟进。当大家都希望采用这种定价目标时,价格战将无法避免。中国家电行业激烈的价格竞争就是一个很好的例子。比如,在 20 年左右的时间内,中国电视机制造行业的几大巨头长虹、康佳和 TCL 都曾经作过行业市场占有率的老大,但是整个行业一直挣扎在亏损的边缘。

二、利润目标

利润目标是指企业以获取利润为主要目标。获取利润是企业从事生产经营活动的最终目的,只能通过产品定价才能实现。获取利润目标可以再分为以下三种。

第一,以获取高的投资收益为目标。投资收益是在一定时期内企业的投资报酬与投资额之比。采用这种定价目标的企业,根据投资收益率,计算出单位产品的利润额,加上产品成本作为其产品的销售价格。

第二,以获取合理利润为目标。合理利润是企业在竞争条件下获得自己可以满意的利润。采用这种定价目标的企业,往往不愿引起行业内过度的价格竞争,只以自己的平均成本为基础,加上自己可以满意的或合理的利润作为自己产品的价格。

第三,以获取最大利润为目标。最大利润是企业在一定时期内能够获得的最高利润额。在激烈的市场竞争中,如果企业具备下述两个条件,则可追求利润最大化:一是企业的某种产品在技术上或质量上占有优势,在市场上处于领先地位,短期内同行业竞争对手的力量不强,不足以对企业的市场占有率构成大的威胁;二是企业对市场需求情况和成本情况有精确的了解,可以计算出现有条件下使利润最大化的销量和价格。

以利润为目标的定价必须考虑利润是以产品的单位利润还是总利润来衡量。如果产品的单位利润高,但销售量小,总利润不一定高。所以,利润目标定价必须和产品的价格弹性联系起来才有意义。此外,竞争者的价格及价格变动也是需要考虑的,因为竞争产品的不同价格会影响企业产品的销售量。

三、竞争目标

竞争目标是以应付和防止竞争为主要目的的定价目标。价格是企业最容易操纵的营销工具,但是价格变动的后果却是难以预测的。其后果一方面取决于市场的反应;另一方面取决于竞争者的反应。一般而言，企业对同行业其他企业的价格变动会十分敏感，并采用以竞争者价格为参照物的价格确定方法，以便应付和防止过度的价格竞争。根据自身条件的不同，企业可以采用的竞争目标又分为以下三种。

第一，稳定定价目标，即以保持价格相对稳定、避免过度的价格竞争为目标。一般一个行业中的大企业或占主导地位的企业经常使用这种定价目标，以建立良好的竞争环境。如果其他企业与大企业形成默契，整个行业的产品价格不会有太大的波动。此时，大企业可以享受稳妥的利润，中小企业也有生存的空间。

第二，追随定价目标，即企业跟随竞争者定价，以应付竞争者价格变动对自己产生的不利影响。采用这种定价目标的企业，以竞争者的价格为定价依据，根据具体情况将自己产品的价格定得略高或略低于竞争者。如果竞争者的价格不变，企业维持原价；如果竞争者的价格有涨落，企业也跟随竞争者对自己产品的价格做出调整。一般情况下，中小企业常常采用这种定价目标。

第三，挑战定价目标，即企业在具备强大实力或条件优越时，用价格手段，挑战竞争者，以获取更大的市场份额。比如，采用大大低于竞争者的价格出售产品，抢占竞争对手的市场；低价入市，迫使弱小企业无利可图而退出市场或阻止竞争对手进入市场。

四、生存目标

利润目标、销售目标和竞争目标定价都是以增长为目的。然而，在面临困境而又缺少选择时，企业定价常常不得不采用以维持生存为目的的生存目标。比如，当产能过剩、竞争激烈或需求激烈变动时，为了确保工厂继续开工和售出存货，即使无利可图，企业也必须按照某个价格出售。此时，生存比获利更重要。

另外，市场上可能出现一些长"尾巴"产品。它们走过了产品生命周期的各个阶段，处于衰退期。此时，虽然市场在萎缩，销售额在下降，但是随着大量企业的退出，竞争者越来越少。如果企业能够生存下来，专门针对"尾巴"上的顾客营销，以生存为目标而定价，也可能有意想不到的收获。比如，那些生产中国传统戏服和传统工艺品的企业，常常采用生存目标定价。它们的存在对于保护中国传统文化意义重大。随着中国在世界的崛起，中国文化在世界的流行，它们存在的意义将会逐渐被人们意识到。

第四节 企业的定价方法

根据关注焦点的不同，企业定价可以分为需求导向定价法、竞争导向定价法、成本导向定价法和价格折扣法等多种方法。

一、需求导向定价法

需求导向定价法以顾客的偏好、生活方式、购买力、购买行为等因素为企业定价的关注点或依据，又可以具体分为感知价值定价法、需求差异定价法和心理定价法等。

（一）感知价值定价法

感知价值定价法就是根据消费者对产品价值在主观上的判断而确定产品价格的定价

法,也被称为理解价值定价法或认知价值定价法。在实际的操作过程中,顾客感知价值可以用参考价格来代替。

一般而言,顾客对所购商品都有一个基本的价值判断,比如以某某元购入某某商品是否值得。只有在物有所值的条件下,顾客才会购买;否则,顾客就会把钱放在自己的钱包里。感知价值定价法的核心,就是企业要充分了解顾客对商品价值的主观判断,然后据此确定一个顾客能够接受同时又能使企业获利的价格。用图9.1说明顾客感知价值定价法的思路。

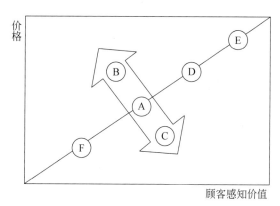

图 9.1　顾客感知价值定价法

图中有 A、B、C、D、E、F 六个顾客感知价值与价格组成的坐标点。图中的斜线表示一个市场该类产品平均的"利价比"(顾客感知价值与价格之比)。A、D、E、F 四个点在这条线上。虽然这四个点的价格和顾客感知价值各不相同,但是其利价比是相同的,因此竞争力和竞争优势也基本相同。采用顾客感知价值定价法的企业,首先要搞清楚企业产品在顾客感知价值这条横轴上处于什么位置;其次再根据行业竞争情况确定图中的斜线;最后就可以找出企业产品的价格点。当然也可以反过来,先确定一个价格,然后根据行业竞争情况确定图中的斜线,最后决定企业产品应该给顾客带来的价值。

按照 C 点定价,是企业的一个选项。这就是所谓的渗透定价——企业利用低于行业平均"利价比"的价格点销售产品,可以抢占更多的市场,提高其产品的市场占有率。B 点是企业尽量要避免的价格点,因为此时,企业产品的"利价比"低于行业平均的"利价比",企业会渐渐失去市场。

(二)需求差异定价法

采用需求差异定价法,企业根据消费者对同种产品或服务的需求强度不同,制定不同的价格。价格之间的差异以消费者需求差异为基础。主要形式有:以不同消费群体为基础的差别定价;以不同产品式样为基础的差别定价;以不同地域位置为基础的差别定价;以不同时间为基础的差别定价。

需求差异定价的基础是消费者需求的差异性,因此在定价之前企业需要以某种标准对市场进行细分。使用需求差异定价要特别注意,不要引起价格歧视的指控。因此,企业在进行需求差异定价时,市场应该具备以下条件:市场能够根据需求强度加以细分,且细分后的市场之间在需求强度上有明显差异；各细分市场之间消费者认为给他们提供的产品是不同的，即高价市场的消费者不愿意购买低价产品；在高价市场中其他企业用低价竞争的可能性不大；市场细分后所增加的管理费用应小于实行需求差异定价所得到的额外收入；价格差异不会引起高价市场消费者的反感。

（三）心理定价法

顾客对产品价格的心理反应对购买行为有重要的影响。心理定价法就是利用顾客对价格的认知心理来确定价格的方法。又分为以下多种形式。

(1) 声望定价。如上所述，在一些情况下，价格可以被看做产品质量的指示器。声望定价就是依据价格与质量的这一关系，将价格定得很高。当顾客对产品质量缺乏认识或者强烈追求名望时，采用这种定价方法非常有效。此时，价格低了，反而没有人要。

(2) 尾数定价。零售商常常将产品价格制定在整数以下，一般比整数少几分钱，如1.99 元、298 元、5 699 元。尾数定价有深刻的心理学基础。一般而言，消费者对于某一个产品的参考价格都是整数，如消费者常常会这样想："这个产品如果高过 100(500、1 000、10 000)元，我就不买了。"如果这个产品标价 101(502、1003、10004)元，虽然只比 98 元(498、998、9 998)多出 3(4、5、6)元，但是消费者就可能选择不买。尾数定价能以很小的价格差异，就让顾客感到便宜，对企业是有利的。如果同样小的价格差异运用于一般的价格之中(如 98 元和 95 元)，消费者所感知的价格差异就很小，不能起到促销的作用。

(3) 整数定价。整数定价与尾数定价正好相反，企业有意将产品价格定为整数，以显示产品具有较高的质量，多用于价格较贵的耐用品或礼品以及消费者不太了解的产品。

(4) 招徕定价。用低价格吸引顾客，凝聚人气。零售商店经常用这种方式在节假日促销。它们推出几种价格很低的商品，甚至低于成本，目的在于吸引顾客购买这些低价商品的同时，购买其他商品，以求扩大总销售量。

(5) 分级定价。企业将规格、型号、质量相近的商品划分为几个不同的等级，然后按等级定价。分级定价的目的有两个。第一，提供质量差异方面的信息，帮助消费者进行购买决策。一般的消费者在购买商品时，不可能对所购商品都具有专门知识。面对众多十分相像的商品，他们很难选择。分级定价利用质价联想，通过商品价格的差异，把有关商品质量差异的信息(不管是真实的，还是想象的)提供给消费者，引导消费者根据自己的收入水平，选择相应的商品。第二，扩大产品的差异，帮助生产经营者吸引更多的顾客。消费者在个性、习惯和爱好等方面千差万别。为了吸引不同的消费者，企业通过分级定价把产品的区别突显出来，从而起到吸引不同消费者的作用。

二、竞争导向定价法

竞争导向定价法以竞争者的价格和竞争行为为定价的关注点或依据，根据竞争者采取或可能采取的竞争战略确定自己的产品价格。具体方法包括高价陷阱定价法、低价排斥定价法、通行定价法、拍卖定价法、投标定价法等。

（一）高价陷阱定价法

高价陷阱定价法的含义是：当某种产品被一家企业独家生产时，它可以根据产品在市场上的垄断状况,制定一个较高的价格,以此获得尽可能多的利润,而当其他企业被诱惑进入该市场后,该企业突然降低价格,使价格降到竞争对手不能生产、赔本销售的地步,迫使竞争对手撤离。这种定价方法是以高价设置一个引诱他人进入的陷阱,然后再以低价击垮竞争对手。

如果用在新产品定价中,这种定价方法就是撇脂定价(skimming)。因为是创新产品,所以顾客没有判断其价格高低的参照物,愿意接受较高的价格。当企业将牛奶上面最富营养的一层油撇出以后,竞争者进入。企业在面对竞争时,再大幅度降价,让跟进的竞争者无利可图。

(二)低价排斥定价法

低价排斥定价法是指企业以低价排斥竞争对手、夺取市场份额的方法。这种方法与高价陷阱定价法相反,它以较低的价格出售其产品,目的是告诉竞争者本市场无利可图,希望其他竞争者不要介入。

如果用在新产品定价中,这种定价方法就是渗透定价(penetration)。因为是新产品,消费者不了解,所以企业用低价吸引消费者购买和试用,一方面抢占市场和确立自己的市场地位;另一方面阻止竞争者的进入。

(三)通行定价法

由于高价陷阱定价法和低价排斥定价法在一定程度上会挑起或激化企业之间的价格竞争,所以当一个企业希望市场稳定或在市场上无竞争优势时,就可以采取通行定价法。采用通行定价法的企业,将自己产品的价格设定在行业平均水平上下,因此也叫随行就市定价法。

这种“随大流”的定价方法,主要适用于需求弹性较小或供求基本平衡的产品。在这种情况下,单个企业提高价格就会失去顾客;而降低价格,需求和利润也不会增加。这种定价方法具有以下优点:第一,在企业产品成本难以预算、分解时,这是一种简便易行的定价方法;第二,因为有助于行业的稳定,所以有利于行业的健康发展;第三,行业通行的价格反映了行业平均的生产成本和利润要求,因此按此通行价格定价有助于形成全行业的竞合关系,与同行和平共处,从而减少市场风险。

(四)拍卖定价法

在商品交易中,有一种独特的竞争定价方法,即通过拍卖的方式来定价。拍卖定价法一般是通过公开价格竞争的方式形成交易价格。比如,由参加购货的买主对卖主最初的要价进行加价,谁加到最后,谁就是买主,最后的出价是成交价。再如,拍卖人最初叫一个高价,然后逐渐降低,直到有一个买主愿意购买为止。

(五)投标定价法

投标定价法是指投标方根据招标方的规定和要求进行报价而确定价格的方法,一般由一个卖主(或买主)对两个以上相互竞争的潜在买主(或卖主)的报价择优成交。有密封投标和公开投标两种形式,主要适用于提供成套设备、承包建筑工程、设计工程项目、开发矿产资源或大宗商品订货等。一般而言,在满足招标方基本要求的情况下,中标者往往为报价最低的企业。

企业参加投标时，如何决定价格是成功的关键。报价过高，则利润大，但中标机会小；报价过低，中标机会大，但利润也低。最佳的报价应是预期利润最高的价格。不过，中标概率的大小很难估计，涉及与竞争者的博弈。

三、成本导向定价法

成本导向定价法，以企业利润目标和成本结构为企业定价的关注点或依据。这种定价方法虽然简便易行，但是容易忽视顾客对产品价值的感知和市场竞争的要求。成本导向定价法又可以分为目标收益定价法和成本加成定价法。

（一）目标收益定价法

目标收益定价法是盈亏分析方法在企业定价中的具体运用，其定价基础是企业事先为自己确立的一个目标收益或目标收益率。目标收益定价法的计算公式为：

$$单位产品价格 = \frac{固定成本}{销售量} + 单位变动成本 + 单位产品的目标收益$$

以目标收益作为定价基础，企业需要对销售量做出估计。然而，销售量与价格密切相关，二者互为因果关系。因此，在价格不确定的情况下预测销售量，极其困难，有很大的不确定性或风险。如果市场需求低于企业的预测，那么应用这种方法定价企业可能亏损；相反，如果市场需求高于企业的预测，那么企业也会因为定价过低而蒙受不必要的利润损失。这是企业应用这种方法进行定价的难点所在。

（二）成本加成定价法

企业在生产经营中的各项费用，必须在销售收入中得到补偿，这是成本加成定价法的依据。从理论上讲，产品价格应根据企业的完全成本，加上应纳税金和合理的利润得出。在实际应用中，成本加成定价法按照下面的公式计算出产品售价：

$$价格 = \frac{完全成本 \times (1 + 成本加成率)}{1 - 税率}$$

式中：成本加成率＝利润率÷成本率×100%，表示单位产品的利润额与成本额之比。成本加成率的确定通常有两种方法：第一，固定加成，即不论市场状况、需求弹性、消费者偏好和收入等因素如何变化，都采用固定的加成率；第二，变动加成，即根据企业产品实际销售状况，结合市场形势，在不同的市场状态下或不同的时期采用不同的变动加成。

成本加成定价法有下述优点：首先，从企业角度来看，计算成本比计算顾客感知价值更精确，也更便捷；其次，成本加成定价能使企业在生产和销售中消耗的各项费用得到补偿；最后，同行业的企业均采用该方法时，各企业的价格基本相似，可以避免或减少行业内的价格竞争。

成本加成定价法的缺点主要表现在：不能反映市场需求与消费者对于产品价值的理解。另外，若企业为多品种经营时，很难找出一种通行的成本分摊方法，特别是对间接费用的分摊非常困难。

四、价格折扣法

价格折扣法是一种以企业原定价格为着眼点或依据的定价方法。企业按照产品或服务的原定价格给予购买者一定的让利或折扣。价格折扣有多种不同的目的,比如促销、应付竞争、反季节销售、加大货款的回收力度等。如果应用得当,价格折扣不仅可以增强企业产品的竞争力,还可以有效地维持与顾客的关系。价格折扣主要有下述几种方式。

(1)现金折扣,即当场给付清货款的购买者提供的一种优惠,以鼓励顾客提早用现金付款。采用这种方法,企业可以及时收回货款,增加企业的可用现金,加速资金周转。

(2)数量折扣,即为了鼓励大批量购买,企业根据购买者一次或一定时期多次购买的数量,分别给予不同价格优惠。有累计折扣和非累计折扣两种形式。非累计折扣是一次性的,累计折扣是一定时期多次累积的。

(3)季节折扣,即企业对销售淡季购买产品的顾客所给予的价格优惠。

(4)功能折扣,也称交易折扣,是一种专门针对中间商的折扣。它是为了鼓励中间商更多地购买和销售企业的产品而提供的折扣。此外,当生产制造企业希望中间商承担更多的渠道功能(如帮助生产制造企业促销或为生产制造企业提供市场信息)时,也会通过商谈,提供功能折扣。

(5)旧货折让,即顾客购买产品时如能提供同类或同品牌的旧产品,则旧货的折价可以抵入所购买产品的价格。这种价格折扣方式常用于耐用消费品的销售,可以提高产品更新换代的速度。

第五节 企业价格策划的程序

第六章第三节提供的"确定营销因素组合方案的逻辑框架",在企业的价格策划时也适用,只是需要针对价格因素做一个变通,先对企业产品的目标市场和价格现状进行回顾或分析,然后据此确定企业的定价目标,选择定价方法,制定和实施价格方案。企业价格策划的程序如图9.2所示。

一、目标市场回顾

根据确定营销因素组合的逻辑思路,在确定价格策略之前,需要先对企业产品的目标市场及其特点进行一个系统的回顾。表9.4体现了这一思路,即企业根据目标市场的特点(如五个W)来思考、选择和确定价格因素。

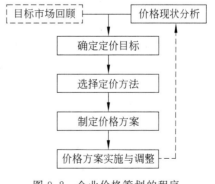

图9.2 企业价格策划的程序

表 9.4　企业价格策划的思路

目标市场	价 格 因 素					
	顾客价值	顾客成本	利价比	定价目标	定价方法	其他
Who						
What						
Why						
When						
Where						

　　因为关于目标市场特点的分析，是企业制定营销战略的依据，所以在正常情况下，企业在定价时直接使用此前的分析结果就可以了。然而，在定价时，企业可能并没有掌握一些与定价高度相关的数据和信息，比如反映顾客价值感知的数据和信息。另外，企业也可能是在执行某一营销战略过程中发现某一产品的价格方面存在问题，需要对价格进行调整。此时，它面对的是与原来不同的环境。在这两种情况下，企业都需要对目标市场的特点重新进行分析。

　　使用这一分析框架确定价格因素，企业首先要针对目标市场的五个 W 系统地思考和分析企业产品在哪些方面（与哪一个 W 有关）给顾客带来什么利益（即顾客价值），为获得这一利益顾客需要在哪些方面（与哪一个 W 有关）付出什么成本（即顾客成本），以及企业产品的利价比（即顾客价值与顾客成本之比）优势如何。以此来确定企业产品的价格现状，分析企业产品在价格上是否具有优势。

　　然后，针对目标市场的五个 W，进一步思考提高顾客价值、降低顾客成本的方法和途径，提高企业产品的利价比或竞争优势。其中，涉及企业如何控制产品的生产成本和营销费用的问题。比如，为了提高企业产品的顾客价值，企业需要增加生产成本和营销费用。此时，把生产成本和营销费用控制在一定的限度内，可能是提高企业产品利价比的关键。再如，为了降低顾客成本，企业需要降低产品价格。这又会涉及如何降低生产成本和营销费用问题。

　　在此基础上，企业再根据目标市场的五个 W，综合考虑其他影响因素，选择和确定企业产品的定价目标和定价方法。由于对企业产品的价格现状和未来调整方向心中有数，所以企业制定出的价格方案就会更符合企业实际，也更具可操作性。

　　以上这些内容，都可以在表 9.4 上进行。企业的价格制定者首先认真考虑每一格已有的或可能的内容；其次，将思考的结果以一一对应的方式置于每一格中，比如用缩略语的形式将其标注在每一格中（当然，有些格中可能没有内容）；再次，思考这些结果的相容与不相容之处，将相容的结果整合，在不相容的结果之间做出选择；最后，制定出内部不相矛盾的价格方案。

二、价格现状分析

　　价格现状分析的目的，在于了解企业产品价格的优势或劣势。一个可以使用的工具是顾客感知价值与价格定位图(图9.1)。它描述了顾客对企业产品的价值感知与企业产品价格的对应关系,可以用来确定企业产品的价格优势或劣势。

使用顾客感知价值与价格定位图进行价格现状分析的关键,是确定市场上同类产品顾客价值与价格之比的平均值,即图9.1中的斜线。为此,企业需要进行深入的市场调查与分析。市场上同类产品顾客价值与价格之比的平均值确定以后,企业可以绘制出该市场上同类产品的顾客感知价值与价格定位图,并依图进行分析。一般而言,图中斜线以下的产品处于能够提高市场份额的位置,斜线以上的产品处于会失去市场份额的位置;斜线以下的产品有竞争优势,斜线以上的产品有竞争劣势。而刚好压在斜线上的产品处于行业或市场的平均水平,既无竞争优势,也无竞争劣势。如果其他企业产品的"利价比"不发生大的变化,则该产品能够保持其市场占有率。

顾客感知价值与价格定位图是一个非常有用的工具,它不仅可以用来帮助企业分析其产品的价格现状,还可以用来帮助企业确定其定价目标和定价思路。以下分三种情况说明:企业的产品价格处于劣势地位、企业的产品价格处于优势地位和企业的产品价格处于中等地位。

(一) 劣势地位

企业的产品价格处于劣势地位,即企业的产品价格处于图9.1中B的位置。这意味着企业产品的顾客价值与价格之比低于市场平均值。此时,企业的产品正在失去市场份额或有失去市场份额之虞,因此企业应该以销售目标和生存目标为其主要的定价目标,可以通过三条途径(图9.3)改善其产品在市场中的地位,实现其定价目标。

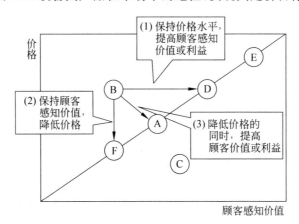

图9.3 企业的产品价格处于劣势地位

途径(1),保持价格水平,提高顾客感知价值,如为顾客提供更多的利益。此时,需要其他营销因素的配合,如通过广告,树立产品的品牌形象,为顾客带来更大的形象价值;通过增加服务项目或提高服务质量,为顾客提供更多的服务价值。

途径(2),保持顾客感知价值,降低价格。这是仅通过价格因素就可以办到的。

途径(3),降低价格的同时,提高顾客价值或利益。这也需要其他营销因素的配合。

（二）优势地位

企业的产品价格处于优势地位，即企业的产品价格处于图9.1中C的位置。这意味着企业产品的顾客价值与价格之比高于市场平均值。此时，企业的产品正在获得更多的市场份额或有望获得更多的市场份额。此时，企业的定价目标可以是销售目标、利润目标和竞争目标，可以通过如图9.4所示的几种方法巩固其产品在市场中的地位，实现其定价目标。

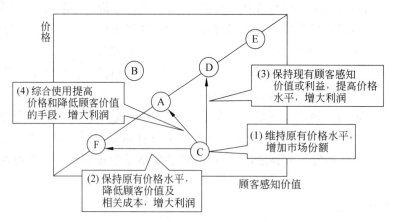

图9.4　企业的产品价格处于优势地位

如果企业采用销售目标和竞争目标，那么它需要采用途径（1），即维持现有价格水平不变，继续增加其产品的市场份额。此时，企业需要关注的是其他企业产品"利价比"的变化，确保自己产品的"利价比"高于其他企业的产品。

如果企业采用利润目标，那么它可以根据自己的具体情况选择采用图中的途径（2），即保持原有价格水平，降低顾客价值及相关成本，增大利润；途径（3），即保持现有顾客感知价值或利益，提高价格水平，增大利润；或途径（4），即综合使用提高价格和降低顾客价值的手段，增大利润。此时，企业实际上是在利用其优势地位，在其他营销因素的配合下，减少投入，收获成果。

（三）中等地位

企业的产品价格处于中等地位，即企业的产品价格处于图9.1中A的位置。这意味着企业产品的顾客价值与价格之比处于市场平均水平，企业的产品可以在一定的时期内保持一个相对固定的市场份额。此时，企业的定价目标应该以竞争目标和生存目标为主，可以通过如图9.5所示的几条途径开展市场竞争或维持其产品的市场份额。

其一，如果企业采用的是生存目标，它可以维持现有价格水平不变，即图中途径（1）。此时，企业需要密切关注其他企业的价格变化，一旦其他企业降低价格，其产品的市场份额将会流失。

其二，如果企业采用的是竞争目标，它可以根据自己的具体情况选择采用图中的途径（2），即提高价格和顾客感知价值或利益，开发高端市场；途径（3），即降低价格和顾客感知价值或利益，开发低端市场；或途径（4），即保持价格水平，提高顾客感知价值或利益，增强自己在价格上的竞争力。在其他营销因素的配合下，这几种途径都可以维持甚至提高企

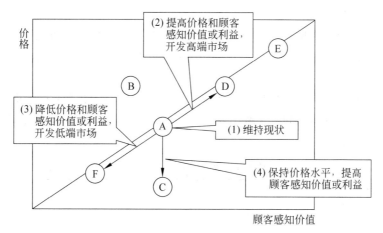

图 9.5　企业的产品价格处于中等地位

业产品的市场占有份额。

三、确定定价目标

在明确了产品的价格现状之后,企业需要综合考虑各方面的因素,确定一个合理的定价目标,既要适合于企业的内部条件与外部环境,又要与企业的营销目标一致。

如第三节所述,企业定价的基本目标可以分为利润目标、销售目标、竞争目标和生存目标等四种。在企业进行定价时,可以取其一种,也可以将各种定价目标进行某种组合,确定更明细的定价目标,以便于执行与操作。

此外,企业还可以根据顾客感知值与价格定位图中企业产品的地位,选择和确定企业的定价目标。比如,在企业的产品价格处于劣势地位时,以生存目标为主确定定价目标;在企业的产品价格处于优势地位时,以利润目标为主确定定价目标;在企业的产品价格处于中等地位时,以竞争目标为主确定定价目标。

四、选择定价方法

这一步就是要根据企业的定价目标,选择恰当的定价方法。如第四节所述,企业定价的基本方法有需求导向定价法、竞争导向定价法、成本导向定价法和价格折扣法。具体操作时,可以使用表 9.5 所给出的方法,将企业的定价目标和定价方法结合起来考虑,以保证所选择的定价方法为企业的定价目标服务。

表 9.5　定价方法的选择

定 价 方 法	定 价 目 标			
	利润目标	销售目标	竞争目标	生存目标
需求导向定价法				
竞争导向定价法				
成本导向定价法				
价格折扣法				

选择定价方法的思路如下。

第一，确定企业可以使用的定价方法。比如在提出需求导向定价法时，那么企业可以使用的具体定价方法就有感知价值定价法、倒推定价法、需求差异定价法和心理定价法等。

第二，确定每一种定价方法的选择依据。比如在新产品定价时，企业决定使用竞争导向定价法中的高价陷阱定价法（撇脂定价）或低价排斥定价法（渗透定价），因此给出表9.6的选择依据。

表 9.6　新产品定价方法选择

选 择 依 据	渗透定价条件	撇脂定价条件
销售推广工作	很少	很多
产品特性	普及产品	特殊性
生产方式	标准成品方式	定制
市场大小	普遍性市场（大）	选择性市场（小）
产品过时	可行性较久	短时即消失
技术变迁	技术稳定	技术创新速度快
生产资料使用方式	劳力密集	知识密集
市场占有率大小	扩大市场占有率	小市场占有率
分销渠道长短	短渠道	长渠道
收回成本时间	长期内收回	短期收回
产品兼用的可能性	单一用途	多种用途
服务工作	少	多
产品使用寿命	短	长

第三，评估每一种定价方法完成企业定价目标的效能。比如，可以在表9.5的空格处填上每一种定价方法完成企业定价目标的可能性以及优缺点。

第四，在第三步的基础上对各种方法进行比较，确定一种或几种企业认为能够较好完成定价目标的定价方法。

五、制定价格方案

这一步实际上是对企业整个价格决策过程做的一个总结，一般以策划方案的形式出现。策划方案的内容，包括：价格策划的目的；对企业营销目标、目标市场和竞争者的分析或回顾；企业产品的价格现状分析；定价目标的选择及其依据；定价方法的选择及其依据；价格方案实施的明细规定，如具体工作的任务、负责人、时间和达到的目标；其他营销因素需要做出的配合。

策划方案的文本格式，包括标题、前言、目录、摘要、正文、结论和附录等。详细内容可参考第二章第四节营销策划书的主要内容和一般格式。

六、价格方案实施与调整

在制定了价格方案之后,企业需要将其付诸实施。在实施过程中,企业一方面要对方案实施过程进行控制;另一方面要根据环境的变化(如竞争者的价格变动、原材料价格的涨跌等),对价格做出适时调整。

企业可能利用自己的价格优势,主动对价格进行调整,也可能为了应付竞争者的挑战而对价格做出被动调整。无论是主动还是被动的价格调整,形式不外乎调低价格和调高价格两种。

调低价格常用于以下几种情况:①产品供过于求,生产能力过剩;②市场竞争激烈,产品市场占有率下降;③生产成本下降,企业通过降价可以获得更高的市场占有率;④企业新产品上市,对老产品进行清仓处理;⑥企业急需回笼现金。

调高价格常用于:①通货膨胀或原材料价格上涨,引起企业成本增加;②产品供不应求,暂时无法满足市场需求;③政策、法规限制消费,要求企业通过提价遏制某些产品(如香烟或居民用电等)的消费;④改变产品形象,利用顾客质价联想的心理,通过提价提升品牌形象。

因为调高价格往往会引起消费者或用户的反感,而调低价格则可能引发行业内竞争者之间的价格战,所以价格调整要讲究技巧。当需要变动时,可以先通过产品容量的增减间接调整价格。例如,酱油生产企业在其产品包装上注明"送 20% 不加价",这实际是在降价。如果瓶装酱油每瓶的容量从 600 毫升下降为 500 毫升而价格没有变,这实际是在提价。不过,使用这种方法调整价格时要注意:如果增加产品容量,增加量要在顾客的差别阈限之上,让顾客能察觉到;而在减少产品的容量时,减少量要在顾客的差别阈限之下,让顾客对差别不敏感。

当必须对价格本身做调整时,也要慎重,不要轻易做大幅度的调整。因为价格调整本身可能有负面的迟滞效应。一旦提价把消费者赶到竞争者那里去,再想通过降价把他们拉回来可就不容易了;或者一旦降价让消费者得了实惠,再想把价格提上去,可能会引起消费者更大的反感。

本章小结

价格是商品或服务与货币交换的比例。从生产经营者的角度看,价格是他们劳动成果的体现,也是其利润源泉;从购买者或消费者的角度看,价格则是他们为得到一个单位的某种产品或服务而必须付出的货币成本。

商品单价包括三项基本内容:计量单位、计价货币和单位商品的价值金额。

价格的基础是价值。其一,价值是购买者衡量一个价格是否可以接受的最高基准——在正常情况下,一个购买者不会接受一个他认为价格大于价值的产品或服务;其二,企业必须向市场提供物有所值的产品或服务,即企业提供的产品或服务至少对于一部分购买者(一个细分市场)而言价值大于价格。

参考价格是指消费者在购买决策时用来与观测到的实际价格进行比较的那个心理标准。参考价格与顾客感知价值的不同之处在于：参考价格一般会低于顾客感知价值，因为它是顾客自觉不自觉整合各种相关因素的信息而形成的一个价格心理标准。

价格构成是指构成价格的各要素及其在价格中的组成状态或比例。生产成本、流通费用、税金和利润是构成商品价格的四个基本要素。

企业的定价目标是企业通过为产品定价所要达到的目的，体现且服从于企业的营销目标。企业定价目标分为销售目标、利润目标、竞争目标和生存目标。

企业定价根据关注焦点的不同，可以分为需求导向定价法、竞争导向定价法、成本导向定价法和价格折扣法。

需求导向定价法以顾客的偏好、生活方式、购买力、购买行为等因素为企业定价的关注点或依据，又可以具体分为感知价值定价法、需求差异定价法和心理定价法等。

竞争导向定价法以竞争者的价格和竞争行为为定价的关注点或依据，根据竞争者采取或可能采取的竞争战略确定自己的产品价格。具体方法包括高价陷阱定价法、低价排斥定价法、通行定价法、拍卖定价法、投标定价法等。

成本导向定价法，以企业利润目标和成本结构为企业定价的关注点或依据，包括目标收益定价法和成本加成定价法。

企业价格策划的程序分为目标市场回顾、价格现状分析、确定定价目标、选择定价方法、制定价格方案、价格方案实施与调整等步骤。

 思考题

1. 什么是价格构成？它有哪些基本要素？
2. 市场交换是按照等价交换的原则进行的吗？为什么？
3. 什么是参考价格？它对企业定价有什么作用？
4. 价格与质量之间有什么关系？为什么？
5. 企业的定价目标分为哪几种类型？它们与企业的营销目标有什么关系？
6. 企业的定价方法有哪几种？各有什么优缺点？
7. 企业价格策划的程序分为哪几个步骤？
8. 企业在什么情况下需要进行价格调整？

 **参考文献**

[1] Kalyanaram G, Winer R S. Empirical Generalizations from Reference Price Research [J]. Marketing Science, 1995, 14(Summer)：161-169.

[2] 庄贵军，王丽娟. 中国零售环境下参考价格影响因素的初步研究——以家用电器产品为例[J]. 中国零售研究, 2007, (2)：25-36.

[3] Winer R S. Behavioral Perspective on Pricing：Buyers' Subjective Perceptions of Price Revisited [M]// Timothy M Devinney (eds.). Issues in Pricing：Theory and Research, MA：Lexington

Books,1988：35-57.

[4] 门罗（Monroe K B). 孙忠译. 定价[M]. 北京：中国财政经济出版社,2005：1-11.

[5] 庄贵军. 价格的质量指示功能及其应用[J]. 中国物价，1994，(10)：21-24.

高端白酒涨价①

2010 年春节以来，以茅台为首的高端白酒，涨价连连。尤其是进入夏季之后，明显加快了涨价节奏。在杭州多家超市、烟酒专卖店的调查发现，茅台、五粮液等高档白酒的价格，2010 年 6 月后一路飙升，其中 53 度飞天茅台每瓶售价由 780 元左右上涨至 990 元左右，五粮液的价格也平均上涨了 5%。

杭州地区茅台总代理公司的一位工作人员说："7 月底，一斤装的 53 度飞天茅台，从 829 元上涨到了 859 元，二斤装的已经断货。"半个月后，在杭州一些超市，飞天茅台的价格都提高到了 900 元以上，个别酒类专卖店的标价，已经突破 1 000 元。作为高端白酒的领头羊，主流的 53 度飞天茅台货源奇缺。

2010 年年初，在宣布提升出厂价后，茅台厂出台了"限价令"，规定 53 度飞天茅台零售价不得超过 730 元。零售价的一再攀升让茅台的限价有名无实。

价格涨了，但是消费者仍趋之若鹜。从多家零售商获悉，虽然茅台、五粮液等高档白酒的价格一直在涨，但是销量却不降反升。调查发现，有不少市民，在发现高档白酒提价后，纷纷囤酒，动辄就购买 10 瓶以上。

茅台、五粮液等高档白酒，很少会在夏天断货、涨价。夏天是白酒的销售淡季，以往价格都会出现松动，货源也比较充足，一般要临近中秋、国庆销售旺季，才开始出现涨价和缺货的情况。

2010 年西南地区干旱和粮价快速上涨，被认为是白酒逆势涨价的直接原因。不过，也不排除生产厂家借成本压力提高价格的可能性。实际上，干旱和粮价快速上涨，并不能成为高档白酒价格上涨的真正原因，因为 2010 年生产的白酒，是储存在仓库的，并没有受成本上升的影响。成本上涨更像是个幌子，不断攀比涨价可能是大多数高档白酒的一种营销策略。

另一个涨价理由是白酒的投资属性。53 度飞天茅台 2009 年的价格每瓶不到 600 元，2010 年的价格却将近千元，如果作为投资，收益是相当可观的。不少市民看中了高档白酒中蕴涵着的投资价值，在继炒房、炒股之后，炒酒成为一种新的投资渠道。

消费升级也是高端白酒身价连续上涨的一个重要原因。白酒作为特殊的消费品，对于国人而言，不仅意味着正常的饮酒需求，还关乎健康、面子，甚至更多。能喝金六福的人绝不喝二锅头，正是这种"一心向上"的"倒三角"消费方式，让白酒企业看到了涨价"机

---

① 根据以下资料编写：郑春苗 2010 年 8 月 20 日发表在"浙江在线-浙江日报"(www.ezjsr.com)的报道《高端白酒连连涨价为哪般?》；韩亮 2010 年 8 月 23 日发表在中国食品科技网(www.tech-food.com)的报道《二线白酒品牌涨价有点难》。

遇"。

不过,有趣的是,在五粮液、茅台等一线白酒连续提价之际,二线品牌的涨价却往往是"雷声大雨点小"。

讨论题

1. 你认为高端白酒连续涨价的原因有哪些?
2. 你如何看待白酒行业一线品牌连续提价而二线品牌涨价有点难的现象?
3. 请根据这一现象说明顾客价值与价格的关系。
4. 请分析二线品牌涨价的可能性及其风险。

案 例9.2

宝洁降价的背后①

2002年3月,宝洁在全国范围内推出一种大众化包装的汰渍牌洗衣粉,价格从5.9元降到3.5元。之后,从2003年4月开始,汰渍、碧浪几种品牌轮番降价,价格一度跌到3元以下,直逼纳爱斯的雕牌。

此番降价,使汰渍的销量明显攀升,在某些中等城市甚至出现断货现象。同时,宝洁的洗发系列品牌飘柔、潘婷也开始进行尝试性降价。此外,宝洁还在全国七个城市高调推出激爽品牌,辅之以中低价格,意欲杀入年轻人市场,成为年轻人沐浴的首选。

在中国消费者的心目中,宝洁公司的日化系列产品一直以来都是中高档产品的形象。这种价值感,从宝洁20世纪80年代中期登陆中国以来都没有改变过。但是出乎人们意料的是,宝洁突然打起了降价牌,这使业内人士非常惊讶:宝洁降价的原因是何在?

一、为行业龙头地位而战

中国市场对日化产品的需求潜力巨大。据统计,西方发达国家洗涤用品人均年消费量已经超过18公斤,我国人均水平是2.5公斤,以12亿人口计算,要达到国际平均消费水平,每年的洗涤用品总量就达到4 000万吨。如此巨大的市场,自然引起国内外所有洗涤用品企业的高度关注。在这一点上,宝洁和它的主要竞争对手联合利华早已了然于心。

联合利华作为财富全球500强之一,2001年全年总销售额超过了520亿美元。在食品、饮料、牙膏和肥皂等行业中都名列全球三甲。但是,联合利华1993年进入中国以后,其旗下的奥妙洗衣粉,很长时间一直落在宝洁公司的碧浪和汰渍之后。

自从先后登陆中国市场以来,这两个日化巨头之间的争夺就没有停止过。这两个巨头之间,在产品品质、品牌影响力等方面不相上下。在持续的竞争博弈中,双方都在不断地向对方学习,总结对手的得失,制定自己的战略和战术。最后,竞争就落在了价格上。双方都在暗中蓄积力量,酝酿着用价格打击对手。

为了备战,联合利华开始了对业务的调整和收缩,把中国的业务收编成三大块:家庭

---

① 改写自李海龙2003年4月18日在《中国营销传播网》(www.emkt.com.cn,2004年5月18日读取)上发表的同名文章。

及个人护理用品、食品及饮料、冰淇淋。重组后,联合利华在全国的销售力量得以统一,洗衣粉的生产规模和能力也得到提高,洗衣粉的成本大幅下降。比如在天津、重庆等地都建立了合资加工厂,使运输费用大幅下降,运输成本节省到了只有原来的 1/5;而在包装材料上,通过对原材料采购价格的重新选择和调整,包装材料的费用也下降了大约 20%;在原料配方上,找到了更便宜的重要香料,从而使得原料方面的成本也明显下降。

为了降低成本,宝洁也开始在中国建立自己的采购系统,并且实现了大部分品牌的本土化生产。这些努力使宝洁的制造成本明显降低。

1999 年,联合利华率先在行业内发动降价。市场反应显示,联合利华的降价不但使其取代了宝洁在中国市场成为行业老大,而且对宝洁的市场根基产生了巨大的震撼,大批顾客分流而去,使宝洁公司的销售量急转直下。此时,摆在宝洁面前的出路只剩下两条:要么紧守品牌阵营;要么降价反击,夺回失去的顾客。宝洁选择了第二条道路。经过几年的积蓄,宝洁也具备了很大的成本优势,价格战还是打得起的。于是,宝洁从洗衣粉开始,各种产品大幅度降价,矛头直指联合利华的奥妙系列产品。

此后,宝洁与联合利华之间的竞争格局发生了质的变化,由过去的品牌竞争转变成为价格竞争。虽然双方都做了一些掩饰,但是明眼人一看便知,在市场终端大家的促销不断,进行着各种各样的变相降价。

二、阻击二三线品牌

宝洁降价除了为应对联合利华之外,阻击中国本土二三线品牌也是一个重要的原因。

宝洁公司自从 20 世纪 80 年代登陆中国大陆市场以来,一直稳居行业老大地位,中国的日化企业没有一家能够真正对其形成威胁。直到 1993 年联合利华登陆中国市场,市场竞争格局才开始发生变化。20 世纪 90 年代后期,宝洁突然发现,它陷入无数大小品牌的竞争之中。在这些新的竞争者中,既有原先的从业者,也有宝洁原来的原材料供应商、分销商,甚至有些是宝洁的员工或宝洁仿冒者。他们最了解宝洁,以宝洁之道还治宝洁之身。

由于宝洁、联合利华奉行品牌经营战略,普遍采用撇脂价格方法,所以留下了一个巨大的市场空当——市场缺乏中低档价位的产品。中国本土的二三线品牌,瞄着这一市场空当进行运作,不但很快发展起来,而且蚕食了宝洁的销售通路——因为中低档更能为经销商带来利润。

在宝洁一向引以为豪的洗发水领域,遭到国内众多新崛起的品牌的围追堵截。飘影直击"去屑"细分市场:"有飘影更自信"。索芙特挟负离子这一概念,推出负离子洗发露,一露脸,即有不俗的表现,很快荣登榜首,将宝洁、联合利华杀得威风不再。舒蕾则避开与宝洁的正面对抗,把全部力量押在了终端市场,"红色海洋"遍及全国。舒蕾为自己的产品找到离消费者最近的地方,于是他们像卖大米一样地卖着舒蕾。

在洗衣粉方面,雕牌一出手便祭出价格这一绝招,以铺天盖地的广告和超低价格,强势介入洗衣粉市场。"只买对的,不买贵的"风靡南北。另外,南风奇强、纳爱斯的农村市场使用最原始的方法聚焦于农村的低端消费者,一夜之间,广告涂满了乡村的院墙,宣传车在乡镇中穿街走巷,收获了大量的中低收入消费者。

形势逼迫宝洁不得不对原有的战略进行调整。于是,宝洁的降价行动启动了:在品牌光辉掩映下的系列产品以低价大量进入中低端市场,阻击二三线品牌的围攻。在洗衣粉领域,汰渍洗衣粉一度降到了以前在日化业公认的 3.5 元的底线,矛头直指纳爱斯雕牌和南风奇强等品牌。在洗发水市场领域,从 2001 年开始,飘柔先后两次降价,价格降幅最高达 20%。宝洁麾下的品牌潘婷、舒肤佳等品牌也跃跃欲试,在各终端或明或暗地变相降价,进行促销。

三、结果

事实上,在宝洁降价之前,由于较高的售价已经使得很多经销商和零售商感到卖宝洁的产品没有卖其他公司的日化产品赚钱。不少零售店已把宝洁品牌从抢眼的好位置放到不显眼的货架上,同时用更有利润的竞争品牌代替宝洁的位置。而另一些零售商则在一些宝洁产品上增设附加费,并且减少订货,来弥补宝洁为其所造成的利润损失。与此同时,大批二三线品牌对宝洁渠道资源进行着蚕食。

为了迎击对手的冲击,保护自己的渠道资源不被对手蚕食,从 2001 年开始,宝洁先后采取了一系列措施理清渠道,以确保大经销商的利益。为了激励销售商,宝洁增加了经销商的扣点。这使经销商们恢复了信心,对宝洁的降价战略也给予了积极的支持和配合。

通过降价,宝洁增强了与二三线品牌拼抢的砝码,争夺回了一部分流失的顾客,同时通过调整,基本平息了因降价策略而给渠道分销商带来的抱怨,在很大程度上也恢复了分销商们继续加大力度推广销售宝洁产品的信心。

讨论题

1. 宝洁公司所面临的外部定价环境有什么特点?

2. 宝洁公司的降价行为反映了该公司定价目标的改变,还是定价方法的改变?为什么?

3. 宝洁公司用了什么定价方法?

4. 宝洁产品降价的利弊何在?

企业营销渠道策划

第十章

一个人要买海尔冰箱，他不必去青岛，到一家大一点的百货店或电器专卖店就能办到。一个人想喝可口可乐，他也不必去美国，街头的小店就能满足他的要求。一个人可以不与生产厂家打交道，轻松得到他所需要的每一件日常用品；他甚至不需要知道谁是真正的生产者而享用产品所带来的利益。这一切之所以可能，是因为有了较为发达的营销渠道。这种较为发达的营销渠道，把远在千里之外的生产者与散布于世界各地的消费者联系在一起。试想，如果营销渠道还是处于它的原始阶段，即生产者与购买者必须面对面交易，那么生产者需要花费多大的气力才能把他的产品分布于全国、分布于全世界呢？消费者又如何才能如此方便地享有那么多的选择、享用那么多生产者为他提供的产品呢？

本章将介绍营销渠道的内涵、营销渠道管理的特点和程序、企业的渠道结构设计、企业的渠道治理策略和企业渠道策划的基本思路和方法。

第一节 营 销 渠 道

营销渠道(marketing channels)，简称渠道，指的是产品或服务转移所经过的路径，由参与产品或服务转移活动以使产品或服务便于使用或消费的所有组织构成[1,2]。营销渠道也被称为"销售通路"[3]、"流通渠道"[4]或"分销渠道"[5]。营销渠道的起点是生产制造企业，终点是消费者或用户。中介组织包括中间商（如批发和零售企业）和其他一些帮助转移所有权的组织，如银行、广告商、市场调研机构、物流企业等。

一、营销渠道的结构

对于一个企业而言，渠道结构有两层含义：一是指企业某一条渠道的层次、参与者和覆盖范围；二是指企业使用的渠道类型以及各类型渠道在企业销售中所占的比重和覆盖范围。后者可以被更精确地称为企业的渠道组合。

图10.1是渠道结构的一个简单模型，其中(a)是消费品的渠道结构，(b)是工业品的渠道结构。由图可见，生产制造商的产品或服务可以经过多条渠道到达消费者或用户手中。有的渠道经过的环节多一些，涉及较多的中介机构；有的渠道经过的环节少一些，涉及较少的中介机构。

在实际的营销活动中，营销渠道远比这复杂得多。渠道结构有长度、宽度、密度、主导成员等方面的差别。

（一）渠道长度

渠道长度，也称为渠道级数，指营销渠道中处于生产制造商和消费者或用户之间中间环节的多少。据此，营销渠道可以归纳为两大类：一类是直销渠道，如图10.1中的"生产制造商→消费者"和"生产制造商→用户"两条路径；另一类是中间商渠道，如图 10.1 中的其他路径。

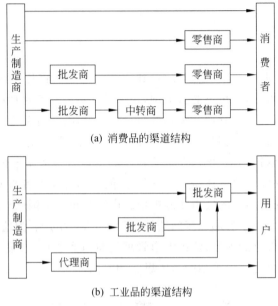

(a) 消费品的渠道结构

(b) 工业品的渠道结构

图 10.1　营销渠道的一个简单模型

直销渠道指生产制造商使用自己的销售队伍直接把产品销售给顾客或用户，具体形式有人员推销、邮寄销售、电话销售、电视销售和网上销售等。中间商渠道，也称间接渠道，指生产制造商通过中间商（如批发商、代理商和零售商）销售自己的产品。按照层级的多少，中间商渠道又可以分为长渠道与短渠道。一般而言，一条渠道中的层级越多，渠道就越长；反之，则越短。实际上，直销渠道是零层次渠道，其中商品的所有权转移不经过任何其他组织的中介。

（二）渠道宽度和密度

渠道宽度和渠道密度虽然密切相关，但是含义不同，各有其独立的意义。渠道宽度指渠道的覆盖范围，意味着渠道可以使企业产品抵达区域的多少或大小；而渠道密度则指企业在某一区域内销售网点的数量，意味着企业在某一区域的销售力度。二者组合，有四种情况，如表 10.1 所示。

表 10.1　渠道的宽度和密度

宽度：覆盖范围	密度：网点数量	
	多	少
广	(1) 宽而密的渠道：渠道的覆盖面广，且每一区域内的销售网点数量多	(2) 宽而疏的渠道：渠道的覆盖面广，但每一区域内的销售网点数量少
窄	(3) 窄而密的渠道：渠道的覆盖面窄，销售网点多	(4) 窄而疏的渠道：渠道的覆盖面窄，销售网点少

由表 10.1 可见,一条渠道可以是宽而密的,即渠道的覆盖面广,且每一区域内的销售网点数量多;也可以是宽而疏的,即渠道的覆盖面广,但每一区域内的销售网点数量少;还可以是窄而密,即渠道的覆盖面窄,销售网点多;或者窄而疏的,即渠道的覆盖面窄,销售网点少。

一般而言,在渠道层级和渠道覆盖范围不变的情况下,一条渠道中各层级上中间商的数量越多,渠道就越密;反之,则越疏。而在渠道层级和渠道密度不变的情况下,一条渠道中各层级上中间商的数量越多,渠道就越宽;反之,则越窄。二者共同决定着渠道的覆盖范围和销售力度。

(三)主导成员

根据主导成员的不同,营销渠道可以分为以生产制造商为主导、以零售商为主导和以服务提供商为主导的渠道[6]。

以生产制造商为主导的渠道,实际上就是图 10.1 中的"生产制造商→消费者"和"生产制造商→用户"。产品由生产制造商的推销人员、销售部或代理商从生产制造商的仓库直接提供给消费者或用户。具体形式有生产制造商直销渠道、生产制造商下属批发渠道、生产制造商的零售渠道、生产制造商特许(license)渠道、生产制造商寄售渠道和经纪人渠道等。

以零售商为主导的渠道,零售商在渠道中占主导地位,包括零售商特许(franchise)渠道、零售会员制俱乐部、仓储式零售、目录邮购、零售连锁渠道等。

以服务提供商为主导的渠道,服务提供商在渠道中占主导地位,包括仓储运营商(contract warehousing)、联运商(运输公司之间结成联盟,将陆陆运输或海陆运输衔接起来)、采购联盟、直邮广告商和金融服务提供商等。

(四)复合渠道

复合渠道是相对于单一渠道提出的,指一家企业同时利用多条渠道销售同一种产品,也称为多渠道(multichannel)或混合渠道(hybrid channel)。复合渠道得以发展的主要原因有三条:第一,随着市场细分程度的提高、零售业态(零售渠道)的多样化以及竞争的加剧,单一的渠道模式不足以覆盖企业所有目标市场,也不利于企业与竞争者竞争。第二,互联网技术的发展以及日益为人们所接受和采用,一方面对企业的传统渠道形成挑战;另一方面促使企业开展网络营销,在原有的渠道上再增加一条新的营销渠道,由此成为多渠道的营销者。第三,企业的战略选择,即企业通过采用多样化渠道扩大企业产品的市场覆盖面,提高市场占有率。

然而,采用多种渠道可能导致不同的渠道之间和不同的渠道成员之间发生冲突,增大管理的难度[7]。此外,企业采用复合渠道还会引发一些新的管理问题,例如跨渠道的营销信息收集和决策问题,跨渠道的顾客沟通和促销协同问题,顾客的跨渠道价格比较问题,顾客的渠道迁徙问题,以及企业的跨渠道成本分摊和资产共享问题[8]。

二、营销渠道的功能

生产的功能是把自然的原料按照人类的需要转换成有某种效用或价值的产品组合,营销渠道的功能则是使产品从生产者转移到消费者的整个过程顺畅、高效。具体而言,营销渠道的主要功能有调研、促销、接洽、组配、谈判、物流、风险承担和融资。

（1）调研是收集进行营销决策所必需的信息。

（2）促销是进行供应品的说服和与消费者进行沟通。

（3）接洽是寻找可能的购买者，并与之接触。

（4）组配是对供应品在分类、分等、装配、包装上进行组合、搭配，以符合购买者的需要。

（5）谈判是为转移供应品的所有权在买卖者之间就价格及有关条件进行协商的活动。

（6）物流是供应品的运输、储存。

（7）风险承担是指在供应品流通的过程中市场风险在渠道成员之间的转换。

（8）融资是为渠道完成以上各种功能而进行的资金输入与输出。

营销渠道的功能在营销渠道中表现为各种各样的流程，包括实体流、所有权流、促销流、洽谈流、资金流、风险流、订货流、支付流及市场信息流（图 10.2）。这些流程将组成营销渠道的各类组织机构贯穿联系起来。

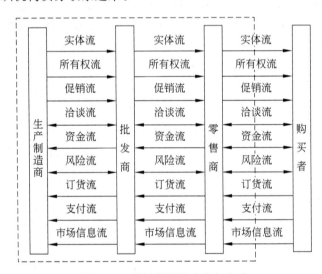

图 10.2　营销渠道的功能与流动

实体流，指产品的实体与服务从生产制造商转移到最终消费者和用户的过程。以汽车为例，制造商根据订单生产，然后把成品汽车交付给代理商，代理商再运交顾客。当订单较大时，也可由制造商从仓库或工厂直接向客户供应。

所有权流，指产品所有权从一个渠道成员转移到另一个渠道成员的过程。如汽车所有权经由代理商的协助由制造商转移到顾客手中。

促销流，指一个渠道成员通过广告、人员推销、宣传报道、销售促进等活动，对另一个渠道成员或消费者所施加的影响及其过程。如汽车制造商向代理商和消费者促销，代理商向消费者促销。

洽谈流，指产品实体和所有权在各成员之间转移时对价格及交易条款所进行的谈判。例如代理商必须就汽车的价格、交货日期、付款方式等问题与汽车制造商进行谈判，而购买者也必须就这些问题与代理商进行谈判。

资金流，指各成员之间伴随所有权转移所形成的资金交付流程，如现金流或信用流。

风险流,指各种风险伴随着产品所有权在各成员之间的转移。这些风险包括产品过时和报废,由于各种自然灾害、经济不景气、竞争加剧、需求萎缩、产品认同率下降及返修率过高等因素所造成的损失。

订货流,指渠道的下游成员向上游成员发出订单的过程。当然订单也可能由顾客直接发出。

支付流,指货款在各渠道成员之间的流动过程。例如,顾客通过银行或其他金融机构向代理商支付账单,代理商扣除佣金后再付给制造商。

市场信息流,指各中间机构相互传递信息的过程。在渠道中每一相邻的机构间会进行双向的信息交流,而互不相邻的机构间也会有各种信息交流。

在以上九种流程中,最为重要的是实体流、所有权流、支付流和市场信息流。不同流程的流向也有很大区别,像实体流、所有权流、促销流在渠道中的流向是从生产者流向最终消费者或用户;支付流、市场信息流和订货流是从消费者或用户流向制造商;而资金流、洽谈流及风险流则是双向的,因为一旦成员之间达成交易,谈判、风险承担及资金往来均是双向的。

管理是协调与整合他人的工作活动,与他人合作,有成效和高效率地完成工作任务的程序。虽然与一般的管理活动没有本质差别,但是渠道管理由于其对象的特殊性而体现出自身的特点。

三、营销渠道参与者

凡是在营销渠道中发挥一定作用的组织或个人都是营销渠道的参与者,包括生产制造商、批发商、零售商、消费者以及其他发挥某种重要功能的企业。根据是否涉及商品所有权的转移,营销渠道参与者大致可以分成两类:一类是成员性参与者,如生产制造商、批发商、零售商和消费者或用户等;另一类是非成员性参与者,如运输公司、仓储公司、物流公司等。图 10.3 显示了它们之间的区别[9]。

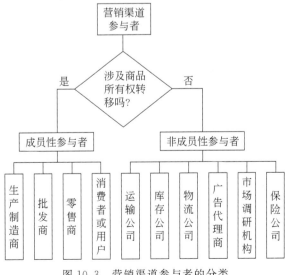

图 10.3　营销渠道参与者的分类

在营销渠道中，每一个渠道参与者都发挥着这样或那样的功能。虽然一些渠道参与者在物流（如储运机构与商品供应者之间）、信息流（如市场调研机构、广告代理、银行、保险机构等与商品供应者之间）和促销流（如广告代理为商品供应者提供促销服务）中发挥着重要作用，但是在它们与供应者之间却不存在商品所有权的转移和关于商品所有权转移的谈判。这种不涉及商品所有权转移的渠道参与者被称为非成员性参与者；反之，则被称为成员性参与者或渠道成员。渠道结构一般按成员性参与者的层次来划分。

第二节　企业的营销渠道管理

企业的营销渠道管理有一个重要特点，即它是一种交叉着组织内部管理的跨组织管理，不仅涉及本企业的员工或部门，并且在大多数情况下，还涉及分属于不同利益主体的组织或个人。图 10.4 显示的是基于生产制造商视角的营销渠道管理路线图。当然，这个图也可以从中间商（如批发商或零售商）的角度绘制。视角虽然不同，但要表达的含义相同。

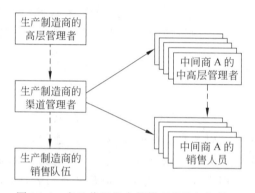

图 10.4　交叉着组织内部管理的跨组织管理

由图 10.4 可见，生产制造商可能同时采用直销渠道和中间商渠道这两种性质不同的营销渠道。因为性质不同，两种营销渠道涉及的管理问题有根本性的区别。

直销渠道，生产制造商使用自己的销售队伍（如自己的推销员或外设销售机构）销售自己的产品，涉及的管理问题是企业内部销售队伍的计划、组织、激励和控制。此时，生产制造商对于营销渠道的管理就是企业内部对于销售队伍的管理。管理中所涉及的问题，也主要由销售管理（sales management）理论来研究。

中间商渠道，生产制造商需要使用中间商（如批发商、代理商和零售商）的力量销售自己的产品，涉及的管理问题既有企业内部的计划、组织、激励和控制（生产制造商的高层管理对生产制造商渠道管理者的管理），也有跨组织的计划、组织、激励和控制（生产制造商通过其渠道管理者对于中间商的管理）。此时，生产制造商对于营销渠道的管理就是一种交叉着组织内部管理的跨组织管理。管理中所涉及的问题，一方面与企业的内部管理有关；另一方面与跨组织管理有关。

中间商渠道的这一特点，决定了中间商渠道管理的复杂性和难度。中间商渠道的管理效率和效果,既取决于各渠道参与者的组织内部管理(如图10.4中生产制造商的高层管理者对生产制造商渠道管理者的管理和中间商的中高层管理者对中间商的销售人员的管理),也取决于各渠道参与者之间针对彼此的跨组织管理(如图10.4是站在生产制造商的角度,生产制造商通过其渠道管理者对中间商的管理)。

图10.5显示了企业营销渠道管理的程序,分为五个主要步骤:①渠道分析与目标确定;②渠道设计与策略选择;③渠道成员选择与物流组织;④渠道合作与控制;⑤渠道效率评估。由于企业营销渠道管理是一种交叉着组织内部管理的跨组织管理,所以它涉及许多跨组织管理的内容,图中用与相关步骤相连的方框表示。

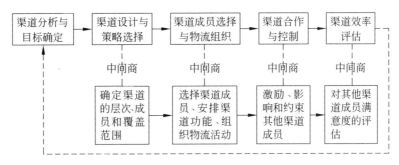

图10.5 企业营销渠道管理的程序

一、渠道分析与目标确定

企业的渠道管理,开始于渠道管理者对渠道的分析和对企业渠道任务和目标的明确。

对渠道进行分析的目的,在于帮助渠道管理者了解企业的渠道环境、内部管理约束和渠道现状。内容包括:第一,分析渠道环境,如政治法律、经济、人口、文化、科技、生态和竞争等因素,明确环境因素为企业渠道管理带来的机会和限制;第二,分析企业的战略与管理要素,比如公司的使命、发展战略、组织结构、资源状况、公司以前的业绩以及在相关业务上的竞争战略等,明确战略与管理因素为企业渠道管理带来的机会和限制;第三,分析企业的营销目标与营销战略,搞清楚营销渠道在营销战略中的地位以及企业营销对渠道结构设计和策略选择的要求和限制;第四,分析渠道现状,根据目标市场的特点,确定目标市场对以上各种服务的具体要求,找出不足之处,思考企业改善渠道管理的可能途径。

在此基础上,确定企业的渠道任务与目标。企业的渠道任务与目标是指企业为了实现其营销目标与营销战略,希望通过渠道管理活动在一定时间内达到的结果。

在企业的实际工作中,有两种性质不同的目标:一种是渠道在一定时间内必须完成的任务,往往是对营销目标的分解;另一种是渠道管理者根据渠道现状分析的结果所确定的渠道要达到的结果。前者称为渠道任务,后者称为渠道目标。渠道任务具有较高的强制性,如果完成不了,要被问责;渠道目标则不具有太大的强制性,它是渠道管理者对理想渠道的一种追求。

渠道任务包括销售量、销售额、利润额等。比如,某企业的产品有 A、B、C、D、E 和 F 六个销售区域,这六个销售区域通过传统批发、连锁超市直供、网上直销和厂家专卖店四种渠道进行覆盖。为了完成 100 亿元的年销售目标,六个区域分别需要完成 50 亿元、

20 亿元、10 亿元、10 亿元、5 亿元和 5 亿元的年销售额。表 10.2 显示了六个区域在不同渠道的销售任务。

表 10.2　某企业的渠道任务　　　　　　　　单位：亿万元

渠　道	销 售 区 域					
	A	B	C	D	E	F
传统批发	20	10	—	—	—	—
连锁超市直供	20	5	5	—	—	5
网上直销	5	5	5	5	5	5
厂家专卖店	5	—	—	5	—	—
合计	50	20	10	10	5	5

　　这些任务也可能自下而上得出，即先由下属（不同地区、不同渠道）提出，而后再由上级汇总。当然，还可能由上下级反复讨论、讨价还价得出。但是无论如何，任务一旦确定下来，就具有了刚性或强制性的特征，下属必须想方设法完成，否则会被问责。

　　渠道目标则包括渠道建设目标、渠道服务目标和渠道治理目标。渠道建设目标是渠道管理者根据渠道任务的要求和现有渠道中存在的问题而确定的渠道目标，主要涉及市场渗透、市场覆盖、经销商发展和终端市场展示等方面。渠道服务目标也是渠道管理者根据渠道任务的要求和现有渠道中存在的渠道缺口而确定的渠道目标，主要涉及渠道的服务产出，如购买批量、等候时间、空间便利、选择范围和服务支持等方面。渠道治理目标则侧重于企业对渠道的控制和建立一个良好的渠道合作氛围，包括渠道控制、渠道信任、渠道关系、渠道满意度、渠道合作、渠道适应性以及渠道投机行为和渠道冲突等方面的内容。

二、渠道设计与策略选择

　　这是企业渠道策划的主要内容。第三、第四、第五节的内容主要与此相关。

　　营销策划人员和渠道管理者要根据企业的渠道任务和目标，设计企业的渠道结构，选择企业的渠道策略和渠道治理方式。其中，涉及的内容包括确定企业渠道的长度、宽度、密度、中间商的类型以及渠道的组合结构；选择企业的渠道策略，如直接分销、独家分销、选择分销、广泛分销或密集分销；决定企业对渠道的治理方式，如采用公司型、契约型、管理型或关系型的垂直渠道系统。

　　企业在进行渠道设计与策略选择时，有很多内容是跨组织的，比如在确定使用中间商渠道以后，企业需要确定渠道的层次结构、参与者、覆盖范围、交叉程度以及合作与协调机制等。因此，企业不但要考虑自己的需要，还要考虑合作者的需要。

三、渠道成员选择与物流组织

　　渠道设计方案和渠道策略选定以后，接下来就要组织实施，涉及渠道的组织、领导、激励与协调问题。其中的第一要务是寻找和选择渠道成员。具体内容包括：了解每一种渠道参与者发挥的功能，寻找渠道成员，评价和选择渠道成员，在渠道参与者之间分配渠道功能任务。

此外,为了使商品能够在适当的时间、适当的地点,以适用的形式提供给消费者或用户,物流也是营销渠道管理者需要认真考虑的一项重要内容。由于物流包括运输、储存、包装、装卸、交货等多方面的活动内容,不但需要企业内各个部门的密切配合,而且涉及企业外部很多机构(如运输公司、仓储公司、经销商、保险公司等)的合作,所以营销渠道管理者需要站在营销渠道运行的角度对企业的物流系统进行管理,组织和协调企业内外各方面的力量,更有效率地完成物流任务。

四、渠道合作与控制

渠道合作指渠道成员为了共同及各自的目标而采取的共同且互利性的行动。渠道管理的主要目的是为了加强合作,减少冲突,提高整个渠道系统的运行效率,为每一个渠道成员创造出单个企业难以获得的竞争优势。

有合作,就会有冲突。为了加强合作,减少冲突,防止渠道中的投机行为伤害自己,企业需要对渠道进行控制。渠道控制有两个重要的方面:第一,对渠道策略能否在实施中得到有效贯彻进行监控;第二,对渠道中各渠道参与者可能从事的投机行为进行监控。其中,第二个方面的渠道控制,属于跨组织控制问题。二者相互补充,缺一不可;缺少任何一个,营销渠道就难以顺利运行。

渠道合作与控制涉及的问题比较多,包括渠道成员的合作基础、渠道成员相互依赖的程度和互依结构、渠道权力、渠道冲突与合作、渠道投机行为以及渠道控制机制等。

五、渠道效率评估

渠道效率是渠道的投入产出比。在渠道投入一定时,渠道产出越大,渠道效率就越高。渠道效率评估的目的,一是检查渠道策略的执行结果,据以奖优罚劣;二是发现渠道运行中存在的问题,为企业整合营销渠道、调整渠道结构和增减渠道成员提供决策的依据。

根据渠道的跨组织特性,渠道效率需要从渠道和渠道成员两个层面进行评估。从渠道层面评估渠道效率,主要是分析一条渠道总的运作效率;从渠道成员层面上评价渠道效率,主要是分析某一条渠道内各渠道成员执行渠道功能的效率。另外,根据渠道产出的性质,渠道效率的评估指标可以分为量化指标和非量化指标。量化指标由渠道的可量化产出计算得出;非量化指标由营销渠道的不可量化产出计算得出。

在对渠道效率进行评估时,企业既要考虑可量化因素,又要考虑不可量化因素。此外,还需要对渠道效率进行综合评估。在渠道效率评估的基础上,对渠道策略做出必要的调整。

第三节　企业的渠道结构设计

渠道结构设计是企业在渠道的长度、宽度、密度、中间商类型以及使用渠道的多少等方面做出的规划与选择。规划与选择不同,企业的渠道策略有别。因此,企业的渠道策略体现于对渠道结构的设计之中。

根据企业在渠道的长度、宽度、密度、中间商类型以及使用渠道的多少等方面做出的选择，企业的渠道策略可以分为直接分销、独家分销、选择分销、广泛分销和密集分销。其内涵以及与渠道结构的关系如表 10.3 所示。

表 10.3　企业的渠道策略

渠道策略	渠道结构因素				
	长度	宽度	密度	中间商类型	渠道数量
直接分销	零层次短渠道	覆盖面小	密度小	无中间商	单一
独家分销	不确定，取决于代理商的渠道层次	不确定，取决于代理商的网点范围	密度较小	地区独家代理	单一
选择分销	不确定，取决于代理商或经销商的渠道层次	不确定，取决于代理商或经销商的网点范围	不确定，取决于代理商或经销商的网点密度	同类型或不同类型多家代理	不确定，取决于选择的代理商或经销商是否属于同一类型
广泛分销	渠道有长有短	覆盖面大	不确定，取决于经销商的网点密度	不同类型经销商	复合渠道，同时使用多种渠道
密集分销	渠道有长有短	不确定，取决于经销商的网点范围	密度大	不同类型经销商	复合渠道，同时使用多种渠道

各种渠道策略并无绝对的好坏，关键是要适合企业的需要和实际情况。因此，在确定渠道策略时，企业要根据其渠道任务和目标、目标市场、品牌定位以及其他营销因素的匹配状况灵活选用。

一、直接分销

直接分销渠道策略指制造商或服务提供商使用自己的销售队伍直接把产品或服务销售给顾客或用户，如图 10.1 中的"制造商→消费者"和"制造商→用户"两条路径。具体形式有人员推销、邮寄销售、电话销售、电视销售和网上销售等。在工业品和保险营销中，企业常常使用这种渠道策略。

直接分销渠道策略具有渠道短、覆盖面小、密度小、无中间商介入和渠道单一的特点。

相对于其他渠道策略，直接分销渠道策略的优点是产销直接见面，便于企业与顾客沟通，联络感情；也便于企业了解市场，提供个性化产品和服务，控制渠道和价格。不足是销售费用高，密度小，范围受限制，要求企业有较强的销售能力。

二、独家分销

独家分销渠道策略指制造商或服务提供商在一定的市场（比如一个城市）范围内只利用一家中间商进行销售。消费品中的特殊品尤其是奢侈品，常常使用这种渠道策略。

独家分销渠道策略具有密度较小、独家代理和渠道单一的特点。密度较小，是因为代理商一般不愿意让其网点相互重叠。虽然独家分销常常意味着较短和较窄的渠道，但是并不确定，这取决于代理商的渠道层次和网点范围。当代理商的渠道层次多或网点范围广时，企业尽管采用的是独家分销，其渠道也会比较长和宽。

独家分销渠道策略的优点是企业只与一家代理商打交道，交易成本低，易于控制，也易于与代理商建立长期稳定的合作关系。当企业与代理商之间有较高的信任和承诺水平时，渠道会有很高的运行效率。如果代理商的实力强，这种策略还有助于提高企业及其产品的声望。另外，对代理商而言，由于在本地没有其他中间商参与该品牌的竞争，所以它可以独家享受制造商促销行为带来的利益。它的缺点是过分依赖一家代理商，这会使代理商拥有较大的渠道权力，一旦代理商有投机行为或销售不努力，企业将很难处理。另外，因为密度比较小，所以这种策略不太适用于那些竞争激烈的产品。

三、选择分销

选择分销渠道策略指企业在一定的市场（比如一个城市）范围内选择几家代理商或中间商经销其产品。消费品中的选购品和特殊品、需要经销商大力推销的工业品，经常使用这种渠道策略。

选择分销在渠道长度、宽度、密度、中间商类型以及单一或复合等方面均有不确定性。它可以是与独家分销比较接近的单一渠道，也可以是与广泛分销或密集分销比较接近的复合渠道。这取决于代理商或中间商的类型及其渠道层次、网点范围和网点密度。

当与独家分销比较接近时，其优缺点与独家分销相似；当与广泛分销或密集分销比较接近时，其优缺点与广泛分销或密集分销相似。一般而言，由于只与几家代理商或中间商打交道，所以选择性分销渠道策略一方面有助于企业与代理商或中间商建立良好的合作关系；另一方面也避免了对一家代理商或中间商的过度依赖，有助于企业更好地控制渠道。

从理念上讲，选择分销渠道策略符合中国传统文化中中庸的原则——既不太左，也不太右；从操作上讲，这种渠道策略非常灵活，进可攻，退可守。因此，实践中很多企业都自觉不自觉地采用这种策略。

四、广泛分销

广泛分销渠道策略指企业同时利用多种渠道，尽量扩大产品的销售区域和市场覆盖面，让更多的消费者或用户购买。日用品（如香烟、饮料、酒和日用小百货）的购买频率高，对服务的要求低，只要市场上有货，消费者就会按照习惯购买，因此日用品的生产制造企业经常采用这种渠道策略。

广泛分销渠道策略具有覆盖面大、多类型经销商和多种渠道的特点。由于有多种渠道，所以构成广泛分销的渠道有长有短。广泛分销的渠道密度不确定，可能密，也可能疏，这取决于经销商的网点密度以及各网点之间相互覆盖的程度。

广泛分销渠道策略的优点是企业同时与尽可能多的经销商打交道，不会过分依赖某一经销商，这会增大企业的渠道权力，增强企业对渠道的影响力。另外，由于市场覆盖面大,所以这种渠道策略有利于企业寻找更多的市场机会,扩大产品销售。它的缺点是由于对经销商不加选择,所以经销商的质量可能良莠不齐。这既不利于企业树立良好的产品形象,也不利于企业与经销商建立长期稳定的合作关系。此外,如果经销商太多,经销商之间容易发生恶性冲突,企业对渠道的控制力度也会减弱。

五、密集分销

密集分销渠道策略指企业在某一个市场区域内同时利用多种渠道销售,增大销售网点的数量和相互覆盖的程度,使消费者或用户能够更方便地购买。这种渠道策略适合于日用品营销。比如一些饮料,不仅超市、便利店、饮料批发部和街头小贩在卖,而且企业将其放入自动售货机,设置在城市的各个角落进行售卖。

密集分销渠道策略具有密度大、多类型经销商和多种渠道的特点。由于有多种渠道,所以构成密集分销的渠道也有长有短。密集分销的渠道范围不确定,覆盖面可能很大,也可能不太大,这取决于经销商的网点范围。不过,因为企业采取密集分销的动机是追求薄利多销,所以往往来者不拒——只要经销商愿意经销企业的产品,企业就让其去经销。这就使得密集分销的渠道通常有比较大的市场覆盖面,尤其是对不同细分市场(而非地理范围)的覆盖。

密集分销渠道策略的优缺点与广泛分销渠道策略类似。不同在于,由于更强调同一区域内尽可能多的销售网点,所以密集分销渠道策略会使销售网点之间形成相互覆盖的关系。从有利的角度看,这会提高企业在一定区域的渠道竞争力,但是从不利的角度看,这会降低企业的渠道效率,增大渠道成本,还容易引发销售网点之间的矛盾和利益冲突。

第四节 企业的渠道治理策略

大多数企业的营销渠道都是由许多企业参与的一种"超级组织",各个参与者要密切合作,共同努力,才能保持渠道的高效和畅通。这就要求渠道有一个相对稳定的组织结构,从而涉及渠道治理问题。

从一家企业的角度看,渠道治理就是通过某一种形式把渠道参与者组织起来,为"超级组织"的共同利益密切合作,共同努力,并建立对其他参与者的约束机制,防止其他参与者针对自己从事投机行为。因此,渠道治理与渠道的组织形式高度相关——渠道的组织形式往往是渠道治理方式或策略的体现。

在大多数情况下,营销渠道由制造商、批发商、零售商或其他类型的中间商通过纵向联合而构建,所以垂直渠道系统是其主要形式。根据企业对渠道的治理形式和控制程度,垂直渠道系统可以分为公司型、契约型、管理型和关系型。

一、公司型垂直渠道系统

公司型垂直渠道系统(corporate vertical marketing system)是指一家企业拥有或通过控股和参股其他渠道成员的方式实际拥有垂直渠道系统。尽管可以由生产、批发和零售等若干层次组成,但是由于股权相互交叉,利益彼此渗透,所以公司型垂直渠道系统是各种垂直渠道系统中联系最紧密的一种组织形式。

公司型垂直渠道系统,包括制造商直销渠道,如图10.1中的"制造商→消费者"或"制造商→用户"两条渠道;还包括集团渠道系统,即以企业集团的形式而组建的营销渠道,其中的销售机构和物流机构均为集团内的子公司或分支机构。当然,更多的是一家企业通过控股和参股而控制的营销渠道。

公司型垂直渠道系统既可以由制造商主导,如格力的渠道模式;也可以由中间商主导,如日本的"综合商社"和美国的"西尔斯"。美国零售业巨头西尔斯公司出售的商品中,有50%来自它拥有股权的制造厂。不管是制造商主导还是中间商主导,其目的都是为了主导企业更好地控制渠道,使其按照主导企业意志运行。

二、契约型垂直渠道系统

契约型垂直渠道系统(contractual vertical marketing system)是以正式的合同为基础将不同层次的企业联系起来而组成的一个渠道联合体。这些企业通过分工与合作,共同发挥渠道功能。其中的典型形式是特许经营组织。

特许经营是一种以转让特许经营权为核心业务的经营方式。特许商将自己所拥有的商标、商号、产品、专利、专有技术或经营模式等以特许经营合同的形式授予授许商使用,授许商则按照合同的规定,在特许商统一的业务模式下从事经营活动,接受特许商的管理,并向特许商支付特许费或加盟费[10]。

在这种渠道组织形式中,有两个主要参与者:特许商(franchisor)和授许商(franchisee)。特许商是上游的产品制造商或服务的创始人,授许商则处于渠道的下游,独立于特许商。授许商通过与特许商签订合同和付费的方式,获得特许商品牌的使用权,包括特许商的经营方式、商标、名称、专有技术和营销技巧等,同时也有遵守合同有关条款的义务。

特许经营可以基于商品品牌,也可以基于服务品牌。基于商品品牌的特许经营,多为制造商授予批发商、零售商或维修商特许经营权。如:可口可乐和百事可乐等饮料制造商,授权装瓶厂在指定地区使用制造商提供的原浆进行生产和销售;中国石油化工总公司在全国各地授权开设的加油站,销售其加工的汽油燃料。

基于服务品牌的特许经营,多为服务企业授予服务企业特许经营权,如连锁零售企业、餐饮企业、宾馆企业和旅行社等。此时,特许商自己开的店叫直营店,它们与总店之间不存在授权关系;授许商开的店叫加盟店,它们与总店之间是授权关系。基于服务品牌的特许经营要求加盟店接受总店的管理,在店铺标识、名称、经营标准、产品和服务质量标准、经营方式等方面,都要遵守特许商的规定。

三、管理型垂直渠道系统

管理型垂直渠道系统(administer vertical marketing system)指由处于不同层次的企业自愿参与而构成的、在一家核心企业的控制下运行的渠道组织形式。它的特点是,有一个被称为"渠道领袖"的核心企业。该企业具有很大的渠道权力,承担领导和管理职责,可以在很大程度上影响或改变其他渠道成员的相关决策;其他企业则自愿接受核心企业的领导和管理，看上去就像"渠道领袖"的下属机构一样。

管理型垂直渠道系统与公司型垂直渠道系统的最大区别，是渠道合作者之间没有股权关系；与契约型垂直渠道系统的最大区别，是渠道合作者之间没有合同规定的依附关系。渠道合作者之间在法人地位上是平等的，一家企业之所以被认作"渠道领袖"，是因为它承担和执行着更多的渠道功能，具有更大的渠道权力；而其他企业之所以愿意接受它的领导，是因为它们在力量上无法与"渠道领袖"抗衡，在经济上可以得益，即它们接受"渠道领袖"的领导是一种更稳妥和更节省的运作方式。

渠道领袖既可以是制造商，也可以是中间商，如英国的马狮（Marks & Spencer）百货集团。马狮采用中间商主导的管理型垂直渠道系统，生产和销售自有品牌（private brand）产品。它委托 800 多个制造商按其设计进行贴牌生产，使用马狮的品牌"圣米高"进行销售，成为一个"没有工厂的制造商"。现在，很多大型零售商都采用类似的组织形式开发和销售自有品牌产品。

四、关系型垂直渠道系统

关系型垂直渠道系统（relational vertical marketing system）指由处于不同层次的企业基于共同的利益、依关系规范而构成的渠道组织形式。它与管理型垂直渠道系统的区别在于，它没有一个被称为"渠道领袖"的核心企业。在营销渠道中，合作者之间的地位是相对平等的，任何一家都没有绝对的控制力。在实践中，这种类型的渠道大量存在，比如大多数制造商与零售商之间的关系。

在现代市场经济中，企业一般在功能上都是专业化的，因此而被分为制造商、批发商、零售商或其他类型的企业。因为业有专攻，所以每一个企业在它所执行的功能上比其他类型的企业更有效率，但是也因此不得不依赖于其他类型的企业帮助它执行其他的功能。否则，它们就无法生存。这就为营销渠道中不同层次的企业提供了合作的基础，即企业之间在渠道功能上的相互依赖。

在关系型垂直渠道系统中，企业之间的控制是相互的，通过互依、互信、彼此承诺和合作等关系规范来实现。经常采用的方法是合作企业之间共同制定计划和共同解决问题[11]。共同制定计划是指合作企业之间针对未来可能发生的事件及其后果进行讨论与协商，根据预测制定应对措施，明确彼此应承担的责任和义务。共同解决问题是指合作企业之间针对已经发生且引起争议的事件或问题进行讨论与协商，以求问题得到最终解决。二者在很大程度上体现着企业之间的默契、互信和合作水平。

五、水平渠道系统

除了垂直渠道系统以外，还有一些治理结构更复杂的渠道系统，如水平渠道系统。

水平渠道系统是处于同一层次的渠道成员，为了充分利用各自的优势与资源，所进行的横向联合。联合行动可以是暂时性的，也可以是永久性的。在水平渠道系统中，合作各方利用各自的优势和机会，可以创造 1+1＞2 的协同效应，如扩大各企业的市场覆盖面，减少各企业在营销渠道方面的投资，提高渠道运行的整体效益。

水平渠道系统包括以下三种主要形式：制造商水平渠道系统、中间商水平渠道系统和促销联盟[12]。

制造商水平渠道系统指同一层次的生产企业共同组建和利用的营销渠道,包括共同组建和利用的服务及维修网、订货系统、物流系统、销售人员和销售场地等。

中间商水平渠道系统与契约型垂直渠道系统中的特许经营相同,只是视角不同而已。特许经营组织在契约型垂直渠道系统中强调特许商与授许商之间的关系,而在中间商水平渠道系统中则强调授许商与授许商之间的关系。

促销联盟是指产品或业务相关联的多个企业,共同开展促销活动或其他有助于扩大产品销售的活动,包括共享品牌、共享推销队伍和场所、共同做广告、交叉向对方的顾客销售产品、相互购买产品(即互为对方的顾客)、共同开展营业推广和公关活动等。

六、市场化的渠道交易

从渠道治理的角度看,企业还可以选择一种渠道交易形式,即市场化的渠道交易。比如,一家企业到一个开放的市场将自己的产品售卖给任何人,包括从事批发与零售的机构。如果购买者是最终消费者或用户,那么这等同于企业的直销渠道,是公司型垂直渠道系统的一种。但是如果购买者是从事批发与零售的机构,那么它就不能简单地等同于企业的直销渠道了,而是一种市场化的渠道。

市场化的渠道交易不是一种稳定的组织形式,不需要企业对其进行治理。换言之,对企业而言,它是一种没有治理的治理方式,学术上将其称为市场治理。在市场治理的情况下,所有参与者都按照市场规则进行买卖活动,买卖者之间没有任何持续的关系;某一次交易活动既不受此前交易活动的影响,也不影响以后的交易活动;一家企业一旦把产品卖出去,它就不再关心产品的流向。

在这样的渠道中,交易双方的交易纯粹出于经济利益的考虑,不受人类情感的任何影响。买方把所有的卖方看成一样的,卖方也把所有的买方看成一样的,对彼此而言,与谁交易都是一样的。交易双方互信程度很低,更不需要有太高的互依水平和太多的彼此承诺。交易采用"一手钱、一手货"的方式,并且交易过后谁也不认识谁,谁也不打算以后再找对方,因此这中间即使有投机行为(如欺骗)出现,投机行为也是一次性的。上当受骗,也是"花钱买教训"。

第五节　企业营销渠道策划的基本思路

渠道结构存在长度、宽度、密度和中间商类型的区别,企业的渠道策略根据这些因素的不同以及使用渠道的多少又分为直接分销、独家分销、选择分销、广泛分销和密集分销。另外,渠道治理又有多种形式,如公司型、契约型、管理型和关系型的垂直渠道系统。企业的营销渠道策划实际上就是企业在渠道结构、渠道策略和渠道治理形式的各种因素中进行权衡、取舍和组合。表10.4显示了构成渠道结构和策略的各种因素以及与其相对应的变量。

表 10.4　渠道结构和策略变量

因　素	变　量
长度	渠道层级数：0,1,2,3,…,n
宽度	覆盖范围：县、市、省、大区、全国、大洲、全球
密度	渠道终端的数量和网点商圈的交叉情况：少,不交叉；多,不交叉；多,交叉
中间商类型	批发商：综合批发商、大类商品批发商和专业批发商 零售商：百货商店、超级市场、专营店、专卖店、便利店、仓储会员店、家居建材商店和其他 其他类型的中间商：经销商、代理商和经纪人
渠道数量	性质不同的渠道条数：0,1,2,3,…,m
渠道策略	直接分销、独家分销、选择分销、广泛分销、密集分销、不同策略的组合
治理形式	垂直渠道系统：公司型、契约型、管理型和关系型；水平渠道系统；市场化的渠道交易

　　比如，假定某企业的渠道长度有一个选项（如使用"制造商→批发商→零售商→消费者"的渠道模式），宽度有两个选项（如覆盖全国和覆盖某个地方），密度有三个选项（网点高度重叠、中度重叠和不重叠），中间商类型为四种（零售商中的便利店、百货公司、超级市场和批发俱乐部），再加上三种渠道策略（选择分销、广泛分销和密集分销），那么渠道设计方案就有 72(1×2×3×4×3)个。

　　用这样的方法进行企业渠道策划，虽然全面，不会漏掉任何一个可能的方案，但是在对方案进行评价时，会很烦琐。另外，把每一种可能的方案都想到，也没有必要。进行企业渠道策划，可以按下列步骤进行：①渠道现状分析；②明确渠道目标与任务；③确定渠道的治理形式和渠道策略；④确定渠道的宽度、密度和渠道数量；⑤确定渠道的长度；⑥确定中间商的类型；⑦渠道方案的评估与选择。

一、渠道现状分析

　　渠道现状分析的目的，在于了解企业渠道管理中存在的问题。主要内容包括：确定目标市场对渠道服务的要求，寻找企业渠道管理的不足之处，探讨企业改善渠道管理的可能途径。

　　顾客对渠道服务的要求主要有五项内容：购买批量、等候时间、空间便利、选择范围和服务支持。渠道存在的根本原因，就在于它可以降低顾客在收集信息、等候时间和储存等方面的成本或费用。

　　（1）购买批量。顾客希望每次购买较小的批量，因此企业需要通过渠道为顾客的小批量购买提供服务。

　　（2）等候时间。顾客希望订货后快速拿到商品，因此企业需要通过渠道缩短顾客等待的时间。

　　（3）空间便利。空间便利意味着顾客购买产品的难易程度。在其他条件不变的情况下，空间便利与顾客到达商店的距离（出行距离）成正比。另外，交通状况也是决定空间便利的一个因素。因此，企业需要通过渠道为顾客提供购物的空间便利。

（4）选择范围。顾客希望在购买时有较大的选择余地和范围，这可以降低其购买的时间、精力和体力成本，也可以带来更多的快乐。因此，企业需要通过渠道给顾客提供更多的产品和花色品种。

（5）服务支持。企业还可以通过渠道为顾客提供各种附加服务，包括信贷、送货、安装、维修、稳定供货、信息提供等。

渠道现状分析，就是根据目标市场的特点，确定目标市场对以上各种服务的具体要求，找出不足之处，思考企业改善渠道管理的可能途径。此处，可以根据确定营销因素组合的逻辑思路（第六章第三节），用同样的方法系统地思考和回答这些问题。表 10.5 体现了这一思路。

表 10.5　基于目标市场特点的渠道服务要求

目标市场	渠道服务					
	购买批量	等候时间	空间便利	选择范围	服务支持	其他
What						
Who						
Why						
When						
Where						

使用这一分析框架分析企业的渠道现状，企业要针对目标市场的五个 W，首先分析企业现在已经通过渠道在哪些方面（与哪一个 W 有关）为顾客提供什么服务，带来什么利益，渠道成本大小；然后，考虑企业还可以通过渠道在哪些方面（与哪一个 W 有关）为顾客提供什么服务，需要多大的成本。由此，得出企业现有渠道中存在的问题以及可能的解决方法和途径。

以上这些内容，都可以在表 10.5 上进行。营销策划人员需要先认真考虑每一格已有的或可能的内容；其次，将思考的结果以一一对应的方式置于每一格中；最后，思考这些结果的相容与不相容之处，将相容的结果整合，在不相容的结果之间做出选择。由此可以得出多种内部不相矛盾的渠道改进思路。

二、明确渠道任务与目标

如前所述，企业的渠道任务与目标是企业为了实现其营销目标与营销战略，希望通过渠道管理活动在一定时间内达到的结果。渠道任务是企业通过渠道活动在一定时间内必须完成的任务，表现为对营销目标的分解，如销售量、销售额、利润额等。渠道目标是渠道管理者对理想渠道的一种追求，不具有太大的强制性，表现为渠道建设目标（涉及市场渗透、市场覆盖、经销商发展和终端市场展示等内容）、渠道服务目标（涉及购买批量、等候时间、空间便利、选择范围和服务支持等内容）和渠道治理目标（涉及渠道控制、渠道信任、渠道关系、渠道满意度、渠道合作、渠道适应性以及渠道投机行为和渠道冲突等内容）。

因为渠道任务和目标是相关责任人制定活动进度表的依据，也是管理者进行监督评价的准则,所以必须具体、明确、可衡量,要包括最后期限和量化的评估方法。对于不易量化的渠道任务和目标,也要尽量想出较为客观的评价标准。表10.6是一些企业关于渠道任务和目标的表述。

表 10.6 渠道任务与目标的表述

任务与目标	表述举例
渠道任务	(1) 渠道总销售额:到 2011 年 12 月 31 日,XYZ 公司的电冰箱在中国国内的年度总销售额要达到 25 亿元 (2) 区域销售量(额):在促销活动期间,XYZ 公司的电冰箱在西安每个月要卖出 1 000 台 (3) 单一渠道销售额:到 2011 年年底,XYZ 公司通过互联网销售 XYZ 牌电脑要达到 100 万元的月销售额 (4) 市场占有率:到 2011 年 9 月 31 日,XYZ 公司要使其计算机在中国的市场占有率达到 15% (5) 投资收益率:2011 年,XYZ 公司在营销渠道方面的投资收益率不低于 15%
渠道建设目标	(1) 市场渗透目标:下年度,XYZ 公司在东南沿海地区的销售网点,要增加到 200 个 (2) 市场覆盖目标:在两年之内,XYZ 公司的产品要进入所有地级城市。在三年之内通过经销商销售的比例达到 30% 以上 (3) 经销商发展目标:下一年度,XYZ 公司要使一级经销商达到 30 个左右;二级经销商达到 280 个左右;另外,与 10 家大型超市签订经销合同 (4) 终端市场展示目标:在一年时间内,要使 XYZ 公司的产品在中国 80% 的超级市场中得以展示
渠道服务目标	(1) 空间便利目标:在 2011 年年末,XYZ 公司的营销渠道将保证让 90% 的城市居民在驱车 20 分钟的距离内就能购买其产品 (2) 等候时间目标:到 2011 年 3 月 15 日,XYZ 公司网上交付订单的时间要缩短两个小时 (3) 选择范围目标:在 2011 年年末,ABC 公司(一家超市零售企业)将扩大食品的经营品种至 2 万种 (4) 顾客服务目标:在 2011 年 9 月底,ABC 公司将开通网上商店,顾客可以采用多种方式订货、取货和付款;顾客网上咨询 24 小时内处理;网上购物,一周内不满意可退换
渠道治理目标	(1) 渠道沟通目标:在 2011 年,XYZ 公司的业务人员要定期(每月至少 2 次)与每一个地区的主要经销商进行沟通,了解产品销售中出现的问题,及时解决。每次沟通,业务人员要书面记录沟通的时间、地点、方式和发现的问题 (2) 渠道监督和支持目标:在 2011 年,XYZ 公司在各地的业务人员要了解一级经销商的市场开拓情况,每人每月至少向一级经销商推荐或介绍 1 家愿意经销本企业产品的二级或三级经销商 (3) 渠道关系目标:在 2011 年,XYZ 公司要加强与经销商的联系,各地销售公司要组织与经销商的联谊活动 2 次 (4) 渠道满意度目标:在 2011 年 9 月底,XYZ 公司要用标准量表进行一次经销商对本公司满意度的调查,经销商对本公司满意度要达到标准量表值的 80 (5) 渠道适应性目标:到 2011 年 6 月底,XYZ 公司经销商的数量要减少 1/3,保留的经销商必须适应公司的渠道运作模式

三、确定渠道的治理形式和渠道策略

根据企业渠道任务和渠道目标,策划人员设计企业渠道的备选方案。因为渠道的治理形式与企业的公司战略和资源要素有关,渠道策略与企业的营销目标、营销战略、渠道任务与目标有关,所以企业渠道备选方案的设计可以从确定渠道的治理形式和渠道策略开始。

公司战略着眼于整个企业的长期发展问题,影响着整个企业的资源配置,内容包括公司的使命、公司的长期发展目标、公司的业务组合和公司的组织结构。一个成熟的企业,有其偏好的渠道治理形式,比如被称为"工商股份合作制"的格力渠道模式(参看案例10.1)。从格力的角度讲,这一模式最大的优点就是把合作伙伴的利益与自己的利益捆绑在一起,减轻了格力进行渠道治理的难度。合作伙伴会为了它们自己的利益而努力工作,只要格力的产品卖得好,它们自己的利益也就有了保障。另外,各区域销售公司的董事长由格力方出任,这也加强了格力对销售公司的控制。因此,在2004年,当国美要求格力绕过其合资销售公司以更低的价格直接向其供货时,格力当然是断然拒绝。道理很简单,如果格力答应了国美的要求,会引起连锁反应,苏宁和其他的大型零售商也会提出同样的要求。格力精心打造的渠道体系将彻底崩溃。换言之,国美要求的背后,暗含着格力渠道治理方式的改变,由公司型垂直渠道系统转变为关系型垂直渠道系统,这是格力无法接受的。因此,当一家企业选定了一种渠道治理形式,那么在设计渠道方案时,与其不符的策略和结构因素选项就可以排除在外。

营销目标是企业进行各项营销活动希望得到结果,营销战略则是营销部门根据企业发展战略和营销目标而确定的营销计划。企业的渠道策略要能够完成营销目标和营销战略规定的渠道任务和目标,而那些不能完成渠道任务和目标的渠道策略和与之相应的渠道结构因素的选项,就可以不再考虑。

例如,一家被称为MG的制造商出于公司战略的考虑,需要对渠道进行严格的控制,就像格力一样,因此选择了公司型的垂直渠道系统作为其渠道的组织形式或治理方式。因为广泛分销和密集分销不太适用于公司型垂直渠道系统,而MG的市场范围又较广,不适合直接分销,所以在渠道策略上就剩下独家分销和选择分销两个选项,而在渠道结构上也就剩下与独家分销和选择分销两种策略相符的结构因素选项。

总之,渠道的治理形式和渠道策略一旦确定下来,其他因素的选择范围也就被划定了,可行的备选方案会大大减少。

四、确定渠道的宽度、密度和渠道数量

渠道的宽度、密度和渠道数量与企业的营销战略、营销目标和渠道任务有关。

继续用上面MG的例子说明。我们知道,MG已经选择了公司型的垂直渠道系统作为其渠道的组织形式,且只可能采用独家分销和选择分销两种渠道策略,那么如何来确定其渠道的宽度、密度和渠道数量呢?

如前所述,渠道宽度和渠道密度虽然密切相关,但是含义不同。渠道宽度指渠道的覆盖范围,意味着渠道可以使企业产品抵达区域的多少或大小;而渠道密度则指企业在某一

区域内销售网点的数量，意味着企业在某一区域的销售力度。二者组合，就有宽而密的渠道、宽而疏的渠道、窄而密的渠道和窄而疏的渠道四种情况。

因为 MG 的市场范围较广，所以它的渠道要求有比较大的覆盖面。因此，它只能选择宽而密或者宽而疏的渠道。假设 MG 的渠道要覆盖全国。在这个基础上，渠道管理者需要测算，MG 的渠道网点在全国各个地区应该覆盖多大规模的城市、在每个城市应该设置多少网点才可能完成渠道任务和目标。比如，经过测量得出，MG 需要在全国人口超过 100 万的城市各设 5 个网点或人口超过 50 万的城市各设 1 个网点。相对而言，前面一个是宽而密的方案，后面一个是宽而疏的方案。

当然，还有另一种选择，即采用多种不同的渠道，一方面覆盖全国；另一方面在一些重点地区加大密度。比如，利用电子网络渠道覆盖全国，向全国各地的顾客或用户销售；利用经销商的实体店覆盖重点区域，人口越多的城市，销售网点越多。这可以称为"多渠道区域密集分销"。

上面三种方案与已经确定的独家分销和选择分销两种策略交叉考虑，就有 6 种不同的组合。不过，独家分销与多渠道有矛盾，所以可能的组合只有 5 种：①宽而密的独家分销；②宽而疏的独家分销；③宽而密的单一渠道选择分销；④宽而疏的单一渠道选择分销；⑤多渠道区域密集分销＋选择分销。

五、确定渠道的长度

渠道的长度，也就是处于制造商和最终消费者或用户之间中间商的层级数。中间商的层级数越多，渠道越长。直销渠道中没有中间商，所以它是最短的一种渠道，也被称为零层级渠道。

如果不考虑覆盖面和密度，制造商总是希望它的渠道越短越好。渠道越短，制造商距离顾客越近，一方面越容易了解顾客的需求；另一方面也越容易控制渠道。然而，当企业追求渠道覆盖面和销售密度时，它常常不得不采用长渠道。因此，从逻辑上讲，在设计渠道方案时，对渠道长度的选择应该在渠道的宽度、密度和渠道数量之后。

继续用上面 MG 的例子说明。MG 在选择了公司型的垂直渠道系统作为其渠道的组织形式之后，又从渠道的宽度、密度和渠道数量的方面确定了 5 种可能的方案。那么，在上面 5 种不同的方案中，MG 渠道的长度应该如何确定呢？

实际上，渠道的长度和中间商的层级类型密切相关。如前所述，中间商的种类很多，既可能处在不同的渠道层级上发挥不同的作用，如批发、零售；也可能处在相同的渠道层级上发挥相同的作用，只是采取的经营方式不同，如零售商中的百货商店、超级市场、专营店、专卖店、便利店、仓储会员店、家居建材商店。为了行文方便，我们将前者称为"中间商的层级类型"。

企业常常通过选择中间商的层级类型来选择渠道的长度。比如，MG 如果选择向大型连锁零售企业（如沃尔玛、华润万家、国美或苏宁）直供，那么它的渠道只经过一个层级的中间商，渠道会比较短。相反，如果它使用的是起批发作用的总代理（如格力的模式），那么它的渠道至少要经过一级代理和零售商两个层级，渠道就会比较长。

在 MG 的例子中，确定渠道长度的问题其实就是选择哪一个层级经销商作为合作伙伴的问题。如果用零售商作合作伙伴,那么渠道就比较短;如果用批发商或其他类型的经销商作合作伙伴,那么渠道就比较长,而且具体的长度将取决于合作伙伴的渠道长度。

不过,因为 MG 选择的是公司型的治理形式,需要通过控股或参股合作伙伴的方式来控制渠道,所以独立性很强的批发商和零售商不太适合作为它的合作伙伴。因此,MG 只能选择某种类型的经销商作为其合作伙伴,而渠道的长度则取决于各经销商的渠道长度。

这里需要特别说明一点:不管采用独家分销还是选择分销,MG 一旦找到了合适的经销商,后面的渠道层级交给经销商决定即可,没有必要做硬性规定。只有在下面这种特殊情况下,它才应该干预:经销商下面的层次太多,把渠道拉得过长,已经明显地影响了渠道效率;或者经销商的能力不足,下面的网点太少,无法完成企业的渠道任务和目标。

六、确定中间商的类型

最后,确定同一层级中间商的类型。比如,如果选定零售商作自己的合作伙伴,那么这一步就是要确定使用其中的百货店、超市、专营店、专卖店、便利店,还是仓储会员店。如果选定批发商作自己的合作伙伴,那么这一步就是要确定使用其中的综合批发商、大类商品批发商、专业批发商,还是发挥批发作用的经销商、代理商。

因为不同类型的中间商针对不同的目标市场,使用不同的经营方式,经营不同种类的商品,所以对于一家企业而言,并不是所有类型的中间商都同样适用。比如,生产食品的制造商,在零售层级上,可以用沃尔玛、华润万家,不适合用国美、苏宁;而生产家用电器的制造商,首选是国美、苏宁,也可以用沃尔玛和华润万家,但不能用老百姓大药房。因此,制造商需要根据自己产品与不同类型中间商经营特点的匹配情况进行选择。

具体到 MG 的例子,MG 在选择经销商作为合作伙伴时,要事先考察和了解备选经销商的渠道中都有哪些类型的下游中间商,它们是否适合经营本企业的产品。比如,如果 MG 是一家生产家用电器的制造商,那么它就应该选择那些在下游中间商中有国美、苏宁或其他家用电器商店的经销商合作;如果 MG 是一家快速消费品的生产厂家,那么它就应该选择那些在下游中间商中有沃尔玛、华润万家或其他超市的经销商合作。

七、渠道方案的评估与选择

经过上面的选择,渠道管理者可以设计出若干个备选的渠道方案。比如,用 MG 的例子说明,在经过上面的多个决策步骤之后,设计的 5 种方案中还剩下 3 种:方案 1,宽而疏的独家分销;方案 2,宽而密的单一渠道选择分销;方案 3,多渠道区域密集分销+选择分销。那么,如何对这些渠道方案进行评价和选择呢?

定性判断法,虽然很简单,但也最实用。使用这种方法时,渠道管理者往往根据他们认为比较重要的决策因素对不同渠道方案的适用性进行定性的评估、比较。至于什么是重要的因素,则见仁见智,并没有一个统一的标准。一般而言,渠道任务与目标、渠道成本、目标市场与市场定位、产品与价格、宣传与信息沟通、中间商以及环境机会与限制等,都是在评价渠道方案适用性时需要考虑的,如表 10.7 所示。

表 10.7　渠道方案的适用性评价

评价因素	方案		
	方案 1 （宽而疏的独家分销）	方案 2 （宽而密的单一渠道选择分销）	方案 3 （多渠道区域密集分销＋选择分销）
渠道任务	中等：能够完成销售任务	较高：能够较好地完成销售任务	高：能够很好地完成销售任务
渠道建设目标	中等：覆盖面大，但渗透率不足	较高：覆盖面大，渗透率高	高：覆盖面大，区域渗透率高
渠道服务目标	较低：当独家经销商的网点数量不足时，等候时间、空间便利和服务支持等方面都会存在问题	较高：在等候时间、空间便利和服务支持等方面没有太大问题	中等：在重点区域的服务没有问题，在电子网络渠道覆盖的非重点区域会有问题
渠道治理目标	高：容易控制，协调成本低，但是独家经销商的权力较大	中等：需要协调同一区域不同经销商的利益，协调成本较大	中等：在重点区域需要协调不同经销商的利益，另外还需要协调不同渠道的利益，成本较大
渠道成本适用性	高：相对其他两种方案，成本最低	较高：相对其他两种方案，成本较低	中等：相对其他两种方案，成本较高
目标市场与市场定位	难以确定：取决于选取的经销商	难以确定：取决于选取的经销商	难以确定：取决于选取的经销商
产品与价格	高：产品的特点和价格水平对渠道没有特别的要求	高：产品的特点和价格水平对渠道没有特别的要求	较高：电子网络渠道对物流要求较高
宣传与信息沟通	较高：经销商能够主动地帮助企业宣传产品和进行信息沟通	较高：经销商能够主动地帮助企业宣传产品和进行信息沟通	高：电子网络渠道不仅对非重点区域销售，而且是一条重要的信息传播渠道
中间商	较低：对经销商的要求很高，既要有实力，还要愿意接受制造商的特殊要求，合适的经销商难求	较高：对经销商的要求不是特别高，相对比较容易找到合作者	较高：对经销商的要求不是特别高，相对比较容易找到合作者
环境适用性	高：无限制	高：无限制	高：无限制

适用性可以按照"高"、"较高"、"中等"、"较低"和"低"评价，如表 10.7 中给出的评价；也可以打分，如"高"为 5 分，"较高"为 4 分，"中等"为 3 分，"较低"为 2 分，"低"为 1 分。但是，即使打分也要特别注意：在整个的评价过程中，重要的不在于每一项得多少分，而在于打分时的思考过程。打分计算的目的，是为了用客观的方法做出主观的决策。

在评估营销渠道的设计方案时，第一步需要从渠道任务和目标的角度评价各个方案的适用性，相关的因素包括渠道任务、渠道建设目标、渠道服务目标和渠道治理目标。比如，在 MG 的例子中，虽然三个方案都能够完成销售任务，但是相对而言，方案 3 最好。在渠道治理目标方面，方案 1 的协调成本最低，最容易控制，因此方案 1 最好。

第二步，考虑渠道成本。比如，在 MG 的例子中，从渠道成本的适用性上考虑，方案 1 最好（渠道成本的适用性高），因为这一方案只需找到各区域的总经销商或总代理商，以参股或控股的方式与其建立战略联盟,然后利用它们的渠道网络销售就可以了。而用其他两种方案,MG 需要找更多的经销商,分别与其商谈股权合作事宜,在渠道运行时,还要做大量的协调工作,所以成本较大。

第三步,考虑不同方案在目标市场与市场定位上的适用性,相关的因素主要是渠道覆盖面与目标市场的吻合度、渠道形象与产品形象的吻合度。在 MG 的例子中,各方案在目标市场与市场定位上的适用性取决于 MG 最终所选择合作的经销商,所以在经销商未选定之前,各方案在目标市场与市场定位上的适用性难以确定。

第四步,考虑不同方案在各营销因素上的适用性,包括产品、价格和促销宣传等方面。在 MG 的例子中,因为 MG 的产品特点和价格水平对渠道没有特别的要求,所以三种方案在各营销因素上的适用性差别不大。

第五步,考虑不同方案在中间商上的适用性,包括中间商的可得性、服务产出和成本。在 MG 的例子中,因为方案 1 对经销商的要求很高,既要求经销商有实力,还要求经销商愿意接受制造商的特殊要求,所以合适的经销商很难得到。如果没有办法找到足够的愿意合作的经销商,那么即使企业偏爱方案 1,也只能暂时将其搁置,先采用其他两种方案。

第六步,考虑环境的适用性,即考虑环境有没有对某一渠道方案的特殊的支持或限制。在 MG 的例子中,环境对三种方案都无限制。

经过这样的评价以后,渠道管理者对各备选方案的优缺点应该了然于心。在此基础上,不管是不是采用量化的方法计算得出结果,他都应该可以形成一个大致的选择顺序。不仅如此,由于认识到每一种方案都不是十全十美,都有一些这样那样的问题,所以在日后的日常渠道管理工作中,可以有针对性地加强某一个方面的管理与控制。

本章小结

营销渠道指的是产品或服务转移所经过的路径,由参与产品或服务转移活动以使产品或服务便于使用或消费的所有组织构成。

营销渠道结构有两层含义:一是指企业某一条渠道的层次、参与者和覆盖范围;二是指企业使用的渠道类型以及各类型渠道在企业销售中所占的比重和覆盖范围。后者可以被更精确地称为企业的渠道组合。

营销渠道的功能是使产品从生产者转移到消费者的整个过程顺畅、高效,包括调研、促销、接洽、组配、谈判、物流、风险承担和融资等。这些功能在营销渠道中表现为各种各样的流程,包括实体流、所有权流、促销流、洽谈流、资金流、风险流、订货流、支付流及市场信息流。

营销渠道的起点是生产制造企业,终点是消费者或用户。中介组织包括中间商和其他一些帮助转移所有权的组织,如银行、广告商、市场调研机构、物流企业等。根据是否涉及商品所有权的转移,渠道参与者可以分成成员性参与者与非成员性参与者。

营销渠道管理是一种交叉着组织内部管理的跨组织管理。渠道管理程序可以分为五个主要步骤,包括渠道分析与目标确定、渠道设计与策略选择、渠道成员选择与物流组织、渠道合作与控制、渠道效率评估。

渠道结构设计是企业在渠道的长度、宽度、密度、中间商类型以及使用渠道的多少等方面做出的规划与选择。据此,企业的渠道策略可以分为直接分销、独家分销、选择分销、广泛分销和密集分销。

从企业的角度看,渠道治理就是企业把渠道参与者组织起来的一种形式。其中,垂直渠道系统是主要形式。根据企业对渠道的治理形式和控制程度,垂直渠道系统可以分为公司型、契约型、管理型和关系型。

企业的营销渠道策划,可以按下列步骤进行：①渠道现状分析;②明确渠道目标与任务;③确定渠道的治理形式和渠道策略;④确定渠道的宽度、密度和渠道数量;⑤确定渠道的长度;⑥确定中间商的类型;⑦渠道方案的评估与选择。

思 考 题

1. 什么是营销渠道?

2. 营销渠道有哪些功能?

3. 互联网有可能改变营销渠道的哪几种功能? 如何改变?

4. 企业的营销渠道策略有哪几种? 它们在渠道的长度、宽度、密度、中间商类型以及使用渠道的多少等方面有什么不同?

5. 企业的渠道治理形式有哪几种? 各有什么特点?

6. 企业的营销渠道策划可以按哪几个步骤进行?

7. 企业的渠道治理形式与渠道控制有什么关系?

8. 请举例说明如何进行企业的营销渠道策划。

参考文献

[1] Kotler P. Marketing Management (10th Edn.) [M]. Beijing: Tsinghua University Press, 2000: 490.

[2] Coughlan A, Anderson E, Stern L W, El-Ansary A I. Marketing Channels (6th Edn.) [M]. Beijing: Tsinghua University Press, 2000: 3.

[3] 牛海鹏, 邴春亭, 李兴华. 销售通路管理[M]. 北京: 企业管理出版社, 1998.

[4] 顾国祥. 企业销售管理[M]. 济南: 山东人民出版社, 1984: 124.

[5] 卜妙金. 分销渠道决策与管理[M]. 大连: 东北财经大学出版社, 2001.

[6] Coughlan A, Anderson E, Stern L W, El-Ansary A I. 蒋青云等译. 营销渠道(第6版)[M]. 北京: 电子工业出版社, 2003: 91-106.

[7] Cespedes F V, Corey R. Managing multiple channels[J]. Business Horizons, 1990, 33(July-August): 67-77.

[8] Zhang J, Farris P W, Irvin J W, Kushwaha T, Steenburgh T J, Weitz B A. Crafting integrated multichannel retailing strategies[J]. Journal of Interactive Marketing, 2010, 24(2): 168-180.

[9] 罗森布罗姆. 李乃和 等译. 营销渠道管理(第 6 版)[M]. 北京：机械工业出版社,2002：188-205.

[10] 单祖明. 发展中国特许经营的思考[J]. 北方经贸,2002,(1)：42-43.

[11] Claro D P, Hagelaar G, Omta O. The determinants of relational governance and performance: how to manage business relationships? [J]. Industrial Marketing Management,2003,32(8): 703-716.

[12] 孟韬,路金. 营销联盟：营销组织的系统分析[J]. 财经问题研究,2003,(5)：64-67.

案例 10.1

格力与国美的冲突与合作[①]

格力和国美,一个是空调行业的龙头;一个是家电连锁零售业的大佬。双方曾经在 2004 年上演了一场"激情碰撞"的大戏,而在分道扬镳 3 年之后,又展开了全面合作。格力与国美的冲突与合作说明,厂家和商家之间没有永远的"朋友"或"敌人",关键是看有没有共同的利益。

一、曾经的恩怨

2004 年格力和国美的"激情碰撞",起因是当年 2 月,成都国美和成都格力发生的价格争端。国美在没有提前通知格力的情况下,突然对所售的格力空调大幅度降价。对此,格力表示严重不满,认为国美的价格行为损害了格力在当地的既定价格体系,导致了其合资销售公司的抗议。

不过,更深层次的原因,则是国美不满格力的渠道现状,希望格力能够绕过其合资销售公司(即各省一级销售子公司),以更低的价格直接向其供货。格力则不以为然:"国美与其他一级市场家电零售商一样,我们对其一视同仁;如果按国美的要求做,不但扰乱了格力的市场价格体系,而且严重损害了其他家电零售商的利益。"

双方各不相让。于是,国美总部向各地分公司下发了一份《关于清理格力空调库存的紧急通知》,表示格力的代理商模式、价格等不能满足国美的市场经营需要,要求各地分公司将格力空调的库存及业务清理完毕。而格力则迎头反击,中断了与国美的合作,不再向其供货。

二、格力的渠道模式

成立于 1991 年的珠海格力电器股份有限公司是全球最大的集研发、生产、销售、服务于一体的专业化空调企业,业务遍及全球 100 多个国家和地区。

格力的渠道模式被称为"工商股份合作制"。它的最大特点,就是格力公司在每个省和当地经销商合资建立以格力为大股东的销售公司,"以控价为主线,坚持区域自治原则,确保各级经销商得到合理利润"。其渠道组织形式如图 10.6 所示。

合资销售公司以格力空调分公司的形式负责管理当地市场。各区域销售公司董事长由

---

① 根据以下资料编写:钟彩的报道《格力与国美全面合作火候未到》,证券时报,2007 年 3 月 22 日;马晓芳的报道《国美格力分手两年再度合作,试点暂限分公司层面》,第一财经日报,2006 年 4 月 18 日;王涛、李进武的文章《空调营销渠道模式比较研究》,整合营销在线(www.onIMC.com),2004 年 5 月 6 日读取;珠海格力电器股份有限公司网站(www.gree.com.cn)的企业宣传资料,2011 年 2 月 26 日读取。

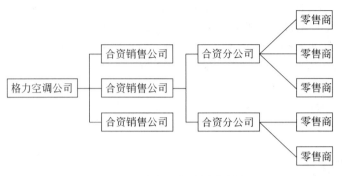

图 10.6　格力的营销渠道结构

格力方出任,总经理则按参股经销商的出资数目共同推举产生,各股东年终按股本结构分红,入股经销商形成了一个利益联盟。对入股经销商的基本要求是:当地空调销售大户,且销售格力空调收入占其总经营业务收入的70%以上。这种渠道模式有以下几层组织结构。

第一,省级合资销售公司。即格力的区域销售公司,由省内最大的几个批发商同格力合资组成,向格力空调总部承担一定数量的销售计划,并同总部结算价格。区域销售公司相当于格力的一个二级管理机构,也是一个独立的经济核算实体。销售公司负责对当地市场进行监控,规范价格体系和进货渠道,以统一的价格将产品批发给下一级经销商。除了与总部有货源关系,听从总部"宏观调控"外,价格、服务、促销实行"区域自治"。

第二,区级合资分公司。各地市级批发商与省级合资销售公司也组成合资分公司,负责所在区域内的格力空调销售,但格力在其中没有股份。合资分公司向省级合资公司承担销售任务,两者之间结算价格。

第三,零售商。合资销售分公司负责向所在区域内的零售商供货。在此模式下,零售商的权力较小,销售毛利率较低。

在格力模式的渠道网络中,原来互为竞争对手的大批发商都作为股东加入合资公司,它们各自的销售网络也合并在一起执行统一的价格政策,批发商的利润来源不再是批零差价,而是合资公司税后利润分红。省级合资公司的毛利水平最高可达到10%以上。

在格力模式中,制造商对渠道有着严格的控制:在价格方面,厂家以统一价格对各区域销售公司发货,并给产品价格划定一条标准区,各销售公司在批发给下一级经销商时可以结合当地的实际情况在标准区内进行"有节制的上下浮动";在促销方面,格力公司负责实施全国范围内的广告和促销活动,当地广告和促销活动以及店面装修之类工作则由合资销售公司负责完成;在销售方面,销售工作全部由合资销售公司负责,而各地一级经销商必须从合资销售公司进货,严禁跨省市窜货;在售后服务方面,由合资销售公司负责与各服务公司签约,并监督其执行,格力总公司只对其中一部分进行抽查和回访。

从格力的角度讲,这一模式最大的优点就是把合作伙伴的利益与自己的利益捆绑在一起,减轻了格力进行渠道治理的难度。合作伙伴会为了它们自己的利益而努力工作,只要格力的产品卖得好,它们自己的利益也就有了保障。另外,各区域销售公司的董事长由格力方出任,这也加强了格力对销售公司的控制。

因此,当国美要求格力绕过其合资销售公司以更低的价格直接向其供货时,格力当然是断然拒绝。道理很简单,如果格力答应了国美的要求,会引起连锁反应,苏宁和其他的大型零售商也会提出同样的要求。格力精心打造的渠道体系将彻底崩溃。

三、再度合作

在格力电器与国美分道扬镳3年之后,国美电器广州分公司与格力广州公司同时宣布双方将在2007年展开全面合作,而且国美首次向格力订购了价值2亿元的空调采购单,计划在广州33家门店销售。消息人士透露:"广州的合作是双方合作的试点,如果顺利,这一模式将向全国其他地区推广。"

虽然国美营运中心否认了国美总部跟格力总部合作的说法,但承认国美下面有很多分公司在与格力合作。格力电器新闻发言人指出:"只要遵守规则,就可以合作,但目前还没有总部对总部全面合作的计划。"

国美和格力,两个都是行业内的领头企业,有很大的合作空间。三级市场是利益共同点。

对国美来说,在完成一级市场布局之后,进一步向二、三级市场扩展是2007年及以后的发展重点。而格力在二、三级市场的品牌影响力非常大。从这个角度来说,国美要进入二、三级市场对格力的依赖性在不断增加。而且经过2005年空调市场的洗牌,被市场淘汰的品牌多达20多个,有实力进入卖场的空调品牌越来越少。从品牌、销量各方面考虑,国美需要格力。

从格力的角度看,虽然合作的紧迫性还不是特别大,但是从战略上考虑,合作却是非常有利的。格力方面认为,"格力模式"的优势在于二、三级市场,但在连锁卖场的市场份额不断扩大的情况下,格力不能忽视这一趋势。当国美等卖场与格力在二、三级市场竞争并使其销售公司份额下降的时候,格力与国美合作也符合格力的利益。

讨论题

1. 从企业渠道治理的角度看,2004年,格力为什么拒绝国美的要求?
2. 2004年的冲突与2007年的合作,格力和国美之间的关系发生了什么变化?
3. 根据格力的渠道模式,请说明格力采用了什么渠道策略和渠道治理方式。
4. 格力的渠道模式有什么利弊?
5. 请将格力的渠道模式与海尔、长虹和TCL进行比较,有什么不同吗?

 案例10.2

旭日为什么升起又落下[①]

1993年,前身为河北冀州供销社的旭日集团成立。1994年集团投入3 000万元用于冰茶的生产和上市,并于当年获利数百万元,从此开始了"冰茶神话"之旅。1995年,旭日

① 根据以下资料编写:张言《中国质量报》2004年2月9日的报道《从辉煌到没落:反思河北旭日升集团管理变革》,陈军、贺军辉《中国商贸》2002年第9期的文章《窜货是导致旭日升衰落的重要原因之一》,若水《21世纪经济报道》2001年7月16日的报道《河北旭日升断腕重组饮料巨头争夺中国茶饮料市场》,李清栋《中国工商报》2001年6月23日的报道《河北旭日集团的发展方略》。

升冰茶销售额达到 5 000 万元,1996 年升至 5 亿元,1998 年达到 30 个亿,此后几年一直保持在 20 亿元的水平。短短几年间,旭日集团一跃成为中国茶饮料市场的龙头老大。

旭日升的成功,首先是因为它选择了一个百姓熟悉而市场又缺少的产品作为切入点,创造了一个全新的"冰茶"概念。1999 年,旭日集团确定"冰茶"为集团商品特有名称,并在工商局注册。其次是它的营销网络。创业早期,旭日集团在全国 29 个省、市、自治区的大城市密集布点,建立了 48 个营销公司、200 多个营销分公司。

旭日升"冰茶"的成功引来了众多跟风者,旭日的独家生意很快就被分食。康师傅、统一、可口可乐、娃哈哈等一群"冰红茶"、"冰绿茶"相继出现。2001 年,旭日升的市场份额从 70% 跌至 30%,销售额也大幅下降。2002 年下半年,突然停止供货,旭日升从此一蹶不振。

对于旭日升衰落的原因,有各种不同的说法。直接原因是始自 2000 年企业内部的"管理变革"。有人说,这好比是一个体质很差的病人,给他用药太猛,病未愈先把命丢了。然而,企业在管理上出现的问题才是根源。其中,在渠道管理方面的问题是一个重要根源——旭日升在渠道管理方面存在的问题,导致了窜货的盛行,窜货又使企业的渠道管理失控,最终传导到其他方面,导致了整个企业在管理上的失控。

旭日升的市场理念是窜货之源。在旭日集团高层领导的心里,只有回款是最重要的。只要可以在冀州收到来自全国各地的回款,那就万事大吉了。在这种市场理念的指导下,旭日升形成了"鼓励"窜货的考核机制,即按照回款多少进行工作考核,一切以回款为目标,而不管回款是怎样得来的。

企业制定了一系列与之配套的、旨在促进回款的奖励政策。比如,旭日集团曾搞过一个大型的渠道促销活动:每进 30 件冰茶搭赠 1 辆价值 180 元的自行车;每 50 件搭赠价值 500 元的人力三轮车;不足 30 件的则赠购物卡。各地区搭赠的物品不尽相同,但原则是平均每件有 6 元的促销费。再比如,厂家给经销商定下任务,并承诺年底完成销售额 100 万元的,奖价值 3.6 万元的松花江汽车 1 部。

在奖励政策的激励下,分公司和经销商争相订货,并且为了扩大销售,不遗余力地低价跨区销售,生怕自己吃亏。比如,渠道促销活动的政策刚一出台,保定某县的一家经销商就进货 1 万件,在极短的时间内出手,并要求再次进货。其实,这 1 万件冰茶该县根本就消化不了。那个经销商利用促销机会,以低于公司规定的市场价把货窜到其他市场上了。

再如,经销商为了完成公司下达的年度任务,得到奖励(松花江汽车),把车款或多或少地打进价格里,最后引发了价格大战。有些经销商天真地认为可以凭实力打败别的经销商,然后自己再整顿市场,扭转乾坤。可是价格战一打起来,就控制不住了。

跨区域低价窜货导致的直接后果,是引起了产品销售价格的混乱。当时,冰茶出厂价是 41.6 元/件,而由于渠道内打价格战,冰茶的销售价一度跌到了 33 元/件。

在旭日集团,由于有那样一种指导思想,窜货行为不但不被处罚或管制,还被领导认为是了不起。一些酒气冲天的老总常常在会议上骄傲地说,旭日集团的市场是冲开的。在他们眼里,窜货根本就没什么大不了的。

除此之外,各地,甚至不同业务员的销售政策也有差异。比如,河北市场返利是 3%,

天津市场是4%,北京市场则是5%。许多分公司老总都是原来冀州供销社的骨干,他们在集团内部有着很好的人际关系,因此好多政策是可以"要"来的。这样,同一地区、不同的经销商就可以拿到不同价格的产品。很多业务员为了应付公司的考核方法,和经销商达成协议:只要你答应我的回款要求,我就可以答应你的返利条件。因为,他们可以从集团公司要到特殊的政策。在这种氛围里,几乎所有的经销商都挤破脑袋与集团骨干拉关系,希望得到最优惠的销售条件,去冲别人的市场。

经销商则利用旭日升的政策,放手去冲击其他市场,甚至是赔钱卖货。当然经销商是不会赔的,他们利用"旭日升"这个产品来吸引客户,"带货销售",卖旭日升不赚钱,卖其他产品赚钱。

这时,旭日升的业务员又干什么去了?他们得到回款以后,就去做发财梦了。因为在他们看来,做业务就是催款。如果业务员管得太多,经销商就会把情况汇报给区域经理;区域经理为讨好大经销商,会使用权力压服那些不听经销商话的业务员,业务员就只好唯经销商之命是从了。

讨论题

1. 旭日集团的渠道问题出在哪里?
2. 哪些属于企业内部的管理问题?哪些属于跨组织的管理问题?
3. 旭日集团的渠道问题对于我们理解营销渠道管理有什么启示?
4. 你觉得旭日集团的渠道问题能够解决吗?如何解决?
5. 为旭日集团设计一个渠道管理的方案。

案例10.3

海信广场的渠道功能重组①

海信广场是海信实业股份有限公司的下属企业,后者原是海信集团的子公司,通过管理层持股计划现已与海信集团分离。海信广场成立于1997年7月,总投资1.7亿元,营业面积两万多平方米;地处青岛市新商业区,是一座以经营中、高档服装及日用百货为主的大型综合性商厦。

海信广场成立两年后的1999年,曾经一度陷入困境。当时,海信广场的库存累计高达6000万元,其中两年以上的经销库存就达2000万元。企业出现了巨额亏损,员工也人心浮动。海信实业股份有限公司在当时大股东海信集团的干预下,为海信广场调整了领导班子。新领导班子调整了原有的组织架构,实施了扁平化管理,严明纪律,令行禁止,改变了企业整体的工作作风。

作为关键一环,他们对零售企业传统的购、销、运、存环节进行了调整,把购、运、存甩给供应商,自己则主要控制供应商准入环节、商品销售环节和进行现场管理。

---

① 根据笔者2003年8月的一项实地调查编写,后来以《化繁为简,重组渠道功能》为题发表在《北大商业评论》2005年第12期。这里节选了其中的部分内容。

海信广场对于渠道功能的这一重新安排，使供应商与零售商之间的关系变得极为简单——零售商提供商品交易的场所、控制现金流和进行现场管理，供应商则自己组织货源，自己决定进货品种，自己从事物流活动，用自己的人推销自己的产品。供应商与零售商之间的交易关系只发生在销货时——货款进入零售商的账，零售商在扣点之后，按照事前约定的时间把货款返还给供应商。

这样的功能安排，简化了零售商的经营与管理，减少了零售商的风险，对于零售商而言是极为有利的。渠道功能重组使海信广场从烦琐的购、运、存环节中解放出来，人员减少了，效率提高了。有趣的是，经过一段时间的应用，这种模式也深受供应商的欢迎。海信广场 2001 年开始盈利，2003 年已经稳稳地占据了青岛市百货服装零售业的最高端市场，并开始输出其管理模式。

为了便于比较说明海信广场功能重组的内涵，仿照图 10.2，我们画出了定型后的海信广场功能流程和功能安排图，如图 10.7 所示。

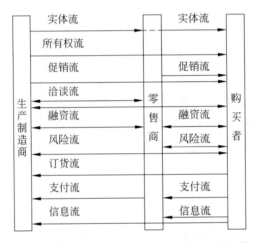

图 10.7　海信广场的渠道功能流程与功能安排

图 10.2 与图 10.7 比较，有几个地方发生了重要变化：第一，在生产制造商与零售商之间没有了批发环节，因此营销渠道变短了；第二，在零售商与购买者之间少了三条流，即所有权流、洽谈流和订货流，因此零售商在营销渠道中扮演的角色少了，经营管理活动被大大简化；第三，有多条流（如所有权流、促销流、洽谈流、订货流和信息流）直接由供应商通向购买者或购买者通向供应商，这说明原来零售商承担的许多功能甩给了供应商，供应商不得不为此花费更多的成本或费用；第四，实体流虽然经过零售商，但零售商并不需要在真正意义上参与实体流，它只起一个在商店里摆放和展览商品的作用，我们用虚线表示这种意思。

容易看出，这样的功能安排对零售商极为有利。它简化了零售商的经营与管理，减少了零售商承担的风险，使零售商从烦琐的购、运、存环节中解放出来。然而，我们这里更关心的问题是：供应商对此有什么反应？它们也满意吗？

这个问题的重要性在于：零售商与供应商之间是一种互利互惠的合作关系，如果一种功能安排致使其中任何一方不满，合作关系很快就会破裂，最终的结果不仅仅是这种功能安排无法得到贯彻,而且合作双方会两败俱伤。

讨论题

1. 海信广场的渠道功能重组对供应商有什么影响?

2. 什么地方增加了成本? 什么地方减少了成本?

3. 供应商对营销渠道的控制是加强了,还是减弱了? 为什么?

4. 供应商还获得了其他什么好处?

5. 这个案例对你认识企业的营销渠道策划有什么帮助?

第十一章

企业宣传与沟通策划

在市场营销学中,促销、宣传、传播和沟通这些术语在大多数情况下是可以相互替换的,指用来告知、劝导和提醒人们关于组织或个人的产品、服务、形象、观点,以引起消费者的兴趣,激发消费者购买欲望和购买行为的营销信息传播活动。但是,它们之间又有一些细微的差别。比如,促销、宣传、传播这一类术语更多地是强调企业的意志,企业为了达到自己的目的,要促销、宣传、传播,使购买方接受某种观念或采取某种行为;沟通则更多地强调购买方的意志。企业为了达到自己的目的只促销、宣传和传播是不够的,还要沟通,即信息双向交流。

宣传与沟通是企业营销的一个重要的战术组合要素。有效的宣传与沟通,要根据目标市场的特点,综合运用各种促销方法,提供明确的、连续一致的产品或企业信息。本章首先讨论企业营销信息传播的内涵,然后介绍企业营销信息传播的主要工具,最后讲解企业整合营销传播策划的程序与主要内容。

第一节　企业的营销信息传播

企业宣传和沟通的实质是信息传播,即企业通过声音、文字或图像等传媒工具,向消费者、用户或社会公众传送有关企业产品、服务、形象等信息,以求达到影响消费者、用户或社会公众态度、行为的目的。它的核心内容是:什么人,向谁说什么,用什么方式说,通过什么途径说,达到什么目的。

一、企业的营销信息

本书第三章把企业的营销信息定义为能够降低营销决策不确定程度的资料、数据和消息。当从企业的角度讲信息传播时,营销信息的内涵与如上的定义略有不同。用图 11.1 说明二者的区别。

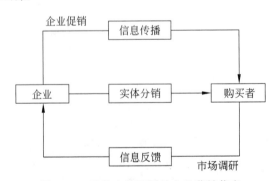

图 11.1　两种内涵不同的企业营销信息

图 11.1 是一个简单的企业营销信息流动模型。其中,有两条信息流在企业和购买者之间流动:一条由购买者流向企业,一条由企业流向购买者。由购买者流向企业的一条被称为信息反馈,由市场调研执行这一职能;由企业流向购买者的一条被称为信息传播,由企业促销执行这一职能。信息反馈的目的是降低企业营销决策的不确定程度,从而降低企业营销决策的风险,提高企业营销决策正确的可能性,最终提高企业营销绩效。信息传播的目的,则是通过告知、劝导和提醒等方式,影响购买者甚至社会公众的态度和行为向着有利于企业的方向转变,最终提高企业营销绩效。

最终目的一致,但是两种企业营销信息的内涵是不同的。信息反馈是要从消费者或用户那里得到信息,并以此来降低企业营销决策的不确定性;信息传播则是要把企业想让消费者或用户知道的信息告知消费者或用户。从企业的角度讲,是影响消费者或用户的态度和行为向着有利于企业的方向转变,而从消费者或用户的角度讲,则是企业向其提供消费或采购信息,以降低其消费或采购的不确定性,从而降低消费或采购决策的风险,提高消费或采购决策正确的可能性。

因此,从信息的本质内涵(信息能够降低决策的不确定性)来讲,第二种企业营销信息(即信息传播中的企业营销信息)更确切地讲,应该称为购买信息,即它在一定程度上能够降低购买者购买决策的不确定性。不过,因为这些信息是企业发出的,是宣传企业或产品的信息,所以我们还是遵从习惯,把它称为企业的营销信息。

二、企业营销信息传播的过程与要素

图 11.2 表示的是信息传播的一般过程。其中包括九个要素:信息、信息媒体、信息的发送者、信息的接收者、编码、解码、接收者的反应、企业的信息反馈和噪音。

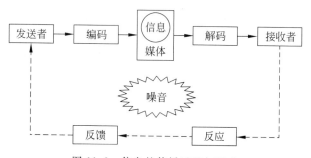

图 11.2　信息的传播过程与要素

企业营销信息的传播过程和要素与此相同。企业是企业营销信息的发送者;消费者或用户是企业营销信息的接收者;商品信息或企业形象信息是企业要发布的营销信息;企业使用的促销工具是信息媒体;在使用各种媒体传播企业营销信息之前有一个编码的过程,即将企业的营销信息制作成媒体能够传送的形式,如广告、销售诉求、新闻稿件和售点陈列等;而在消费者或用户收到编码信息之后,需要通过解码才能了解企业营销信息的内涵。

三、企业营销信息传播的促销作用

营销信息传播是企业通过各种媒体针对顾客所进行的告知、劝导和提醒等活动。其目的是影响顾客或社会公众的态度和行为向着有利于企业的方向发展或转变，最终提高企业的营销业绩。因此，从企业的角度讲，营销信息传播的主要作用就是促销，包括：

第一，传递信息，建立声誉。即传递企业或产品信息，使顾客了解企业或产品的特色，对企业或产品产生注意或好感，为产品销售打下良好基础。

第二，创造需求，扩大销售。即针对顾客的购买动机，诱导或激发顾客需求，开发新市场，扩大产品销售。

第三，突出特色，建立优势。即宣传产品给顾客带来的特殊利益，建立特色优势，提高顾客对企业品牌的忠诚度，增大顾客对企业产品的重复购买率。

四、企业营销信息传播的价值创造作用

企业营销信息传播还有一个更加重要的作用，即通过提高企业的品牌资产创造品牌价值。

如前所述（第八章第一节），品牌价值来源于品牌资产（由品牌知名度、品牌感知质量、品牌忠诚度、品牌联想以及其他专有资产集合而成），而品牌资产则主要来源于营销磁滞的积累——企业以品牌为基础进行营销活动的一个结果。其中，企业的营销信息传播发挥着极为重要的作用。

首先，企业通过告知、劝导和提醒等活动，提高顾客对品牌的识别度，使顾客形成对品牌的长久记忆。这种滞留在顾客记忆中的信息（一种营销磁滞）在其进行购买决策时会发挥作用，导致顾客对企业品牌的购买。

其次，企业的营销信息传播有意识地提供强烈的刺激物或信息，使新的顾客加入到某种品牌产品的消费中。如果用后满意，他们会继续使用，从而形成对这一品牌的忠诚度（一种营销磁滞）。这时，即使刺激物取消，他们也不会转而购买其他品牌。

最后，一旦在企业营销信息传播的诱导下，购买者重复购买某一个品牌成为习惯，他们对于其他刺激物就处于一种麻木状态（一种营销磁滞）。此时，除非意外情况发生，否则他们长时间不会改变其购买习惯。

当以企业的品牌形象塑造为导向时，企业的营销信息传播活动就是整合营销传播（参见本章第三节）。此时，企业营销信息传播的目的或重点不再是实现产品价值，即把生产出来的东西卖出去，而是创造品牌价值，即使标有某一品牌的东西不仅能够满足顾客的一般需求，而且能够满足其心理需求，具有更高的顾客价值。

五、企业营销信息传播的有效性

企业营销信息传播的有效性或效力，取决于企业发出的营销信息与消费者或用户接收到的营销信息的一致性程度。这种一致性程度，需要通过消费者或用户的反应和企业的信息反馈，才能知晓。其中，整个传播过程中任何一个环节出问题，都会影响企业营销信息的传播效力。比如：企业由于定位不准，发布了错误的信息；企业编码有误，发布的

信息并不是自己真正想要发布的;媒体选择失误,企业的营销信息并不能让目标顾客接收到;消费者或用户解码出现问题,他们没有能力看懂企业想要表达的意思;信息虽然抵达了消费者或用户,但并没有引起他们的注意。各种各样的噪音,也会影响信息传播过程的各个环节,从而影响企业营销信息的传播效力和效率。

此外,目标受众对于信息的接收具有选择性,企业无法强迫目标受众接收、理解和记住企业要传播的营销信息,做出企业期望的反应。目标受众接收到的信息,可能并不是企业想传播的信息,做出的反应也可能不是企业期望的。

在接收企业营销信息时,目标顾客或目标受众存在以下三个方面的选择性[1]。

第一,选择性注意。据估计,人们每天收到大约1 600条商业信息,其中只有80条被感知或意识到,而只对12条有所反应。这是因为目标受众的注意力是有选择的,在一定的时间内只能关注或接受少量的信息。因此,只有那些在"眼球争夺"中胜出的信息,才会受到关注。

第二,选择性曲解。人们想看到或听到符合他们信念的事情。因此,目标受众常常只接受信息中符合其信念的内容,而不注意其他内容,或者将接受到的信息按照他们自己的信念来理解。

第三,选择性记忆。人们只会在他们得到的信息中选择记忆一小部分,而其他的大部分信息即使看到或听到了,也会很快忘记。目标受众一般倾向于接受和记住他们支持的论点,拒绝接受但记住他们反对且重要的论点。

因此,企业在进行营销信息传播策划时,不但要考虑传播什么信息,还要考虑目标顾客或目标受众的接受程度。

第二节　企业营销信息的传播工具

企业营销信息传播,指的是企业主动向目标顾客传播商品或劳务的性能、特征等信息,帮助消费者认识商品或劳务所带给购买者的利益,从而引起消费者的兴趣,激发消费者的购买欲望及购买行为的促销活动。从企业角度看是宣传,而从消费者或用户的角度看是沟通。

有效的宣传与沟通,要根据目标市场的特点,综合运用各种促销方法,提供明确的、连续一致的产品或企业信息。企业可以利用的营销信息传播工具非常多,而且随着技术的发展,还在不断增加。企业常用的营销信息传播工具包括广告、人员推销、销售促进、公共关系和直复营销五大类,见表11.1。

表11.1　企业营销信息传播工具

广　告	人员推销	销售促进	公共关系	直复营销
印刷和广播广告	推销展示	竞赛、游戏、	报刊稿子	目录销售
外包装广告	销售会议	兑奖、彩票	演讲	邮购服务
电影画面	激励方案	奖励和赠品	研讨会	电话营销

续表

广　告	人员推销	销售促进	公共关系	直复营销
宣传小册子	样品	样品	年度报告	电子购物
海报和传单	商品、贸易展销会	商品、贸易展销会	慈善捐款	电视购物
工商名录			捐赠	传真信箱
广告复制品		展览会	出版物	电子信箱
户外广告牌		示范表演	关系	语音信箱
陈列广告牌		赠券	游说	
售点陈列		折扣	确认媒体	
视听材料		低息融资	公司杂志	
标记和标识		招待会	公司事件	
录像带		商品搭配		

一、广告

广告是由广告主（通常是企业）通过付费方式发起，对产品、服务或企业进行的宣传行为。

按照内容，广告可以分为产品广告和企业广告。产品广告的主要目的是介绍产品或服务，树立产品或服务的形象。虽然可以帮助企业树立良好的形象，但是它不直接宣传企业形象；企业广告的主要目的是树立企业形象。有一些由企业做的公益广告也属于企业广告。

按照目的，广告可以分为告知性广告、劝导性广告和提示性广告。告知性广告着重宣传产品的质量、性能、品种、用途、价格和服务，解除顾客对产品的顾虑，诱导顾客尝试初次购买；劝导性广告着重宣传产品的用途，说明产品的特色，突出产品的优越之处，使顾客形成偏好；提示性广告着重宣传商品的市场定位，不断强化顾客对商品的认识、理解和记忆，巩固企业产品在市场上的地位。

按照采用的媒体，广告可以分为印刷广告、视听广告和户外广告。印刷广告的媒体主要包括报纸、杂志和外包装；视听广告的媒体主要包括电台、电视和互联网；户外广告的媒体主要包括招贴、广告牌、交通牌和霓虹灯等。

与其他信息传播手段相比，广告有以下四个主要特征：第一，群体传播，迅速触及广泛的受众，短期的营销刺激比较强烈；第二，媒体费用高，但受众人均费用低；第三，通过重复和节奏控制，可以获得与受众接触的倍增效应，产生较大的营销磁滞，从而潜移默化地塑造品牌和企业形象；第四，内容由企业控制，可以向所有目标受众传播同一信息，运行模式简单，运用得当，会具有较强的冲击力。

二、人员推销

人员推销是企业通过派出推销人员，与一个或多个潜在顾客面谈，做口头陈述，促进和扩大商品销售的信息传播行为。

具体做法包括上门推销、柜台推销和会议推销。上门推销是最常见的人员推销形式，由推销人员携带产品样品、说明书和订单等走访顾客,推销产品;柜台推销又称门市,是指企业设置固定门店或在零售店内设置柜台,由自己委派的营业员接待并向进入门市的顾客推销产品;会议推销是指企业通过自己的推销人员,利用各种会议向与会人员宣传和介绍产品,开展推销活动,如订货会、交易会、展览会、物资交流会等。

与其他促销方式相比,人员推销有以下几个方面的特点。第一,信息双向沟通。推销人员可以通过察言观色或询问的方式,随时了解顾客的反应,进行更有针对性的宣传活动。第二,灵活。推销人员可以在不同的时间,根据不同需求,采用不同的宣传方式。第三,针对性强。在开展推销活动之前分析和了解顾客的需要和欲望,在推销过程中及时解决顾客提出的问题。第四,与顾客接触机会多,容易建立较稳固的购销关系。第五,是企业收集市场信息的一条重要途径。当然,它也有覆盖面小、信息传播费用高和发生作用时间长的缺点。

三、销售促进

销售促进是指企业采用的那些能够刺激顾客需求,使顾客立即采取购买行为的信息传播活动。由表 11.1 可见,销售促进的方法很多,它几乎包括除广告、人员推销、公共关系和直复营销以外的其他所有促销方式。换言之,只要一种促销方式无法放在其他的促销方式中,就可以被认为是销售促进。

从大的方面,销售促进可以分为针对消费者的销售促进和针对中间商的销售促进。针对消费者的销售促进,包括优惠券、赠品、抽奖、价格折扣、售点展示、展销和消费信贷等;针对中间商的销售促进,包括数量折扣、现金折扣、推广津贴、销售竞赛和贸易展销等。

与其他信息传播方式相比,销售促进的主要特点有以下几点:第一,利益诱导,刺激作用直接而强烈,能够直接给消费者、用户、经营商或推销人员带来利益;第二,更注重产品销售目标,效果快速而短暂;第三,方式多样,不拘一格。销售促进的方式非常多,而且还会不断有新的方法被发明出来。比如,曾经一度在很多城市流行过的家电产品的"还本销售",虽然存在很多问题,但是当时确实引起了轰动,引得很多企业纷纷效法。

不过,销售促进往往伴随着各种优惠活动,很容易使人们联想到企业生产经营遇到了问题,如产品积压,质量下降,甚至企业有倒闭的危险,有损产品或企业形象。因此,那些注重品牌形象的企业要慎用。

四、公共关系

公共关系是企业为了树立良好的企业形象或扩大商品销售,而采取的促进公众对企业认识、理解及支持的信息传播活动。公共关系管理的职能,包括评估社会公众的态度,确认与公众利益相符合的个人或组织的政策与程序,拟订并执行各种行动方案,以争取社会公众的理解与接受。

企业进行公共关系活动的具体方法有很多,比如密切与新闻界的关系,吸引公众对某人、某产品或某服务的注意;通过新闻媒体对产品或企业进行宣传报道;开展企业联谊活动,加强企业与相关群体的关系;游说立法机关与政府官员;支持相关团体,赞助相关活动;安排特别活动,宣传企业或产品;处理顾客抱怨,满足顾客需求,保持顾客忠诚。

与广告相似,企业进行公共关系活动也要利用各种各样的大众传播媒体,如报纸、期刊、电视、广播以及商业出版物等。不同在于，企业在进行公共关系活动时，利用的大众传播媒体一般是不付费的。当然，也有一些关于企业的报导属"有偿新闻"，但那实际上是广告与公关活动的某种结合，受国家政策或法律的限制。另外，还有一些"软文广告"，貌似新闻报道，实则企业广告，也是广告与公关活动的某种结合。这两种广告或公关活动如果把握不好分寸，很可能违反道德甚至法律。

与其他的信息传播方式相比，企业公共关系的特点如下：第一，目的在于树立企业整体形象，促销只是附带功能；第二，是一项长期的形象工程，必须有长远观点；第三，对于结果企业难以控制。在公共关系活动中，媒体的立场和企业的立场并不完全相同，而且传播什么信息，由媒体主导而不是企业主导。

五、直复营销

直复营销（direct marketing）运用一种或多种通信手段或广告媒介，传播企业的营销信息，促使某一区域的消费者产生购买动机，到展示店购买或通过各种通信方式订购。一般的过程是：传播信息→消费者产生购买动机→消费者订购→企业送货[2]。

直复营销与我们一般所说的直接销售或直销（direct selling）有所不同。直接销售或直销指人员推销，而直复营销则是一种相互影响、交互作用的营销方式和信息传播方式。

直复营销是一种随着通信技术的发展而兴盛起来的信息传播方式与促销方式。它利用先进的通信技术设备和方法，使消费者不出家门就可以完成采购活动。消费者或操起电话听筒，或按几下电脑按键，就可以下单订购。

直复营销有以下几种典型形式。

第一，目录营销，即生产商、批发商或零售商把自己所经销的全部产品制成商品目录或分类目录，通过报刊杂志、广播电视、电脑网络等，传达或寄送给潜在顾客，潜在顾客则根据需求下单选购，企业或者在门店销售，或者送货上门。

第二，电话营销，即企业运用电话进行沟通，获取订单，然后送货上门或上门服务。车船机票、信息咨询、饭店订餐、家政服务以及住房装修等常用这种方法促销。

第三，直复广告，即企业在广播、电视或现代网络上登载广告，描述或演示商品外形、规格、使用特性、作用效能、操作示范、价格比较和服务承诺等，吸引顾客即刻做出反应，电话订购，企业则送货上门。

第四，电子网络销售，即企业通过互联网直接向最终消费者或用户进行信息传播和营销活动。网络直销过程一般可以分为以下六个步骤：①消费者进入 Internet，查看企业的网页；②消费者通过购物对话框填写购货信息，包括姓名、地址、所购商品名称、数量、规格、价格；③消费者选择支付方式，如信用卡、电子货币、电子支票、借记卡等；④企业的客户服务器检查支付方服务器，确认汇款额是否认可；⑤企业的客户服务器确认消费者付款后，通知销售部门送货；⑥消费者的开户银行将支付款项传递到消费者的信用卡公司，信用卡公司负责发给消费者收费单。

可以说，直复营销使用了当今世界上最先进、快捷、方便的信息传播方式，适应了现代科学技术的发展和一部分人生活方式的要求。直复营销有以下几个显著特点：第一，非公众性，信息一般发送至某个特定的人；第二，定制，信息为某人定制以满足他的诉求并发给他;第三,及时,信息传播速度非常快;第四,交互反应,信息内容可根据个人的反应而改变。

除了以上五种传播方式,企业营销的其他活动,如产品的式样、价格、包装、颜色,销售人员的风度和服装等,都发挥着营销信息的传递作用。另外,顾客的口碑(即顾客之间关于产品或企业的信息交流)也是企业进行营销信息传播可以利用的一种方式。企业可以通过关系营销(参看第十四章),在不断满足顾客需求的过程中将顾客发展成为自己的支持者或合作者,然后让顾客通过口碑宣传企业的形象、品牌或产品。这种传播方式有更高的可信度,也更容易成功。

第三节　企业整合营销传播策划

整合营销传播(integrated marketing communication)指企业综合运用各种信息传播方式,提供明确的、连续一致的产品、品牌或企业信息,以求达到最佳的宣传效果。其核心是建立品牌形象,提升品牌价值或品牌资产。

图11.3显示了整合营销传播的内涵。由图可见,整合营销传播(右边)与传统促销活动(左边)的最大区别在于传播的一致性(consistency),即不管企业采用什么方式进行信息传播,其作用点必须一致。如果作用点不一致,如传统促销活动那样,各种营销手段之间的效果可能会相互抵消。

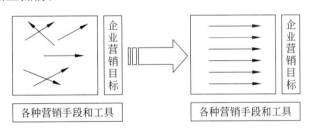

图11.3　整合营销传播的内涵

进行整合营销传播,需要对企业的整个宣传与沟通活动进行规划与设计。整合营销传播策划的程序一般有下述步骤:目标市场回顾、市场印象分析、确定传播目标、传播信息设计、传播方式选择、传播媒体选择、传播方式与媒体整合、决定传播预算、实施效果评估,如图11.4所示。

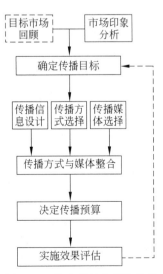

图11.4　整合营销传播的程序

一、目标市场回顾

关于目标市场特点的分析,是企业制定营销战略的依据(第六章第三节)。因此,在确定整合营销传播目标和方案之前,需要先对企业产品或品牌的目标市场及其特点进行一个系统的回顾。在正常情况下,企业直接使用此前(企业制定营销战略时)的分析结果就可以了。但是,如果企业需要单独对传播方案进行调整且营销环境发生大的变化时,企业需要对目标市场的特点重新进行分析。在此基础上,企业根据目标市场的特点(如五个 W)来思考、选择和确定营销传播因素和方式。表 11.2 体现了这一思路。

表 11.2　企业整合营销传播策划的思路

目标市场	传播因素与方式						
	信息内容	广告	人员推销	销售促进	公共关系	直复营销	其他
Who							
What							
Why							
When							
Where							

按照表 11.2 提供的分析框架设计营销传播方案,企业首先要针对目标市场的五个 W 思考和分析企业的品牌或产品在哪些方面(与哪一个 W 有关)能够给顾客带来什么利益(即顾客价值)以及企业品牌或产品的利价比(即顾客价值与顾客成本之比)优势如何。以此来寻找企业品牌或产品的卖点。这主要涉及信息内容的设计。

其次,针对目标市场的五个 W,进一步思考有利于目标顾客接收和接受企业营销信息的方法和途径。这主要涉及营销传播工具的选择和组合。

最后,综合考虑其他影响因素,设计明确的、连续一致的营销信息,对各种可能的传播媒介和方式进行整合。

以上这些步骤,都可以在表 11.2 上进行。传播方案设计人员需要先认真考虑每一格已有的或可能的内容;然后,将思考的结果以一一对应的方式置于每一格中,比如用缩略语的形式将其标注在每一格中(有些格中可能没有内容);再思考这些结果的相容与不相容之处,将相容的结果整合,在不相容的结果之间做出选择;最后,制定出内部不相矛盾的传播方案。

这里需要注意一个问题。一般而言,目标市场就是企业营销信息传播的目标受众。但是,有时二者并不完全相同。例如,婴儿配方奶粉的使用者是婴儿,他们是婴儿配方奶粉生产企业营销终极目标。不过,企业营销信息传播却不会针对他们,而是要针对他们的父母。换言之,他们的父母是企业营销信息传播的目标受众。因此,对目标市场的回顾与分析,虽然方法相同,但是常常需要把目标市场和目标受众区别开。表 11.2 中的目标市场包括目标受众。

二、市场印象分析

市场印象分析的目的,在于了解目标受众对企业或其品牌的形象认知。市场印象与市场定位密切相关,它实际上是市场定位的结果或要达到的目的。市场定位更多地反映企业的愿望,如企业希望自己的品牌在顾客心目中是怎样一个形象。而市场印象更多地反映顾客的感知,如某一品牌在顾客心目中实际上是怎样一个形象。通过市场印象分析,企业一方面可以确定它的市场定位是否实现了,如果没有实现,企业应该向哪个方向努力;另一方面,在与竞争者进行比较以后,可以确定它的市场定位是否能与竞争者区别开,有无优势,以及应该如何突出自己的特点,增大自己的优势。

市场印象分析的第一步,是确定目标受众对宣传对象的熟悉度和偏爱度。这可以用一些简单的量表进行测量。例如,在测量熟悉度时,用下面一个问题引导:你对 XYZ 品牌的了解程度如何? 选项如下:1=从未听说过;2=听说过,但不了解;3=知道并有一些了解;4=比较了解;5=很了解。在测量偏爱度时,用下面一个问题引导:你对 XYZ 品牌的喜爱程度如何? 选项如下:1=很不喜欢;2=不太喜欢;3=不喜欢,也不反感;4=比较喜欢;5=很喜欢。

第二步,根据测量结果,绘制熟悉-偏爱分析图,如图 11.5 所示。图中有四种情况:A 是最有利的,很多人对 XYZ 品牌不但熟悉而且喜欢。B 是一种糟糕的情况,很多人熟知 XYZ 品牌,但是不喜欢。C 的情况也不好,一是熟悉 XYZ 品牌的人不多;二是熟悉的人又不喜欢它。D 的情况有些尴尬,熟悉 XYZ 品牌的人喜欢它,但是熟悉它的人不多。处于不同地位的企业,进行营销信息传播的任务或目标不同。比如,D 要加强宣传;B 和 C 要扭转形象;A 要维持高的知名度和良好形象。

	不喜欢	喜欢
熟悉	B:很多人熟悉但不喜欢	A:很多人熟悉而且喜欢
不熟悉	C:很多人不熟悉且熟悉的人又不喜欢	C:很多人不熟悉但熟悉的人喜欢

图 11.5　熟悉-偏爱分析图

第三步,使用语意差别量表,通过市场调查,进一步研究人们喜爱不喜爱某一宣传对象的内涵。即企业要搞清楚,由于宣传对象所具有的什么特点使得目标受众喜欢它。

典型的语意差别量表,由多个两头为两个极端答案、共分成七个程度类别的量表组成。比如,图 11.6 是用来测量 X 品牌形象的一个六指标语意差别量表。每一指标的两端是两个极端的答案,分别意味着"极好"和"极坏"、"极可靠"和"极不可靠"等,中间一个类别是中性答案,意味着"既不好也不坏",或"既不能说可靠也不能说不可靠"等,其他类别则表示对某一指标肯定或否定的程度。

品牌 X、Y

质量可靠	___	X	___	Y	___	___	___	质量不可靠
功能强	___	___	XY	___	___	___	功能弱
时髦	___	___	Y	___	X	___	___	背时
便宜	___	___	___	Y	X	___	___	贵
优雅	___	___	Y	___	X	___	___	低俗
高档	___	___	Y	___	X	___	___	低档

图 11.6　某消费者对品牌 X 和 Y 的态度

调查者采用这个量表测量某一个品牌的形象时，只是简单地要求被调查者根据他们对于这一个品牌的态度在量表的每一个指标上找到恰当的位置，做出记号。比如，图11.6是某一个顾客对品牌 X 和 Y 在不同指标上的态度。如果有很多被调查者，那么就可以收到很多这样的答卷，对这些答卷进行归纳分析，就可以得到他们的综合态度，即品牌形象。

对于语意差别量表资料进行分析，可以采用以下几个步骤：首先，为每一指标的各类别赋值，一般是从有利态度向不利态度依次赋予递减的值，如7、6、5、4、3、2、1；其次，把所有被调查者对于某品牌在每一指标上的得分加总、平均，即得被调查者对于这个品牌在每一指标上的平均态度；最后，将上一步的结果绘制在经过改造的语意差别量表图上，进行图上分析，如图11.7就是对品牌 X 和 Y 进行的图上分析。

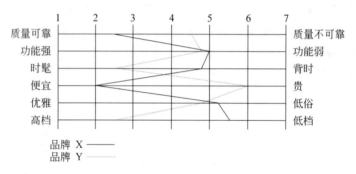

图 11.7　品牌形象的图上分析

以上三步完成之后，找出一个品牌与其他品牌之间区别较大的特性，这个品牌的相对形象就测量出来了。比如，如图11.7所示，相对于品牌 Y 来说，品牌 X 的形象是质量可靠、价格便宜、中低档；相对于品牌 X 来说，品牌 Y 的形象则是价格较高，较时髦、档次较高。

如果人们喜欢 X 品牌，那么原因可能就是它质量可靠、价格便宜、中低档的形象。当然，如果不喜欢，那么可能是因为它背时、价格便宜、中低档的形象。

市场印象分析的最后一步，确定定位缺口，为企业确定传播目标提供依据。定位缺口指市场印象与市场定位之差。如前所述，市场定位更多地反映企业的愿望，市场印象更多地反映顾客的感知。二者如果不一致，就形成定位缺口。定位缺口的大小，由二者不一致的程度表示。当定位缺口出现时，企业需要分析其性质对企业是否有利。在缺口有利时，需要改变企业的定位战略，即企业的市场定位战略向市场印象靠拢；在缺口不利时，需要通过整合营销传播改变市场印象，即使市场印象向企业的市场定位战略靠拢。

三、确定传播目标

企业的传播目标是企业通过整合营销传播所要达到的目的。虽然体现且服从于企业的营销目标，但是它与营销目标的制定不同——传播目标多依据顾客所处的购买阶段来制定。

顾客购买阶段有不同的划分方法，一般分为认知、情感和行为三个大的阶段。认知阶段是指顾客对于产品或品牌的知晓或感知,包括对产品或品牌存在性的感知,对其属性、特色或优势的知晓、了解或理解;情感阶段指顾客对特定产品或品牌的态度或喜好程度,包括喜好、渴望、偏好或确信;行为阶段指顾客对产品或品牌采取或欲采取的行动,包括试用、购买、使用或者摒弃。一般而言,顾客只有完成前一个阶段的反应之后,才会进入下一个阶段的反应。

基于对企业营销信息传播的不同理解,研究者设计了多种不同但相近的顾客反应模型,包括 AIDA 模型、层次效果模型、创新扩散模型和信息处理模型,如表 11.3 所示。

表 11.3 顾客反应模型

购买阶段	模型			
	AIDA	层次效果	创新扩散	信息处理
认知	注意	知晓 了解	知晓	展示 注意 理解
情感	兴趣 欲望	喜欢 偏爱 确信	兴趣 评价	接受 记忆
行为	行动	购买	试用 采纳	行动

AIDA 模型也被中国人音译为"爱达"公式,由注意(attention)、兴趣(interest)、愿望(desire)和行动(action)四个英文单词的第一个字母组成。其基本观点如下:顾客对企业营销信息的接受程度是有差别的,依次可以划分为注意、兴趣、欲望和行动。即信息传播先引起顾客的注意,然后才能使顾客对传播的产品或服务信息发生兴趣,继而产生拥有或消费的欲望,最后才能使其采取购买行动。

层次效果模型则假定,顾客从知晓产品或品牌的存在到实际购买要经过一系列步骤,分为知晓、了解、喜欢、偏爱、确信和购买。与 AIDA 模型最大的区别在于,它增加了了解和确信两个步骤。

创新扩散模型在技术创新传播理论基础上演化而来。它将消费者采用新产品的过程分为知晓、兴趣、评价、试用和采纳五个阶段。根据这一模型,让消费者购买的一个重要步骤是设法让其试用,只有这样消费者才能评判产品的优劣。因此,企业在营销信息传播中要设法鼓励顾客参与和试用。

信息处理模型将营销信息的接收方(即目标受众或目标顾客)看做信息的处理者或问题的解决者,因此企业的营销信息传播要经过展示、注意、理解、接受、记忆和行动等几个阶段。其中,与其他模型突出不同的是"记忆"因素,即接收方对自己理解且认为有价值或与自己有关的信息保留在记忆中,成为今后购买决策的参考。

以上顾客反应模型的价值在于,它们把顾客对企业营销信息传播的反应分为多个阶段,并认为前一个阶段的是后一个阶段前提或前因。因此,企业在进行营销信息传播时,需要根据顾客所处的反应阶段,确定传播目标和重点。大多数目标受众所处的购买或反应阶段,就是传播的目标所在。比如,当产品或服务鲜为人知时,企业的传播目标以引起注意为主;当产品或服务已经广为人知时,企业的传播目标应转变为以激发兴趣和刺激欲望为主;在后期,企业的传播目标需要转变为以促使购买为主。

以层次效果模型的六个阶段来制定传播目标,往往不够具体和明确,因此有人提出了下列更为具体而实用的传播目标[3]：

（1）推出新产品；

（2）建立、强化或改变产品定位；

（3）建立或强化公司形象；

（4）建立品牌认知或接受；

（5）在某种产品与某种生活方式之间建立联系；

（6）通过增加使用频率、使用方式或消费数量而增加现有产品的销售；

（7）告知顾客、用户或经销商产品的改进与使用；

（8）对抗竞争者的促销活动；

（9）反季节销售；

（10）改变购买习惯；

（11）增加顾客需求；

（12）赢得产品的新顾客群或更年轻一代；

（13）建立、改善或改变商店形象；

（14）促进产品线的整体销售；

（15）开创销售局面,为推销员开路；

（16）推出新的分销系统或物流系统；

（17）告知顾客购买地点；

（18）改进公司与经销商的关系。

确定传播目标需要遵从以下基本原则：第一,目标必须与企业的营销战略相适应;第二,目标必须具体并且要易于测定;第三,目标要适应社会环境的变化;第四,目标必须与企业的资源相匹配;第五,目标要与企业其他营销因素相协调。

四、传播信息设计

传播信息设计主要任务是确定独特的销售主张,并据此设计信息的内容、结构、形式和来源。其中,要贯彻传播的三个一致性。

（一）独特的销售主张

独特的销售主张（unique selling proposition,USP）,俗称"卖点",是企业希望通过其宣传活动让顾客接受的关于产品、品牌或企业形象的诉求点。寻找独特的销售主张,是企业信息传播过程的一个关键环节。能否找到令目标受众怦然心动的独特性诉求点,会极大地影响企业信息传播的效果。例如,四川全兴牌白酒,用"喝全兴,万事兴"的卖点来吸引消费者;陕西的伟志牌西服,用"不满意,便退款"的卖点来赢得顾客信赖。

在确定独特的销售主张时,企业需要考虑以下几个方面的内容：第一,在考虑独特性时,不要仅仅局限于产品质量和技术特性,还应该考虑产品的产地、历史、外形、名称、包装以及企业的追求;第二,独特的销售重点需要与顾客对竞争对手的感知形象(印象)有显著差异,否则独特性无从谈起;第三,在顾客心目中形成的独特性,要比产品可感知的独特性或差异性更重要;第四,关于独特性利益的诉求必须重要且真实,既要得到顾客的认可,也要避免虚假宣传或过度宣传;第五,不要模仿别人。

这里要注意,产品或品牌的独特利益可能早就存在,只是企业和竞争对手以前从来没有提及。比如,"农夫山泉有点甜"。农夫山泉或其他的山泉水本来就有甜的感觉,但是大家以前都没有提出这样的"卖点"。农夫山泉率先提出,成为其独特的销售主张。另外,大家都有的独特利益,第一个提出的往往会独占此"卖点"。比如,乐百氏纯净水曾提出过一个27层过滤的"卖点",实际上市面的纯净水都经过相同或相似的过滤。

(二)信息的内容、结构、形式和来源

在确定了独特的销售主张以后,企业根据独特的销售主张设计信息的内容、结构、形式和来源。

信息的内容指企业在信息传播中说什么,或诉说什么才能最恰当地表达独特的销售主张。诉求方式有许多种,如幽默、恐惧、生活片段、音乐等,可以分为理性、情感和道义三种类型。理性诉求作用于目标受众的理性思维,使他们对宣传对象的特点有一个清楚的认识,然后做出理性选择。情感诉求作用于目标受众的情感,以情动人,使目标受众在感动之余认同宣传对象。道义诉求作用于目标受众的道德和正义感,用来指导目标受众分辨是非,规劝人们支持社会公共事业和进行绿色消费。三种诉求方式可以组合使用,以理性诉求传达信息,以情感诉求激发感情,以道义诉求唤醒道德和正义感。

信息的结构(framing)即企业在信息传播中如何说,主要涉及三个问题:第一,企业直接为目标受众提出结论还是让受众自己得出结论? 第二,企业仅传播关于产品的正面信息,还是正面和负面信息都进行传播? 第三,信息展示的次序,是先给出论点然后再提出论据,还是先提出论据然后再得出论点?

信息的形式即企业在信息传播中用什么符号表达独特的销售主张。信息形式是指信息的表达方式,如标题、文稿、图形、色彩等。

信息的来源即企业在信息传播中由谁来说。信息来源可以采用社会名人、影视明星、专业人士、普通消费者或企业员工等。在选择信息源时,应注意他们的专长、可靠性和对受众的吸引力。

(三)传播的三个一致性

如前所述,整合营销传播最大的特点在于传播的一致性,即不管企业采用什么方式进行信息传播,其作用点必须一致。为了成功地塑造品牌形象,企业在营销信息传播方案的设计与执行过程中,要注意传播的三个一致性。

第一,前后一致,即企业的信息传播前后要一致。企业一旦确定了自己欲求的形象,就应该坚持下来,不能轻易改变。如果朝三暮四,只会使企业的品牌形象变得模糊不清。

第二,手段一致,即企业信息传播的作用点要一致。比如,当百事可乐说它自己是"年轻一代的时尚饮品"的时候,广告中的偶像就必须是青年人的偶像,产品的包装就必须是青年人喜爱的包装,价格就必须是青年人能够接受的价格,营销渠道就必须是青年人经常

接触的渠道。

第三，品牌一致，即企业利用同一个品牌推出的不同产品之间形象要一致。企业经常利用名牌效应在同一个牌子下推出不同的产品，这有利于新产品在短时期内迅速占领市场。不过，这样做也有名牌力量弱化风险。为了推出一个产品而弱化一个品牌，得不偿失。因此，企业要在一个牌子下推出不同的产品，这些产品之间必须保持形象一致。

五、传播方式选择

如前所述，企业可以利用的营销信息传播方式很多，包括广告、人员推销、销售促进、公共关系和直复营销五大类。这些传播方式各有优缺点，也各有其适用范围，没有哪一种是最好的。企业在选择营销信息传播方式时，需要综合考虑各种因素。

（一）顾客因素

一般而言，顾客的地理分布广、数量大时，利用非人员的广告方式可以更有效地对受众进行沟通；反之，则利用人员推销更好些。如果顾客的购买决策属于程序化决策，那么引起注意和提醒购买最为重要；如果顾客的购买决策属于非程序化的复杂决策，那么提供信息最为重要。

（二）产品因素

对于不同性质的产品，如消费品和工业品，购买者和购买者的要求不同，需要采取不同的信息传播方式。如图 11.8 所示，一般而言，消费品的技术和结构设计比较简单，容易标准化，且购买人数众多，因此可以较多地使用广告，较少地使用人员推销；工业品的购买者多为专业用户，他们对产品的质量、技术性能以及规格型号等有具体要求，再加之行业差别大、购买者集中，所以需要较多地采用人员推销，较少地使用广告。而两种产品在直复营销、销售促进和公共关系的使用上则没有系统性的差别。

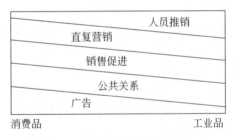

图 11.8　产品性质对信息传播方式使用程度的影响

产品在寿命周期的不同阶段，因为营销目标不同，所以需要使用不同的信息传播方式。比如，在试销期，为了加快消费者或用户认识和了解企业产品的过程，企业可以多使用广告方式促销；在成长期，如果企业要迅速占领市场，可以继续加强原有的广告促销工作，但是要取得更多的利润，则需要采用更多的销售促进或人员推销，减少广告支出；在成熟期，竞争对手日益增多，为了与竞争对手相抗衡，保住已有的市场份额，企业必须加大促销力度，在做广告宣传的同时多运用销售促进（如赠品）；在衰退期，企业应该逐渐减少促销活动，节省促销费用，只做少量提示性广告即可。

（三）企业因素

企业营销的总体思路有推式与拉式两种策略。推式策略以人员推销为主，企业利用推销人员努力将产品推给批发商，批发商再努力将产品推给零售商，零售商最后将产品推给消费者。拉式策略以广告为主，企业针对最终消费者从事广告宣传活动，激发最终消费者的需求和购买欲望,消费者向零售商求购产品,零售商向批发商求购产品,批发商又向生产者求购产品。图11.9表明了这两种思路的差异。

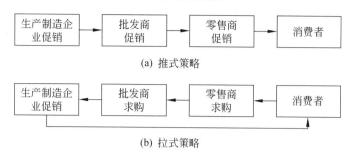

图 11.9　企业营销的总体思路

　　相同的促销工具在实现不同的促销目标上,其成本效益会有所不同。因此,信息传播目标不同,也会影响企业对营销信息传播方式的选择。一般而言,广告、销售促进在建立购买者知晓方面,比人员推销的效果要好;促进购买者对企业及其产品的了解方面,广告的成本效益最好,人员推销次之;购买者对企业及其产品的信任,在很大程度上受人员推销的影响,其次才是广告。购买者订货与否以及订货多少主要受人员推销的影响,销售促进只起辅助作用。

　　企业开展宣传与促销活动,需要支付费用。而企业能够用于宣传与促销活动的费用是有限的。因此,企业的促销预算会限制企业对营销信息传播方式的选择。企业选择的营销信息传播方式必须是企业有能力负担的。

（四）竞争因素

　　企业需要根据其竞争地位和竞争者的宣传与促销策略,考虑使用何种方式进行营销信息传播。比如,如果一家企业处于强势地位,是市场领导者或挑战者(参看第六章第三节),那么它可以针锋相对地开展宣传与促销活动——主要竞争者选择何种方式宣传与促销,本企业以相同的方式回应,并压倒之;相反,如果一家企业处于弱势地位,是市场追随者或补缺者,那么它就不能硬碰硬,而应该以迂回的方式开展竞争,避免与市场领导者或挑战者发生正面冲突——选择与市场领导者或挑战者不同的方式进行宣传与促销。

　　另外,还有一些企业按照竞争对手的宣传与促销费用以对等或等比例的方式来决定本企业的宣传与促销预算。相应地,它们也会根据竞争对手的宣传与促销方式选择本企业的宣传与促销方式。

六、传播媒体选择

　　传播媒体是信息传播者与信息接受者之间连接的媒介。传播媒体的种类很多,常用的有报纸、杂志、广播、电视、电子网络和户外媒体等。企业要依据目标受众的基本情况和媒体的基本特点,选择一种或多种媒体。媒体选择可以按照实用标准、效能标准和质量标准等进行。

（一）实用标准

　　实用标准即企业选择的传播媒体必须实用。重点考虑以下内容。

第一，准入标准，即企业在选择的传播媒体上进行宣传与促销必须是国家政策和法律允许的。在大多数国家，烟草类商品是禁止在大众媒体上做宣传的。因此，在大众媒体上做烟草类商品广告不符合准入标准。

第二，预期标准，即企业在选择传播媒体时必须符合媒体运作的时间规律。比如，购买一个电视台的广告时段可能只需要几天时间，而预定在一个大都市的繁华地段张贴大型海报则至少需要几个月的时间作为提前量。

第三，预算标准，即企业在选择传播媒体时必须符合企业的费用预算。比如，开展一次全国性的电视广告宣传活动一般需要几百万元的预算，如果企业的广告预算不足，那么最好做地区性宣传活动。

（二）效能标准

效能标准即企业选择的传播媒体必须有效力，能够达成企业的传播目标。重点考虑媒体的触及面、频率及影响力。

触及面也叫有效覆盖面，指在一定时期内某一特定媒体一次最少能触及的个人或家庭数目，或者目标人口中至少有一次机会看到或听到传播内容的人数。触及面是反映媒体对目标人口覆盖能力的指标。如果传播内容显露在目标受众中的人数占比高，则媒体的覆盖能力强。

频率是反映媒体重复播放能力的指标，是指在一定时期内传播信息显露于每个人或每个家庭的平均次数。如果媒体在一定的时期内以越高的频率播放，那么传播信息显露于目标受众的可能性就越大，媒体的频率也就越高。例如，电视、海报或日报等媒体的频率比月刊杂志要高得多。表11.4是一个媒体组合方案的频率统计分布表。

表11.4　一个媒体组合方案的频率统计分布

目标人口总数	100%
目标人口净覆盖率	85%
接触人口平均接触次数	4.8
按接触次数计算的目标人口分布	
平均接触0次	15%
平均接触1~3次	40%
平均接触4~6次	24%
平均接触7次以上	21%
总计	100%

由表可见：第一，目标受众中15%的人接触不到企业传播的信息，即该媒体组合方案的净覆盖率是85%；第二，信息显露于接触人口的机会是平均4.8次；第三，目标人口中接触广告1~3次的人数为40%，4~6次的为24%，7次以上的为21%。

影响力指使用某一媒体的显露价值或总效果，用媒体总触及率指标毛评点（gross rating points，GRP）表示。毛评点等于信息发布的次数（接触次数）乘以覆盖率（视听率）。在表11.4的例子中，覆盖率是85%，平均频率是4.8次，因此这个方案的GRP值为 408(即 85×4.8)。一般而言,当广告的触及面较小,展露频率较大时,目标受众的知晓度也就相应提高。

(三)质量标准

质量标准即企业选择的传播媒体必须高效率,能够高效率地达成企业的传播目标。重点回答下面的问题:传播媒体是否具有准确传播信息的能力?是否能够充分展示产品的特点?是否能够有效地运用彩色和画面?是否有进行论据陈述或展示的功能?需要考虑以下内容。

第一,媒体的瞬时受众人数,即某种媒体一次播发信息所能触及的受众总人数。对报刊而言,瞬时受众人数就等于发行量。

第二,有效接触的平均成本,即在选定的媒体上播发一次信息的成本费用与受众总人数之比。

第三,媒体累加受众人数,即一则信息在某一媒体上多次播发后,反复被触及的目标受众总人数。

第四,不同媒体之间的交叉受众人数,即不同媒体播发同一内容的信息广告所触及目标受众的人数和频率。

第五,有效受众人数,即媒体一次播发信息所能触及的属于销售目标人口范围内的受众总人数。

第六,关于媒体质量的其他资料,主要涉及媒体编辑力量的背景资料,媒体在公众或业界的形象,媒体容量,是否承接了竞争性产品的宣传以及其他技术性指标等。

七、传播方式与媒体整合

如前所述,整合营销传播特点在于传播的一致性,即不管采用什么方式和媒体进行传播,其作用点必须一致。否则,各种营销手段之间的效果可能会相互抵消。因此,企业在确定了信息传播的作用点(如独特的销售主张)、选择了传播方式与媒体以后,就要以信息传播的作用点为根据,对传播方式与媒体进行整合。

比如,企业同时使用广告、人员推销和销售促进的方式进行营销信息的传播。由于这些方式各有优缺点和适用范围,所以企业要综合考虑,将其组合起来,优势互补,高效率地实现企业的传播目标。

再如,企业可以尝试将各种媒体进行组合,增大宣传的力度,提高宣传的效率。将视觉媒体与听觉媒体组合,给人以身临其境的真实感受;将瞬间媒体(如电视)与长效媒体(如印刷品、路牌、霓虹灯)组合,在给人以瞬间的震撼之后,能保留长期的记忆;将大众媒体(如报纸、电视、广播)与促销媒体(如招贴、展销、售点广告)组合,使企业的信息传播能够"点"、"面"结合。

通过对传播方式与媒体的整合,不仅可以消除企业信息传播过程中由于各种营销手段之间作用点不一致而发生的效果相互抵消的现象,而且可以带来信息传播的延伸效应,即增大信息传播的广度和覆盖范围,提高产品、品牌和企业的知名度;重复效应,即通过各种方式与媒体的重叠使用增大信息传播的深度,提高顾客对产品的注意度、记忆度和理解度,诱发购买冲动;互补效应,即不同方式和媒体之间取长补短,提高信息传播的效率。

八、决定传播预算

传播预算是营销管理中最为困难的决策之一。不同的企业在财力资源、市场需求、竞争地位、传播愿望等方面存在很大的差异，这使得传播预算很难由统一的方法决定。企业常用下列四种方法。

第一，量入为出法，即根据企业的财力来安排宣传与促销经费。这种方法量力而行，易于操作，许多企业都在自觉不自觉地使用。但是，它很容易使企业忽视宣传与促销对销售的影响，将宣传与促销的支出看做可有可无的额外支出。

第二，销售百分比法。具体有两种方式：一是根据上一年度销售额的某一百分比决定宣传与促销费用；二是根据下年度的预测销售额的某一百分比决定宣传与促销费用。这种方法实际上是将企业的销售收入看做宣传与促销费用的函数，认为有多大的投入就可以带来多大的产出。但是，它容易忽视宣传与促销的目标和效率，有时让营销部门为花钱而花钱。

第三，竞争对等法。有的企业按照竞争对手的宣传与促销费用以对等或等比例的方式来决定本企业的宣传与促销预算。使用这种方法决定宣传与促销预算，有以下前提：企业了解竞争对手的宣传与促销预算；企业是行业竞争的追随者，而非领导者。

第四，目标任务法，即首先确定宣传与促销目标以及实现目标所需要完成的具体任务，然后再确定完成这些任务的传播方式和媒体组合，最后确定经费预算。从理论上讲，这种方法是最合理的，但是实际操作难度较大。另外，当企业财力有限时，用这种方法确定的经费预算可能会远远超出企业的能力，会让人有好高骛远之感。

九、实施效果评估

实施是企业营销信息传播方案的具体执行过程，涉及在什么时间、由谁、从事什么活动以及对于整个信息传播过程的监督和控制。企业的营销传播活动能否按计划执行，很大程度上取决于这一阶段的工作质量。

实施效果评估，是对企业营销信息传播过程进行监督和控制的一个重要依据。企业通过分析和比较宣传活动前、中、后的销售业绩和顾客态度，能够比较客观地评价宣传效果，发现问题，及时纠正。效果评估可以从信息传播效果和销售效果两个方面评价。

信息传播效果是指一次宣传活动能够触及的人数及其对宣传信息的感知、理解和接受程度，可以通过在信息播发之前或之后测量目标受众对信息的记忆、理解、信任、喜爱以及信息刺激购买的能力等得出。具体的方法主要有三种。

第一，直接评分，即要求目标受众在记忆、理解、信任、喜爱以及刺激购买的能力等方面对宣传活动打分，得出顾客对宣传活动的效果评价。

第二，组合测试，即先请顾客观看一组宣传广告，其中包括企业要测量的宣传广告；然后，请他们回忆看过的内容和细节；最后，根据顾客回忆内容的多少以及详细程度，确定信息传播的效果。

第三，实验室测试，即研究人员利用仪器来测量顾客在看到或听到某一条宣传广告时的心理反应，如心跳、血压、瞳孔放大以及流汗等。以此测量信息传播方式的吸引力。

销售效果指宣传活动刺激顾客购买的能力,可以使用下面的公式计算得出:

$$E = \frac{\dfrac{\Delta S}{S}}{\dfrac{\Delta A}{A}}$$

式中:E 为宣传活动的弹性系数;S 为销售额或量;ΔS 为增加宣传费用之后销售额或量的增加值;A 为原有的宣传费用;ΔA 为增加的宣传费用。E 值越大,宣传活动的效果越好。

这里应注意,在进行效果评价时,如果出现信息传播效果好但销售效果不好的情况,不能简单地否定宣传活动的效果。因为这可能是企业营销的其他方面(如产品、价格或营销渠道方面)出了问题。另外,信息传播效果的影响一般更长久,它的效果可能会逐渐转化为销售效果。

 **本章小结**

企业宣传和沟通的实质是信息传播,即企业通过声音、文字或图像等传媒工具,向消费者、用户或社会公众传送有关企业产品、服务、形象等信息,以求达到影响消费者、用户或社会公众态度、行为的目的。

企业营销信息有两种不同的内涵:一种用于信息反馈,指从消费者或用户那里得到信息,以此来降低企业营销决策的不确定性;另一种用于信息传播,指企业把想让消费者或用户知道的信息告知消费者或用户,以此来影响消费者或用户的态度和行为向着有利于企业的方向转变。

企业营销信息传播包括九个要素:信息、信息媒体、信息的发送者、信息的接收者、编码、解码、接收者的反应、企业的信息反馈和噪音。

企业营销信息传播的促销作用包括:传递信息,建立声誉;创造需求,扩大销售;突出特色,建立优势。另外,企业营销信息传播还有一个更加重要的作用,即通过提高企业的品牌资产创造品牌价值。

企业营销信息传播的有效性或效力,取决于企业发出的营销信息与消费者或用户接收到的营销信息的一致性程度。整个传播过程中任何一个环节出问题,都会影响企业营销信息的传播效力。此外,目标受众对于信息的接收具有选择性,包括选择性注意、选择性曲解和选择性记忆。因此,企业在进行营销信息传播策划时,不但要考虑传播什么信息,还要考虑目标顾客或目标受众的接受程度。

企业常用的营销信息传播工具包括广告、人员推销、销售促进、公共关系和直复营销五大类。各种营销信息传播工具各有特点,企业在选择营销信息传播工具时,需要考虑很多影响因素,其中重点是产品的性质、产品所处的寿命周期阶段、企业信息传播的总体思路和企业的信息传播目标。

企业整合营销传播,指企业综合运用各种信息传播工具或促销方法,提供明确的、连续一致的产品或企业信息,以求达到最大的宣传效果。其核心是建立品牌形象,提升品牌价值或品牌资产。

整合营销传播策划的程序有下述步骤：目标市场回顾、市场印象分析、确定传播目标、传播信息设计、传播方式选择、传播媒体选择、传播方式与媒体整合、决定传播预算、实施效果评估。

 思考题

1. 什么是宣传与沟通？它的实质是什么？

2. 什么是企业营销信息？你如何理解？为什么？

3. 企业的营销信息传播包括哪些要素？

4. 企业营销信息传播的作用有哪些？

5. 为什么说通过提高企业的品牌资产创造品牌价值是它的一个重要作用？

6. 企业常用的营销信息传播工具都有哪些？它们各有什么特点？

7. 什么是企业整合营销传播？它的核心是什么？

8. 企业整合营销传播策划的程序有哪几步？

参考文献

[1] Kotler P. Marketing Management (10th Edn.)[M]. Beijing：Tsinghua Public Press，2000：551-552.

[2] 宁建新. 直复营销产生的背景、现状及未来[J]. 郑州大学学报(哲社版)，1998，(2)：22-27.

[3] Keegan W. Marketing[M]. NY：Prentice Hall，1992：633.

[4] 庄贵军，周南，欧阳明. 市场营销中的磁滞现象[J]. 北京商学院学报，2001，16(1)：9-12.

[5] 张庚森，王柏林. 市场营销[M]. 西安：陕西人民出版社. 2001：263-265.

[6] 宁建新. 直复营销产生的背景、现状及未来[J]. 郑州大学学报(哲社版)，1998，(2)：22-27.

[7] Gutman J. A means-ends chain model based on consumer categorization process[J]. Journal of Marketing，1982，46 (Spring)：60-72.

[8] Durgee J F, O Connor G C, Veryzer R W. Observations：translating values into product wants[J]. Journal of Advertising Research，1996，36 (November)：90-99.

 **案例 11.1**

玉兰油促销活动纪实①

宝洁公司的玉兰油化妆品自进入中国以来，深得万千女性的宠爱。2001 年，为了进一步提升玉兰油高档、时尚的形象和促进销售，玉兰油全面升级并更换了产品包装，开展

---

① 本案例选自金巧林发表在《创业家》(2002 年 12 月 25 日)《凡事预则立——玉兰油促销活动纪实》一文，有删改。

了一轮被称为"惊喜你自己"的玉兰油非专柜促销活动。

一、前期准备

本次促销活动是在没有玉兰油专柜的商场内进行的店内促销,目的是向消费者传播玉兰油改换新包装的信息,让玉兰油时尚、专业、高档的形象深入人心,并通过促销中的买赠活动吸引更多的消费者购买。

玉兰油属于中高档化妆品,消费对象为18～50岁的职业女性,销售区域主要集中在城市。本次活动选择在华东、华南、西南区一些经济较发达的城市进行。本次活动的时间和地点安排如下。

活动时间:2001年9月21日至2002年1月27日。

地点:在没有设专柜的超市出入口。

活动时段:周五(18:00-20:00)、周六(11:30-20:30)和周日(11:30-20:30)。

本次活动选择在没有玉兰油专柜的超市进行,是因为在有专柜的超市,促销小姐会进行宣传,而在没有设专柜的超市里,企业如果不主动去宣传,很多消费者就不一定知道玉兰油改换新包装的信息。图11.10表示了"惊喜你自己"玉兰油非专柜促销活动的组织架构与职责分工。

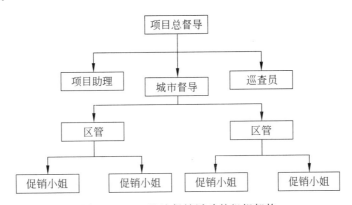

图11.10 玉兰油促销活动的组织架构

在职责分工方面体现了分工明确的原则。例如,本次活动中城市督导的职责是:①负责与商场的沟通;②对下属工作人员的培训与工作评估;③在工作中给促销小姐正确的指导;④将销售数据和问题及时反馈给公司;⑤监控并收集好赠品发放的数据、证明。

二、活动方式

本次活动选取滋养霜、营养霜、洁面乳等六种产品做促销推介,买足98元玉兰油产品的顾客,凭电脑小票可获赠价值68元的伊泰莲娜项链。活动以POP广告、形象促销专用台、宣传手册和促销小姐统一黑色的OLAY服装为形式,以玉兰油高档、时尚的形象为表现主题。

(一)POP海报广泛宣传

POP的设计,强调简洁、醒目、生动,让顾客在三秒钟内对活动的时间、内容一目了然。POP张贴在超市入口处或促销台旁。POP采用生动活泼的字体和简洁的语言——"新包装,新上市,买玉兰油满98元,送68元伊泰莲娜项链"。

（二）促销专用台体现完美形象

玉兰油的促销专用台用玻璃制成，设计就像高档化妆品店的化妆品陈列柜。根据玉兰油产品的种类，专用台分成四层，每一层放不同系列的产品（如第一层是洁面产品，第二层是润肤产品）。专用台的颜色与产品包装的颜色融为一体，既方便导购也体现出产品的高档、时尚形象和宝洁公司"世界一流产品，美化您的生活"的形象。

（三）宣传手册分发

在本次活动中，宝洁的促销小姐只对路过促销台或对活动有兴趣的顾客发放宣传手册，而不是随便给任何一个超市内的顾客。在宣传手册发到顾客手中之前，促销小姐需要对活动进行简短的介绍。这样，能够保证目标受众接受到活动的信息，扩大活动的影响。

（四）促销小姐服务

优秀的促销小姐的热情服务是促销活动取得预期效果的关键，是维护玉兰油品牌和宝洁形象的核心因素。本次活动的促销小姐，不仅注重外表形象，而且要服务热情到位，对于每一位顾客都微笑相迎。在导购过程中，首先对顾客的皮肤进行分析，然后根据不同的皮肤，给予正确的购买建议。对于介绍完后没有购买的顾客，她们同样会热情地说"谢谢您的光临"。

三、项目监控

本次促销活动建立了严格的监控体系，主要包括以下工作。

第一，区管及城市督导的日常巡店。主要是监督促销小姐的出勤情况、服务态度、POP的张贴、有无广播的支持和产品是否充足等。在巡店过程中对促销小姐进行打分，并对一些问题如销售技巧等进行当面培训。

第二，报表体系。促销小姐每日递交日报表、每周递交周报表，并对销售数量和赠品的发放数量进行统计；赠品领用表，对赠品的使用状况进行监控与统计；目标销量考核，城市督导根据每个店之前三个月的销量，制定出目标销量，对照促销小姐的销量进行奖惩。

第三，奖励计划。在活动的执行过程中，对完成并超过目标销量的城市及促销小姐按其完成目标销量的比例给予不同的奖励，并设立销量排行榜，以提高促销小姐的积极性。另外，为了鼓励促销小姐提升销售业绩，开展了"美丽大使"评分活动：根据促销小姐的销量及工作表现，每周给予一定的积分，在活动结束后，全国范围内分数最高的十名促销小姐可获得宝洁颁发的美丽大使证书，并免费到广州参观宝洁及旅游。

通过缜密的策划准备与有力的贯彻执行，"惊喜你自己"玉兰油非专柜促销活动最终取得了满意的效果，玉兰油的全新形象也深植于消费者心中。

讨论题

1. 宝洁公司的销售促进活动为什么要选择在华东、华南、西南区的一些经济较发达城市中没有玉兰油专柜的超市进行？

2. 宝洁公司销售促进的目标是什么？公司都应用了什么销售促进方法？

3. 你认为宝洁公司的销售促进是否达到了目标？为什么？

4. 是否有其他的促销方法，也能达到或更好地达到宝洁的促销目标？

钱山熊胆酒报纸广告文案策划①

1999 年的一天,钱山熊胆酒的老板找上门来了,要求时任科康技术有限公司营销总经理游昌乔,做一个钱山熊胆酒的报纸广告方案策划。之前,钱山熊胆酒的老板曾经找大名鼎鼎的叶茂中做过策划,但销售不是很成功。

为了进行这项策划,游昌乔决定首先寻找此前策划不成功的原因,于是带人找出叶茂中的《转身看策划》,仔细分析其策划思路,并把叶茂中拍的《熊说来一杯》广告片拿来研究。他们发现了问题:叶茂中把钱山熊胆酒定位于"不伤肝的酒",但是这一定位准确吗?

用"不伤肝的酒"来定位能"清热解毒,养心护肝"的熊胆酒,感觉有欠妥当。因为"不伤肝"和"护肝"是两个不同概念,就像"不会中毒的牛奶"和"不会拉肚子的纯净水"一样,是不能作为卖点的。"黄金易得,熊胆难求",用这样的卖点来刺激消费者,是很难达到销售效果的。

以下是游昌乔的策划思路和广告设计。

一、广告要说什么?

广告要说什么,取决于怎样认识钱山熊胆清酒。那么,钱山熊胆清酒到底是什么?

它虽然名为清酒,但与日本清酒是完全不同的概念。虽然主要成分是白酒,但配以熊胆汁、柠檬汁,具有了不同的口感和颜色,更重要的是赋予了保健功效;虽然能清火、清毒、清肝,有补身体的作用,但是因为能养心护肝,所以不用定时定量,可海量大喝特喝;虽然有柠檬味,但却是不折不扣的粮食酒;虽然酒精度跟啤酒相近,却不具有啤酒的特点,25~28 元的价位,足以吓倒啤酒族。

钱山熊胆清酒什么都是,什么都不是。看起来很尴尬,但也是机遇之所在。

产品定位:钱山熊胆清酒,是一种既能过酒瘾,又能补身体,能当普通酒喝的功能性补酒。

这个定位,既有效地将钱山熊胆清酒与其他酒区分开来,赋予其鲜明的个性,又切合了现代人越来越强烈的健康意识,给了消费者一个很好的消费理由。

二、广告向谁说?

根据钱山熊胆清酒的特点,可以归纳实际消费者和潜在消费者具有如下特点:

(1)有一定的消费能力;

(2)有一定的保健意识;

(3)有理性的消费意识;

(4)倾向于喝低度酒;

(5)有一定的品位。

---

① 改写自游昌乔发表于中国营销传播网(www.emkt.com.cn/article/66/6607-3.html,2003 年 1 月 16 日)的文章《一不留神,和叶茂中过了一招》。

综合以上五点，符合这些特点的消费群体以中青年男女为主。他们常处于社交场合，应酬较多，消费具有代表性，对喜欢的品牌和产品较忠诚，并且愿意尝试新事物。因此，在广告方案的创作中，要关注中青年人，避开竞争激烈的老年补酒市场。

三、广告该怎么说？

文案创作有三项基本原则：第一，幽默，让人会心一笑的，必定是能打动人心的；第二，简单，最简单的，往往是最能深入人心的；第三，排他，只有排他性，才能产生震撼力。据此，设计了四幅报纸广告。

《上看？下看？各一半！》篇和《左派？右派？中间派！》篇（图11.11），侧重于将产品与普通酒及传统补酒相比较，突出产品特点，并将"过酒瘾"与"补身体"两个特点用上下部分、左右部分来体现，直观明了，给人留下深刻印象。而同时"上看下看"是流行歌词，"左派右派"是政治术语，有趣味，有意味。更重要的是，"各一半"、"中间派"高度形象地概括了产品的特点，使其从其他产品中脱颖而出。

图11.11　钱山熊胆酒报纸广告文案之一

《你好？我好？谁更好！》篇（图11.12），将钱山熊胆清酒与其他酒做一个全面比较，用拟人手法，借其他的酒的转身面对，"不好意思见观众"，突出了产品优势。

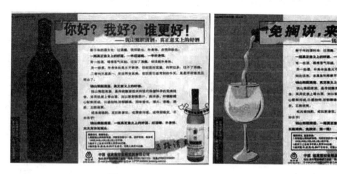

图11.12　钱山熊胆酒报纸广告文案之二

《免搁讲，来一瓶！》（图11.12）则是正面推出钱山熊胆清酒，以一句闽南方言但人们又都能懂的标题，对前面系列文案进行总结和升华，有地方特色，同时掷地有声，极具号召力。

四、效果

平面设计师用最快速度设计好，并提交给客户。三天后，电话铃响了，传来客户总经理的声音:"我们营销会议刚开完了。所有的人一眼就看中了你们创作的广告!"

讨论题

1. 你如何评价这一项广告策划案?有什么优点?有什么缺点?
2. 你觉得这一策划文案被采用的主要原因是什么?
3. 用本章介绍的整合营销传播策划的思路,来分析和评价本案例。

关于巩俐广告事件的讨论①

2000年7月,数家电视台轮番播出了一则广告:一封展开的信,纯真的童音在朗诵,"巩俐阿姨,你寄给我们希望小学的盖中盖口服液,现在同学们都在喝"。画面上巩俐在捧读孩子们的感谢信。广告播出后,因为有人指出,这是一个不符合事实的广告,广告受众与目标消费人群不一致,立即在全国引起轩然大波。围绕着这则广告策划的成败,以下有四则评论。

一、明星效应的错位

这是一个失败的广告策划,因为它背离了企业对消费者的承诺和义务。希望工程是一项十分神圣的事业,借此进行商业炒作是极为不明智的。通过从一年的大量的广告投放,哈药六厂本来已经有了很高的知名度,但经过这一事件之后,由巨额广告费堆积出来的知名度可能会变成负面效应。制药厂好像正在设法取消这种负面影响,但非常困难。

哈药六厂从1999年以来的广告很有一种大气,在某一时间段大有垄断所有频道之势。但是,也存在一些问题,例如两个产品共用一个"盖中盖"名称。对消费者知之甚少的商品,采用大面积、高强度的广告轰炸,可以改变消费者的一些消费习惯和消费理念,但是如果企业真正从尊重消费者的利益出发,通过为消费者提供真正有价值的产品而获得利润,这样做是有问题的。

巩俐广告事件表明,哈药六厂的一贯做法,就是利用名星效应进行营销。但是,明星效应要和社会效益结合起来才会有好的效果。广告策划者如果换一个角度思考,以广告投入的一半捐献给希望工程,建一批希望小学,并请巩俐做形象大使的话,就完全可以达到又有明星效应又有社会效益的目的,也完全可以解决广告受众与目标消费人群不一致的矛盾。

二、巩俐广告三宗罪

先不说巩俐借希望工程名义为"盖中盖"做商业广告这件事符不符合道德,单从广告和营销方面去探讨一下那条电视广告合不合乎学理,有没有发挥相应于巨额的制作和播出费用的传播与销售功效。应该说那条广告相当粗糙和平庸,没有促销力度。理由有三。

---

① 改写自李伯云2000年7月20日发表于信息时报《赢周刊》上的报道《巩俐广告事件是成功案例,还是策划败笔?》

第一，广告形式不当。前不久，国内一份权威广告杂志上讲，美国盖洛普调查资料显示，在 11 种广告形式中，名人广告的有效程度仅排第九位，可信度则仅为 5.97%。如果盖洛普的调查资料是可信的，那么"盖中盖"这条电视广告的广告效果会非常可疑。

第二，代言人不当。如果要做名人广告，一定要有一个恰当的代言人，比如乔丹之于耐克、成龙之于爱多等。"盖中盖"选巩俐作代言人是否高明呢？完全不智。为什么这样说呢？应中国青基会要求重写了一遍"亲爱的巩丽阿姨"的小学生竟然写错了这位国际影星的名字，应该是"俐"。可见，这些可以直接影响家长购买决策的小学生们，对巩俐阿姨是何等陌生。实际上，由巩俐来代言，还不如用一个卡通人物来表演。

第三，表达技巧不当。在广告中，巩俐先是在看一封信，据说是因为她给某所希望小学捐助了一批保健产品，接着说出一句："盖中盖口服液，真是不错。"这分明是在课堂或者广场上用高音喇叭喊话，没有任何技巧可言。

三、知名度不是美誉度

任何广告对企业所起到的作用有两个层次：从表面上看，是提高企业的知名度；从深层次上看，是提高企业的美誉度。就巩俐的这个广告来看，在短时间内的确是为盖中盖提高了知名度，但知名度不一定等于美誉度，二者不一定成正比。

首先，巩俐向希望小学赠送口服液这件事是假的，是属于一次营销策划行为，是十足的商业运作。退一步讲，即使巩俐确实向希望小学赠送了一些口服液，对制药厂来说也无多大意义。这样的行为应该当做一项公益行为来策划。当做商业行为来运作就会与公益行为产生冲突，一旦到了这一地步，那么知名度越高美誉度就越低，而美誉度是企业立足市场的根本。

其次，从更深的层次上看，企业片面注重广告策划并迷信广告策划。20 世纪 80 年代，做广告可以迅速出名，但现在不行了。现在如果只注重知名度而不注重美誉度，甚至仍然妄想只靠知名度打天下，显然是一种低级的策划思路。哈药六厂率先是向当初的保健品市场学习，为药品和保健品做广告，取得了一定的成功。但从 2000 年开始，该厂顺着这条思路为产品做名人广告，试图依靠广告再续辉煌，结果就犯了这个低级错误。

就其广告中的产品看，全是几年前的产品，没有一个是新药，该厂在产品上缺乏创新也就可略见一斑。不去深入学习、研究、创新，只是梦想着靠广告打天下，因此出现这种借希望工程大打广告的荒唐行为，也就不足为奇了。

四、不能把商业运作做成社会公益行为

哈药六厂的这次广告行为，属于一种社会营销行为。既然是社会营销行为，就涉及社会伦理问题，必须十分谨慎。涉及社会伦理的营销行为一般是不要钱的，这在国际上都是一种惯例，明星本人并不会从这种行为中得到金钱。

巩俐这次为哈药六厂所做的广告，之所以在社会上引起如此巨大的反响，是由于这种社会营销行为成为一种商业运作，而这种运作是与希望工程这一纯公益性品牌联系在一起的。将二者弄到一起，就会引起麻烦。

作为明星，也存在一个品牌维护问题。他们参与社会公益行为或商业运作都会给他们的形象带来正面或负面的影响。在这次风波中，巩俐不能说此事与她无关，她应该考虑，为什么做别的广告时没有人找她的麻烦，而唯独这次做药品广告才引起这么大的风

波？这一事件的出现也促使明星们反省,做任何广告时是不是都要考虑一下后果?

讨论题

1. 你如何评价这则广告策划案?

2. 你如何看待企业广告策划与运作中的道德问题?

3. 你如何看待知名度与美誉度的问题?

第十二章

企业形象策划

企业形象塑造,是企业营销信息传播的一个重要内容。良好的企业形象是企业的宝贵财富。它有利于增强企业的竞争力,扩大市场份额,增强企业对内的凝聚力和对外的亲和力,创造和谐的内外部环境。然而,良好的企业形象需要企业花费巨大的精力、财力和物力,经过长期的努力才能建立起来。因此,企业形象策划是一种重要且特殊的营销项目策划。

本章介绍企业形象的含义、企业识别系统要素构成以及企业理念识别系统、企业行为识别系统和企业视觉识别系统的策划内容与方法。

第一节 企业形象与企业识别系统

企业形象是人们通过各种感觉器官在大脑中形成的关于企业的整体印象,是企业内外对企业状况的综合反映、感觉和认知。企业形象有好坏之分,当企业在社会公众中具有良好的形象时,顾客就愿意购买企业的产品或接受其提供的服务;反之,顾客将不愿意购买企业的产品,也不愿意接受企业提供的服务。此外,企业形象常常与品牌形象合而为一,因为很多企业的名称就是品牌名称,如海尔、康佳、TCL、微软、索尼、麦当劳和肯德基。

企业识别系统,简称 CIS(corporate identity system),是企业把其经营理念与精神文化,通过整合营销传播传达给目标受众,促使其对企业产生独特、一致的印象或认知的体系。它体现了企业进行整体形象塑造的意识和追求。

企业识别系统包括理念识别系统(mind identity system,MIS)、行为识别系统(behavior identity system,BIS)和视觉识别系统(vision identity system,VIS)三大构成要素,如图 12.1 所示。

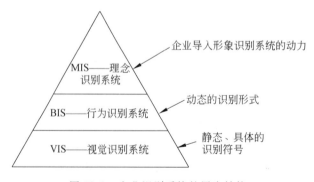

图 12.1 企业识别系统的层次结构

其中,理念识别系统是企业识别系统的灵魂,也是企业导入形象识别系统的动力;行为识别系统是企业识别系统的行为体现,也是动态的识别形式;视觉识别系统是企业识别系统的物化形式,也是静态、具体的识别符号。

一、理念识别系统

理念识别系统体现的是揭示企业使命(mission)、凝聚企业全体员工向心力的价值观。它让企业员工明白,企业存在的价值在哪里,他们"为什么"工作,应该"怎样做",自愿地接受企业的规范和行为准则。

理念是属于精神层面的东西,任何一个组织的存在都需要一种理念的维系。理念识别系统是 CIS 的灵魂,也是整个系统运作的原动力。对企业而言,一群素不相识的员工之所以会结合在一起,总要有一个共同的追求。因此,杰出的企业需要提炼一套全体员工都必须接受的价值观念。企业形象管理首先依赖于企业理念的确立。

二、行为识别系统

行为识别系统是理念识别系统的外化和表现,回答企业 CIS 系统中"如何做"的问题。它是一种动态的识别形式,通过各种行为或活动将企业的理念外化。

从企业的角度看,行为识别系统多以企业员工对内、对外的行为准则来体现。对内包括专业训练、礼仪规范、作业制度、管理模式、人际沟通和组织经营决策等;对外则包括公共关系网络的建立、市场的开拓、营销和广告的策划和宣传等。换言之,在企业的 CIS 系统中,企业员工一招一式都代表企业,都是一种企业行为,反映企业的经营理念和价值取向。企业的行为识别系统就要通过对全体员工的行为规范,将企业的理念识别系统体现在企业的日常工作中。

三、视觉识别系统

视觉识别系统是将企业理念与行为可视化的要素的组合。它运用统一的视觉符号系统,对外传达企业的经营理念与形象,是企业 CIS 系统中最具有传播力和感染力的要素。

企业视觉识别系统便于传播,可以使公众快速了解企业的形象和特点,对企业产生认同感,有助于提高企业的知名度和美誉度。在 CIS 三大要素中,只有 VIS 系统属于国际通用化的设计。

VIS 系统一般包括两个层面:基础层面和应用层面。基础层面的要素主要包括企业名称、企业标志、标准字、标准色、象征图案、宣传口语等。应用层面的要素主要包括办公事务用品、生产设备、建筑环境、产品包装、交通工具、衣着制服、旗帜、招牌、标识牌、橱窗、陈列展示等。

第二节　企业识别系统的导入

企业形象策划又叫 CIS 战略策划或 CIS 策划,是指对影响企业形象的有关要素(理念、行为、视觉)进行谋划和规范的程序。目的是通过整合营销传播,将企业形象传递给公众,塑造企业个性,彰显企业精神,增强企业凝聚力、向心力、感召力、吸引力和竞争力。企业形象策划脱胎于工业设计。其初衷是通过视觉冲击力来体现企业的开拓精神、创造精神和鲜明个性，后逐渐演变为一项塑造企业形象的系统工程。

一、企业识别系统的基本要素

企业识别系统有以下基本要素：①企业名称及其说明；②企业标识及其说明；③企业标准字体（中文字体、英文字体）及其说明；④企业吉祥物（图案）及其说明；⑤企业标识、标准字体与吉祥物的组合系统；⑥企业标准色系统（主色、辅色、主辅色组合）及其说明。

这些要素可以使用在企业的办公用品、广告用品、交通工具、制服、办公室内布置和产品包装六个方面，用以显示企业的精神形象、视觉形象、行为规范等。

二、企业识别系统导入的时机

以下几种情况，是企业导入形象识别系统的主要时机[1]。

第一，新公司成立或合并成企业集团时。一个企业的诞生之际，是导入CIS的最佳时机。企业合并后，由于多种因素的制约，不同的经营思想、不同的行为规范、不同的视觉识别会发生冲突。这时，不仅整个企业难于发挥综合优势，而且还会造成社会公众对新企业集团的认知障碍。这时导入CIS，可以迅速有效地统一企业形象，消除公众的认知障碍。

第二，企业周年纪念。创立周年纪念是对企业成长的肯定。这时导入CIS，一方面，可以表明事业兴旺发达，增强员工的向心力和凝聚力；另一方面，也可以使与会贵宾增强信心，加强进一步友好合作。

第三，企业扩大经营范围，实行多元化经营时。随着时间的推移和市场环境的变化，企业需要调整产品结构，有时要实行多元化经营。此时，由于经营范围的改变，企业原有的公司名称、标识等变得不合时宜。这时，企业需要导入CIS，建立起与企业经营范围相符的企业形象。

第四，进军海外市场，迈向国际化经营。企业要参与国际竞争，就必须适应他国的文化。企业在实行市场扩张后，其形象应该给人以成熟、有实力、积极进取、发展势头良好的感觉。此时，也是导入CIS的良机。

第五，新产品开发与上市。新产品是企业生命的源泉，也是企业充满活力的见证。在新品开发成功，刚刚上市之际导入CIS，最容易塑造崭新的企业形象和品牌形象，同时也可以收到促销产品的积极效果。

第六，解决经营危机，消除负面影响。企业形象因营销活动中某种事故受损，产生负面影响时，为了消除公众心目中的阴影，就有必要进行企业形象策划，以消除负面影响，增强公众信心。

企业导入CIS的契机很多，除以上几种情况之外还有：企业名称老化，企业名称与产品形象不符时；企业知名度低，在同业竞争中处境极为不利时；产品与品牌形象不符等，都可考虑导入CIS。

三、企业识别系统的导入程序

企业识别系统设计的核心，是通过视觉符号向用户和公众传达企业的使命、目标、特征、经营理念，塑造企业形象。综合国内外企业导入 CIS 的经验，企业形象策划可以分为企业实态调查阶段、形象概念确立阶段、设计作业展开阶段、实施与导入阶段、监督与评估阶段。

（一）企业实态调查阶段

企业实态调查阶段，主要通过与经营者、高层主管、员工代表和外部公众沟通、访谈，或者用发问卷的方式调查，了解公司的经营状况、外界认知、形象认知等，确认企业的愿景和形象理念以及存在的形象问题。

（二）形象概念确立阶段

应用企业实态调查阶段所得到的资料与数据，分析企业的内外部认知、市场环境，拟定企业定位和企业形象概念，作为后续设计作业的基本原则和指导。这个阶段的工作内容主要有：明确 CIS 策划的目的；界定 CIS 策划的效益；明确 CIS 导入重点；规定 CIS 执行、评估的办法；成立 CIS 策划小组。

这一阶段的工作重点是：通过双向沟通来确立 CIS 策划的名称、目的和意义；确认今后的工作方向；制定今后工作的操作程序。

（三）设计作业展开阶段

根据企业形象概念确立阶段得出的基本结论，配合不断的模拟调查、测试，设计出能够表现原始的形象概念的视觉化信息符号。这个阶段的工作内容主要有：构思运作市场的概念、策略；确定经营理念，选定标语口号；确立企业定位；设定视觉规范、行为规范；设计模拟、测试、调查作业；完成 VI 设计，BI 教育培训的策划；制定相关设计的标准；筹划对外告知活动以及 CIS 执行系统和管理系统。

（四）实施与导入阶段

这一阶段主要在于排定导入实施项目的优先顺序，按照策划的行动步骤，进行策划方案的实施。要完成策划方案的实施，最重要的是方案的执行能力。再好的策划方案，如果不能有效地实施，也无法获得满意的结果。

（五）监督与评估阶段

企业识别系统的设计策划，属于事前计划，在落实过程中，需要进行监督评估，以便发现问题及时纠正，确保企业形象策划的顺利实施。除此之外，在这一阶段，如果发现原有的设计策划有缺陷，应及时修正。

第三节　企业理念识别系统的策划

企业理念识别系统，是企业使命与经营方向、经营思想、企业价值观与企业信誉的综合体现，在企业的发展中起着导向作用、凝聚作用、激励作用和规范作用，也称为 MIS (mind identity system)系统[2]。

一、企业使命与经营方向

企业使命是企业对其业务范围、经营方向和经营方针的界定,表明企业在哪一个或哪几个行业领域为社会创造和提供什么价值。企业形象的好坏,在很大程度上取决于企业的使命如何界定以及企业经营方向的选择是否正确,是否被企业的利益群体认同。

企业在开展生产经营活动之前,应明确企业在社会经济活动中所扮演的角色,所履行的责任,所从事的业务性质,即弄清企业的使命。使命不清,方向不明,企业就无法结合自己的条件确定企业的经营目标和经营战略。

1945年,战败的日本一片废墟。在这样恶劣的条件下,井深大开始创办索尼公司。他在东京闹市区一家被炸毁的破旧百货商店里,租了一间没人用的电话接线员办公室,然后和七名雇员开始了创业。当时他只有1 600美元的个人积蓄,应该先做什么呢?井深大把主要精力放到一件重要的事情上,即为自己的公司制定一套经营理念,这就是他的"企业计划书"。在井深大的企业计划书中,他首先阐明了建立公司的目的,也就是我们现在所说的使命,包括以下内容:

(1)建立一个工作场所,使工程师们能够感受到技术革新的乐趣;

(2)从事积极的技术和生产活动,为重建日本国和促进民族文化而奋斗;

(3)把先进技术应用到广大人民群众的日常生活中去;

(4)不忘员工对于社会的使命,让员工按自己的意志工作。

井深大在企业计划书中所阐明的思想,伴随着索尼公司发展壮大,半个多世纪以来一直是引领公司前进的力量。一个企业的价值不是由它的名字、章程和条例来定义的,而是由它的使命来定义的。企业只有具备了明确的使命和目的,才知道企业的价值何在,才有发展和前进的方向。

企业使命的表述各不相同,但它一般包括对公司产品、市场和技术领域以及价值观的描述等(参见本书第四章第一节)。企业在进行理念识别系统设计时,必须从分析企业的使命入手,设法使企业的理念识别系统体现企业的使命。

二、经营思想

经营思想是指企业生产经营活动的指导思想和基本原则,是企业高层领导的价值观在企业经营活动中的运用和体现。比如,蓝色巨人IBM公司,自1914年老沃森创立公司起,就确定了公司的经营宗旨。直到1956年小沃森导入CIS时,又重申了IBM的宗旨。其内容是:必须尊重每一个人;必须为用户提供尽可能好的服务;必须创造最优秀、最出色的成绩。

日本索尼公司的两位创始人井深大和盛田昭夫在经营企业的过程中,不断提出一些经营格言,让员工们执行。

(1)索尼应该成为开路先锋,我们干别人没干过的事,永不步人后尘,披荆斩棘开创无人敢于问津的新领域。

(2)自己研究,自己思考,自己判断,并拿出自己的东西来。

（3）人的能力是有限的，人的努力是无限的。你的任务就是唤醒你沉睡的智慧。

（4）每个人都应该懂得，人的价值在于他的能力，对于一个人来说，干自己喜欢的工作是最大的幸福。

（5）每个人都有做创造性工作的愿望。行政领导的工作就是给出课题，培养兴趣并鼓励真正的能力。

经营思想不是简单的"用户至上"、"顾客就是上帝"的商业口号，而是企业长期生产经营实践凝结形成的文化精华。确定企业经营思想，需要回答以下两个方面的问题：

第一，我们的企业是什么？分析的目的，是明确企业经营活动的性质和企业未来的发展。回答下述问题：谁是我们的顾客？顾客位于何处？顾客为何购买？顾客购买什么？顾客购买商品时，期望得到什么？如何接近顾客？

第二，我们的企业将来是什么？分析的目的，在于了解企业的新机会。回答以下问题：市场的发展趋势和市场潜力如何？目前顾客的哪些需求还不能靠现有的产品和服务得到充分满足？随着经济的发展、消费时尚的改变或竞争力量的推动，市场结构会发生什么样的改变？何种革新将改变顾客的购买习惯？企业的经营业务是否适应外部环境的变化？

三、企业价值观

企业价值观是全体员工对其工作意义的认识和所推崇的行为目标的取舍和认同。

例如，上海大众汽车西安联营销售公司提出"购车上汽联，服务到永远"的口号，凭借其独具匠心的服务设计，把真情、热心、专业、追求完美的价值观融入每一个销售服务的细节，以赢得客户的满意和忠诚。

日本松下公司从1917年以97美元起家，到现在已发展到了20多万员工的大企业。其领导人松下幸之助总结了该公司成功的经验，对企业经营风格作了如下概括，其中包括对企业精神和价值观的认定。

（1）用生存、发展的观点看待一切事物，顺应自然的规律，顺应时代的变化，正确地认识企业的使命。

（2）对人要有正确的看法，应该认为社会大众是公正的。要造就人才，要集思广益。

（3）企业的经营管理是一种艺术，时刻不忘自主经营。

（4）实行"水库式的经营"，进行适度经营。

（5）树立一定要成功的坚定信念。

（6）要关心政治。

（7）要心地坦诚。

四、企业经营道德与企业信誉

企业经营道德是指企业经营活动中应该遵循的，靠社会舆论、传统习惯和内心信念维系的行业规范的总和。企业经营道德以"自愿、公平、诚实、信用"为基本准则。企业信誉来源于企业经营道德。

例如，中国海尔集团从1984年亏损147万元濒临破产，到1991年全面扭亏为盈，再到 1998 年实现销售额 162 亿元,创利税 10 亿元。海尔之所以能够快速发展与海尔的企业文化建设,尤其是重视经营道德是分不开的。海尔的理念是:

(1) 要么不干,要干就争第一;

(2) 高标准,精细化,零缺陷,创造唯一和第一;

(3) 售后服务是我们的天职,卖信誉,不是卖产品;

(4) 高质量的产品是高素质的人干出来的;

(5) 敬业报国,追求卓越;

(6) 迅速反应,马上行动;

(7) 先卖信誉,后卖产品;

(8) 先有市场,再建工厂;

(9) 人人是人才,赛马不相马;

(10) 用户永远是对的。

五、企业理念识别系统的策划步骤

企业理念识别系统的策划,可以分为以下几个步骤:①分析企业形象现状,确认企业愿景;②确认企业愿景,制作理念识别要素;③企业理念识别系统测试;④企业理念和企业精神的表达;⑤企业理念识别的实施。

(一)分析企业形象现状,确认企业愿景

首先,要进行企业形象调查,回答下面的问题:与竞争对手相比,企业有何经营特色? 与同行业相比,企业规模如何? 与竞争对手相比,企业的传播渠道如何? 与竞争对手相比,企业有何特殊形象? 企业的优势、劣势如何? 基本形象与其他因素(业绩、认知、辅助形象等)有何相关性? 消费者对企业品牌认知如何? 与竞争对手相比,企业的形象地位如何? 公众对企业名称、标准色、标准字、企业标志如何评价? 企业最重要的经营理念是什么? 企业内部最重要的意识问题是什么? 今后企业最重要的经营方针是什么? 企业最重要的识别项目是什么? 企业现存的识别系统有无问题?

其次,要对经营状况进行分析,回答下面的问题:与竞争对手相比,企业的市场销售地位如何? 如何面对竞争对手的挑战? 与竞争对手相比,在产品寿命周期上,企业的地位如何? 应该具有何种地位? 企业财务制度的健全性如何? 财务体制上的问题是什么? 资本有效利用的程度如何? 财务体制将如何变化? 企业盈亏趋势变动如何? 企业收益性如何?

再次,要对企业的宣传报道进行分析,回答下面的问题:与竞争对手相比,在对外宣传上,企业有何特长? 对外沟通存在的问题是什么? 如何改善? 企业对内沟通的主要方法是什么? 存在的问题是什么? 如何改善? 采用何种形式表现企业形象? 水平如何?

最后,要对企业现有理念进行分析,回答下面的问题:企业的使命是什么? 企业使命的有效性如何? 企业经营方针、经营理念是什么? 企业如何制定其战略? 目前存在何种问题? 企业目前的业务领域是否能有效地持续下去? 员工的行为如何规范?

（二）确认企业愿景，制作理念识别要素

通过企业形象分析，如果发现企业形象欠佳，原有理念识别有待进一步完善，就应认真对企业愿景重新设定。另外，因为企业理念是一个抽象的概念，所以必须具体化为可以被人识别的要素。理念识别的基本要素包括企业的经营策略、管理体制、分配原则、人事安排、人才观念、企业人际关系准则、员工道德规范等。理念识别的应用要素主要包括企业信念、企业经营口号、企业标语、守则、座右铭等。

（三）企业理念识别系统测试

企业理念识别系统测试，涉及如下内容：

（1）将企业理念识别的基本要素草案在企业内部和外部进行测试；

（2）根据测试结果，对企业理念识别的基本要素草案进行修正；

（3）根据修正定稿的理念识别基本要素草案，制作相关应用要素方案；

（4）将制作的相关应用要素方案在企业内部和外部再次进行测试；

（5）根据测试结果，对企业理念识别的应用要素草案进行修正定案；

（6）根据修正定案的理念识别基本要素和应用要素，制定企业的理念识别手册。

企业的理念识别系统不仅要有思想性，还要易于传播。衡量一个企业理念识别系统设计是否合理，可以从以下几个方面进行评判：

（1）是否表达了企业全体员工共同的价值观；

（2）是否符合企业的实际情况；

（3）是否获得了企业绝大多数员工的认同；

（4）企业的目标与员工的目标是否一致；

（5）是否在企业生产经营活动得到自觉的体现；

（6）能否包容企业的优良传统，并把传统凝结为企业文化；

（7）是否得到顾客与用户的理解和认同；

（8）是否激励了员工的工作热情和工作干劲；

（9）是否能够适应社会经济环境在未来的变化。

（四）企业理念和企业精神的表达

企业理念和企业精神的表达，不仅要注重内容，也要注重形式。常用的形式有如下几种。

（1）厂名命名法，如"大庆精神"、"鞍钢精神"、"松下精神"。

（2）产品命名法，如沈阳风动机厂根据自己的拳头产品"凿岩机"敢于碰硬的特点，把该厂的企业精神命名为"凿岩机精神"。

（3）人名命名法，如大庆油田的"铁人精神"、鞍钢的"孟泰精神"。

（4）概括命名法，如常州林业机械厂的"三气精神"（工厂有名气，队伍有士气，职工有志气）、日本佳能公司的"三自精神"（自发、自治、自觉）。

（5）借物寓意命名法，如戚野机车车辆厂的"火车头精神"、日本公司的"土拨鼠精神"等。这种命名法形象生动，可以画龙点睛，有助于员工理解企业精神的实质。

（五）企业理念识别的实施

企业理念识别系统实施的过程，一般经过了解、领悟、实践三个阶段：

（1）了解阶段。企业理念识别系统要内化为员工的信念，首先必须让员工了解企业理念识别系统。否则员工要将这些理念转化为心态和行为就无从谈起。

（2）领悟阶段。员工对企业理念不能只停留在了解阶段，应该了解其含义和真谛，这样才能在实践中自觉地规范自己的行为。

（3）实践阶段。实践阶段包括两个方面的工作，第一，要将理念渗透到员工的行动中去；第二，要将理念渗透到企业的视觉标志中去。

企业理念识别系统实施的具体办法主要有张贴标语法、文娱法、榜样法、灌注法、激励法等。

第四节　企业行为识别系统的策划

企业行为识别系统由两部分构成：一是企业内部行为系统，包括企业管理制度、员工培训、生产活动、职工福利、组织结构、工作环境等；二是企业外部行为系统，包括市场调研、产品开发、公共关系、商务促销、广告活动、融资、销售服务等。

一、企业管理制度策划

企业经营管理制度和管理方法不仅是企业的管理行为，也是企业行为识别系统的基本内容。包括的主要内容有：第一，企业公司层面的管理制度，包括企业管理体制、企业领导制度、企业规章制度、企业责任制度；第二，企业职能层面的管理制度，如计划管理制度、财务管理制度、人力资源管理制度、生产管理制度、技术管理制度、营销管理制度、行政管理制度。

二、企业经营管理行为策划

企业的行为识别系统通过各种行为或活动将企业的理念外化，是企业在内部对员工或在外部对公众关于企业形象和理念的信息传播行为。对内传播的目的是求得员工对企业的经营思想、经营战略、未来前景的认同，使员工把自己当做企业的一部分，全心全意地为实现企业的目标而努力工作，使企业真正成为一个命运共同体。对外传播的目的是帮助社会公众了解企业的经营理念、价值观、经营方针、产品和服务信息，以便获得社会公众的认同，为企业的生产经营活动创造理想的外部环境。

例如，麦当劳有其独具特色的企业经营管理行为，即"QSCV"的经营原则。其中，Q（quality）代表产品质量，S（service）代表服务，C（cleanliness）代表清洁，V（value）代表产品价值。麦当劳要求所有的分店在质量、服务、卫生上必须达到公司统一的标准。

麦当劳快餐的主要食品是汉堡包，所有汉堡包都执行严格的质量和配料，连炸薯条的马铃薯也是精挑细选后，再通过适当的储存时间调整一下淀粉和糖的含量。薯条放入可以调温的炸锅内油炸，炸后立即供应给顾客。若炸后七分钟尚未售出，则按规定作报废处理，不再供应给顾客，以保证质量。

麦当劳的服务质量和效率都非常高,总是在人们需要的地方出现,特别是在高速公路上。有的标志牌旁还有通话器,顾客可以预先报上食品的名称和数量,驱车赶到就可以立即取货。凡是能为顾客想到的地方,麦当劳都想到了。像饮料杯盖预先为顾客划上十字口,如此周到的服务,自然使顾客满意,使麦当劳的品牌产生巨大的亲和力。

麦当劳的卫生条件不仅表现在窗明几净上,公司还规定工作人员不准留长发,妇女必须戴发网等。每当顾客走进麦当劳快餐店,一尘不染的餐厅加上服务人员热情的态度,让人感到在麦当劳就餐清洁、快捷、安全。

企业经营管理行为策划的内容主要包括企业组织设计、企业组织目标设计、企业组织结构设计、企业内部管理活动设计和企业营销行为设计。

三、企业员工行为规范策划

员工是企业的主体,人才是企业的未来。对于任何企业来说,拥有优秀的员工是赢得和保持顾客的关键。为了让员工更好地履行自己的职责,大多数企业都制定企业员工行为规范。企业员工行为规范一般包括以下内容。

第一,员工行为准则。企业员工必须具有进取心、责任感、敬业精神,熟练掌握业务技能,积极热忱地做好自己的本职工作。同时遵纪守法,诚恳待人,具有良好的个人品德。

第二,员工个体工作环境设计。企业可以从工作需要、目标、岗位、技能等方面入手,设计出能够发挥每一个员工最大潜能的激励机制,充分调动员工的积极性。同时还可以通过定期岗位培训和不同形式的继续教育,提高员工的思想觉悟和业务素质。

第三,群体工作环境设计。企业可以通过制定合理的规章制度和民主、和谐的工作环境来增强组织成员的归宿感、认同感、荣誉感,提高群体的亲和力、凝聚力、战斗力,使组织群体既能够适应外部环境的变化,又能够及时地化解内部的冲突。

四、企业员工礼仪规范策划

企业员工的礼仪规范主要包括:员工的仪容仪表规范,如服饰规范、外表形象规范、姿态规范和神态规范;商业社交礼仪规范,如见面的礼节、迎送的礼节和宴请的礼节等。企业员工礼仪规范策划的内容主要包括员工礼仪培训和企业文化活动。

集中培训也是企业培养员工仪容仪表和进行商业社交礼仪指导的重要方式。优秀的企业都重视对员工的教育和培训,把对员工的教育和培训当做培养人才、选拔人才、统一思想、加强管理,形成企业凝聚力的重要手段。对服务企业来讲,更是如此。员工礼仪培训的策划内容包括:培训对象,培训内容、活动与时间安排,培训师资,负责人与预算等。

配合企业 CIS 战略,企业可以举办各种文化活动,如文艺演出、舞会、书画展览、企业展览、庆典活动等。企业文化活动的策划内容包括主要活动安排、基本预算、新闻采访活动、保安工作及其辅助性活动安排等。

第五节　企业视觉识别系统的策划

视觉识别借助于静态的识别符号,通过视觉传递企业的形象信息。企业的视觉识别要素由基本要素和应用要素两个部分构成。视觉识别的基本要素包括企业名称、企业标志、品牌标志、企业标准字、企业标准色、企业象征图案、企业宣传标语等。企业视觉识别系统的应用要素则包括企业所有的信息传递应用项目,如办公事务用品、员工制服、交通工具、建筑外观等。

一、企业标志

企业标志是表达企业理念的图案或符号,可以分为文字标志、图形标志和组合标志。它是启动并整合企业视觉识别系统所有视觉要素的核心。

一般而言,企业标志要具有识别性、新颖性、同一性、造型性和延展性的特点。

(1) 识别性指企业标志应具有独特的风格和视觉冲击力,易识易记。

(2) 新颖性指企业标志应新颖脱俗、卓尔不群。

(3) 同一性指企业标志反映企业的经营理念、文化特色、业务领域和志向追求。

(4) 造型性指企业标志应以形写神,形神兼备,鲜明悦目,生动感人。

(5) 延展性指企业标志应针对各种印刷方式、制作工艺、应用项目等进行针对性的变体设计,以充分发挥标志造型的传达效力。

企业标志设计的基本要求是:构思新颖,构图简洁;形象生动,易于识别;富有个性,特色鲜明;雅俗共赏,不违禁忌。

二、企业标准字

企业标准字是企业名称或品牌名称的规范字体。除了要具有企业标志的特点以外,企业标准字还要具有易读性的特点,即企业标准字要易读易记,有利于宣传和传播。设计企业标准字,有以下具体要求:

(1) 独特性,即标准字的独特风格会给公众留下强烈的印象;

(2) 易读性,即标准字必须易读易记,才有利于信息的有效传播;

(3) 造型性,即标准字体造型好坏对标准字的设计是否成功起着决定性的作用;

(4) 系统性,即标准字还应与视觉识别系统的其他要素和谐地组合运用。

企业标准字的设计程序包括:对与企业相关的标准字进行调查分析;确定标准字的基本造型;选择标准字的字体;配置标准字的笔画;统一字体形象;标准字的横向排列和纵向排列的编排设计;标准字的变形设计。

三、企业标准色

企业标准色又叫公司色,象征着独特的企业形象。它通过一定的色彩或色彩组合形成对目标受众的视觉刺激,传递企业的理念和特色。

企业标准色可以分为单色标准色、复色标准色以及标准色＋辅助色等形式。

（1）单色标准色。单色容易记忆,视觉识别性强,可以收到强烈的心理刺激效果。比如,可口可乐的红色,洋溢着青春、热忱、活泼的含义;柯达的黄色,充满着快乐、光明和希望;IBM 的蓝色,蕴涵着快捷、理智和高科技的品质特征。

（2）复色标准色。采用两种以上的色彩搭配,能够增强色彩的韵律感,透过色彩组合的对比效果来完整地表示企业的性质和特征。比如,法国航空公司的标准色红与蓝,与法国国旗的标准色红与蓝相统一,标志中斜线的安排与处理,不仅产生字母"F"形意同构的审美效果,而且通过斜线跳动的视觉冲击力暗喻与飞机起飞相似的行业特征。

（3）标准色＋辅助色。采用标准色＋辅助色可以方便企业各部门或产品的分类识别,也用于区分企业集团中子母公司的不同。

企业标准色选定之后,为了准确而有效地运用,就必须进行科学的管理,以保证同一化和规范化。标准色的标示方法有以下三种。

第一,色彩学表示体系。如曼塞尔(Munsell)表色体系和奥斯特瓦德表色体系。前者用色相(H)、明度(V)、彩度(C)构成一个立体系统来表示色彩;后者依据色彩知觉原理,以含黑量为 100％的理想黑(B)、含白量为 100％的理想白(W)、含色量为 100％的理想色(C 或 F)为标准,表示色彩的变化。

第二,色彩编号表示法,即根据印刷油墨或油漆制造商所制定的色彩编号来标示企业标准色的使用型号。如世界通用的贝顿色彩编号法(Patone Matching System)。

第三,印刷演色表示法,即根据印刷制版的色彩分色要求,表明企业标准色所占的百分比,以方便印刷制版的分色操作。

四、企业吉祥物

选择符合企业特质的人物、动物和植物作为企业的吉祥物,能够准确而轻松地传达企业的理念和价值观,也更容易唤起目标受众的亲近感和想象力。比如,幽默滑稽的人物造型,带给人热情、周到的服务暗示;威武凶猛的动物形象,带给人强劲、霸气的品质保证;娇嫩、率真的卡通人物,带给人呵护备至的关爱情怀。

吉祥物的设计方向有故事、历史、人物、动物和植物。在设计时,除了注意吉祥物要符合企业的特质以外,还要特别注意不要触犯宗教信仰和文化风俗的禁忌。

五、办公事务用品

办公事务用品具有公务的实用功能和视觉识别功能。由于办公事务用品用量大、扩散面广、渗透力强、使用时间长,直接影响着员工的精神状态、服务态度、工作效率,也影响着广大客户对企业的整体影响。因此,企业的办公事务用品应该规范、合理、美观、适用,既能服务于企业的业务往来,又能不时地传递企业的信息、树立企业形象。

六、员工制服

企业员工制服也具有传达企业经营理念、行业特点、工作风范、精神面貌的作用,并且能够使员工明确自己工作岗位的性质、特点,区分各自的职责和义务,成为员工思想观念、言行举止的行为规范。在统一的制服限定下,每个员工都将自觉地成为企业的一员,与企业的生产经营活动同呼吸、共命运。因此,对企业员工制服的设计实际上也是对企业员工形象设计的一个重要组成部分。

对企业员工制服的设计不仅要体现企业基本视觉要素,强化形象设计的基本规律和要求,还要符合服装设计的基本规律,在造型、质地、色彩、款式等方面创造出独特的个性风格。例如,酒店的员工制服是一个既严谨而又多样化的视觉体系。既要有酒店总体的统一特点,又要充分注意各种工作岗位的性质。门迎接待生是酒店的门面,该岗位制服的设计要个性鲜明而不失亲切感;总台服务员的制服要表现出亲切、大方、简洁、严谨、含蓄、高雅;客房服务员的制服要显得清洁、简练、柔和、明快、庄重等。

七、交通工具

企业交通工具的视觉识别设计,应根据不同类型的交通工具的外形采用不同的表示方法,以充分发挥企业基本视觉要素的延展作用。由于企业交通工具活动范围大,宣传面广,持续时间长。因此,企业视觉要素在交通工具上的识别应用设计,不仅要追求强烈的感官刺激,而且要准确、完整、多种形式地传达企业的经营理念和经营内容,以创造企业的个性和风格。

八、建筑外观、招牌与旗帜

企业建筑物的风格与个性是由建筑物的外观造型和内在的功能所决定的。企业建筑物不仅是企业生产、经营、管理的场所,而且也是企业的象征。它通过无声的建筑语言向社会公众清晰地表示企业的性质、特征、独特的形象和文化特色。

招牌是企业的门面,是吸引用户的主要宣传媒体。根据内容的不同,一般分为识别性、服务性、指示性三种类型。根据施工技术和材料的不同,可分为帆布型、平板型、霓虹灯型、亚克力照明型、电子屏幕型五种。在设计标帜招牌时,要根据周边环境、阅读距离、视线角度等进行规划和制作。

企业旗帜是企业的象征物。国内外许多先进的企业,每天早晨上班时,都要举行全体员工参加的升旗仪式。在升旗的同时,播放企业的歌曲,诵读企业的礼训、宗旨和口号。表示着企业全体员工团结一心,在企业的旗帜下拼搏努力,为企业的发展做贡献。

九、产品造型设计

产品是企业市场竞争的武器,产品形象不仅直接影响着广大消费者的心理偏好,而且也影响着企业的整体形象。因此,了解产品造型的符码寓意、审美特征和构成表现,将有助于企业的整合营销传播。

（1）产品造型的符码寓意,即通过产品的造型元素来实现产品与人的沟通,如节奏、比例、韵律、联想、暗喻、类推以及产品的空间视觉效果与环境和谐。

（2）产品造型的审美特征,即通过视觉语言和造型手法对产品的功能、材料、构造、形态、色彩和表面处理等进行形象构筑,突出显示产品的美感。

（3）产品造型的构成表现,即运用产品造型的审美规律对影响产品造型的抽象与单纯、量感与张力、多样与统一、均衡与对称、节奏与韵律等构成要素进行科学的配置。

产品造型的设计,一般要求选择适当的色彩,反映时代风格,提供满足顾客需要的产品功能,赋予产品个性特征。

十、包装装潢

包装是产品的延伸,也是销售过程中"无声的推销员"。良好的包装设计不仅能使消费者获得美的享受,而且也能为厂商带来丰厚的利润回报。在进行商品包装设计时,不仅要考虑保护商品、方便使用,还要注重包装对商品的宣传作用和美化修饰功能。为了成功塑造品牌形象,促进商品销售,就应当重视产品包装装潢策划。

本章小结

企业形象是人们通过各种感觉器官在大脑中形成的关于企业的整体印象,是企业内外对企业状况的综合反映、感觉和认知。

企业识别系统,简称 CIS(corporate identity system),是企业把其经营理念与精神文化,通过整合营销传播传达给目标受众,促使其对企业产生独特、一致的印象或认知的体系。它体现了企业进行整体形象塑造的意识和追求。

企业识别系统包括理念识别系统、行为识别系统和视觉识别系统三大构成要素。理念识别系统体现的是揭示企业使命、凝聚企业全体员工向心力的价值观。行为识别系统是理念识别系统的外化和表现,多以企业员工对内、对外的行为准则来体现。视觉识别系统是将企业理念与行为可视化的要素的组合。

企业形象策划是指对影响企业形象的理念、行为和视觉进行谋划和规范的程序,目的是通过整合营销传播,将企业形象传递给公众,塑造企业个性,彰显企业精神,增强企业凝聚力、向心力、感召力、吸引力和竞争力。

企业识别系统的基本要素包括:①企业名称及其说明;②企业标识及其说明;③企业标准字体(中文字体、英文字体)及其说明;④企业吉祥物(图案)及其说明;⑤企业标识、标准字体与吉祥物的组合系统;⑥企业标准色系统(单色标准色、复色标准色、标准色+辅助色)及其说明。这些要素可以使用在企业的办公用品、广告用品、交通工具、制服、办公室内布置和产品包装等六个方面,用以显示企业的精神形象、视觉形象、行为规范等。

企业导入形象识别系统的时机,主要有新公司成立或合并成企业集团、企业周年纪念、企业扩大经营范围、进军海外市场、新产品开发与上市和解决经营危机之时。企业形象识别系统的导入可以分为企业实态调查、形象概念确立、设计作业展开、实施与导入、监督与评估等阶段。

企业理念识别系统的策划是企业识别系统策划的核心,具体内容包括对于企业使命与经营方同经营思想、企业价值观、企业经营道德与企业信誉等的策划。企业理念识别系统的策划,可以分为以下几个步骤:①分析企业形象现状,确认企业愿景;②确认企业愿景,制作理念识别要素;③企业理念识别系统测试;④企业理念和企业精神的表达;⑤企业理念识别的实施。

企业行为识别系统策划包括企业内外两个部分。企业内部行为识别系统策划,包括对企业管理制度、员工培训、生产活动、职工福利、组织结构、工作环境等的策划。企业外部行为识别系统策划,包括对企业对外行为因素的策划,如市场调研、产品开发、公共关系、商务促销、广告活动、融资、销售服务等。

企业视觉识别系统策划,借助于静态的识别符号,通过视觉传递企业的形象信息。策划内容包括基本要素和应用要素两个部分。视觉识别的基本要素包括企业名称、企业标志、品牌标志、企业标准字、企业标准色、企业象征图案、企业宣传标语等。企业视觉识别系统的应用要素则包括企业所有的信息传递应用项目,如办公事务用品、员工制服、交通工具、建筑外观等。

思考题

1. 什么是企业形象? 你是怎样理解企业形象的?

2. 举例说明企业识别系统三大构成要素之间的关系。

3. 你能找到在企业形象策划中,只看重视觉识别系统,而不重理念识别系统和行为识别系统的例子吗? 结果怎样?

4. 举例说明企业的理念识别系统是怎样建立起来的。

5. 举例说明企业的行为识别系统是怎样的。

6. 举几个企业视觉识别系统的例子,看看它们是否与企业的理念识别系统和行为识别系统相匹配。

参考文献

[1] 刘高峰. 论企业导入 CI 设计的时机[J]. 财贸研究,2003,(5):105-106.

[2] 白红妮,冯耕中. 企业 CI 设计的适用流程[J]. 企业改革与管理,2002,(12):16-17.

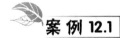

泰尔公司的形象策划①

马鞍山市泰尔冶金机械有限公司,成立于 1996 年 3 月 4 日,是生产冶金机械备件的专业厂家,是中国国内开发、生产冶金机械基础件的主导厂家之一,拥有自主开发、研制、生产、销售各类冶金机械产品的能力。公司位于马鞍山市经济技术开发区内,占地面积二万多平方米,东临南京、西接芜湖,交通便利、环境优美。

公司拥有各类设备 34 台,其中金属切削设备 31 台,热处理设备 3 台。生产的主要产

---

① 根据南京美顺企业策划事务所在其网站(www. woplan. com,2004 年 12 月 4 日读取)上发布的《马鞍山市泰尔公司 CIS 企业形象策划案例》改写。

品有：冶金行业中的各种冷热剪切刀片、万向联轴器；齿轮联轴器；鼓形齿式联轴器；冷轧工作辊；焊管机轧辊等。

公司的主要客户有首都钢铁公司、大连金牛钢铁公司、包头钢铁公司、太原钢铁公司、酒泉钢铁公司、安阳钢铁公司、西宁特殊钢公司等。

公司积极与有关高校和科研院所合作，联合开发新材料、新工艺、新产品，为冶金、机械、建筑、汽车、造船等行业提供高水平的服务。已开发成功的新技术产品有高速万向联轴器、硬齿面鼓形齿式联轴器、电渣熔铸冷轧工作辊、耐高温复合材料热剪刀片等。

在管理方面，公司推行现代化管理方式，严格按照 ISO9001 质量保证体系实施科学管理，产品质量稳定。近些年来，公司发展迅速。其中，万向联轴器产品在国内率先打破出口零纪录，出口到新西兰等国。而且，公司顺利完成多项进口备件的国产化任务。

2001 年，为了企业更加健康和稳定地发展，泰尔公司决定实施 CIS 企业发展战略系统。在时机上，适逢公司的新工厂落成、新产品面世和企业规模一次实质性扩大。公司高层决策者决定聘请南京美顺企业策划事务所，对企业的理念、行为、视觉三大企业形象系统进行策划。目的是改善企业的整体形象，树立现代化和国际化的企业形象，振奋企业员工的精神，提升企业的经营实绩。

具体说来，公司希望企业形象工程能够起到以下几个方面的作用：

（1）提高企业的知名度、美誉度和信任度，提高泰尔公司的品牌地位；

（2）提高产品在市场中的知名度，增加竞争能力，为企业增加经济效益；

（3）促进企业的基础管理工作，提高企业整体素质；

（4）强化企业自身的竞争意识和竞争能力；

（5）激励员工士气，增强企业凝聚力和向心力；

（6）增强员工集体意识，产生归属感和自豪感；

（7）培养员工脚踏实地、雷厉风行的工作作风；

（8）有利于企业吸引和留住人才，增强企业发展实力；

（9）提高信誉，增加银行贷款和增强投资者的信心；

（10）团结关系企业，建立相互信任、合作的关系；

（11）有效地传播企业信息，使得社会公众产生认同感，改善企业外部环境；

（12）促进国际交流与合作，推动企业管理与国际接轨，为产品出口国际市场奠定基础。

南京美顺企业策划事务所根据马鞍山市泰尔冶金机械公司的要求和经营理念，以企业价值观、企业标志、标准字、标准色、吉祥物为核心，为该公司开发了 CIS 系统，包括理念系统、行为系统和视觉系统。图 12.2 是公司视觉系统设计的基本要素，包括公司标志、中英文标准字和标准色。

它们是整个企业信息与传达的核心，一经

公司标志

中文标准字

英文标准字　标准色：蓝色+橙色

图 12.2　泰尔公司视觉系统的基本要素

确立,就要坚决执行,不容轻易变更或修改。所有关于泰尔公司的信息发布和形象传达,都要严格按照以上识别标志的规定进行设计,不能含糊。

以此为基础,南京美顺企业策划事务所还为马鞍山市泰尔冶金机械公司设计了三个层次的视觉应用系统,将公司的经营理念及社会使命融入其中,最大限度地谋求行业内部及社会公众对公司的良性认知,树立企业鲜明的个性,培植企业文化,加强内部凝聚力,以进一步稳固企业的发展基础,提高企业的经济效益。图12.3是公司视觉系统的三个应用层次。

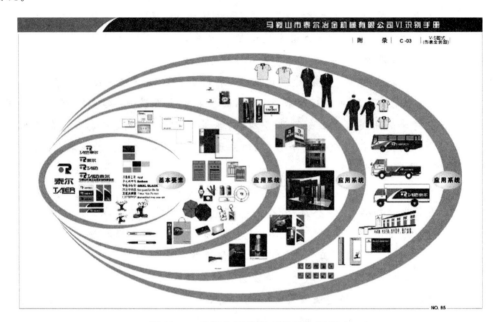

图 12.3　泰尔公司视觉系统的应用层次

第一个应用层次,主要是对企业办公用品的设计。包括名片、公司职员证件、信纸、信封、手提袋、便笺纸、公文卷宗,甚至雨伞的颜色。

第二个应用层次,是对办公室内布置和户外广告的设计。包括办公室环境空间设计、办公室设备(式样、颜色)、橱窗、部门牌、标志符号、告示牌、公告栏以及户外广告、海报(宣传画)广告等。

第三个应用层次,是对交通工具和制服的设计。包括公司用车的造型(外部造型与色调)、车体(广告)标志、车厢(广告)标志,公司职员办公用各种服装。

讨论题

1. 你觉得以上泰尔公司形象的视觉设计是否反映了公司的特点? 为什么?

2. 模仿此案例,为一个现实中的某家公司设计一套视觉识别系统。其中,特别注意了解企业的理念和企业的生产经营特点,以便在设计中体现这些要素。

案例12.2

太阳神：一个逝去的神话①

在讲中国内地企业的 CI 设计时,不能不提到太阳神,因为它是中国内地企业系统引入 CI 的第一家,也曾经创造了 CI 策划的神话。不过,让人尴尬的是,当很多人大谈太阳神 CI 策划的成功经验,并把它视为中国内地企业 CI 策划的样板时,它却悄然而逝,了无踪影。

一、太阳神的生命轨迹

1987 年,太阳神还是一家默默无闻的乡镇企业,原名是广东东莞黄江保健饮料厂,生产一种商标名为"万事达"的生物健口服液。产品的市场销售,业绩平平。1988 年年初,它生产的生物健口服液在国家体委举办的保健品评比活动中,获得了中国运动营养金奖,这使生物健技术的持有人怀汉新下定决心,辞去公职,全身心地投入到了"生物健"的生产经营中。这年 8 月,黄江厂正式更名,将厂名、商品名和商标统一为"太阳神"。稍后,推出"太阳神"企业识别系统。

事后证明,此举成绩显著。从企业的销售业绩上看,1988 年太阳神的总销售额仅为750 万元,到了 1990 年增至 2.4 个亿,1991 年达到 8 亿元,1992 年 12 亿元,四年间翻了200 倍。

1991 年,太阳神进入"中国 500 家最大利税总额工业企业"序列。1993 年,太阳神的营业额达到创纪录的 13 亿元。其后,太阳神开始了多元化的进程,怀汉新将"以纵向发展为主,以横向发展为辅"的战略口号,改为"纵向发展与横向发展齐头并进"。一年之内,进行了大规模的收购和投资活动,上马了石油、房地产、化妆品、电脑、边贸、酒店业等 20 多个项目,投入的资金高达 3.4 亿元。但是,这 3.4 亿元几乎全部打了水漂,交了学费。

1994 年,美国世界杯足球赛期间,太阳神在中国中央电视台的直播节目中,播出了一条长达 45 秒、名为"睡狮惊醒"的企业形象广告,极具震撼力,堪称经典。据说,这条广告仅制作费用就高达 150 万元,在当时中国内地是最高的。

1995 年 12 月,太阳神作为中国内地首家保健药品和健康食品生产企业以"红筹股"概念在香港挂牌上市。不过,此时公司已经露出败相,上市首日即跌破招股价,下跌22%。次年 5 月,太阳神上市后首次公布业绩,亏损 1 100 万元,股票被市场抛售。1997年,亏损大增,全年亏了 1.57 亿元,股价跌至 9 分港币,成为仙股。之后,怀汉新辞去总裁职务,出身哈佛大学 MBA 工商管理硕士的王哲身替而代之,但仍然无法扭转企业的颓势。1998 年,太阳神的市场销售额持续下滑,太阳神也逐渐淡出了人们的视野。

二、CI 导入第一家

1989 年到 1993 年,是太阳神的黄金岁月。当时,中国经济刚刚从产品经济向市场经

---

① 根据吴晓波《大败局》中"太阳神:逝水难追太阳神"一节(杭州:浙江人民出版社,2001:247~269 页)和其他相关资料改写。

济转型，大多数企业家更关注的是企业在内部机制上的改革和生产环节上的成本节约，市场意识还比较淡薄。

太阳神地处珠江三角洲，在对外开放方面得风气之先。所以，怀汉新从创办太阳神之初，便十分注重企业形象和品牌的塑造。他很早就接触了CI战略，并意识到了它的价值。在他的倡导下，太阳神委托广东两位设计师设计标志，广州新境界设计群总体策划，设计并导入了一套CI识别系统，包括太阳神的企业文化系统和太阳神的视觉识别系统。

太阳神的企业文化系统包括以下内容。

（1）企业宗旨：太阳神集团以"关怀人的一生，爱护人的一身，成为保健至尊"为企业宗旨，为提高人民健康水平，振兴中华民族经济而努力。

（2）经营理念：以人为中心。高素质人才是太阳神企业展开经营的首要条件，是太阳神首要和最宝贵的财富。

（3）服务宗旨：专业保健，至精至诚。

（4）经营方针：以市场为导向，以科技为依托。

（5）企业精神：创业是太阳神企业永恒的主题。

（6）企业意识：真诚理解，合作进取。

太阳神的视觉识别系统如图12.4所示：用象征太阳的圆形和"APOLLO"首写字母"A"字的三角变形组合，设定了"太阳神"的商标图案；用单纯的圆与三角构成既对比强烈又和谐的形态，来表达企业向上升腾的意境，同时体现"以人为中心"的企业经营理念；红、黑、白三种标准色，形成强烈反差，代表健康向上的商品功能、永不满足的企业目标、不断创新的经营理念。

图12.4　太阳神的CI设计与广告

这一充满了内涵和现代气息的形象一推出，便从众多平庸的国产品牌中脱颖而出，造成了足够的广告效应，大力地推动了太阳神的市场营销。在一些广告人的协作配合下，太阳神的CI系统导入工程激起了一轮新闻冲击波，在中国掀起了"CI战略策划热"。企业识别系统也被渲染得如同神秘的绝代宝典，数以百计的企业南飞广东取经。

太阳神经CI工程改造后，以红色圆形和黑色三角为基本定位的崭新形象出现在市场上，面目焕然一新，给人留下深刻的印象，迅速取得了消费者的认同，成功地开启了市场大门，产品销售也由以前的业务员上门推销转为代理商付订金销售。一段时间，太阳神的日均现金入账高达300万元，厂内基本无库存，厂门前提货的车辆排成了长队。

1994年，在美国世界杯足球赛期间，太阳神在中央电视台的直播节目中播出了一条长达45秒、名为"睡狮惊醒"的形象广告，更是赚足了人们的眼球：黄河千年冰破，长城万里鼓鸣，一头东方雄狮昂然而起，仰天长啸。"只要努力，梦想总能成真——当太阳升起的时候,我们的爱天长地久。"

宣言体般的广告词和精致壮美的画面,构成了一股撼人心魄的激情冲击力。在中国内地,太阳神第一次把理想主义的光芒照射到了平庸的商业广告之中,至今让人回味无穷。

太阳神品牌的无形资产曾经被评估到 26 亿元。

三、日薄西山的太阳

如果 CI 系统的导入成就了太阳神,那么多元化的经营战略则是把太阳神推下万丈深渊的罪魁祸首。1993 年,就在公司销售额达到 13 亿元巅峰的时候,太阳神吹响了多元化的进军号角。一年内上 20 多个互不相关的项目,在新疆、云南、广东和山东相继组建成立了"经济发展总公司",进行大规模的收购和投资活动。然而,不幸的是,这些项目没有一个成为一轮新升起的"太阳神"。

在短短两年内,太阳神转移到这些项目中的资金达到了 3.4 亿元,但却没有得到任何回报。在香港上市,使用"空降兵",都无法扭转企业的颓势,因为此时的太阳神已经日薄西山。

讨论题

1. 看了上面的案例,你有什么感想?

2. 请评价太阳神的企业识别系统。你觉得有什么优缺点?

3. 你认为太阳神企业识别系统的导入是成功的吗?为什么?

4. 你觉得太阳神的企业识别系统可以被再利用吗?为什么?

第十三章

会 展 策 划

会展是一个公共营销平台,由展会组织者、参展商和参观者(观众)组成。会展策划有两个角度:一个是展会组织者的角度;一个是参展企业或组织的角度。展会组织者要通过组织会展,获得经济利益;参展企业或组织要通过参展,推广产品、树立形象、沟通信息。本章从展会组织者和参展企业或组织两个角度,介绍会展策划的内容与程序。

第一节 会展的内涵与分类

一、会展与会展经济

会展即会议展览的简称,是一种促销活动。具体形式可以是展示会、交易会、展览会或论坛。会展作为一个系统,由三个基本元素组成,即会展的组织者、参展商和观众。会展已经成为一种经济,它以会展业为支撑点,通过举办各种形式的展览会、博览会及会议,传递信息,提供服务,创造商机,刺激需求,并利用其产业连带效应带动相关产业(如运输业、电信业、广告业、印刷业、餐饮业、饭店业、旅游业、咨询业、礼仪服务业等)的发展[1]。

会展是一个公共营销平台,兼备其他促销工具的功能:会展利用特定的媒体(展览会),将消息有针对性地发送给顾客与观众(广告);通过各种方式刺激顾客的购买欲望,增强顾客购买的紧迫感(销售促进);面对面向顾客推销和得到顾客的即时反应(人员推销);展示公司形象,扩大企业影响(公共关系)。

自 18 世纪中叶首届世界博览会在英国成功举办以来,会展业得到了迅速发展,并成为一个新兴产业、一种经济形式。在发达国家,涌现了一批著名的"展览城",如德国的汉诺威、慕尼黑、杜塞尔多夫、法兰克福,英国的伦敦,美国的芝加哥,法国的巴黎,意大利的米兰以及新加坡等。

中国的会展业自改革开放以来,从无到有,从小到大,以年均近 20% 的速度递增,并成为国民经济运行的助推器,在贸易往来、技术交流、信息沟通及经济合作诸多方面发挥着举足轻重的作用。

二、会展的功能与作用

会展的功能与作用,可以概括为以下几方面[2]。

第一,展示企业品牌。通过会展提供的信息渠道和网络,宣传自己的商品,企业可以在很短的时间内与目标顾客直接沟通,将产品的信息发送给特定的客户,并得到顾客的即时反应。

第二,生产商、批发商和分销商进行交流、沟通和贸易的汇聚点。专业性会展是其代表行业的缩影,在某种程度上甚至就是一个市场,企业可以在会展中建立并维持与利益相关者的关系,建立在市场中的企业整体形象。

第三,企业的信息来源。企业能够迅速、准确地了解国内外最新产品和发明的现状以及行业发展趋势等,得到关于竞争者、分销商和新老顾客的信息,从而为企业制定下一步的发展战略提供依据。

第四,低成本促销。据英联邦展览业联合会调查,会展是优于推销员推销、公关、广告等手段的促销媒体。通过一般渠道找到一个客户,需要成本 219 英镑,而通过会展,成本仅为 35 英镑。

随着经济的发展,各行业、各种形式的会展越来越多,中国企业参展越来越踊跃。比如,房地产销售方面,房展会由于花钱少、收益大、见效快,已成了房地产开发商卖房的最佳营销方式之一。房展会不但为购房者提供了看房的场所,同时也为开发商提供了一片展示楼盘、展示企业形象的新天地。开发商普遍认为,参加房展会的费用要比投入媒体广告的费用低廉,而且与目标客户接触,针对性更强。

三、会展的分类

会展可以根据地理范围、市场覆盖范围和面向的对象来分类[2]。

根据地理范围,会展可分为国际性、全国性和地区性三个层次。地区性会展的规模相对较小,旨在吸引附近的参观者,如各城市举办的房展会、地区性商品交易会等;全国性会展的规模限制在一个国家的范围内,比地区性会展大,比国际性会展小,如某一城市承办的全国性商品交易会;国际性会展的参展商和观众往往来自许多国家,如 2001 年由德国汉诺威展览公司在上海光大展览中心举办的首届亚洲信息技术展览会(CeBIT Asia)、每年在广州举办的中国出口商品交易会(广交会)等。随着经济全球一体化的发展及中国经济的崛起,在中国举办的国际性展览会越来越多。

根据会展市场覆盖范围或产品的性质,会展可分为专业性会展和综合性会展。前者的主题性比较强,针对具有集中兴趣的顾客而举办,其规模一般小于综合性会展。随着经济的发展,会展市场的逐步完善,参展机会越来越多,综合性的会展越来越难以满足参展商的要求,专业性的会展将成为会展的主流。

根据面向的对象不同,会展可分为面向商业性顾客的会展和面向普通大众的会展。比如,西安举办的每年一度的糖烟酒博览会,就是面向普通消费者的会展;而在杨凌农科城举办的中国农业高新科技成果博览会,就是面向农学专业人士的会展。

第二节 会展策划的内容与程序

会展策划指从会展组织者的角度所进行的策划。策划的内容与程序可以分为:①选择会展项目;②确定目标观众;③寻求支持单位;④招展宣传及管理;⑤选择参展商;⑥展览设计。

一、选择会展项目

选择会展项目主要需要做以下几项工作。

第一，进行项目市场调查，根据市场需求选择会展项目。另外，本地区的经济结构、产业结构、地理位置、交通状况和展览设施等条件和特点也会影响会展的成功与失败，因此，在选择会展项目时，也要考虑这些因素的影响。

第二，整合办展资源。办展资源包括资金、人力、物力、信息资源和社会资源。展会组织者要充分考虑各种资源，并设法整合这些资源。

第三，了解项目在国内外的情况。某项目在其他地区或国外有无举办，效果如何？特别是本地区是否有同类项目？如果有，就必须慎重考虑。要尽量避免在一个地区举办重复的项目。

第四，选定展览举办的时间。原则上要避开国内外同类展览项目的举办时间，两者的举办时间至少要相隔 3 个月左右。

第五，创意命题。项目确定后，展览名称的命题要有创意，要抓住行业的亮点和市场的特点来命题。

二、确定目标观众

展会成功的关键，在很大程度上取决于参观者的质量，而不仅仅是数量。展览不仅需要吸引众多的参观者，更需要吸引"高质量"的参观者。如果展会上人头攒动，展台前围得水泄不通，但多是领小礼品和纸袋的，那么这些参观者只是凑热闹，而不是参展商所真正需要的"高质量"的参观者。展会需要专业观众，他们是主办者的目标观众，也是参展商的潜在客户。参展商参展的主要目的，是为了拓展产品的销路和市场。如果专业观众少，"质量不高"，参展商就达不到目的，下次就不会再来参展。因此，吸引"高质量"的目标观众，就成为展览组织者的首要任务。

策划者应根据展览会的参展商和观众状况，确定"目标观众群体"。如果是重复举行的展会，则可以运用抽样调查、登记等方法建立相应的资料"数据库"，包括参观者的身份、行业、职位，参展商的规模、经营状况、行业地位等。有了这样的数据库，企业就可以缩小目标观众圈，将主要注意力聚焦于参展商与观众中掌握企业决策权的群体，提高展会的效力与效率。

另外，会展组织者要加强与商业协会等各方的合作。按国际惯例，展览公司与商业协会大多建立了良好的合作关系，许多商业协会的行业年会往往也在展览会期间召开。通过加强与商业协会的合作，可以了解这个行业的会员信息，包括最新的产品结构、技术条件、价格、商业条款等。展览会一旦得到商业协会的认可，会员则纷至沓来，目标观众尽在其中。

三、寻求支持单位

寻求支持单位或主办单位，是展览会成功举办的重要环节。支持或主办单位，一般以政府主管部门、行业协会和具有广泛影响力的行业媒体等为好。通过这些单位或部门的参与，会展项目可以达到下列目的：

（1）提高展览会的档次、规格和权威性；

（2）扩大展览会的影响力，吸引媒体的关注，进行有效的新闻宣传；

（3）提高行业号召力，利于组织目标客户参展和目标观众参观；

（4）代表行业的发展状况和趋势；

（5）有效地形成会展项目的品牌效应。

四、招展宣传及管理

招展宣传及管理包括建立潜在客户名单、编制参展说明书、招展宣传3项主要内容。

第一，建立潜在客户名单。寻找潜在客户有多条途径。比如可以从过去参展的会员中寻找有相关服务与商品的厂商；留意那些常在媒体中刊登广告的厂商，它们有可能是潜在的客户；在网上或黄页上查找可能的参展商。将各条途径得来的潜在客户列出来，就是一份潜在客户名单。

第二，编制参展说明书。参展说明书是一个重要的宣传工具，会展组织者利用它来激发参展商的参展兴趣与愿望。参展商通过它可以了解展览的主旨、市场定位、展览的特色、展览时间、场地设计、服务情况等信息。

第三，招展宣传。招展宣传是面向参展商和参观者所做的宣传活动。招展宣传的方式有很多种，主要包括：①内部通告，即通过专业报刊、本部门或有关部门的内部刊物发消息，争取让潜在参展者知道项目及安排；②新闻报道，即通过大众媒介刊登新闻性质的消息，可以反复登载，也可以分段连续登载；③直接发函，即向潜在客户发邀请函、寄资料等；④打广告，即通过有影响的专业报刊刊登广告，一方面，扩大影响；另一方面，将有关信息传送到组织者不知道的潜在参展商；⑤会议，即召集有关媒体、商会、行业协会等开会，介绍展览会情况，通过他们将有关信息传达给潜在参展者。

五、选择参展商

对申请参展的公司要进行选择，目的是保证展会的质量和展会的成功，并确保大部分参展公司的利益不受侵害。为此，会展组织者要做以下工作。

第一，确定选择参展商的标准。选择标准是根据展会目的、性质和内容等因素制定的。标准要公平合理，既要考虑整体利益，也要考虑个体利益。最简单的方法是产品标准。产品标准一般比较清楚，不易产生异义。

第二，评估与选择参展商。对于愿意参展的企业，使用事先确定的标准进行评估，选择出符合参展条件的企业。

第三，签订参展合同。确认参展后，组织者和参展商之间签订书面协议或合同。

六、展览设计

展览设计是会展策划的重点内容。展览设计的质量高低，不但会影响一个会展项目能否成功、参展商的目的能否实现，还会影响会展组织者的形象和声誉。展览设计的要点，可以从展览设计内容和展览设计要求两方面来说明。

（一）展览设计内容

展览设计内容包括构思展览剧情的框架、展览剧情、展览媒体分配和注入商业内涵等。

（1）构思展览剧情的框架。展览剧情是基于某个主题而设计构思。在设计的初期，必须先了解企业要传达给参观者什么信息，由此决定展览的大主题和风格。好的展览主题必须能直接表达展览内容，创造一种特殊的展览气氛，有效吸引顾客，达到宣传商品或服务的目的。其次，要划分出补充大主题的小主题，还有相关的各种项目。这些小主题的内容既要服从整体风格，又要有其独特的构思，能够成为一个个精彩的局部亮点。这些精彩亮点与整体风格协调起来即成为展览剧情的框架，并由此出发考虑场地空间规划及造型结构的安排。

（2）展览剧情。在展览设计过程中，就像电影或戏剧有故事情节一样，针对企业参展的目的和意图，决定展览的故事内容、表现方法等，这就是展览剧情。从相关展览场地的整体规划到某个兴趣点的具体构思，从划分展览区域和空间及结构关系，到规定各种造型细节，都要以这一剧情为统一要素贯穿其中。

（3）展览媒体分配。在展览设计中所传达的商业信息，最终还是要落实到模型、影像、图表、样品等多种展览媒体上。所有这些展览媒体的分配也必须按照展览剧情的内容来决定。要将重点放在重要主题的展示上，利用创新的媒体来表现展览重点往往能得到意想不到的效果。

（4）注入商业内涵。展览设计是创造宣传效果和销售环境，而不仅仅是艺术设计。它的艺术性远不及商业性，从某种意义来说，它是企业商品的扩展延伸，大型展览设计中所注入商业信息的多少、质量的高低，直接影响企业参展的成功与否。

（二）展览设计要求

展览设计在整体上要符合下述基本标准。

第一，完整性标准。整齐而统一是展览艺术的首要标准。应该做到形态统一、色彩统一、工艺统一、格调统一。

第二，创造性标准。展览设计的创造性主要表现在创意的新颖和艺术形象的独创性。

第三，时代性标准。也称为观念性标准。在当代，展览设计应体现如下几种观念：人本观念、时空观念、生态观念、系统观念、信息观念、高科技观念等。

第四，行业性标准。要求形式和内容要高度地统一。

第五，文化性标准。设计要有特别的风格和品味，其中地域和民族性的文化传统应当自然而然地表现。

第六，环境性标准。环境性标准，一是要求展览必须与环境在形式上达到"相得益彰"；二是要符合"可持续发展"的要求。

在具体的形式方面，则应体现以下美感的要求：

（1）总体设计要从展览内容、性质出发，表现形式应突出主题、新颖诱人；

（2）平面布局和空间构成要视野舒适、科学合理；

（3）整体基调要统一和谐，主体内容要加强渲染；

（4）版面设计要版式新颖，有较好的视觉传达效果；

（5）选用展具要结构合理、格调统一、安全实用、便于储运；

（6）空间过渡应清晰自然、统一和谐；

（7）陈列尺度应根据本地区居民的人均高度合理选择视高、视距和水平视角；

（8）展品陈列要注意密度、梯度和角度的和谐，色调处理应使展品固有的色彩与环境基色产生呼应的关系；

（9）自然采光要与人工照明相匹配，避免产生有害干扰。

第三节　主题会展策划

随着人们生活水平的提高，消费者的消费个性化越来越明显，生产制造商也在努力地追求产品的个性化与独特的风格，以满足不同的消费者的需求。这为会展业提供了新的市场机会，主题会展体现了这一趋势。

一、什么是主题会展？

主题会展是以生活或生产经营方式为切入点和基础，提出吻合特定消费者或生产经营者群体价值观念的主题，借以号召、激发和引导某种消费方式或生产经营方式的会展。其目的在于开发和培育一个别具特色的消费品或工业品市场，以新的概念引领消费方式或生产经营方式。

会展主题是主题会展的灵魂，也是主题会展的品牌。

主题会展，可以形成以某种生活方式或生产经营方式为号召的主题——类属品牌。这种"类属品牌"的本质不是会展自身的品牌，而是代表全部参展商品类属性的一种"集体品牌"，具有最高的抽象性，是某种"价值信仰"和"生活方式"或"生产经营方式"的旗帜。

主题会展以会展组织者为核心，连接生产厂家与消费者、生产厂家与经营者、生产厂家与生产厂家，通过论坛、出版物、网站等工具宣传推广新的生活方式或生产经营方式，通过组织由消费者或生产经营者参加的俱乐部、沙龙性质的组织及其网络虚拟社区，推行自己的价值主张，强化自己的价值信仰，描绘新的生活方式或生产经营方式的理想蓝图，建立共同的愿景。

二、主题会展策划的要点

主题会展的策划有下述要点[3]。

第一，主题会展必须以市场调查为基础，研究与寻找那些能够引领生产与消费潮流的生产与生活方式，提出符合时代潮流的价值观念和主题。

第二，围绕主题，打破行业界限，按照相关性的原则组合展品。假如我们搞一个"时尚家园"的主题会展，就可以按照客厅、卧室、书房、餐厅、厨房等的布局来组合展品。只要是符合这个主题的展品，不管是属于家具类、电子类、针纺织品类，还是工艺美术类，都组合到一个主题会展之中。每一种参展商品都要体现主题会展的核心思想、核心理念。展品组合要合理搭配，相得益彰。

第三，主题会展以开辟参展商品的市场为手段，为参展商创造价值。主题会展的组织者要把很大的力量用在组织会展之外，运用多种宣传手段传播主题所代表的生活方式、价值观念，在消费者或生产经营者中赢得更多的"信众"，造就一个稳定的客户群体。理想的主题会展,应该拥有自己的在生活方式或生产经营方式上信仰相同的俱乐部成员。

第四,主题会展以提供标准的形式,"教育"消费者或生产经营者。主题会展不能让参观者大海捞针一样地寻找与观摩商品,而要围绕着主题组合展品,使其形成各种各样的凸显展品价值的组合标准。消费者或生产经营者只需按照自己的偏好,选择一个组合标准进行"克隆"即可。在主题会展中,还可以专门为经销商设计、布置一些标准的原型示范店,并对经销商进行培训。

第五,主题会展需要围绕着主题开展一系列活动,强化主题所代表的生活或生产经营方式。比如竞赛、经验交流、专题研讨、论坛或"情境体验"式生产与消费等。所谓"情境体验"式生产与消费,就是让参观者在主题会展上进行先期体验,有身临其境的感觉,以推广某种生活或生产经营方式。

第四节　企业参展策划

企业参展策划是从参展企业的角度进行的会展策划。从时间顺序上讲,企业参展包括明确参展目的、选择会展、会前活动、会中活动、会后活动及营销策略效果评估等多个步骤[2],因此,企业参展策划的要点,也可以按照这些步骤一步一步进行说明。

一、明确参展目的

对于参展企业而言,参展要耗费企业大量的人、财、物。因此,在参展之前,企业一定要有一个明确的目的。否则,得不偿失。

根据各自不同的情况,每个企业的参展目的可能有很大的差别。比如有的企业是为了展示企业的实力、树立品牌形象;有的企业是为了宣传产品、达成交易;有的企业是为了物色分销商或合资伙伴;还有的企业是为了研究当地市场、开发新产品等。

企业在参展之前,一定要有投入产出的概念,将自己可能的投入与参展可能给企业带来的产出进行比较。只有产出大于投入时,参展才是可行的。

二、选择会展

目前,各种各样的会展名目繁多,鱼龙混杂,难辨真假。除了少数不以盈利为目的以外,大多数都是营利性组织机构发起的以盈利为目的的会展。在众多的会展中,企业必须有选择地参加某些会展,而不能逢会便参加。企业在选择参展的会展时,需要考虑如下一些主要因素。

第一,会展的目标市场。会展的目标市场包括其主题定位、目的、观众结构等,企业参展前确定该展会是否与企业的发展计划相吻合,能否促进企业达到预期的目标。

第二,会展的规模。成功的会展必然具备一定的规模,规模大的会展可以吸引更多的专业观众,而这正是保证参展商达到参展目的的关键因素。评估会展的规模主要看参展商和专业观众的数量以及展览面积的大小。

第三,会展组织者的能力。选择有影响力、富有经验及对行业的认知度高的组织者。会展的组织非常复杂,从会展推广、专业观众的邀请、行业活动的组织安排,到客户服务等都需要组织者在了解参展商需求的情况下,做出统筹。一个环节没有考虑周全或做得不到位,都可能导致会展的失败,造成参展商的损失。因此,企业需要从会展组织者对外的招展函、广告以及各项组织计划等方面来评估其策划能力和宣传推广能力。

第四,会展的历史和影响。企业还可以根据会展的历史和影响来考虑参加某个会展的必要性。比如,在过去的几年中,某一会展的参展商都有哪些?会展的效果如何?参展商如何评价?会展组织者此前都组织哪些会展?效果如何?有无不良记录?等等。企业应选择有影响力、知名度高、参展商多且参展商的影响力强的会展。

第五,参展的费用。在参展费用越来越高的趋势下,企业要根据自身的财力在预算内选择合适的会展。

第六,会展所在城市和展览馆。一般来说,大城市、国际性大都市是会展选择的重点,其交通运输、酒店、报关、签证以及展馆的配套及服务水平要优于其他城市。我国大部分的会展都在经济、交通、信息、人才、科技、服务等方面拥有综合优势的大城市举办。

三、会前活动

参展企业在会展之前,可以组织一些会前准备和热身活动,如准备会展会刊和展品,发布展前快讯,进行展前媒体宣传和公关活动,提前辨识可能的客户,并给其发送特别邀请函等。会前活动的目的是提高会中活动的效力和效率。

四、会中活动

会中活动是决定企业参展成败的关键一步。会中活动主要包括展位的选择、展台的布置、展品的展示方式、展台的人员配备、洽谈环境以及展会期间举办的相关活动等。

展位的选择涉及展位的位置、面积大小,一般根据人流在整个会场移动的方向和数量决定。展位面积通常为9平方米,称为标准展位。当展位面积超过4个或4个以上标准展位的面积时,企业可以只预订光地面,其他装修可以根据公司产品特点、技术特点、市场定位、展览期间的活动安排等因素由企业自主决定。这类展位能充分表现企业文化,宣传品牌理念,非常有利于树立企业整体形象。

展台是企业显示实力和产品特色的窗口。展台设计的主要任务,是帮助企业达到参展的目的。展台要有个性,有视觉冲击力,要能反映企业的形象,能吸引观众的注意力。

在展品的展示方式上,首先,要选择能体现企业产品优势的展品,展品要有针对性、代表性和独特性。针对性是指展品要符合展出的目的和目标观众的需要;代表性是指展品要体现企业的技术水平、生产能力及行业特点;独特性是指展品要有自身的独特之处,能和其他同类产品相区别。其次,展品要配以图表、资料、照片、模型、道具、模特或讲解员等真人实物,借助装饰、布景、照明、视听设备等展示手段,加以说明、强调和渲染。展示设计应做到内容与形式的统一、整体与局部的统一、科学与艺术的统一、继承与创新的统一等,要给人以美感。

在展台的人员配备上,第一,根据展览性质选派相关部门的人员;第二,根据工作量的大小决定人员数量;第三,注重人员的基本素质,如相貌、声音、性格、能动性等;第四,加强现场培训,如专业知识、产品性能、演示方法等。

除此之外,参展企业还可以在展会期间进行各种配套活动,如举行新产品发布会、经销商年会、产品演示等。这些活动将有利于在稳定老客户的基础上发展新客户。

五、会后活动及营销策略效果评估

在会展期间,企业应有意识地收集市场信息,并在会展结束以后,对其进行分析和评估。另外,在会展结束以后,企业还应及时将展览结果与预定目标进行比较,总结效果如何,分析原因何在。

不过,会展的效果一般很难精确评估,因为很多成果可能要在展会结束以后的一段时间才会发生。会展的组织者为了帮助参展商进行会展评价,一般会提供有关会展和与会者的统计信息。企业可根据这些统计信息并结合自身实际情况对参展的效果进行评估,并为下次参会积累经验。

 **本章小结**

会展是会议展览的简称。会展具体形式可以分为展示会、交易会、展览会或论坛。会展作为一个系统,是由三个基本元素组成的,即会展的组织者、参展商和观众。会展以会展业为支撑点,通过举办各种形式的展览会、博览会及会议,传递信息,提供服务,创造商机,刺激需求,并利用其产业连带效应带动相关产业,已经发展成为一种经济形式。

会展具有展示企业品牌,促进生产商、批发商和分销商进行交流、沟通和贸易,企业获取信息的来源和低成本促销的功能与作用。

根据地理范围,会展可分为国际性会展、全国性会展和地区性会展;根据会展的市场覆盖范围或产品的性质,会展可分为专业性会展和综合性会展;根据面向的对象不同,会展可分为面向商业性顾客(专业人士)的会展和面向普通大众的会展。

会展策划有两个角度,一个是会展组织者的角度;一个是参展企业或组织的角度。

一般而言,会展策划指从会展组织者的角度所进行的策划。策划的内容与程序可以分为选择会展项目、确定目标观众、寻求支持单位、招展宣传及管理、选择参展商、展览设计。

主题会展是以生活或生产经营方式为切入点和基础,提出吻合特定消费者或生产经营者群体价值观念的主题,借以号召、激发和引导某种消费方式或生产经营方式的会展。其目的在于开发和培育一个别具特色的消费品或工业品市场,以新的概念引领消费方式或生产经营方式。主题会展的策划有下述要点:第一,必须以市场调查为基础,研究与寻找那些能够引领生产与消费潮流的生产与生活方式,提出符合时代潮流的价值观念和主题;第二,围绕主题,打破行业界限,按照相关性的原则组合展品;第三,以开辟参展商品的市场为手段,为参展商创造价值;第四,以提供标准的形式,"教育"消费者或生产经营者;第五,需要围绕着主题开展一系列活动,强化主题所代表的生活或生产经营方式。

企业参展策划是从参展企业的角度进行的会展策划,包括明确参展目的、选择会展、会前活动、会中活动、会后活动及营销策略效果评估等多项内容。

思考题

1. 什么是会展？你怎样理解会展经济？
2. 你参加过任何会展吗？请谈谈你的感受。
3. 会展的组织者、参展商和观众怎样互动？
4. 你怎样认识会展的市场和会展的营销组合因素？
5. 如何进行主题会展的策划？
6. 如何从会展组织者和会展参展商两个角度进行会展策划？

 **参考文献**

[1] 陈向军. 大力发展会展经济,培育新的经济增长点[J]. 江苏商论,2000,(7):12-15.
[2] 张秀升. 会展,企业营销新利器. 中国营销传播网,http://www.emkt.com.cn,2001 年 8 月 31 日发布.
[3] 张西振,应丽君. 中国会展业的发展趋势和营销理念的创新:主题会展初探. 中国营销传播网,http://www.emkt.com.cn,2002 年 2 月 18 日发布.

案例 13.1

2003 北京国际 DV 论坛招商细则①

一、论坛指定赞助商

（一）价格

RMB 300 000.00

（二）基本回报

（1）独家获取本次 DV 国际论坛欢迎酒会的冠名权,并享有与冠名权相应的权益(宣传与布置)。在本次活动组委会的书面授权下,优先享有在全国范围内使用本次活动的注册标志及其相关无形资产的权利。

（2）获取本次论坛门户网站搜狐网 2003 北京首届国际 DV 论坛专栏特别赠送的主页公司 LOGO 广告位一个(可链接进入公司网站),并在论坛专栏内获特约报道权利,时间为 2003 年 10 月 1 日起至 2003 年 12 月 1 日止。

（3）获取本次论坛专业网站中广网 2003 北京首届国际 DV 论坛专栏主页 Flash 广告(首选位置)使用权;网上 DV 影片展映期间主题视频广告(产品)定期播放;主题视窗广告

---

① 本案例来源:搜狐娱乐(http://yule.sohu.com/94/08/article213930894.shtml,2003 年 9 月 30 日读取)。有删改。

（首选位置）使用权；活动时间均为 2003 年 10 月 1 日起至 2003 年 12 月 1 日止。特别赠送一次网上系列视频论坛直播的主冠名权，面向全国宣传推广（主题背板＋视频广告）。

（4）在与论坛相关的其他各项公共或专业媒体宣传中将以主赞助商的形象进行传播。

（5）安排代表出席"2003 北京首届国际 DV 论坛开幕式暨新闻发布会"，并发表讲话。组委会届时将安排多家国内主流媒体参与报道，并安排对企业代表的专访。

（6）大会特别赠送免费标准展区位两个、免费参会名额 6 个。

（7）本次活动会刊中赠送重要广告位（封二或封三）一个，并以本次 DV 学术研讨会重点推荐品牌之一作为对外宣传的口径。

（8）论坛年会期间独家获取胸卡冠名赞助权，与论坛相关宣传品的明显位置上印制企业名称或公司 LOGO。

（9）将得到活动组委会特别颁发的"2003 北京首届国际 DV 论坛荣誉证书"和纪念品。

（10）组委会将协助冠名企业在展期内获得支持媒体所提供的最优惠广告价位（支持媒体名单见鸣谢部分）。

（三）活动声明

参展企业可自由组织宣传活动及展示。

参展企业可获得大会组委会提供的免费参会名额 4 个。

备注：以上活动组委会提供的条款及标识尺寸可根据与赞助企业洽谈结果及时调整。招商计划及实施细则中所列款项的最终解释权归本次活动组委会所有。

二、论坛特别赞助商

（一）价格

RMB 100 000.00

（二）基本回报

（略）

三、论坛金牌赞助商

（一）价格

RMB 500 000.00

（二）基本回报

（略）

四、赞助厂商卫星会

论坛年会期间将举办赞助厂商卫星会，共四场，每场为 1 小时，为厂商提供了一个在与会嘉宾面前自我宣传企业及产品的舞台。

（一）价格

RMB 50 000.00（不含宴会）；RMB 100 000.00（含宴会费用）

（二）人数

500 人左右

（三）基本回报

（1）厂商有权确定自己的讲题，并安排讲师，但须强调学术交流的主题，不宜单纯地宣传产品。

（2）获取本次论坛门户网站搜狐网 2003 北京首届国际 DV 论坛专栏特别赠送的主页公司 LOGO 广告位一个（可链接进入公司网站），时间为 2003 年 10 月 1 日起至 2003 年 12 月 1 日止。

（3）特别赠送免费标准展区一个；免费获取参会名额 2 个。

（4）本次活动会刊中赠送重要广告位一个，并以本次 DV 学术研讨会推荐品牌之一作为对外宣传的口径。

（5）论坛相关宣传品的明显位置上印制厂商 LOGO。

（6）活动组委会将向厂商颁发"2003 北京首届国际 DV 论坛荣誉证书"和纪念品。

（7）赞助厂商可获得本次"DV 作品展映评选活动"中设立的一个奖项的冠名权，为获奖选手颁奖，并享有与冠名权相应的权益（参展企业为奖项提供的奖品可冲抵部分赞助款）。

（8）组委会将协助赞助厂商在展期内获得支持媒体所提供的最优惠广告价位（支持媒体名单见鸣谢部分）。

五、展区招商

2003 北京首届国际 DV 论坛巡展展区

中华世纪坛北广场地上一层

标准展位：3m×3m RMB 10 000/个（特别优惠）

特装展位：6m×6m RMB 40 000/个（特别优惠）

备注：展区主题活动及特别展位价格可特别另议。

活动声明：参展企业可自由组织宣传活动及展示；

参展企业可获得大会组委会提供的免费参会名额 4 个。

备注：以上活动组委会提供的条款及标识尺寸可根据与赞助企业洽谈结果及时调整。招商计划及实施细则中所列款项的最终解释权归本次活动组委会所有。

案例附录：企业赞助参展申请表（表 13.1）、参展企业工作人员资料回执（表 13.2）、DV 论坛广告申请表（表 13.3）

讨论题

1. 展会组织者为什么要将参展单位分为几个不同的档次？

2. 此项策划有什么优点？还有什么地方可以改进吗？

3. 假设你是一家 DV 生产厂家的营销策划人员，你们公司准备参加这次论坛，你准备怎样为你们公司策划参展？

案例附录

表 13.1 企业赞助参展申请表

企业名称：	企业类型：
联系地址：	邮　编：
联系人：	职　务：
申请人：	职　务：
电话：	手机：
传真：	E-mail：

赞助商申请	我公司同意成为以下赞助商 金牌赞助商：RMB _____ 指定赞助商：RMB _____ 注：定金为总费用的 20%
卫星会申请	我公司同意赞助以下卫星会：_____ A. 含宴会　　　　B. 不含宴会 会议时间：_____ 宴会地点：_____ 赞助费用：_____ 注：定金为总费用的 20%
展位申请	我公司需租用以下标准展位： A1 类展位　　中华世纪坛文化广场地上一层 3m×3m　　　　□____个 A2 类展位　　中华世纪坛文化广场地上一层 6m×6m　　　　□____个 B 类 展 位　　中华世纪坛文化广场地下一层环廊区 5m×3m □____个 　　　　　　　中华世纪坛环型大屏幕厅外展区 5m×3m　　　□____个 C 类 空地展位 中华世纪坛文化广场地上一层　　　　　　□____m²（36m² 起） 展位费用总计：RMB _____ 展位定金总计：RMB _____ 注：A1、A2、B 类展位包括三面围板、中英文门楣、一张洽谈桌、两把工作椅、两张工作证。 C 类展位可与组委会洽谈具体需要事宜。定金为展位总费用的 20%。
工作人员注册费	我公司需派展会工作人员____人 注册费总计：需交费工作人员数____人×1 200 RMB/人 ＝ _____ RMB 注：标准展位租借费中已包含 2 位工作人员的注册费
展品说明	（可另纸附上）
付款方式	支票：_____　　电汇：_____

筹备组联系方式	
上海联系人：××× 上海地址： 邮编： 电话： 传真：	北京联系人：××× 北京地址： 邮编： 电话： 传真：
付款：开户名称： 　　　开户银行： 　　　账　号：	
承办单位（签字、盖章）： 2003 年　月　日	参展单位（签字、盖章）： 2003 年　月　日

表 13.2　参展企业工作人员资料回执

所属企业名称

地址：　　　　　　　　　　　　　　　邮编：

电话：　　　　　　　　　　　　　　　传真：

姓名：　　　　性别：　　　年龄：　　　职务：

身份证号码：　　　　　　　　　　　　民族：

贴照片处
（一寸）

所属企业名称

地址：　　　　　　　　　　　　　　　邮编：

电话：　　　　　　　　　　　　　　　传真：

姓名：　　　　性别：　　　年龄：　　　职务：

身份证号码：　　　　　　　　　　　　民族：

贴照片处
（一寸）

所属企业名称

地址：　　　　　　　　　　　　　　　邮编：

电话：　　　　　　　　　　　　　　　传真：

姓名：　　　　性别：　　　年龄：　　　职务：

身份证号码：　　　　　　　　　　　　民族：

贴照片处
（一寸）

　　说明：本回执用于办理参展企业工作人员入场工作证,请如实填写,并与参展企业申请表一并交至筹备组。复印件有效冠名、展位款项支付规定：①冠名、参展企业须认真填写申请表,并将定金随同申请表一并于 5 个工作日内交至筹备组或承办单位。②企业缴纳定金后,所冠名活动或预订展位方才有效。所有费用（扣除定金）请于 2003 年 11 月 15 日前付清。③本申请表具合同效益,经双方签字、盖章确认即刻生效,生效后任何一方不得无故撤销,否则须按确认金额的 85% 赔偿对方。如有特殊原因,应于 2003 年 11 月 19 日前以书面方式通知对方,并赔偿确认的定金。

表 13.3　DV 论坛广告申请表

企业名称：	企业类型：
联系地址：	邮　编：
联 系 人：	职　务：
申 请 人：	职　务：
电　话：	手　机：
传　真：	E-mail：

广告报价：

会刊广告：□ 封底　　　　　　RMB 3 万元/页
　　　　　□ 封二/封三　　　RMB 2.5 万元/页
　　　　　□ 内页整版　　　 RMB 1.5 万元/页
　　　　　□ 内页跨版　　　 RMB 2.6 万元
　　　　　□ 1/2 版　　　　　RMB 1 万元
场地广告位：论坛胸卡　　　 RMB 1.5 万元
　　　　　　论坛邀请信　　 RMB 1.5 万元
　　　　　　祝贺横幅或竖幅　RMB 2 万元/条×____条
　　　　　　升空气球　　　 RMB 1 万元/个×____个
　　　　　　祝贺横幅或竖幅　RMB 0.2 万元/条×____条
　　　　　　升空气球　　　 RMB 0.5 万元/个×____个
视频广告：论坛展映：RMB 1 万元/30 秒×____条
网上展映：RMB 20 万元/5～10 秒×____条
费用总计：RMB _____
定金总计：RMB _____
注：论坛展映视频广告每天滚动播出 10 次，连续播放 4 天
　　网上展映视频广告 24 小时无限制播出，连续播放 60 天
　　定金为总费用的 20%

筹备组联系方式

联系人： 上海地址： 邮编： 电话： 传真：	联系人： 北京地址： 邮编： 电话： 传真：

付款：开户名称：
　　　开户银行：
　　　账　号：

承办单位（签字、盖章）： 2003 年　月　日	广告投放单位（签字、盖章）： 2003 年　月　日

橘子洲世界城市论坛暨世界城市公园主题策划①

2002 年 9 月下旬,首届中国旅游品牌高峰论坛刚刚落下帷幕,参与论坛工作的湖南省旅游局欧阳处长深受启发,灵感顿发。当时,恰逢长沙市公开征集橘子洲总体概念规划意见。于是,橘子洲世界城市论坛的策划创意在他大脑中迅速形成。不到一个星期,从创意形成到策划文本成稿,欧阳拿出了一个总体策划方案的征求意见稿。2002 年 10 月初,欧阳组织人马,正式启动了橘子洲世界城市论坛的策划工作。

一、提升宣传口号和形象定位

根据对世界著名论坛的研究心得,他们首先提出了关于橘子洲世界城市论坛宣传口号和形象定位的原则:宣传口号和形象定位必须准确、生动和极具冲击力;易于理解、易于记忆和易于传播。因此,采用比附定位、借力发力、借势造势、借名扬名的策略。

具体而言,就是将橘子洲世界城市论坛定位为:"世界的橘子洲,中国的达沃斯"。为什么叫"中国的达沃斯"? 因为他们认为,当今世界,最有影响力、最有权威性的论坛组织莫过于世界经济论坛了,名声最高的论坛举办地莫过于世界经济论坛的举办地达沃斯了。

世界经济论坛是由日内瓦大学教授施瓦布先生于 1971 年在瑞士创办的非营利性组织,原名欧洲管理论坛。它将企业界、政界、学术界和媒体结成伙伴关系,以促进全球经济、政治和文化状况的改善。论坛自成立开始,每年都在瑞士滑雪胜地达沃斯小城召开年会。因论坛的影响在全球逐年扩大,1976 年改为会员制组织,1987 年更名为世界经济论坛。现在达沃斯年会已成为各国政要、企业界领袖和国际组织官员共同探讨国际大事并制定未来一年全球经济发展战略的重要组成部分。

将橘子洲世界城市论坛定位为"世界的橘子洲,中国的达沃斯",就是要借达沃斯之名,扬橘子洲之名。

二、使论坛成为一个永久的载体

论坛活动必须上升为论坛经济,这是世界著名论坛发展的潮流,也是论坛发展经久不衰的活力和动力源泉。论坛活动要上升为论坛经济,不能就论坛策划论坛,必须通过论坛举办地将论坛永久固定下来,才能较好地将论坛加以物化和延伸,形成论坛经济。

为此,他们做的第二件事,就是结合橘子洲世界城市论坛的整体规划和将世界城市论坛永久会址定在橘子洲的设想,提出了同时策划世界城市公园的构想,将策划的总题称为"橘子洲世界城市论坛暨世界城市公园总体策划"。围绕这一定位和构思,他们又对策划初稿提出的主题活动进行了完善,最后确定了十大主题活动和十大主题项目。

十大主题活动如下:

(1) 组织一年一次的橘子洲世界城市论坛年会;

(2) 组织进行世界城市一百强与城市综合实力相关的权威性评价活动;

---

① 根据刘汉洪 2003 年 8 月 26 日在中国营销传播网(hwww. emkt. com. cn)发布的同名文章改写。

（3）组织世界城市年度十佳标志建筑、世界城市年度十大新闻等与城市发展和建设相关的单项评选活动；

（4）组织举办世界城市博览会；

（5）组织与世界城市文化与交流相关的活动，如世界城市小姐的评选、世界城市服装节等活动；

（6）创办橘子洲世界城市论坛会刊、网站；

（7）组织各类城市峰会，如世界城市市长峰会、世界城市企业家峰会、世界城市建筑品牌师峰会等；

（8）每年发布一份世界城市年度报告；

（9）创办世界城市规划研究会、世界城市人口研究会、世界城市旅游研究会、世界城市交流协会等机构；

（10）组织区域性重大活动，如中国城市论坛、亚洲城市论坛、环太平洋地区城市论坛、世界城市旅游论坛、世界城市生态论坛等。

十大主题项目如下：

（1）橘子洲世界城市论坛主会场；

（2）世界城市广场，广场中心竖立毛泽东巨型塑像或象征世界和平与友谊的主题雕塑；

（3）世界城市标志展示园；

（4）世界城市主要建筑展示园；

（5）世界城市首脑及杰出人物雕塑园；

（6）世界城市文化及风俗展示园；

（7）世界城市博物馆；

（8）橘子洲世界城市论坛会员休闲别墅、会员休闲俱乐部；

（9）潇湘美景展示园；

（10）湖湘文化长廊。

三、比附定位策略

为了迅速在人们的心目中树立起橘子洲世界城市论坛的鲜活形象，他们采用了比附定位这种低成本、高效率且立竿见影的策略。为此，他们对世界著名的论坛逐一进行了排队和比较，最后选定影响最大、人气最旺、发展最快、口碑最好的世界经济论坛和博鳌亚洲论坛作为比附对象，提炼出"橘子洲论坛与达沃斯论坛和博鳌论坛十大比较拉动效应"。

（一）形象拉动效应

在世界城市空心化的巨大压力下，城市向何处去，成为一大影响世界城市乃至全球经济社会发展的严峻挑战。研究和推进世界城市的进一步繁荣与发展，是一项迫在眉睫的战略课题，同时也是一项光荣而艰巨的历史使命。

世界城市能否建立起自己的对话与协商机制，发出宏大的声音，迈出威武雄壮的步伐，从而抓住经济全球化带来的机遇，促进世界城市战胜困难、持续发展，必须要有一个良好的载体。而世界城市论坛年会定址在橘子洲举办，每届都将吸引大批世界政界名流、知名城市市长、商界巨子和学术精英。通过论坛的举办，为世界城市提供了一个相互探讨、协调立场、促进合作的平台。

当前,世界城市经济社会发展面临的许多重大问题,都可以通过论坛来寻求最佳解决对策。无疑,世界城市论坛将得到世界各国的普遍重视。作为论坛永久会址的橘子洲及长沙乃至湖南,必将在全世界树立起崇高的地位和权威的国际新形象。可以预言,橘子洲将成为中国的骄傲,湖南将成为世人的向往。

（二）开放拉动效应

经济全球化、社会信息化的浪潮汹涌澎湃,知识经济时代、注意力经济时代扑面而来。在此背景下,注意力成为知识经济时代稀缺的资源、信息化社会的无形资产和市场经济宝贵的资本。世界经济乃至世界城市的竞争,正在演变为争夺眼球、争夺注意力的竞争。

世界性论坛的举办,必将引起全球瞩目。达沃斯和博鳌就是鲜活的例证。达沃斯,本是瑞士穷乡僻壤的一个小镇,因为世界经济论坛年会的会址选在这里,现在常常成为全世界注意力的中心。每年的年会,仅吸引的世界主流媒体就有600多家。我国海南省琼海市的小岛博鳌,也因为亚洲论坛首届年会的举办,一举成名天下惊。

可以想象,橘子洲世界城市论坛设立之时,就是长沙乃至湖南的名字响彻全球之日,也是长沙乃至湖南走向开放新境界的开始。它所产生的开放带动效应是常人难以预测的。

（三）会展拉动效应

会展经济已成为世界经济新的增长点。会展业的发展水平已成为衡量世界城市发达程度的重要标志之一,会展业的竞争力已成为世界城市的核心竞争力。

据权威专家分析,论坛经济作为会展经济高度升级的产物,正在成为世界城市发展的新宠。如世界经济论坛第30届年会,举办大大小小的各类会议300多场,极大地拉动了会展经济的发展。

橘子洲世界城市论坛将每年举办一次年会及各类专业峰会,并准备组织世界城市博览会。这对长沙会展经济无疑将是一个巨大的拉动。从另一方面来看,已在长沙投资数亿元巨资建成国际水准的大型国际会展中心,如果没有高规格的国际性会议举办,将成为摆设,形成巨大的浪费。

（四）旅游拉动效应

旅游业是当今世界第一大产业,大力发展旅游产业已是世界各国的共识。举目环顾世界名城,无一不是旅游名城。世界性论坛的成功举办,带来的永久效应便是旅游朝阳产业的蓬勃发展。

山区小镇达沃斯早已被世界经济论坛打造成世界知名的滑雪旅游度假区,博鳌小岛也正在成为名扬天下的海滨休闲旅游胜地。作为"中国第一洲"的橘子洲,山水洲城相得益彰的历史文化名城长沙,素有旅游资源大省、旅游胜地美誉的湖南,所拥有的旅游资源同样独具魅力。

橘子洲世界城市论坛年会及各类国际性会议的举办,在世界瞩目和关注之下,伴随世界各路精英聚会长沙,前来长沙旅游休闲的国内外游客必将成倍增长,发展潜力会远远超出达沃斯与博鳌。湖南旅游业实现由资源大省向产业大省、旅游强省跨越的多年梦想将变为现实。相反,如果没有近期巨大的拉力和推动,长沙的高星级酒店仍会停留在低水平的以价格策略为主的竞争阶段，星级大战的潜在隐患难以根除。因此，举办橘子洲世界城市论坛是从根本上提升长沙乃至湖南旅游酒店甚至整个旅游产业竞争素质的一付灵丹妙药。

（五）投资拉动效应

世界性论坛的举办，既是大脑智慧的聚会，又是信息交流的聚会，还是财富资本的聚会。达沃斯、博鳌论坛充分证明，国际性论坛能产生巨大的投资拉动效应。据有人估算，自博鳌论坛启动至今（2003年），整个博鳌项目总投资已经20多个亿。特别是博鳌良好的发展前景和已经可以看到的投资回报，让投资商趋之若鹜。另据报道，博鳌亚洲论坛给琼海市引来投资达50亿元。

长沙作为湖南的省会城市，各方面的投资条件均较博鳌优越，世界城市论坛的投资拉动效应将会远远大于博鳌。

（六）房产拉动效应

房产业与旅游业一样，同为我国现阶段新的经济增长点。尤其在我国全面建设小康社会的新阶段，其发展潜力和空间相当可观。目前，我国房地产业的发展已进入概念营销和环境营销的新阶段，山水楼盘、景观房产销售形势日益看涨。"家门口有个美丽的湖"、"我家就在湘江边"成为长沙房产充满巨大商机的亮点和卖点。

橘子洲世界城市论坛及世界城市公园的设立，必将大大提升橘子洲的品位，加速湘江风光带向国际一流景观迈进，沿江一带地段的房产将迅速升值。整个长沙的房地产业都可望进入新的发展水平。同时，随着世界眼光、设计水准和城市品位的提升，房地产业的竞争将进入全新的品质加品牌的竞争阶段。无论从数量还是质量上看，论坛对房地产业的拉动和提升作用都是无比巨大的。

因为博鳌论坛，曾在海南捞得第一桶金并及时撤退的潘石屹重新杀回海南，地点就是博鳌。潘声称"在海南有太多的回忆和梦想，重返海南，就是要实现多年前未圆的梦"。他在博鳌的项目为"博鳌蓝色海岸"，占地67万平方米，由500套别墅组成，分两期建成，2003年10月全面完工。在该楼盘刚宣布接受预订之时，抢购者如潮而至，不得不宣布"限购"。

（七）城建拉动效应

投资拉动效应的直接效果，就是城市开发建设进程的加快，开发建设的水准提高。配套设施好是支撑达沃斯成功的四大因素之一。博鳌也因为亚洲论坛的带动和促进，经过短短两三年时间的全面开发，如今的博鳌道路畅通、环境优美、配套设施齐全，已经成为世界知名的旅游区。

橘子洲世界城市论坛的设立，对城建的拉动效应是不言而喻的。橘子洲开发作为湘江风光带建设之点睛，对湖南长（沙）株（洲）（湘）潭湘江生态经济带的开发和长株潭一体化进程的推进将产生非同一般的作用。

（八）文化拉动效应

从消费的角度分析，当今及未来经济是休闲经济、体验经济和娱乐经济时代。论坛经济各大拉动效应的相关作用，将极大地促进和带动文化娱乐产业的发展。世界发达城市的传媒巨子、文化名流先进的经营理念、营销手段、竞争策略、技术设备等，伴随论坛的举办,都将汇聚长沙。广播电视、新闻出版、文化产业等在湖南省发展水平较高,最容易实现与国际水平的对接,因此论坛的拉大效应显而易见。

（九）品牌拉动效应

经营城市,打造品牌,加快培育城市的核心竞争力,已经成为世界城市之间相互竞争和促进的战略举措。世界城市论坛的举办,通过世界发达城市的互相交流和学习,全新的经营城市理念和城市营销战略与策略将在世界城市之间广为传播。

长沙作为论坛会址所在地,是城市信息交流的焦点和中心。近水楼台先得月,长沙将受益最早,得益最多,触动最大,提升最快。特别是可以通过世界主流媒体的多次传播,长沙城市品牌形象将传播最广,影响最为久远。

总之,无论从城市品牌的经营、管理、提升还是传播,橘子洲世界城市论坛对长沙城市品牌的整体提升,都将实现历史性跨越和质的飞跃。

（十）综合拉动效应

世界性论坛对会址所在地的拉动效应是全方位、持续性的,又是相互作用、交替放大、整体提升的。例如,对学术研究及教育事业的拉动;对通信及信息产业的拉动;对航空及交通建设的拉动;对体制改革及制度创新的拉动;对市民素质及服务水平的拉动;对文化生活及精神需求的拉动;等等。总之,一句话,橘子洲世界城市论坛的设立,将极大地推进和带动长沙乃至湖南的物质文明和精神文明建设。

四、策划无痕,掷地有声

为了防止人们对策划产生恶意炒作的误会和猜想,项目组对策划的传播狠下了一番工夫。他们知道,好的策划始于好的创意,但如果不能有效传播,也可能使伟大的策划毁于一旦。为此,他们制定了"策划无痕,掷地有声"传播策略。

（一）好切入点就是兴奋点

橘子洲世界城市论坛暨世界城市公园总体策划方案定稿后,采取什么样的方式对外公布?这个问题一直是他们苦苦思考的问题。策划方案的公布既要有一个好的时机,又要有一个好的由头。

他们曾经设想过多种办法,最后都因觉得不妥而放弃了。如以建议的形式递交给长沙市委、市政府,又害怕不能引起足够的重视;通过长沙市旅游局转交市委、市政府,又担心与自己省旅游局处长的职务有冲突;直接把策划方案交给有关新闻媒体,又考虑策划非新闻,媒体找不到发稿的由头;以个人名义召开记者见面会对外发布,似乎也显得不伦不类。

后来,他们提出两条注意事项:一是防止人们产生这是策划者职务行为的误会,以免给长沙市添乱;二是防止人们把策划当规划,以免给规划部门添麻烦。

经过反复思考,最后决定以策划研究报告的形式发布较为合适。并且由某家研究机构或院校承担此项成果发布会。主要策划人只是以特聘研究人员的身份出现。这样做,既完全符合以上有关原则,又可达到制造新闻、增强传播效果的目的。

通过对省会有关研究机构和院校的综合比较后,他们选择了湖南省最早创立的旅游学院——湖南师大旅游学院,作为课题研究及其发布单位,采取以课题研究成果的形式对外公布。他们为此还聘请了湖南师大旅游学院的教授和学者作为策划合作人。

具体发布会时间定在 2002 年 11 月 27 日，由湖南师大旅游学院负责邀请长沙市委、市政府、市人大、市政协及市规划局领导。2002 年 11 月 27 日，"橘子洲世界城市论坛暨世界城市公园策划研究成果发布会"在湖南师大"红楼"如期举行。湖南师大旅游学院院长郑焱教授主持发布会并致辞，项目组成员分别就有关情况做了说明。长沙市人大常委会、市政协有关委员会负责人出席发布会并讲话，市规划局也派人出席了发布会，省会主要新闻媒体到会采访。省人民政府经济信息研究中心副主任应邀出席发布会并讲话，高度评价了策划成果和它的重大意义。

（二）好新闻是制造出来的

好新闻是策划制造出来的。在橘子洲世界城市论坛策划的传播过程中，项目组尤其重视新闻传播的策划。他们大到新闻报道主题的确定、选题的参考，小到减轻记者工作量准备录有全部资料的软盘、对外公布专门的电子邮箱甚至对记者跟踪服务，都事先进行了详细策划，做出了具体安排。

他们从不放过任何可以制造新闻的机会。2002 年 11 月 29 日晚上，当得知著名策划人孔繁任来长沙讲学时，他们立刻意识到，这是一次送上门来的宣传炒作机会，一定不能错过。他们连夜与邀请单位之一的《当代商报》的有关人员取得了联系，得到了《当代商报》的大力支持。

孔繁任是中国营销"金鼎奖"的创始人和执委会主任，中国十大策划人之一，在社会上有较高的知名度和影响力。如果将他与橘子洲世界城市论坛联系起来，无疑会制造出新闻炒作的热点。于是，项目组与孔繁任取得联系，达成意向。2002 年 12 月 1 日，他们应讲学主办单位的邀请，陪同孔繁任参观橘子洲头，站在毛泽东当年"指点江山、激扬文字"的地方，共同谋划橘子洲的美好明天。当天的经视新闻即对孔繁任与橘子洲论坛策划人对话橘子洲做了突出报道。12 月 2 日的《当代商报》整版刊发了对孔繁任的专访，并特别报道了"孔繁任策划橘子洲"。

在策划传播过程中，他们还有意识地对媒体进行了引导，激发记者追踪报道的热情，开展滚动报道和深入报道。他们与《当代商报》有关记者一起，对"论坛"传播进行了精心策划，从而使该报对"论坛"策划成果进行了大篇幅、连续深入的报道。特别在 11 月 29 日的报道中，辟出 C5 至 C8 版，四个整版刊发"论坛"专题报道，内容包括"橘子洲世界城市论坛在规划和开发中可考虑的主要建设项目"、"橘子洲世界城市公园的规划与开发原则"、"橘子洲世界城市论坛的规划与开发应突出的核心理念和特点"、"橘子洲世界城市论坛的主要论题"、"将由橘子洲世界城市论坛组织的相关活动"、"创立橘子洲世界城市论坛，建立橘子洲世界城市公园的目的"等，产生了巨大的新闻冲击波，引起了社会强烈反响。

五、效果评估

橘子洲世界城市论坛暨世界城市公园的策划，由于诸多方面的原因未能付诸实施。不过，此项目的策划及其传播过程是成功的。即使没有实施，它也产生了以下效果。

第一，提高了橘子洲的知名度。橘子洲是湖南"潇湘八景"之一，两岸的风光十分美丽，站在橘子洲头，既可近赏湘江的白帆和湘江两岸城市雄伟的建筑，也可远眺瑰丽的岳麓山。青年时代的毛泽东在湖南第一师范就读时，曾多次与朋友来此畅游和漫步。1925

年,32岁的毛泽东在湘江之畔写下了《沁园春·长沙》这首洋溢着青春、理想和大无畏精神的词作。"独立寒秋,湘江北去,橘子洲头。看万山红遍,层林尽染"的豪迈诗句,引得多少人对橘子洲十分向往。然而,在旅游业如日中天的当今时代,前往橘子洲参观游览的游客却并不是很多。橘子洲,这个曾经美名远扬的胜地,知名度似乎在慢慢降低。橘子洲世界城市论坛的策划与传播,再一次让众多的媒体聚焦这里,让更多的人关注这里。就在论坛策划成果发布的短短几天内,湖南卫视、湖南经视、湖南都市频道、长沙电视台对此都作了新闻或专题报道。新创办的大型电视专题栏目《绿色播报》做了连续三天的系列报道。《中国旅游报》《三湘都市报》《潇湘晨报》《湖南广播电视报》《湖南经济报》《当代商报》《长沙晚报》《东方新报》等报纸,纷纷做了较大篇幅的报道。红网、新华社的新华网也都做了及时的宣传报道。一时间,橘子洲名声大震。

第二,激发了长沙市民爱长沙、爱家乡的热情。策划成果,主题明确,立意高远,一发布便使广大市民产生了共鸣。从新闻记者到普通百姓,纷纷拍手称赞。

第三,提升了橘子洲主题形象定位和规划设计的水平。尽管橘子洲世界城市论坛策划未被采纳,但它所提出的有关橘子洲的开发原则、指导思想等,无疑会对橘子洲开发的主题形象定位和规划设计有重要的参考价值。

讨论题

1. 你如何评价这一项论坛策划案?有什么优点?有什么缺点?
2. 你觉得这一策划案未被采用的主要原因是什么?
3. 由本案例,你能够看出方案策划与方案传播有什么关系吗?
4. 你如何评价本策划的效果?

第十四章

关系营销策划

关系营销是一个有着极为丰富内涵的概念。到目前为止,虽然大家对它的认识还不统一,但是历经 30 多年的发展,关系营销理论已经有了雏形。人们已经看到了关系营销理论发展的巨大潜力,它在许多方面可以弥补传统营销理论的不足,开辟了许多新的营销领域,预示着新的理论范畴的出现。更为重要的是,关系营销对中国的营销实践有着重要的意义——它是中国人人际关系活动向市场活动或经济活动渗透的一种自然取向。

本章介绍关系营销的内涵、基本理论、动态组合模型以及策划和实施问题。

第一节 关系营销的内涵与基本理论

一、关系营销的内涵

理论界对关系营销的认识有多样性,概括起来可分为如下几种:保持顾客,锁住顾客,数据库营销,承诺与信任理论,关系、网络与互动理论。从发展趋势上看,人们更倾向于接受后两种观点,而把前三种观点看成关系营销在一个特定市场(即顾客市场)的应用。

保持顾客(customer retention)的观点认为,企业营销的目的不仅是要争取更多的顾客,更重要的是要保持现有的顾客[1]。其理论基础或基本假定是:争取一个顾客比保持一个顾客要困难得多,所需要的费用也大得多。因此,以保持顾客为导向的营销是一种比以争取新的顾客为导向的营销更为有效的营销活动。根据这种观点,关系营销包括核心服务策略、定制、关系定价和内部营销(internal marketing)等。

锁住顾客(locking-in the customer)的观点认为,买者与卖者之间的关系是由两种不同的纽带联系起来的,一种被称为结构纽带(structural bonds);一种被称为社会纽带(social bonds)[2,3]。由结构纽带联系起来的买卖者,在前期关系结束之后,由于各种原因,如结束关系的过程太复杂或转变供应者的成本过高,买者无法结束与卖者的关系。社会纽带则是指由个人之间的关系而建立起来的买卖者之间的联系。从卖者角度看,结构纽带是比社会纽带更有效的关系。关系营销通过建立、加强这两种纽带,尤其是结构纽带,构筑有效的出走障碍(barrier to exit),把顾客锁住。

数据库营销(database marketing)的观点认为,营销者与顾客发展关系的动力总是存在的,但是只有在获取发展关系所必要的数据或资料的成本相对较低的时候,与顾客发展关系才是划算的。随着科学技术的发展,尤其是计算机在企业生产经营管理中的应用,使取得有关数据或资料的成本越来越低,因此关系营销也日益为人们所重视[4]。关系营销就是利用数据库去"瞄准"顾客,与消费者建立连续的关系。

承诺与信任理论(the commitment-trust theory)将关系营销定义为"所有旨在建立、发展和维持成功的关系交换的营销活动"[5]。这里特别强调非连续交易(discrete transaction)

与关系交换（relational exchange）之间的区别。非连续交易以实物交换为基础，有明确的开始与结束，且持续时间很短；关系交换以无形的东西（如感情、承诺、信任等）的交换为基础，可以追溯到先前交换双方的活动，反映一个持续的过程，且持续的时间较长。摩根和汉特[5]为此建立了一个"关系营销的关键中间变量模型（the key mediating variable model of relationship marketing）"，用以解释关系营销的内涵和影响关系营销成功与否的关键因素。在这一模型中，信任和承诺是关系营销的两个关键的中间变量，企业或组织的关系营销通过改变这两个中间变量，发展、维持和增进与某一个市场的关系。关系终结的成本、关系带来的利益、共同的价值观、沟通、强权和"搭便车"行为等因素是关系营销的前因，会影响关系双方对彼此的信任和承诺的有效性。其中，前四个因素是正向的影响，后两个因素是负向的影响。顺从、合作、功能性摩擦、离异倾向和不确定性是关系营销的后果，会受到信任和承诺水平的影响。其中，前三项是正向的影响，后两项是负向的影响。

关系、网络与互动理论认为，关系营销是一种把营销看做关系、网络和互动的意识[6, 7]。关系（relationships）是两个或更多人之间的联系；网络（networks）是关系的集合；而互动（interaction）则是人们在关系和网络中相互影响的活动。因此，关系营销不是指某种可以明确划分的现象，而是一种能够帮助人们更深刻认识营销本质的意识。它是一副眼镜，当我们戴上"关系、网络和互动"这副眼镜看营销时，我们更能看到营销的本质。

二、关系市场

根据培恩（Payne）[8]，关系营销有六类市场，分别是顾客市场（customer markets）、相关市场（referral markets）、供应者市场（supplier markets）、就业市场（recruitment markets）、影响者市场（influence markets）和内部市场（internal markets）。

顾客市场即传统营销理论中所说的消费者、顾客或用户。不过，与传统的交易营销注重一次性买卖活动不同，关系营销更注重保持顾客、顾客价值和长期效果。它把企业与顾客的关系比喻为一个梯子，由下向上依次为潜在顾客（prospect）、顾客（customer）、客户（client）、支持者（supporter）、宣传者（advocate）和合作伙伴（partner）。传统的交易营销偏重于在底下两个阶梯运作，即发展新顾客和与现有顾客达成交易；关系营销则偏重于把现有顾客（第二个阶梯）向上发展，直至使其成为合作者（最高一个阶梯）。

相关市场指那些中介组织，比如批发商、零售商和其他各种类型的分销商、代理商，以及广告商、银行、市场调研机构等中介组织。这些中介组织除了帮助企业进行正常的交易以外，与那些忠诚的顾客一样，也常常是未来生意的来源。也就是说，处理好与它们的关系，不仅有利于企业稳定现有的客源，而且它们还能够带来新的客源。

供应者市场指原材料、零部件或产品的供应者。传统理论更注重供应者与购买者之间讨价还价的对立关系；关系营销则注重二者的合作关系，即通过合作达到双赢的局面。

就业市场指那些有能力的待聘人员。企业要吸收的是优秀的待聘人员，这也许是现代经济中最稀缺的资源。发达国家的很多大公司为了得到这些人才，纷纷向一些大学提供奖学金，当然一个重要条件是毕业后加入这些公司。

影响者市场指政府部门、法律部门、社会团体和一些投资基金等。各企业或组织所处的行业或发展阶段不同，所面对的影响者市场也是不同的。影响者会对企业或组织的发展起到支持与限制的作用。对影响者市场的关系营销主要是处理好与那些对企业或组织影响较大的影响者之间的关系，以获取最大限度的支持，从而避免可能发生的各种各样的限制。

内部市场指企业内部的人员和部门，他们互为供应者和顾客。内部关系营销的目的，一是保证每一个人和部门都既是高质量服务的提供者，又是高质量服务的接收者；二是保证所有的人员都联合起来，为实现企业或组织目标、执行企业或组织战略而服务。

在这六大市场中，顾客市场处于中心地位，企业在其他市场上的关系营销活动都是为了更好地满足顾客的需求。然而，在激烈的市场竞争中，要想比其他企业更有效地服务顾客市场，必须处理好与其他市场的关系。

三、关系营销因素

在传统的营销理论中，营销因素（4P）组合模型占据着一个非常重要的位置，它告诉营销者可以采用哪些手段进行营销活动。尽管4P模型有很多缺陷，但是它的最大优势就是让营销者知道应该做什么，使传统的营销理论具有了很强的可操作性。关系营销发展到现在，还缺乏一个类似的大家都认可的模型。

根据中国传统文化中人际关系的处理方法[9]，本书作者曾提出关系营销的五种方法，即予法、借法、化法、合法和信法，如图 14.1 所示[10]。

这五种方法可以看做关系营销的五大因素。它们不仅可以用于强化已有的关系，而且还可用于开发新的关系。它们的内涵与特点如表 14.1 所示。

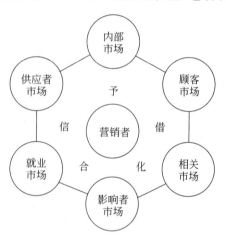

图 14.1 关系营销因素的组合模型

表 14.1 关系营销的组合因素及其特点

因素	含义	具体操作方法分类	特点
予法	给予之法	物质利益：雪中送炭和锦上添花 非物质利益：扬人之善和掩人之过 物与非物的结合：送人情和给面子	非即时回报性，人情法则，超额回报
借法	借用、利用之法	借力、借名、借势 外借、自借、互借和串借 明借与暗借	非强迫性，有利于建立互惠的关系网络
化法	将相克关系转化为相容关系	威逼利诱：重新划定利益边界 风雨同舟：强化外部冲突，化解内部纷争	对外，不战而屈人之兵；对内，有事解决矛盾，增加凝聚力
合法	利用某种共有的东西，发展关系	共同的利益 五缘文化营销：亲缘、地缘、业缘、物缘、神缘	关系跳跃式发展，寻找有效的关系路径最重要
信法	取信于人，建立长久的合作伙伴关系	关系营销的关键中间变量模型：共同利益、共同的价值观、沟通、权力使用和减少投机行为	适用于强化已有的关系，而不太适用于没有发生的关系

资料来源：庄贵军与周筱莲[11]。

（一）予法

予法(giving)即给予之法。根据社会交往原理[12]，在大多数情况下，人们在社会交往中会按照"相互性原则"处理与他人的关系。施恩，会得到报答；伤害，会得到报复。即所谓"善有善报，恶有恶报；不是不报，时候未到"。当你向某人施惠，那人即刻报答，这叫"不欠债相互性"。如果那人不能马上报答，表明那人欠了债，通常会延期报答。延期报答称为"欠债相互性"。欠债如果不能报答，就会出现关系双方的不平衡。不平衡产生权力。只要愿意，施惠方可以把他的意志强加于受惠方，而受惠方的服从可以看做对施惠方的报答。一个欠债而不思报答的人，会被社会视为忘恩负义的小人。这种谴责是一种社会惩罚。大多数人宁愿选择报答，而不选择社会谴责。正因为社会交往中存在这种"相互性(reciprocity)"，所以以施惠为手段的关系营销才特别有效。

然而，予也要讲究策略和技巧。恰当的予，事半功倍；而不当的予，轻者不能达到预想的效果，重者还可能触犯法律。讲究予的策略和技巧，就是根据具体情况，针对不同的市场，采用不同的予法。比如"雪中送炭"、"锦上添花"、扬人之善、给人面子等。

（二）借法

借法(borrowing)即借用、利用之法。予法是自己出钱、出力，建立各种互惠关系；借法则是借用他人之资、他人之力，建立一个互惠关系网。借法可再分为借力、借名和借势。借力泛指借他人之人力、物力和财力，惠及自己的关系市场。借名指借别人的名气或名义，发展、维持和增强欲求的关系。借势则指借某种社会趋势，影响欲求的关系朝有利于自己的方向发展。

比如，一个企业了解到一家国外的大企业正准备在中国寻求投资机会，而这个企业所在的地方政府又特别希望有外资企业投资于这个地区。于是这家企业借地方政府之名，与外企接触，谋求合作；项目谈成，又借外企之力，谋求政府支持。这家企业不费一枪一弹，不仅占尽便宜，而且还发展和加强了与外企和地方政府的关系。由此可见借法之妙。

（三）化法

应用予法与借法的前提是，予者与被予者之间、借者与被借者之间存在相生或相容关系。如果是相克关系，就不能简单地应用上述方法。化法(transforming)是此时可以使用的一种方法。化者，将相克关系转化为兼容关系也。具体可再分为两种：一个是威逼利诱；另一个是风雨同舟。

威逼利诱指当一方的行为威胁到自己的利益，如直接与其发生冲突则会两败俱伤，这时，一方面出让一些利益诱导他们；另外一方面做出姿态威胁他们，使他们改变行为，与自己合作。比如，卡内基合并普尔曼的故事[9]。当时卡内基正经营一家专供铁路使用的卧铺车公司，而普尔曼却研制了一种当时最好的卧铺车"普尔曼皇宫车"，获得了很大的成功，直接威胁到卡内基卧铺车公司的前景。卡内基先是以优厚的条件要求与普尔曼的公司合并，继而威胁说，如果不合并，那就只好拼个你死我活，展开大规模倾销。在前有利诱、后有威逼的情况下，普尔曼终于同意合并，由竞争对手变成了合作伙伴。

风雨同舟指利用外部压力，发展内部关系。政治学中有一种外部压力理论，说的是当外部威胁加大时，内部的纷争就可能减少，团结起来，一致对外。当一批小企业面对一个共同的、实力强大的竞争对手时，与其束手待毙，不如大家团结一心、同舟共济。当经济形势不景气的时候，更容易使一个企业的所有员工拧成一股绳，劲儿往一处使，从而渡过难关，走出困境。

（四）合法

予法、借法和化法，都是以物质利益为出发点处理一个企业或组织面对的各种关系。合法（combining）则是利用非物质的东西，比如共同的经历、共同的信仰、共同的种族或民族、共同的历史等，建立、维持或巩固欲求的关系。社会心理学告诉我们，当人们相信他们与另外一个人之间有某种关系或某种缘分时，不管这种关系或缘分多么不起眼，也会影响他们对这个人的态度和行为。奥恩和贝瑟尔（Aune 和 Basil）[13]的一项实验很说明问题。他们找了一些助手在大学校园中截住学生，请学生们向一个著名的慈善机构捐款。一种情况下，他们不提供任何个人的资料。另一种情况下，他们先问："你是不是学生？"然后说："噢，太好了，我也是！"这才请学生捐款。结果表明，第二种情况下，有 25％ 的学生捐款，而第一种情况下只有 9.8％ 的学生捐款。这项实验他们做了多次，结果大同小异。他们认为，这实际上是社会交往理论中的"相互性原理"在起作用。

中国人历来重视人和人之间的缘分，正所谓"有缘千里来相会，无缘对面不相识"。国内有学者主张"五缘文化营销"[14]，即是利用合法进行关系营销。五缘包括亲缘、地缘、业缘、物缘和神缘。亲缘指宗族亲戚关系，包括血亲、姻亲和假亲（如金兰结义）。地缘指邻里、乡党关系，也即通常所说的"大同乡"和"小同乡"。业缘指同学、同行关系。物缘指以物为媒介的关系，如共同喜好某一种东西。神缘指宗教信仰关系，如共同信奉某种宗教。这五缘基本上概括了合法可以利用的各种关系。合法的真谛在于：利用关系，建立、维持和发展关系。

（五）信法

所谓信法（trust），即是取信于人，以求建立长久的合作伙伴关系。正如摩根和汉特指出的，任何长期性合作互利关系都依靠信任维持，不论这种关系是水平的合作关系，还是垂直的权力关系。失去了别人对你的信任，就失去了合作和权力的基础，也就成了孤家寡人。

取信的方法很多。前面摩根和汉特在其"关系营销的关键中间变量模型"中已经比较全面地讨论了这些方法，如通过共同的利益、共同的价值观，通过加强沟通与联系，通过减少使用强权和"搭便车"行为等。

四、关系营销中的道德问题

道德是一种调节人与人之间关系的特殊的行为规范体系。道德规范的特殊性在于，它不是由权力机构（包括政治的、行政的或法律的）制定的，也不依靠强力去维护；它由人们约定俗成，并且依靠人的内心信念和社会舆论来维护。当一个人做出不违法但违反道德的行为时，他虽然不会受到法律的制裁，但是却会受到社会舆论与良心（如果他有良心的话）的谴责。此外，一个人或一个组织的道德行为会通过道德形象影响其长远利益。比如，一个企业依靠某种不道德的行为销售其产品，虽能得一时之利，但从长远来看，企业形象受损，影响其未来发展。

然而，在很多情况下，判断某一行为是否符合道德，并不像人们想象的那么容易。同一行为，基于不同的道德标准，对其道德判断的结论有时是不同的。这里仅以"显要义务理论"（道义论之一种）为框架来分析关系营销的道德问题。

显要义务理论由英国学者罗斯（Ross）[15, 16]提出。他认为，一个人的行为是否符合道德规范，由那个人是否履行了那一特定时间和特定环境所应履行的"显要责任"或"显要义务"来决定。所谓"显要责任"或"显要义务"，是指在一定时间和一定环境中，人们自明为合适的行为；这些行为对于神志正常的人来说不用深思便知应该去做，并以此而成为一种道德义务。罗斯提出了六条基本的显要义务：第一，诚实，包括信守诺言、履行合约、实情相告和对过失给予补救等；第二，感恩，即我们通常所说的知恩图报；第三，公正，即一碗水端平，不厚此薄彼；第四，行善，即乐善好施、助人为乐；第五，自我完善，即发挥自身潜能，实现自身价值；第六，不作恶，即不损人利己。

（一）诚实

无疑，诚实是关系营销者的立命之本。不信守诺言、不履行合约、欺骗、对因为自己的过失而导致的损失不给予补救，不可能与自己的关系市场建立长期的、相互信赖的合作关系。但问题是，是否应该在任何情况下把所有实情都告诉每一个相关的合作者（关系市场）？比如，我们在用化法"威逼利诱"未来的合作伙伴时，我们能把实情都告诉他吗？再比如，我们利用借法借他人之力以达到自己的目的时，我们能把所有的实情让有关各方都了解吗？

如果不是执著于道德教条，答案显然是否定的。当我们用予法去发展关系时，就更不能言明真相。在这种情况下，最好的办法是寻找一个正当的理由掩饰自己的真实用心。所以，在关系营销中，实情相告要做相对的理解。只要不是恶意的欺骗，就不能说是不道德。

（二）感恩

知恩图报是关系营销的应有之意。予法就是利用人们正常情况下会有的知恩图报的行为建立、发展和利用关系。予法的实质是先予后取。当然，当别人有恩于自己时，一定要想办法尽早报答，这样，一可以与被报答者发展进一步的关系，二也能树立一个知恩图报的良好形象，有利于与其他人或组织建立信任关系。

不过，这里的问题是，知恩图报究竟报谁的恩？我们知道，关系是由私人来维系的，不管是个人与个人之间的关系，还是组织与组织之间的关系。既然是私人关系，就免不了庸俗的成分。当一个政府官员代表政府部门在关键时刻帮了一个企业一把，有恩于这个企业，那么当这个官员私人需要或要求帮助时，这个企业是否应该出钱出力呢？不出，落个知恩不报的坏名；出，则又与行贿无异。在企业与企业的交往中也存在这一问题，如回扣及其他形式的灰色营销活动[17, 18]。

另外，知恩图报还可能会破坏社会公正。比如，因为 A 企业在困难的时候帮过 B 企业，知恩图报，B 企业在与 A 企业打交道时给 A 企业提供多项优惠，而这些优惠是其他与 B 企业打交道的企业所享受不到的。

（三）公正

关系营销最大的问题是不公正。尤其是当关系营销被应用于顾客市场之外的其他市场时，这个问题就更加严重。因为关系营销所希望的就是从有关各方得到不公正的但对其有利的待遇。当一个人自己都希望得到对他有利的不公正待遇时，你能期望他一碗水端平吗？开展关系营销，不公正是必然的。

（四）行善

关系营销的要旨，是"我帮人，人帮我，大家一起发财"，正如胡雪岩所言，"花花轿子人抬人"。因此，行善是应有之义。不过，按照中国传统文化对"君子"（道德典范）的要求，行善而不求回报才是真善。关系营销说到底是一种商业行为，既然是商业行为，就不可能只谈投入而不问产出。在这一点上，关系营销与行善的道德要求也是有出入的。

（五）自我完善

关系营销冀求通过与各方面建立、发展和维护良好的关系获取竞争优势，无疑是企业自我完善的一种方法。不过，如我们前面指出的，关系营销必然导致不公正，从而破坏公平竞争原则。有关系营销在，在竞争中胜出的很可能就不是那些在生产经营上最有效率的企业，而是那些最有关系的企业。这也有违自我完善的道德要求。

（六）不作恶

不作恶是对关系营销的最低道德要求。即使在这一点上，关系营销也不是无懈可击。比如，请客、送礼或提供各种各样的有形、无形的好处，特别是当对方是利用职务之便得到这些东西时，关系营销者是不是在作恶？要知道，很多贪污腐化者就是从最初得到的这些好处而一步步走上犯罪道路的。

总之，关系营销是一种道德问题颇大的营销方式或营销思想。尽管在现实中它是有效的，但如果找不到它赖以存在的道德基础，从整个社会角度以长远的眼光看，它是会增加整个社会的交易成本的。解决问题的办法，应该是企业对关系营销的范围要加以严格的限制，比如制定一套关系营销行为准则，要求自己的员工尽量不做不道德的事，更不做违法的事。

第二节　关系营销的动态组合

前面讲的"关系营销因素的组合模型"虽然可以增强关系营销的可操作性，但是它只是静态地指出企业可以使用的关系营销因素、方法或技巧，而不能动态地描述企业关系营销的前因后果。图 14.2 是一个动态模型，给出了关系营销的前因后果。

一、关系营销与互动

如图 14.2 所示，关系营销包括前后相续的三个步骤：第一，关系营销的发起者（关系营销者或 A，取 actor 之意）的关系营销活动；第二，关系营销活动的对象（关系市场或 T，取 target 之意）的回应；第三，A 和 T 之间的互动。

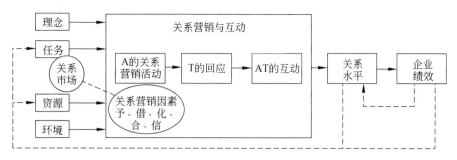

图 14.2　关系营销的动态组合模型

（一）A 的关系营销活动

A 的关系营销活动指关系营销活动的发起者 A 所进行的所有旨在建立、发展和维持关系交换的活动。在关系营销的组合因素模型中，我们将其归纳为予、借、化、合与信五种方法（表 14.1）。比如，予法。根据所予之物的性质，具体的策略和技巧可分为物质利益的给予、非物质利益的给予，以及物质与非物质利益相结合的给予。物质利益的给予，根据予的时机不同，可再分为"雪中送炭"（在对方困难时给予，以解对方的燃眉之急）和"锦上添花"（在对方顺利时给予，让对方喜上加喜）；非物质利益的给予，根据性质，可再分为扬人之善（正面的夸奖）和掩人之过（给人留面子）；而物质与非物质利益组合的给予，根据组合的内涵，可再分为送人情和给面子。它的特点是非即时回报性和人情法则：A 方给予，并不要求 T 马上给予等价的回报，但是一旦 T 有机会回报时，往往需要超额回报（"滴水之恩，涌泉相报"），否则 T 会被视为小气、缺乏诚意或丢面子。

再比如信法，目的在于与相关的组织建立长期稳定的合作关系。此时，合作已经开始，重要的是如何加强和稳定已有的合作关系。操作方法"关系营销的关键中间变量模型"已经给出，如关系双方增加共同的利益，共享价值观，加强沟通与联系，减少使用强权和"搭便车"行为等。其特点在于：适用于强化已有的关系，而不太适用于建立和发展那些虽重要但还没有发生的欲求关系。

企业在进行关系营销活动时，可以单独使用其中的某一种方法，也可以将几种方法进行某种组合，搭配使用。具体使用哪一种方法或怎样组合使用不同的方法，则由企业的营销理念、关系营销的任务、资源状况和内外部环境决定，如图 14.2 所示。

（二）T 的回应

通过关系营销，A 首先希望得到的就是 T 的善意回应。T 的回应，可以分成多种。比如，在 A 使用予法进行关系营销时，T 可以选择回报与不回报。在选择回报时，T 可以在即时回报与非即时回报之间做出选择，也可以在超额回报、等额回报与低额回报之间做出选择。在做出不回报的选择时，还可以有两种情况：一是不思回报；二是虽思回报，但无力回报，此时有欠的感觉。再比如，在 A 使用信法时，T 一方面可能选择是否采用信法回应，另一方面也可能选择是否滥用对方的信任只为自己谋私利，即投机。

AT 关系能够继续的一个必要条件，是 T 的善意回应。比如，在 A 使用予法时，T 选择即时或非即时回报，最好是超额回报，最低限度是有欠的感觉；在 A 使用信法时，T 选择信法回应，最低限度是不能滥用对方的信任。在多数情况下，人们会按照社会交往中的"相互性原则"处理与他人的关系。

不过，并不是所有的人或组织都会遵守这种"人情法则"。当 T 不遵守这种"人情法则"时，则表明 T 或者不愿意与 A 发展持续的关系，或者只想投机、占便宜。对于前者，企业的关系营销难以展开；对于后者，企业最好放弃，因为这种关系即使建立起来对企业也没有什么益处。

（三）AT 互动

AT 之间的互动，可以分为良性互动与不良互动。良性互动，AT 之间有来有往，有着正向的相互作用或相互影响。那么，在他们之间便会有一种亲近的心理联系，存在一种相互吸引的力量。不良互动则相反，AT 之间的相互作用或相互影响是负向的，即关系双方在交往过程中不能获得，甚至有碍于获得各自在利益上的满足。那么，他们就会疏远、离异，他们之间的交往可能会中止，严重时在他们之间还可能发生恶性冲突，产生敌对情绪。这时，AT 之间要么不存在吸引力，要么有排斥力。

从这个角度看，关系营销的本质就是关系营销发起者和关系营销对象之间的良性互动；最理想的状态，就是 AT 之间互为关系营销的对象。

二、关系营销的后果

关系营销的后果是关系营销的意义所在。关系营销的最终目的是提高企业的经营效益，但是其直接后果则是企业与营销对象之间关系水平的提高，如图 14.2 所示。

关系水平是一个综合测量指标，包括关系双方的心理距离、互依程度、互信程度和相互承诺的程度等维度。关系双方的心理距离指关系双方的亲近感；互依程度指关系双方相互依赖的程度；互信程度指关系双方相互信任的程度；相互承诺的程度指关系双方相互承担责任的意愿、行为及其程度。一般而言，心理距离越小，互依程度、互信程度和相互承诺的程度越高，双方关系水平的量度就越高。反过来讲也成立：双方的关系水平越高，双方所感受到的心理距离就越小，互依程度、互信程度和相互承诺的程度就越高。

企业之所以要提高与营销对象之间的关系水平，对顾客市场而言，是要通过提高生意占有率（business share）而提高市场占有率（market share）；对其他市场而言，则是要最大限度地获得欲求的资源和相关群体的支持与帮助，这两者都有助于企业绩效的提高。

以企业针对顾客市场的关系营销为例。企业获取或提高市场占有率的方法有两种：一种是通过一般的市场交易；另一种是通过与自己的客户建立持续的交易关系，扩大自己在客户生意中所占的比例（即生意占有率）。比如，一个企业与 10 个客户进行交易。如果只是进行一般性的市场交易，那么 10 个客户从这个企业把产品买走，交易即完成。至于以后这些客户从企业还购买不购买，企业则不考虑。用这种方法，它虽然也获得了一定的市场占有率，但缺乏可持续性。相反，如果企业更看重长远利益，那么在与这 10 个客户进行交易之初，它就谋划与这些客户建立长期的互惠关系。它从各个方面优先考虑这些客户的利益，甚至有意识地扶持它们，与它们建立和发展互依互信的战略合作伙伴关系，使它们逐年增加从本企业购买的比例。企业在这 10 家客户的生意占有率不断增加，企业在整个市场上的占有率也因此而提高。用这种方法获得的市场占有率更加稳定，更有保证，因此也更具有可持续性。

然而,关系水平的提高本身并不是目的,也不必然带来企业绩效的提高。图 14.3 可以说明这一点。图中横轴表示一家企业与其关系营销对象的关系水平,纵轴表示企业绩效,a、b、c 三条线分别表示关系水平提高与企业绩效提高之间可能的三种组合。其中,只有组合 a 表示随着关系水平的提高,企业的绩效也跟着提高,因此也是企业进行关系营销所要追求的。组合 b 这种情况是企业进行关系营销要避免的,因为企业在关系营销方面的投入并没有改变企业绩效低位徘徊的窘况。对于组合 c,关系营销虽然没有提高企业绩效,但可能有助于企业将其效益维持在一个高水平上,因此也是必要的。简言之,关系营销的目的是要通过关系水平的提高而增进企业绩效,而不仅仅是与关系营销对象建立良好的关系。忘记了这一点,就忘记了关系营销的根本。

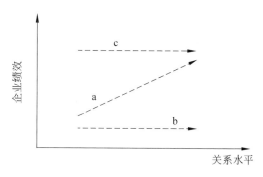

图 14.3　关系水平与企业绩效

另外,企业绩效对于关系水平有反作用,这由图 14.2 中联结企业绩效和关系水平之间的虚线表示。一般而言,企业与合作伙伴合作的绩效越好,企业越希望进一步提高双方的合作水平,因此也越有助于双方关系水平的提高。反之,则反是。

三、关系营销的前因

关系营销的前因有四大类:企业的营销理念、关系营销任务、关系营销资源和关系营销环境(图 14.2)。另外,关系水平与企业绩效也会通过反馈作用,成为影响企业关系营销的一个间接因素。

(一) 企业的营销理念

营销理念是企业进行营销活动的指导思想,体现着企业怎样看待交换活动、怎样看待自己、怎样看待顾客、怎样看待竞争者和怎样看待社会的意识。随着市场经济的发展,历史上占主导地位的营销理念已经发生过多次转变,从生产导向到推销导向,再到市场导向,进而发展为市场导向、社会营销导向、战略营销导向和关系营销导向并存的局面。在不同的营销理念指导下,企业会有不同的营销行为,也会有不同的关系营销行为。一般而言,以关系营销导向为指导的企业,更强调企业要与其交易伙伴以及其他重要的相关群体建立一种互惠互利、相互信赖、长期稳定、共同成长的合作关系,并借此获取可持续的竞争优势。在与交易伙伴打交道时,会更多地站在交易伙伴的角度考虑问题,优先保证交易伙伴的利益。因此，以关系营销导向为营销理念的企业，相对于以其他理念为指导的企业，会更频繁地使用各种关系营销手段，而且力度也会比较大。相反，以生产导向或推销导向为营销理念的企业，更多地专注于产品的生产或销售，不太看重，甚至不愿意与顾客或其他相关群体建立持久的联系，因此会较少地使用各种关系营销手段。

（二）关系营销任务

关系营销任务涉及两个方面的内容：第一，企业从事关系营销针对哪一个或哪一些关系市场？第二，企业与某一市场的关系处于哪一个发展阶段？

如前所述，关系市场被分为顾客市场、供应者市场、影响者市场、相关市场、内部市场和就业市场。企业与各市场关系发展的动态过程则可以被分为知觉、开发、强化、承诺和散伙五个阶段[19]。针对不同的市场，在关系发展的不同阶段，关系营销的任务不一样，适用的关系营销方法也有所不同。表14.2是一个关系营销任务矩阵，企业以此更系统地考虑向谁、为什么和在什么基础上进行关系营销。

表 14.2　关系营销任务矩阵

关系发展阶段	关系市场					
	顾客市场	供应者市场	影响者市场	相关市场	内部市场	就业市场
知觉						
开发						
强化						
承诺						
散伙						

以在营销渠道中一个企业（A）针对另一个企业（T）在知觉阶段和强化阶段（一种相关市场）的关系营销为例。在关系的知觉阶段，A发现它与T有共同的利益，因此T有可能成为其交易伙伴。A一方面希望对T有进一步的了解，以判断T是否值得交往，另一方面寻找第三者，希望在适当的时机第三者能起到中介作用。这时，在AT之间基本没有或只有少量的沟通和互动，第三者的中介作用可能是达成彼此了解和信任的一条捷径。寻找与发现关系市场、分析双方的共同利益所在和确定合作的基础，是A在这一阶段进行关系营销的基本任务。可以使用的关系营销手段主要有借法和合法。使用借法，借第三者的信息、影响力和关系网络，了解对方，与对方进行初步的接触；使用合法，以共同的经历、共同的信仰、共同的历史等为媒介，了解对方，达成彼此间的起码信任。

在关系强化阶段，AT之间的沟通增多，合作增强，互依性提高，信任螺旋式上升。此时，关系营销的基本任务就是与合作伙伴加强沟通，增强互信，提高合作效益。可以利用的关系营销手段主要是予法和信法。使用予法，一是优先考虑合作伙伴的利益；二是率先投入能够促进双方关系发展的交易专有资产。使用信法，通过共同的利益和价值观把彼此联系起来，通过加强沟通与联系彼此适应，通过减少使用强权和"搭便车"行为避免不信任感产生。

（三）关系营销资源

企业的关系营销资源，指企业所有可以用来进行关系营销活动的要素及其构成，分为有形资源与无形资源两大类。有形资源包括企业的人、财、物，无形资源则包括企业拥有的知识、信息、形象以及社会关系等。无形资源能够使企业权衡利弊，灵活地采用各种关系营销方法，因此是一种更为重要的关系营销资源。比如，关系营销方面的知识。如果一家企业有关系营销这样一个理念，并且了解关系营销的内涵和方法，那么它就可能在进行关系营销之前精心策划，组合运用各种方法。相反，一家企业如果只是把关系营销理解为"拉关系，走后门"，那么就有可能只知道金钱开路，轻者违反道德，重者则可能触犯法律（如商业贿赂）。再比如，企业领导或员工所拥有的社会关系。虽然关系营销侧重于发展和巩固企业与相关组织的合作关系，但是组织之间良好的合作关系往往是由组织之间良好的私人关系体现和维系的。特别是，私人关系较少功利性，一开始并不是为了利益交换而建立起来的，所以通过私人关系建立组织关系至少在中国现有的环境下更容易获得对方的信任。社会关系丰富的企业，使用借法、合法、信法等方法进行关系营销，将得心应手，游刃有余。

如果说关系营销任务告诉企业向谁、为什么和在什么基础上进行关系营销，那么关系营销资源则告诉企业是否有能力进行某一种关系营销活动，以及怎样根据企业的内部条件对企业的关系营销方式进行组合。这使得关系营销建立在企业的现实条件之上，成为可以而且应该策划的。

（四）关系营销环境

企业的关系营销环境，可分为外部环境与内部环境。外部环境指企业无法改变而必须适应的、存在于企业外部的条件，比如社会文化环境、道德法律环境以及其他的宏观环境。内部环境则指企业虽然可以改变，但为了企业的长远利益和整体利益又不能轻易改变的企业内部因素，比如企业的发展战略和规章制度，企业的规模、信誉、文化和形象等。这些因素是企业制定关系营销策略的背景和前提条件，营销人员只能遵守和适应，有时也能有一定的变通，但不能从根本上改变。

关系营销环境从内外两个方面，给出了企业进行关系营销的限制条件。企业的营销人员用不用以及在何种程度上使用某一种关系营销方法，很大程度上取决于这些环境因素的限制或鼓励。比如，在中国的政治法律体系、经济管理体制和文化传统的共同作用下，中国的企业更注重关系营销，更喜欢通过私人关系来发展、维持和强化组织关系。

（五）关系水平与企业绩效

关系水平与企业绩效虽然是关系营销的后果，但它会通过反馈，作用于关系营销的前因变量，成为影响企业关系营销的一个间接因素（图14.2）。比如，企业与某一关系市场的关系处在关系发展的开发、强化和承诺阶段（关系水平不同），这就可能既是关系营销的结果，又是企业进行下一步关系营销的前提（任务）和资源（如借法）。再比如，企业的效益如何，既可能是通过关系营销而使关系水平得以提高的结果，又决定了企业未来进行关系营销的任务（如以提高或稳定企业的效益为目的）和可以利用的有形资源（如予或借的物质利益）和无形资源（如商誉和形象）。

第三节 企业的关系营销策划与实施

从企业行为角度讲，关系营销的特点主要表现在：第一，营销所针对的对象是各种各样会影响企业生存与发展的关系市场，而不仅仅是某一目标市场上的顾客；第二，企业行为要素是关系营销的组合因素，而不是传统营销中的4P；第三，参与者必须有企业高层的深度介入和全体员工的积极参与，而不仅仅是营销部门。

关系营销策划与实施包括以下主要内容：确定目标关系市场、目标关系市场分析、关系营销因素选择与组合、关系路径寻找与选择、制定关系营销规范和关系营销的实施。

一、确定目标关系市场

确定目标关系市场，就相当于在一般的营销策划中选择目标市场。它为企业的关系营销指明方向。企业需要回答下述问题：为了实现企业的战略目标和营销目标，企业要面对哪些重要的关系？这些重要的关系对企业在哪些方面有怎样的影响？这些关系之间有没有交互影响？有怎样的交互影响？哪一个或几个是关键？哪一些重要的关系应该被确定为企业主要的关系市场？企业的关系市场应该有怎样的优先排序？是否需要针对几个关系市场同时进行关系营销？针对某一关系市场进行关系营销的目的是什么？

通过对企业各种关系的比较和权衡，找出那些对企业实现战略目标或营销目标影响最大的，将其确定为目标关系市场，进行有针对性的关系营销活动。

确定目标关系市场涉及关系营销的效力（effective）问题，是做什么的问题，而非怎样做的问题，因此是对关系营销在战略层面上的思考，属于关系营销的战略策划。

二、目标关系市场分析

目标关系市场分析的目的，是进一步了解企业所选定目标关系市场的性质与现状。

分析目标关系的性质，就是搞清楚企业与某一关系市场互动的性质：是利益共享、互补、相容，还是对立？这一分析结果将直接影响企业对关系营销因素或工具的选择。比如，我们前面讲过，要应用予法与借法，前提是予者与被予者之间、借者与被借者之间存在相生或相容关系。不过，如果企业与关系市场是相克关系时，就不能简单地应用予法与借法了。这时，一种可能的选择是化法，将相克的关系转化为相容的关系。

分析目标关系的现状，就是要搞清楚目前企业与目标关系市场处于关系生命周期的哪一个阶段，有什么特征。根据关系生命周期理论，不管是人际关系还是组织之间的关系，从动态过程上来看，都可以分为知觉、开发、强化、承诺和散伙五个阶段（参看本章第二节）。在关系发展的不同阶段，关系表现出不同的基本特征。比如，在营销渠道的合作关系中，在关系生命周期不同阶段，企业之间的关系就表现出不同的特点，如表14.3所示。

表 14.3　渠道关系生命周期及其关系营销方法

关系阶段	描　　述	关　键　特　征	方法
知觉	(1) 一家企业发现另一家企业有可能成为交易伙伴 (2) 一方很希望了解另一方,常常通过后者与其他企业的互动了解它 (3) 希望有第三方搭桥 (4) 少量的沟通与互动,目的在于彼此了解 (5) 彼此缺乏信任	至少一方发现或意识到双方共同的利益,这是合作的基础	(1) 借法 (2) 合法
开发	(1) 沟通与互动增加,开始谈判,双方互探对方的性质与动机 (2) 彼此之间开始选择性地披露信息 (3) 有了角色限定,开始尝试性的合作 (4) 出现了关系准则,有了互依性	(1) 通过沟通,使一方的发现成为双方的共识 (2) 对权力和公正问题极度敏感 (3) 关系很容易被任何一方终止,关系终止的成本不大	(1) 借法 (2) 合法 (3) 予法
强化	(1) 合作使双方得益,有了更大的合作动力 (2) 双方都愿意为合作承担更大的风险和责任 (3) 目标的一致性更高 (4) 沟通增多,合作增强,互依性提高 (5) 其他企业替代合作伙伴的可能性降低	(1) 必须有进一步发展关系的动力,为此双方要寻找新的合作领域 (2) 诚信最重要	(1) 予法 (2) 信法
承诺	(1) 双方加大交易专有资产的投入 (2) 关系的长期导向 (3) 不会轻易寻找或使用替代者 (4) 高度期望、高度信任、高度互依 (5) 合同、关系准则和共同的价值观是强化双方关系的纽带 (6) 有化解冲突、相互适应的有效机制	忠诚、适应性、持续性和高度的相互依赖性使得这一关系与众不同	信法
散伙	(1) 环境或双方的变化失去了合作的基础 (2) 难以化解的冲突,使双方交恶 (3) 一方撤回投资,激起另一方的报复 (4) 维系双方关系的关键人物离去	(1) 建设需要双方的努力,但破坏只需一方 (2) 在渠道关系中,失去共同的利益是关键	化法

资料来源:引自庄贵军等.营销渠道管理[M].北京:北京大学出版社,2004.

　　在知觉阶段,一家企业发现它与另一家企业有共同的利益,因此希望后者能够成为其交易伙伴。它一方面了解对方的历史和它与其他企业的互动状况,以判断它是否值得交往,另一方面寻找第三者在适当的时机起到中介作用。这时,在双方之间基本没有或只有少量旨在对彼此进行初步了解的沟通和互动。因此,在很多情况下,第三者的中介作用很重要,这是达成彼此了解和起码信任的一条捷径。知觉阶段的活动结果如果是正面的,渠道关系的发展就会进入下一阶段;如果是负面的,渠道关系没有开始就终止了。

　　在开发阶段,一方试探性地与另一方接触,开始尝试性的合作,比如进行一些市场交易活动。在进行市场交易活动时,双方都小心地考察、考验和评估对方。关系的发展是渐进的。这一阶段可能持续较长的时间。如果双方的接触与初步合作是愉快的,它们就会增强沟通与互动,彼此之间,有了角色定位和互依性,开始有选择性地披露一些相关的信息。它们甚至开始商谈，希望加强合作，或者开展范围更加广泛的合作。当然，如果接触与初步合作是不愉快的，关系发展可能就此停下来或结束。

在强化阶段，合作使双方得益，双方都有进一步发展关系的动力——都愿意为合作承担更大的风险和责任。这时，在渠道成员之间，沟通增多，合作增强，互依性提高，目标有了更高的一致性，信任螺旋式上升，其他企业的替代性降低。

在承诺阶段，经过长时间的考验，双方都坚信他们之间关系稳定，谁也不会轻易寻找或使用替代者。为了使合作能够更好地展开，双方都故意加大交易专有资产的投入，巩固和维持它们之间已达成的伙伴关系。即使出现一些矛盾与冲突，也比较容易化解。如果企业间良好的合作关系用某种合约的形式固定下来，就是渠道成员之间的战略联盟。

大多数渠道关系的散伙，是由于环境或双方的某些方面发生了变化，使双方失去了合作的基础所致。但也可能由其他一些因素导致，如一方的投机行为、强权行为或维系双方关系的关键人物离去等。

三、关系营销因素选择与组合

如前所述，关系营销有五种基本方法，即予法、借法、化法、合法和信法。关系营销因素选择与组合，就是要针对不同目标关系市场的特性（即性质与现状），根据企业的关系资源，将这五种方法进行整合，综合运用，以达到最佳的效果。

比如，在营销渠道的合作关系中，企业可以根据渠道合作关系的性质（利益互补、相容）和所处关系生命周期的阶段，选择适用的关系营销方法。具体选择如表14.3"方法"列所示。

在关系的知觉阶段，以借法和合法为主。使用借法，借第三者的信息、第三者的影响力和关系网络，了解对方，与对方进行初步的接触。使用合法，以共同的经历、共同的信仰、共同的种族或民族、共同的经历等为媒介，了解对方，达成彼此间的初始信任。

在关系的开发阶段，继续使用借法与合法，辅之以予法。使用借法与合法，容易取得对方的信任，也容易拉近彼此之间的距离。对于那些自己想与之进一步发展关系的合作者，使用予法——将合作者的利益置于自己的利益之上，宁肯自己少得利，甚至不得利，也要首先保证这些组织的利益。让它们感觉到自己真正关心它们的利益。

在关系的强化阶段，可以利用的关系营销手段主要是予法和信法。使用予法，一是优先考虑合作伙伴的利益，二是率先投入能够增进关系发展的交易专有资产。使用信法，通过共同的利益、共同的价值观把彼此联系起来；通过加强沟通与联系，彼此适应对方；通过减少使用强权和"搭便车"行为，避免不信任感产生。这时，只有取信于人，良好关系才可能巩固与强化。

在关系的承诺阶段，因为经过长时间的考验，双方都坚信他们之间关系稳定，谁也不会轻易寻找或使用替代者，所以除了继续使用信法，巩固和维持这一关系以外，其他手段虽然可以采用，但必要性不大。

在关系的散伙阶段，如果企业还想使关系得以继续，化法是在这一阶段可以采用的方法。关系面临着解体，经常是原来双方相容的关系转化为相克的关系。利用化法，有可能将相克的关系再转化为相容的关系。

四、关系路径寻找与选择

关系路径寻找与选择是在确定了针对谁和做什么的问题以后,思考关系营销的具体操作问题,包括：谁来做或通过谁来做？什么时间做？如何做？如何予？如何借？如何化？如何合？如何信？

在中国的关系营销中,尤其要注意关系路径的寻找与选择。因为中国人很讲关系,并根据血缘和情感的远近,将一个人的关系基础分为家人关系、熟人关系和生人关系。不同关系基础,有着不同的功能,代表着不同的关系水平,也意味着进一步发展关系(也即交往)的难度或成本的不同。比如家人关系讲责任,往往不求回报,人们多采取全力保护和很特殊(常常不讲原则)的方式对待自己的家人,家人之间往往无条件地相互依赖。如果家人之间的关系是良性互动的,那么彼此会无条件信任,有亲爱之情;如果家人之间的关系是不良互动的,那么彼此会有负罪感,并会因此而沮丧或焦虑,只有在很极端的情况下才会产生愤怒的情绪和敌意。熟人关系讲人情,讲回报,但由于彼此有互信,所以在熟人之间往往不要求即时回报,人们会采取设法通融的方式对待自己的熟人。如果熟人之间的关系是良性互动的,那么彼此之间会产生有条件相互信赖和喜好之情;如果熟人之间的关系是不良互动的,那么彼此会产生沮丧或焦虑的感觉,严重时会产生愤怒的情绪和敌意。生人关系讲利害得失,按照便宜原则行事,由于缺乏互信,所以生人之间要求即时回报。如果生人之间的关系是良性互动的,那么彼此会有投缘之感、投好之情;如果生人之间的关系是不良互动的,那么彼此之间很容易产生愤怒和敌意。

图 14.4 以简化的形式显示了关系基础、关系水平与交往成本的相关关系[20]。为简便起见,图中将关系水平与交往成本之间描述为直线的相关关系。实际上,二者之间的相关关系要复杂得多。不过,这里的简化并不影响我们对于问题的说明。图中纵轴表示关系水平,横轴表示交往成本。交往成本包括在人际交往中所发生的各种有形无形的费用,也包括耗费的时间。关系基础除了前面列出的三种以外,又上了一个排斥关系,即由于不良互动而产生的怨恨或敌对关系。在给定的时点上,排斥关系在关系水平的量度上是负的。

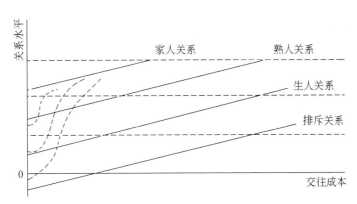

图 14.4　关系基础、关系水平与交往成本的相关关系

由图 14.4 可见,第一,不同关系基础的关系水平在起始点上是不同的：家人关系高

于熟人关系，熟人关系高于生人关系，生人关系高于排斥关系。第二，要达到一定的关系水平，基于不同的关系基础，所需要的交往成本是不同的：熟人关系大于家人关系，生人关系大于熟人关系，排斥关系大于生人关系。第三，同一种关系基础内关系水平的高低也是不同的：其他情况相同时，交往多（因而交往成本大）的，关系水平高；交往少（因而交往成本小）的，关系水平低。第四，随着交往的增加（交往成本亦增大），熟人关系可能超越家人关系，生人关系可能先超越熟人关系，再超越家人关系，排斥关系也可能逐步攀升。生人关系超越了熟人关系，就变为熟人关系；熟人关系超越了家人关系，就变为"自己人"。当一个人被另一个人视为"自己人"时，那就意味着他们之间有了某种责任联系，在他们打交道时，常常要按照家人的原则来对待。第五，关系水平的提高是有捷径的，那就是通过某种方式（如通过亲戚、朋友、同事、上司介绍）跃上一个高水平的关系基础，如图中夹在几条斜线中间的虚线所示。

最后这一点在中国人的人际关系发展中尤为重要，它能够解释中国人的"拉关系"行为——为了得到某种利益，通过各种直接与间接的联系，结交可以给自己带来利益的人[21]。"拉关系"的一个重要窍门，是通过家人或熟人介绍，结交"有用"之人。由图 14.4 可以看出，这是一种交往成本最低的方法。

关系路径选择就是要找到关系发展的捷径。常识告诉我们：在一个城市中，一个人可以通过四到五个人认识这个城市中几乎所有的人，关键是要找对通向欲结交之人的"关系路径"。在与一个人发生直接联系的关系基础是有限的，但通过家人或熟人与自己发生间接联系的关系基础则是无限的。社会网络理论中"六度空间理论"——你和任何一个陌生人之间所间隔的人不会超过六个，讲的就是这个意思。

五、制定关系营销规范

在进行关系营销时，要特别注意法律与道德问题。前面，我们已经讲过，关系营销是一种道德问题颇大的营销方式或营销思想。尽管一个企业不可能解决所有的道德问题，但通过制定关系营销的内部规范，至少可以在一定的限度内，抑制不道德甚至违法关系营销的发生。

企业可以根据关系营销人员工作的特殊性，针对关系营销人员制定特殊的道德规范。比如，明确界定道德与不道德的关系营销行为，以提高关系营销人员的道德意识；清楚说明不道德关系营销行为从长远看对企业的危害，以降低他们对于不道德关系营销行为的同情。

当然，企业在制定关系营销的道德规范时还要注意，不要掉入"道德理想主义"的陷阱，否则有可能发生"劣币驱逐良币"的逆向替代。比如，在中国目前的情况下，如果对于自己的关系营销人员有过高的道德要求，很有可能使企业自己受损，而使那些低素质的企业胜出。比如，对于灰色营销而言，它虽是一种恶性竞争，但力量强大，绝不可等闲视之。比较稳妥的策略是：有限制地参与——不要让劣者把自己淘汰了；但始终以正常营销为主——不要让一时的得失迷惑了自己。

六、关系营销的实施

关系营销方案的实施可以分为两个阶段：模拟布局和分工实施。

模拟布局即方案在正式实施之前，先进行演练。此时，管理者必须根据已经拟妥的预算表与进度表，运用"图像思考法"，模拟出方案实施的布局与进度。所谓"图像思考法"，就是将未来可能的发展，一幕一幕仔细在脑海中呈现出来，事先在脑子里进行预演。

比如，中国电信的大客户部，通过实操模拟比赛的方式，对其员工进行培训和演练。它们采用了一个"电信大客户六步分析法"，即客户所在行业分析、竞争分析、客户个性化需求分析、客户定制化方案分析、服务支持能力分析和客户规划分析，要求参赛选手根据事先写好的案例，针对案例中的问题，提出解决方案。对于参加比赛的每一位选手，这都相当于是一个模拟布局的阶段。

进入分工实施阶段，方案从"构思"过渡到"动手"。管理者一方面要把各项任务分配到具体的人或部门，以便分头实施；另一方面，要根据修正妥当的预算表与进度表，严格控制预算及实施进度。管理者要运用组织力量，组织、指挥与协调企业的各种力量，努力完成策划方案规定的任务。

本章小结

对于关系营销的认识有如下几种：保持顾客、锁住顾客、数据库营销、承诺与信任理论，以及关系、网络与互动理论。从发展趋势上看，人们更倾向于接受后两种观点，而把前三种观点看成关系营销在一个特定市场（即顾客市场）的应用。关系营销的承诺与信任理论将关系营销定义为所有旨在建立、发展和维持成功的关系交换的营销活动。关系、网络与互动理论把关系营销看做关系、网络和互动的意识。

关系营销有六类市场，分别是顾客市场、供应者市场、内部市场、相关市场、影响者市场和就业市场。关系营销有予法、借法、化法、合法和信法五种方法。这五种方法可以被看成类似于4P组合模型中的四大因素。

关系营销是一种道德问题颇大的营销方式或营销思想，企业需要通过制定关系营销行为准则方式，对关系营销的范围加以限制。

关系营销的动态组合模型给出了关系营销的前因后果。关系营销包括前后相续的三个步骤：第一，关系营销的发起者的关系营销活动；第二，关系营销活动的对象的回应；第三，二者之间的互动。关系营销的最终目的是提高企业的经营效益，但是其直接后果则是企业与营销对象之间关系水平的提高。关系营销的前因有四大类，包括企业的营销理念、关系营销任务、关系营销资源和关系营销环境。

关系营销策划与实施包括以下主要内容：确定目标关系市场、目标关系市场分析、关系营销因素选择与组合、关系路径选择、制定关系营销规范和关系营销的实施。

思考题

1. 什么是关系营销？你是怎样理解的？
2. 举例说明关系营销有哪些市场。
3. 客户关系管理（CRM）是针对哪一个关系市场的关系营销？
4. 关系营销都可以使用什么方法？你还可以想到其他的方法吗？
5. 你怎样理解关系营销的道德问题？
6. 简述关系营销的策划程序与主要内容。

参考文献

[1] Berry L L. Relationship Marketing[M]//Berry L L, et al, ed. Emerging Perspectives of Services Marketing. Chicago：American Marketing Association，1983.

[2] Jackson B B. Winning and Keeping Industrial Customers：The Dynamics of Customer Relations[M]. Lexington, MA：Lexington Books，1985.

[3] Turnbull P, Wilson D T. Developing and protecting profitable customer relationships[J]. Industrial Marketing Management，1989，18(3)：233-238.

[4] Copulsky J, Wolf M. Relationship marketing：Positioning for the future[J]. Journal of Business Strategy，1990，11(4)：16-20.

[5] Morgan R，Hunt S D. The Commitment-trust theory of relationship marketing[J]. Journal of Marketing，1994，58(July)：20-38.

[6] Gummesson E. Making relationship marketing operational[J]. International Journal of Service Industry Management，1994，5(5)：5-20.

[7] Gummesson E. Relationship marketing and imaginary organizations：A synthesis[J]. European Journal of Marketing，1996，30(2)：31-44.

[8] Payne A. Relationship Marketing：A Broadened View of Marketing[M]//Payne A. ed. Advances in Relationship Marketing, London：Kogan Page Ltd. ，1995.

[9] 吴稼祥. 智慧算术：加减谋略论[M]. 上海：上海三联书店，1997.

[10] 庄贵军. 关系市场与关系营销组合：关系营销的一个理论模型[J]. 当代经济科学，2002，24(3)：43-48.

[11] 庄贵军，周筱莲. 基于关系营销动态组合模型的研究命题[J]. 西安交通大学学报(社会科学版)，2008，28(4)：44-49.

[12] 彼得·布劳. 社会生活中的交换与权力(中译本)[M]. 上海：上海三联书店，1986.

[13] Aune R K, Basil M C. A relational obligations approach to the foot-in-the-mouth effect[J]. Journal of Applied Social Psychology，1994，24：546-556.

[14] 林有成. "五缘"文化与市场营销[M]. 北京：经济管理出版社，1997.

[15] 万俊人. 现代西方伦理学史[M]. 北京：北京大学出版社，1997.

[16] Ross D W. The Right and the Good[M]. Oxford：Oxford University Press，1930.

[17] 庄贵军. 灰色市场营销[J]. 北京商学院学报，1997，(2)：35-39，64.

[18] 庄贵军. 论回扣的营销效果[J]. 财贸经济，1996，(7)：45-48.

[19] Dwyer F R, Paul H S, Sejo O. Developing buyer-seller relationships[J]. Journal of Marketing，1987，51(April)：11-27.

[20] 庄贵军，席酉民. 关系营销在中国的文化基础[J]. 管理世界，2003，(10)：98-109.

[21] Su C, Littlefield J E. Entering guanxi: a business ethical dilemma in mainland china[J]. Journal of Business Ethics，2001，33：199-210.

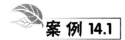 **案例 14.1**

企业实施 CRM 的败因[①]

客户关系管理(CRM)就是系统开发和培育那些对企业的生存和兴旺有着重要战略意义的客户。它的理论基础是"八二开"规则：事物 80% 的结果大都是由 20% 的原因所引发的。比如，一般而言，企业 80% 的销售额来自 20% 的客户。此规则是由意大利经济学家维尔弗雷多·帕雷托提出来的。

CRM 最初是被看做能够有效改善和维系企业与客户关系，为企业带来顾客忠诚和利益而创立的一个管理工具。然而，实际应用的结果却不尽如人意。

有人发现，实施 CRM 项目的公司中有 55% 未能实现最初的期望值。一家公司(B&C)2001 年对 451 名公司高级主管进行了一次调查评估，发现在 25 种"最让客户满意的管理工具"中排名倒数第三，有 1/5 的用户认为公司的 CRM 创新不仅没有实现利润的增长，反而破坏了公司与客户长期存在的关系。

是什么原因造成了一些 CRM 项目的失败呢？

一、宣传中过度承诺与不切实际的期望

像大多数新的管理工具一样，CRM 被吹过了头。CRM 的软件供应商发动了强大的宣传攻势，鼓动企业购买，而且是购买全套的功能。客户也因此产生了一些不切实际的幻想，似乎用了这些功能，企业的客户关系管理就会蒸蒸日上。企业购买了太多的功能，但是真正需要的功能又没有或不足，不能满足企业客户关系管理的特定需求。这是一种供应商推动的购买，而不是用户需求的购买。

大多数 CRM 项目并不是因为技术不充分而失败的，更多是由于 CRM 项目与企业目标缺乏一致性、与企业的组织结构不配套造成的。

二、没有清晰的客户战略

开始部署和使用 CRM 工具之前，没有制定一个清晰的客户战略。许多公司在购买软件之前犹豫不决，他们并不真正清楚他们要用这个东西干什么。比如，公司通过 CRM 是否希望减少处理客户质询的成本？是否希望赢得新的客户？是否希望把重点放在保留高价值的客户上？是否希望培育更高价值的客户，销售更多的产品或更高价值的产品？等等。当这些问题都不清楚的时候就购买 CRM 软件，很容易失败。

---

① 根据 2002 年 8 月 31 日原载于 TechUpdate's E-business 上的文章《CRM 原罪：25 种管理工具排名倒数第三》(管政译)改写。

一些公司虽然有客户战略，但往往是泛泛而论。一些公司让 CRM 项目服务于许多不同的地方，往往因为目标广泛而深受其害。

三、变革的准备不足

即使企业制定了一个明智的客户战略，但如果没有改革公司的组织结构来适应所制定的战略，CRM 项目仍然会失败。一个 CRM 项目必须要在技术实现之前树立正确的员工态度和行为。企业内部必须首先进行充分的沟通，使员工对"以客户为中心"的价值观、新流程开发、员工培训、公司愿景与薪酬规划等有一个相对统一的认识，因为 CRM 需要全体员工共同参与和努力。

要想真正获得成功，CRM 需要业务流程与组织上的深度变革。管理上的深度变革被认为是 CRM 走向成功最大的挑战之一。当 CRM 被成功实施时，它像一个手提钻，将打破企业原有的内部墙壁。

四、缺乏高层领导

正是因为 CRM 对企业管理上的影响深度，因此，"一把手原则"极为关键。需要高层管理的领导和参与。CRM 项目的执行需要改变一个组织的整体结构，影响到企业的每一个环节，因此，只有高层管理才有必要的权力推行，才能确定 CRM 的战略方向，并与员工进行有效的沟通。不仅如此，高层参与也是成功实施培训计划的一个必不可少的条件。

五、忽视标准

如果没有建立正确的测量标准对 CRM 项目的执行情况进行评价，再好的 CRM 规划也难以控制。调查表明，仅有 30% 的公司建立了 CRM 测评标准；55% 的公司有测评 CRM 收益的规划，但是没有具体实施方法。另外，企业还经常误用标准。例如，一个企业的客户战略是"保持客户"，但它仅仅测量老客户对企业产品的态度。CRM 的测量标准是评价 CRM 项目成功或失败的基准。

六、忘记了 CRM 中的"C"代表的是"客户"

最具有讽刺意味的是，很多实施 CRM 的企业居然忘记了 CRM 中的"C"代表的是"客户"。许多公司在设计 CRM 战略和项目之前，并没有收集客户的相关信息和估计客户流量。其实，实施 CRM 的最终目的是更好地服务客户，但是 CRM 自动化的一整套流程本身并不能让客户愉悦。

很多企业使用 CRM 来改善它们的运营效率，而不是有效改善它们与客户的关系。例如，客户服务中心的员工通常花很大的气力处理尽可能多的客户投诉，但却不能确保客户的问题真正得到有效解决。

讨论题

1. 你怎样理解客户关系管理？
2. 你知道 CRM 软件吗？设法了解它在企业是怎样使用的。
3. 客户关系管理的本质内涵是什么？
4. 根据关系营销策划的特点与内容，谈谈如何进行客户关系管理策划。

案 例 14.2

ZG 电信针对龙泉宾馆的大客户营销①

王力是 ZG 电信大客户部的客户经理。两天前，他接受了一项新的任务，带领行业经理小赵和技术经理小李拜访龙泉宾馆的严总，向严总介绍 ZG 电信的新方案，听取客户意见，并说服客户在更换新的交换机以后，继续选择 ZG 电信的服务。

为了制定有针对性营销方案，王力开始收集和整理相关资料，其中特别注意收集和整理了严总的社会关系资料。

一、龙泉宾馆的背景资料

龙泉宾馆占地面积 14 万平方米，其中绿地面积 8.8 万平方米，属典型的花园式、庭院式宾馆。宾馆院内，树木葱茏，松竹滴翠，绿草如茵，池水似镜，一幢幢风格各异的馆舍楼台掩映在绿荫花影之中。

龙泉宾馆隶属于 KH 省委办公厅，是省内的主要对外接待窗口，同时也是各个电信运营商争夺的战略目标。宾馆现有大小楼房 18 栋，高、中、低档客房 500 套，大小餐厅、宴会厅 11 个，各种类型的会场、会议室、会见厅共计 28 个，曾成功接待过很多国家领导人，举办过许多大型会议。宾馆在推进管理现代化的工作中，注重员工素质的提高和硬件设施的完善。近期，通信设施的更换，成为公司工作的重点之一。宾馆目前使用北京产 HJD-04 型小交换机，租用 ZG 电信 54 条中继线，有包括宿舍区在内的近 900 门电话。宾馆是省内的特殊接待单位，对通信的保密性要求很高，有 3 条与省委直连的模拟中继。但是，现有的小交换机已使用多年，即将到淘汰的年限，经常发生通信阻碍，引起客人投诉。再加上宾馆的通信维护力量薄弱，已严重影响了宾馆的日常经营。

二、用户需求

用户需求如下：

（1）小交换机的使用年限已到，须更新小交换机；

（2）必须保留 3 条中继线与省委小交换机直连，并希望自己维护用户数据，包括新装机、拆机、移机、改号等；

（3）要安装宽带，同时希望降低每月的长话费用。

三、竞争态势

虽然龙泉宾馆每月的通信费用不到 2 万元，但因其战略地位重要，所以各家运营商纷纷上门争夺。另外两家运营商 TT 公司、XT 公司已与宾馆接触过，承诺所有工程建设费全免，并免费使用 10Mbps 的宽带半年。尤其是 XT 公司，因其在一年前刚获得码号资源，更是许诺赠送小交换机。

XT 公司与龙泉宾馆关系密切，准备乘虚而入；TT 公司以各种名义，频繁上门，也在悄悄做工作。龙泉宾馆的严总比较倾向于 XT 公司，因为财务部曾经核算过成本，如果接

---

① 为避免不必要的麻烦，隐去了事件中公司的名称。

受 XT 的馈赠,宾馆可节省近 12 万元。

以上三家公司均具备 IP 电话、宽带网的基本技术。虽然技术层次不同,技术水平不同,但对用户来说,使用效果差别不大,不在特殊的情况下,无法感知这些技术的差异。

四、其他重要信息

严总的战友在 XT 公司任办公室主任,希望他采用 XT。但是,严总刚上任不久,考虑到将来的发展,不敢贸然决定,还是要谨慎行事。

因受战友的影响,在严总经理的印象中,ZG 电信的服务水平和后期支持都不太令人满意,而且价格也没有别的运营商优惠。技术水平几家运营商都差不多。

严总认为,因为 XT 公司的办公室主任是他的老战友,如果采用了 XT 的方案,今后宾馆通信设施出点问题,XT 那边也好有熟人帮忙张罗着维修。

宾馆办公室的刘主任知道严总和 XT 的关系,于是准备扮演 XT 公司的拉拉队队员,好给老板一个台阶来选择 XT 公司。

不过,严总最关心的问题还是:第一,用户小交换机的使用年限已到,其他运营商是否和 XT 公司一样也赠送小交换机;第二,必须保留 3 条中继线与省委小交换机直连,并希望自己维护用户数据;第三,要求安装宽带,并希望降低每月的长话费用。

一边整理这些资料,一边思考着 ZG 的营销方案。渐渐地,王力有了思路。他把他的思路整理成文,准备在下班后与小赵和小李碰一下头……

讨论题

1. 根据上述资料,请为王力制定一个营销计划。
2. 你准备从哪几个方面说服严总继续选择 ZG 电信的服务?
3. 针对严总的私人关系,你准备做些什么?
4. 行业经理小赵和技术经理小李能提供什么帮助?

第十五章

企业营销策划的实施与监控

营销策划实施和监控指的是营销策划方案实施过程中的组织、指挥、领导、协调以及监督和控制等活动。营销策划是实现预期营销效果的前提,而营销策划方案的正确实施和监督则是实现企业营销战略的重要保证,因此策划实施与监督控制在营销策划的全过程中起着十分重要的作用。

本章介绍与营销策划实施与控制相关的内容与程序,包括企业的营销组织、营销策划实施、营销策划实施监控和营销策划实施绩效评估。

第一节　企业的营销组织

企业的营销组织指企业在一定时期内,负责营销活动过程的组织、实施和控制的管理部门和组织制度。建立完善的营销组织结构,是企业营销策划得以贯彻执行的组织保证。它以物化的形式,体现着企业所遵从的营销理念。

企业营销组织形式的选择与演变受多种因素的影响,如企业规模、市场的覆盖范围、产品特点、企业所采用的营销理念等。它一般有下述几种不同的形式:职能式营销组织、产品式营销组织、市场式营销组织、产品×市场式营销组织、地区管理式营销组织和事业部式营销组织[1]。

一、职能式营销组织

职能式营销组织是按不同的营销职能分别设立营销职能部门,统一由负责市场营销的副总经理进行协调和管理。在职能式组织中,通常是按广告、销售、市场调研、售后服务、新产品开发等不同职能分设若干个部,这些部的经理通常是相关营销职能方面的专家,他们分别负责其职能范围内的决策。不同企业在按职能划分组织形式时,由于对职能划分、归类有别,所以具体的组织设置也有差异。一般的职能式营销组织如图 15.1 所示。

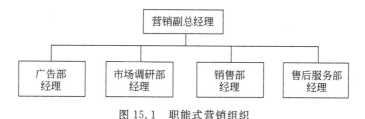

图 15.1　职能式营销组织

职能式营销组织的主要优点是层次少、分工明确、管理集中,有利于提高管理效率。缺点是:第一,各职能部门均有各自的发展目标,都强调自己部门职能的重要性,往往使营销副总经理忙于协调各职能部门之间的关系和解决纠纷;第二,当企业规模较大时,由于产品种类繁多,一些很有发展前途的产品可能被忽视,从而错过市场发展的机会。

二、产品式营销组织

　　企业为了适应产品或品牌多元化的需要,除了按职能分工设立部门外,还可按不同的产品或品牌设立部门,分管不同的产品项目、产品线或品牌。这种组织形式的关键是实行产品经理负责制,即企业按品牌、产品线、产品项目设立专职经理,全权负责某一类或某一品牌产品的全部营销工作。产品式营销组织如图 15.2 所示。

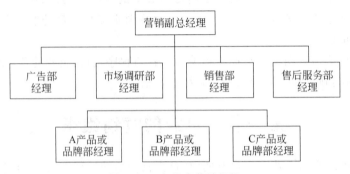

图 15.2　产品式营销组织

　　产品经理负责制的优点在于:第一,企业经营的每一种产品均由专人负责,便于针对每一种产品制定详细的营销计划;第二,当市场对某种产品做出反应时,产品经理可以迅速果断地做出相应决策,从而避免贻误战机;第三,因为产品管理包括销售、生产、财务等多方面的业务,所以采用这种管理方式有利于锻炼管理人员的工作能力,全面提高营销管理人员的执行力。

　　产品组织形式的主要缺点是:产品经理的责任超过他的职权范围,他必须得到其他职能经理的支持和合作,因此不得不花很大的精力进行各部门业务的协调工作。此外,由于组织管理层次过多,管理人员过多,包括广告、包装、促销、市场调研及统计分析等人员,管理费用会增加。

三、市场式营销组织

　　建立市场式营销组织形式,首先必须对市场进行细分;然后再针对每一个细分市场设立营销机构,任命部门的负责人。各细分市场经理主要负责某一细分市场上各种产品营销计划的制定和营销活动的组织。市场式营销组织如图 15.3 所示。

　　这种组织形式的优缺点大致与产品式营销组织形式的优缺点相似,但它更能贯彻现代市场营销观念,即根据不同细分市场的需要和购买行为的差异,采取适宜的营销方式和策略。

四、产品×市场式营销组织

　　一些大公司生产的产品品种较多,而且要向不同的市场销售,因此常常会遇到下面的问题:按产品设置营销组织,会出现产品经理不熟悉主管市场的各个细分市场的情况,而

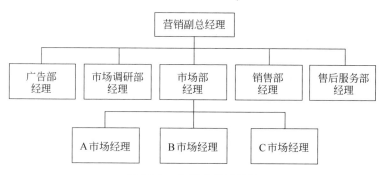

图 15.3　市场式营销组织

按市场设置组织,又会出现市场经理不熟悉主管产品的情况。为了弥补产品式组织和市场式组织各自的不足,也为了更好地发挥产品经理和市场经理的优势,有必要将产品和市场式组织形式交叉,这就形成了产品与市场相结合的组织形式。这种营销组织,也称为矩阵式营销组织,如图 15.4 所示。

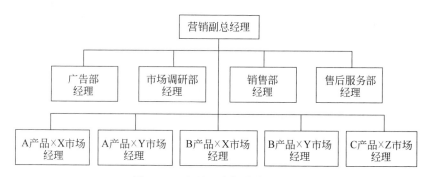

图 15.4　产品×市场式营销组织

五、地区管理式营销组织

当一个企业发展成为超大型企业或跨国公司时,由于其市场覆盖面巨大,有广泛的地域性市场,因此有必要按地域来设置垂直型的地区营销经理制组织。这种营销组织除了设有职能经理(如广告部经理、市场调研部经理、售后服务部经理)外,在营销副总经理领导下,还分层设立"地区经理"和"区域经理",层层有专人负责,如图 15.5 所示。

管理层次增多,如果运作得好,各级经理可以有效地监督下级营销机构,提高营销管理效率。另外,各地区的营销经理可以在当地寻找和聘请本地的市场专家,由他们负责研究当地的市场情况,为公司发展当地需要的产品,拟定长期和短期计划。

六、事业部式营销组织

规模巨大的企业,还可以按照事业部制来设立营销组织形式。事业部式组织形式一般是按产品或服务的类别先分设事业部或业务部(SBU),然后再在各事业部内设立营销组织机构,总公司的各项营销职能被分散到各事业部中,如图 15.6 所示。

在这种组织形式中,总公司和事业部下属营销部门在营销职责分工和管理权限划分

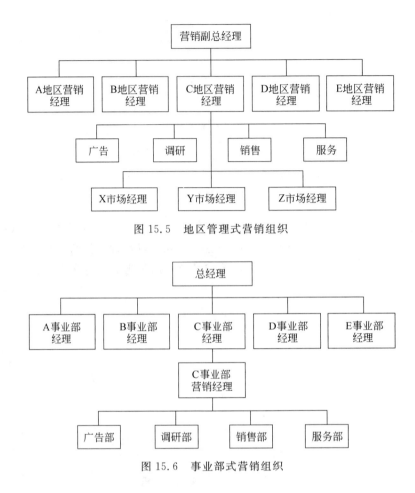

图 15.5　地区管理式营销组织

图 15.6　事业部式营销组织

上,有四种不同的组合形式,企业可以根据自己的具体情况进行选择。

　　第一,总公司不设市场营销机构,将营销职能全部下放到事业部。

　　第二,总公司设立小规模市场营销机构,起参谋作用,协助最高决策层对市场机会进行评估,做出重大的营销决策,并对事业部的营销业务予以咨询指导,帮助力量较差的事业部开展市场营销活动。

　　第三,总公司设立中等规模的营销机构,除起参谋作用外,还为总公司和事业部提供广告宣传、市场调研、人员培训等服务项目。

　　第四,总公司设立强有力的营销机构,授权他们参与各事业部的营销策划及其执行和控制活动,并对营销策划或计划行使最终审批权。

第二节　企业营销策划实施

　　企业的营销策划完成以后,要通过企业的营销管理部门组织实施。营销策划实施指的是营销策划方案实施过程中的组织、指挥、控制与协调活动,是把营销策划方案转化为具体行动的过程。企业营销管理部门必须根据策划的要求,分配企业的人、财、物等各种营销资源,处理好企业内外的各种关系,加强领导与激励,提高执行力,把营销策划的内容落到实处。营销策划实施的主要内容包括营销活动的组织、领导和监控。

一、营销活动的组织

营销活动的组织就是组建有效的营销组织机构和落实责任人。企业的营销策划方案要靠人去实施,因此需要在实施前组建有效的营销组织机构和将责任落实到人。营销组织机构和人员的落实,通过组编、调配各职能机构的人员和制定相应的规章制度,确定每个职位的职权范围、职责及其关系,以便各司其职、各负其责、高效率运作。

(一)组建营销组织机构

如前所述,企业的营销组织机构有多种不同的形式,包括职能式、产品式、市场式、产品×市场式、地区管理式和事业部式。在大多数情况下,这些组织机构是给定的,是企业在长期的发展过程中逐渐演变的一个结果。它嵌入在整个企业的组织架构之内,营销管理人员不能随意改变。营销管理人员能做的,就是根据自己的职责,做自己分内的事。此时,营销组织机构对于营销管理人员而言,就是一个环境因素——只能认识和利用它,而不能改变它。

但是,在一些特殊情况下,营销管理人员需要参与到营销组织机构的设计之中。比如,一个新成立的公司,此前没有营销部门;一个正在大规模调整组织结构的企业,正在考虑为企业的营销职能重新定位。此时,营销管理人员可以帮助企业在以上各种形式的组织机构中做出选择,也可以帮助企业根据自己的特点,设计出一种适合于本企业的营销组织机构。

企业设计营销组织必须以企业的发展战略为主导,企业的发展战略决定着公司的组织结构。如果某一家企业是一个单一业务的小公司,那么它的组织结构会比较简单,企业通常会使用职能式的组织结构,如图15.1所示。此时,企业的各职能部门都是为一项业务的生产和营销服务的。因为整个企业的组织结构比较简单,而且企业规模不大,所以营销部门的组织结构也不宜太复杂。否则,就会出现岗位重叠、责任不清、人浮于事的现象。

不过,单一业务的公司可能是一家大企业,如很多跨国零售企业。那么,它的组织结构就会复杂一些,企业通常会使用地区管理式的组织结构,如图15.5所示。此时,除了在公司层设有营销部门且有一高层管理者(营销副总经理)专门负责营销工作以外,企业还会分层设立"地区经理"、"区域经理"或"市场经理",负责各区域市场的营销工作。

如果企业是一家多元化大公司,那么它的组织结构会更加复杂,企业通常会使用事业部式的组织结构,如图15.6所示。此时,企业的营销部门可能设置在企业的两个层面上,一个是公司层面,统筹整个公司营销职能的发挥;另一个是业务经营单位层面,专注于某一业务的营销活动。业务经营单位层面的营销部门不但要接受子公司的领导,而且也要接受公司层面营销部门的领导。

(二)岗位设置

营销组织岗位设置的目的,是使营销组织的各种活动有人负责,各有归属。因此,营销组织的岗位设置需要根据营销组织内部的活动进行,因事设岗。

营销组织内部的活动主要有职能性活动和管理性活动两类。职能性活动涉及市场调研、广告宣传、销售以及售后服务等具体的工作；管理性活动则是指渗透在整个或某项营销活动中的计划、组织、领导和控制活动。另外，还可以根据重要性把营销活动分为核心活动、重要活动和附属性活动三类。核心活动与企业营销战略的重点有关，所以企业要在设置营销岗位时，首先为核心活动设置岗位，然后再围绕这一岗位依重要性设立其他岗位。

营销组织的岗位设置涉及岗位类型、岗位层次、岗位数量以及各个岗位的权力、责任和它们在组织内的相互关系等内容。

岗位类型有很多不同的分法，比如分为专业型与协调型。专业型岗位主要负责与自己专业相关的职能性活动；协调型岗位则主要负责企业整个营销活动中的管理和协调活动。再如，营销岗位还可以分为领导型和参谋型。领导型岗位行使指挥权，领导、监督、指挥和管理下属人员；参谋型岗位则拥有辅助性职权，包括为企业提供咨询服务和对营销决策提出建议。另外，有的企业还会根据需要设置一些临时性的营销岗位，负责企业短期内某项特殊营销任务的完成，如某个项目小组的负责人。

岗位层次是指每个岗位在组织中地位的高低。在设置营销岗位时，要明确说明每一个岗位的直接领导和下属关系。比如，在地区管理式营销组织（图 15.5）中，公司层面设置了营销副总经理，他是企业营销活动的最高领导，负责整个企业的营销活动，他的下面设置了 A、B、C、D、E 等地区的营销经理，是他的直接下属。在这些地区营销经理之下，又设置了广告经理、市场调研经理、售后服务经理等职能经理以及不同市场（如 X、Y、Z）市场经理，各地区职能经理和市场经理都是各自地区营销经理的直接下属。不过在职能经理之间、市场经理之间以及职能经理和市场经理之间则是平等的，没有上下级关系。

岗位数量是指企业在营销组织中设立岗位的数量。营销岗位并非越多越好，也不是越少越好。人员过多，岗位重叠，不但会增大企业在营销方面的人力成本，还会出现责任不清、人浮于事的现象。人员太少，虽然会节约企业在营销方面的人力成本，但是可能会出现疲于应付、得过且过的现象。营销岗位的合理数量应该与企业的发展战略、企业所采用的组织结构和营销岗位的层次相适应。

岗位的权力和责任的规定，须在工作说明书上清楚列明。工作说明书应列明岗位的名称、主要职能、职责、职权及此岗位与组织中其他岗位的关系。

（三）人员配备

营销岗位确定以后，就需要为每一个岗位配备人员。

配备人员第一步就是招聘与选拔员工。为此，企业的招聘人员需要进行工作分析，准备工作描述，发现符合要求的潜在人员，从中筛选出合适的人员前来面试。工作分析的目的就是确认某个岗位最基本的职责，决定应聘人员的资格。工作描述包括岗位需要从事的工作性质以及公司对该岗位人员的业绩期望，如工作职责、任职条件、工作所要求的技能、工作对个性的要求等。筛选则是企业根据应聘者所提供的材料，结合工作描述挑选出适合该职位人员的过程。

员工录用之后，还要对他们进行岗位培训，使其了解企业的文化、发展战略、作业规范和工作流程以及岗位的责任和权力。岗位培训既包括系统性的学习（如课程培训），也包括在职经验的积累(如在职培训)。

在新员工接受培训之后,他们就可以上岗工作了。营销部门的工作也由此步入正轨,开始了正常的运转。

此外,在企业的营销活动中,一些临时性营销组织的人员配备也需要重视。临时性营销组织往往是企业为完成某项特殊任务而成立的,其成员多从企业现有的人员中抽调。如果要使其有效地发挥作用,企业必须使临时性营销组织的成员与其他成员之间保持协调关系。比如,由企业下层人员作临时性营销组织的领导来管理来自企业高层的成员,就很难行得通。因此,即使是一个临时性营销组织,也要进行合理的人员配备。

二、营销活动的领导

营销活动的领导,就是企业的营销管理人员通过指挥、激励、协调、沟通等机制,确保营销策划方案付诸实施的管理活动。

指挥就是使用命令、沟通、请求或说服等方式,发出指令,使某人做某事。营销管理者不但要发出指令,还必须为执行者实施有关的政策和决策创造条件,并进行后续跟踪检查,以保证计划得到执行。这就要求营销管理者下达的命令或指导性意见应该清楚明确,不容易引起误解,不要忘掉了重要的内容,也不要难以执行。难以执行的命令或指导性意见可能造成严重的后果,比如会使员工因为无法完成任务而情绪低落,甚至对营销管理者产生不满。

激励是指营销管理者对其员工激发鼓励、调动其热情和积极性的行为。从心理学的角度看,激励是通过外部的某种刺激,激发人的内在动机,形成动力,从而增强人干某件事的意志和行为。因此,激励的核心问题是动机能否被激发。通常,激励的程度越高,人们的动机被激发得就越强烈,为实现目标而进行工作也就越努力。营销过程中,激励最常用的手段是鼓励、支持与奖励。当然,适当使用惩罚也是必要的。前者是正向的激励,后者是负向的激励。设立恰当的报酬制度,是激励的一项重要内容。

协调是指营销管理者在营销过程中,针对企业内外部出现的问题与矛盾,进行调解和解决的机制。营销策划方案的实施,涉及企业的各个部门,需要每一个部门的支持。另外,还涉及企业外相关群体的利益。如果处理不好这些关系,企业的营销策划就难以实施。营销管理者在出现矛盾与问题时,必须协调企业内外的关系,妥善解决矛盾和问题。

沟通是指营销管理者通过向其员工、其他部门或企业最高决策层传达感受、意见和决定的方式,对员工、其他部门或企业最高决策层施加影响。企业员工、其他部门或最高决策层也只有通过沟通,才能使营销管理者正确评估自己的领导活动,并使营销管理者及时发现营销过程中存在的问题。另外,沟通还有利于营销管理者与员工、其他部门或企业最高决策层互通信息,联络感情,增强凝聚力,鼓舞士气,提高营销效率。

三、营销活动的监控

营销活动的监控,是指营销管理者跟踪企业营销活动过程的每一环节,确保营销活动按照企业预期目标而实施的一套监督与控制程序。监控是营销管理的一个重要职能。它与企业的营销计划密不可分。营销管理没有计划,是盲目的;营销管理失去控制,计划实施的过程不被监督和约束，则很可能发生大的偏差。从某种意义上讲，计划本身就是企图对未来的活动加以规范，而规范就是一种控制。不过，控制并不一定完全服从于计划。计划在实际执行中可能会出现一些难以预料的偏差，有些可能是计划本身的问题，比如管理者对于计划赖以形成的前提判断有误。此时，控制应从实际情况出发，纠正计划本身的失误。本章第三节将详细介绍营销监控活动。

四、营销策划实施的方法

营销策划方案的实施可以分为两个阶段，即模拟布局阶段和分工实施阶段[2]。

（一）模拟布局阶段

营销方案在正式实施之前，需要进行演练或模拟布局。此时，营销管理者可以根据已经拟妥的预算表与进度表，运用"图像思考法"，模拟出营销实施的过程与进度。所谓"图像思考法"，就是将未来可能发生的事情，一幕一幕地仔细在脑海中呈现，在脑子里进行预演。鱼骨图是这一阶段可以采用的一个有用的工具。图15.7是一个鱼骨图。

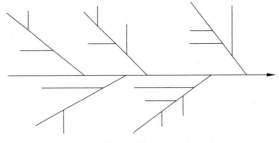

图 15.7　鱼骨图

图中的五条大枝是五个大的项目，而大枝上的小枝是每一大项目中的子项目。将企业要进行的每一项营销工作或营销活动，按照时间顺序在鱼骨图上画出来。用这种方法，营销管理者在策划方案实施之前，就很清楚一步完成之后下一步该干什么。另外，它也便于营销管理者与下属沟通，使下属很容易就能理解他们各自在整个营销策划方案实施中的位置和发挥的作用。

另外，也可以用表格的形式模拟布局或呈现营销方案的时间和活动安排。例如，图15.8显示的就是用表格形式模拟的DY干脆面idol的营销推广安排。其中，idol是小朋友喜欢的卡通形象，如圣斗士、机器猫、忍者神龟或孙悟空之类。

时间安排活动安排idol显露推广期

第一个月（30天）产品上市期

第二个月（30天）推广转型期

第三个月（30天）物品准备随课本赠送以idol为主视觉的包书纸公关活动广告片拍摄与测试产品广告片推出idol形象及产品名传递产品讯息及促销内容持续宣传，维持产品知晓度电视广告在少儿类报纸上开辟以idol形象为主持人的知识或益智游戏专栏持续加强idol推广报纸专栏报纸广告准备与测试在少儿类报纸投放广告，辅助产品宣传报纸广告赞助冠名少儿栏目或独立制作专题栏目，辅助idol推广持续辅助idol推广电视专栏拉动产品销售促销活动在电视、报纸等媒体上作软性报道,传达 DY 干脆面"营养"、"益智"的概念软新闻加强 idol 及品牌推广继续丰富网站内容,延续 idol 及品牌推广网站。

时间安排			活动安排
idol显露推广期 第一个月(30 天)	**产品上市期** 第二个月(30 天)	**推广转型期** 第三个月(30 天)	
物品准备 | 随课本赠送以 idol 为主视觉的包书纸			公关活动
广告片拍摄与测试 | 产品广告片推出 idol 形象及产品名	传递产品信息及促销内容	持续宣传,维持产品知晓度	电视广告
在少儿类报纸上开辟以 idol 形象为主持人的知识或益智游戏专栏	持续加强 idol 推广		报纸专栏
报纸广告准备与测试	在少儿类报纸投放广告,辅助产品宣传		报纸广告
	赞助冠名少儿栏目或独立制作专题栏目,辅助 idol 推广	持续辅助 idol 推广	电视专栏
	拉动产品销售		促销活动
	在电视、报纸等媒体上作软性报道,传达 DY 干脆面"营养"、"益智"的概念		软新闻
	加强 idol 及品牌推广	继续丰富网站内容,延续 idol 及品牌推广	网站

图 15.8　DY 干脆面 idol 的营销推广安排

由图 15.8 可见,整个营销推广活动分为三个时期,即 idol 显露推广期、产品上市期和推广转型期,每期 30 天;安排的活动很丰富,几乎用到了各种宣传媒体。各种活动在时间安排上相互衔接、错落有致。有了这样的布局安排,营销活动就可以按部就班地进行了。

(二)分工实施阶段

营销方案从模拟布局过渡到动手去做,就进入分工实施阶段。在这一阶段,营销管理者一方面要把各岗位的任务详加分配、分头落实;另一方面,要根据预算表与进度表,严密控制营销方案实施的预算及进度。营销管理者要调动运用各种力量,组织、指挥与协调各个岗位的活动,努力达到和完成策划书规定的营销目标和营销任务。

此时,最重要的就是执行力。所谓执行力,是指企业员工贯彻企业战略意图,完成企业预定目标的操作能力。它是把企业战略规划转化成行为、效益和成果的关键。执行力包含完成任务的意愿、完成任务的能力和完成任务的程度三个方面。执行力可以归纳为一个公式:执行力=马上做+完成它+有交代。

(1)马上做,即营销任务分配下来后,责任人应该马上行动起来,一方面认真思考"如何做"的问题,一方面开始着手执行。

(2)完成它,即营销任务必须在规定的时间内完成,不管面对的条件如何,都要尽自己的最大努力去做到最好。

（3）有交代，即营销任务在规定的时间内是否完成，完成了多少，在完成过程中出现了哪些问题，取得了哪些成绩，这些都要主动向上级领导汇报，有个交代。

执行力强的企业，可以把不完美的营销方案执行好，取得相对满意的结果；执行力弱的企业则可能把很好的营销方案搞砸，使之沦为纸上谈兵。对于营销管理者来讲，提高执行力就是促使每一个在岗员工都做到"马上做＋完成它＋有交代"[3]。而要做到这一点，营销管理者需要综合运用四项执行技能：分配、监控、组织和影响。

分配技能指营销管理者根据营销任务，分配时间、资源和人员的能力。具体内容包括：①确定准备实施的活动；②决定完成每一活动所需的时间；③把活动进行分解，并使不同任务的完成在时间上相互衔接；④将完成每一活动的责任落实到具体的负责人。合理地分配时间、资源和人员，一方面可以提高员工的责任心；另一方面也可以让员工对自己的任务及其完成时间做到心中有数。

监控技能，包括监督和控制两个方面。监督就是在任务落实到人后，营销管理者要经常过问任务的完成情况，督促每一个在岗员工按时完成自己的任务。控制则是营销管理者根据控制标准对营销活动的执行情况进行监测、评价以及纠偏的过程（参看本章第三节的内容）。一旦发现执行中的问题，一要纠正；二要帮助解决。

组织技能指营销管理者通过建立组织机构和协调机制，进行人员配置，使营销方案得以顺利实施的能力。这里要特别注意利用非正式组织完成企业的营销任务。非正式组织往往是企业为了进行某一项特殊的营销活动而临时组建的营销队伍，如某个项目小组，主要由临时抽调的员工组成。

影响技能是指营销管理者影响他人把事情办好的能力。其中，有两点特别重要：一是先行，即领导要身先士卒，站在整个营销团队之前，鼓舞引导这个群体追随自己，齐心协力去实现营销目标；二是激励，即领导要善于发现营销人员在物质和心理上的需要，采用有效的激励方法，调动其积极性，为实现企业的营销目标而努力工作。

五、营销策划实施中可能出现的问题与解决方法

营销方案实施中可能会出现很多问题，阻碍营销方案的落实。常见的问题包括计划脱离实际、执行力差和责任不明确。

（一）计划脱离实际

企业营销计划人员在制定营销计划时，没有从客观实际出发，使制定出来的营销计划不可行，脱离实际。比如，营销计划的指标偏高，不可能实现；计划的前提条件与企业的实际不符，制定出来的营销方案脱离了企业的客观基础；长期计划与短期计划脱节，长期计划缺乏操作性。如果发生这些情况，则营销管理者必须对计划本身进行调整。

（二）执行力差

如前所述，营销方案在进入分工实施阶段以后最重要的就是执行力。执行力的强弱，会使营销方案的实施结果出现天壤之别。营销的执行力表现为多个不同的层次，如营销部门的执行力、营销各职能部门（如市场调研部、广告部、销售部或公关部）的执行力、营销管理者的执行力和某岗位员工的执行力等。它是各个不同层次执行力的综合体现。任何

一个层次的执行力出现问题,营销的执行力都会打折扣。

营销执行方面出现问题,有多种原因。比如,企业内部的信息沟通不畅,企业营销人员的素质不高,营销人员的积极性没有得到充分的发挥等。这些都可能使计划不能得到有效的贯彻和执行。提高企业在营销方面的执行力,就是促使参与营销的每一个层次的在岗员工力争做到"马上做＋完成它＋有交代"。

（三）责任不明确

在营销计划的制定和执行过程中,企业内部各个层次的管理人员担负着不同的职责。企业的高层管理者要制定正确的政策和制度,为企业的营销活动提供正确的思想观念;企业营销部门的管理者要根据公司的总体计划和基本的指导思想,制定科学的营销计划,并在营销计划的实施中发挥组织、领导和协调作用;基层营销管理人员(如促销部经理)则应根据企业整体的营销计划,制定本职能部门的营销活动方案,并组织落实。

如果各个层次的管理人员责任不清,不知道自己该干什么,不该干什么,那么营销方案的实施就会陷入混乱之中。此时,营销管理者需要做的,就是运用分配和组织技能,根据营销任务,进行人员配置,将每一项活动落实到具体的责任人,明确每一个营销活动参与者的职责范围,促使每一个责任人都能各司其职、各负其责。

第三节 营销策划实施监控

营销活动的监控,是指营销管理者跟踪企业营销活动过程的每一环节,确保其按照企业预期目标而实施的一套监督与控制程序。其目的是通过建立绩效标准并且比较实际业绩与绩效标准的差异,不断纠偏,最终实现企业的营销策划目标[4]。

营销策划监控是使企业营销策划方案得以有效执行的重要保证。它不仅有助于企业及时发现策划执行中的问题,寻找解决方法,而且有助于企业面对未来不确定的市场环境及时调整营销方案。

一、营销策划实施监控的程序与内容

营销策划实施监控的一般程序,可以分为设计营销控制标准、对营销活动情况进行监测与评价以及纠偏三个步骤。

（一）设计营销控制标准

营销控制标准是营销策划者希望企业的营销活动能够达到的状态或完成的任务,一般根据控制者的要求(营销目标和营销战略)、市场环境、目标市场的情况、竞争者情况和控制者的控制力等因素确定。

营销控制标准包括定量指标和定性指标两种。定量指标,包括:①销售业绩(产品、市场的销售量与销售额);②盈利能力(产品、市场的利润及利润率);③营销费用及费用率;④增长潜力(产品、市场的销售增长率);⑤竞争性(市场占有率)等。定性指标,包括:①消费者或用户的满意度;②与合作伙伴的关系与互动;③销售队伍的努力程度与成效;④渠道成员之间的关系发展等。

　　由于定量指标有容易操作的特点，所以在可能的情况下，营销策划实施监控多采用定量指标。不过，在不同的营销监控过程中，营销控制标准的内容可以有所不同，它们可以是产品、分销方面的标准，也可以是定价、促销等方面的标准。

（二）对营销活动情况进行监测与评价

　　营销控制标准，为营销绩效的检查评估提供了一个参照依据。对营销活动情况进行监测，就是收集与营销活动情况有关的数据或资料。营销控制能否达到预期效果，这一步是关键，因为只有对营销活动情况有全面、真实、及时的了解，才能对营销控制做到心中有数。监测方法有许多，包括对销售业绩进行数据统计、对顾客进行调查、在现场进行观测以及通过中介组织进行调查。

　　收集到适用的数据或资料以后，就要着手进行营销活动情况的分析和评价。这一步的目的在于发现问题。营销活动中的问题，是通过实际执行情况与控制标准之间的差距表现出来的。这里，控制者要做到以下几点。

　　第一，通过实际执行情况与控制标准的比较，发现哪里出现了偏差以及分析偏差的性质。由于营销控制的内容和标准很多，所以偏差可能出现在许多不同的方面。比如，偏差可能出现在营销效率方面——销售业绩不佳或营销费用太高，也可能出现在营销渠道方面——渠道冲突恶化、合作水平和合作意愿降低、投机行为增多等。找到偏差发生的地方，还要判断其性质。偏差不一定都是坏的，有时可能是对企业有利的偏差。比如，营销效率好得出奇，让企业事先没有料到；企业与某一个合作伙伴的关系发展得太顺利了，超出了企业的预期。对于性质不同的偏差，营销控制的目的有所不同。对于对企业不利的偏差，营销控制的目的重在纠偏，而对于对企业有利的偏差，营销控制的目的重在找出原因，以便向更有利的方向引导。

　　第二，分析偏差的大小及容忍度。偏差大小指示着实际执行情况与控制标准之间的差距。一般而言，实际执行过程总是或多或少地会偏离控制标准，这是正常的。相反，如果完全没有偏离控制标准，可能才不正常。问题在于，出现的偏差是否在允许的范围内。只有那些超出了允许范围的偏差，才是企业需要认真对待的。这体现了管理控制系统的"强调例外"原则[5]。一般控制者对于发生在那些重要的控制标准上的偏差，容忍度比较小，而对于发生在那些不太重要的控制标准上的偏差，容忍度比较大。

　　第三，分析偏差形成的原因，制定纠偏措施。这里要把问题的表象和问题的根源区别开。有时，看起来是销售业绩出现的偏差，但实际上是营销渠道中的合作出现了问题；有时，看起来是营销渠道中的合作出现了偏差，但实际上是企业的营销渠道政策伤害了合作者，合作者采用消极的态度应付；或者企业的营销渠道政策有漏洞，其他渠道成员借此从事投机活动。要找到偏差形成的根源，就需要进一步收集数据和资料，并对其进行深入的分析和评估。只有找到了偏差形成的根源，才能对症下药，制定出切实可行而又富有成效的纠偏措施。

（三）纠偏

　　根据偏差形成的原因，纠偏有两个方面。

　　第一，修改或调整企业自己的营销目标和营销战略，适应环境的变化。偏差有可能是因为环境变化而使企业以前制定的营销目标和营销战略不再适用所致，也可能是因为企业在制定营销目标和营销战略时，对未来过于乐观或过于悲观地估计所致，还可能是因为企业的营销政策设计不当，留下了太多的漏洞给投机者钻空子所致。不管是哪一种情况出现，都意味着企业原有的营销目标和营销战略不再适用，需要做出修改或调整。随着营销目标和营销战略的改变，营销控制标准也要做出相应的修改或调整。

第二，影响或指导企业的营销人员或合作伙伴企业改变某些不当行为，采用合理先进的工作方法，提高营销效率与合作水平。如果偏差确属营销人员或合作伙伴企业的行为不当所致，那么就要通过各种手段或策略，对他们施加影响，改变他们的不当行为。当然，如果偏差为一些营销人员或合作伙伴企业的恶意投机行为所致，企业又无法通过重新设计营销政策解决这一问题，企业就要严厉地惩罚他们，直至开除或中断合作关系。

二、营销策划实施监控的方法

营销策划实施几乎涉及企业所有人员，因此对实施进行监控相当复杂。营销管理者可以采取多种方法对营销策划方案的实施进行监控。常用的监控方法有年度计划控制、盈利能力控制、效率控制、战略控制，其特点如表 15.1 所示。

表 15.1　营销策划实施控制方法

控 制 方 法	主 要 负 责 人	控 制 目 的	控 制 工 具
年度计划控制	中高层主管人员	检查计划目标是否实现	销售额分析、市场占有率分析、销售费用分析、财务分析，细分市场
盈利能力控制	营销主管人员	检查企业的盈利点和亏损点	各地区、产品分市场、分销渠道的获利能力分析
效率控制	职能管理部门和营销主管人员	评价和提高营销费用支出的效率	销售人员、广告和促销人员的效率分析
战略控制	最高层主管人员	检查企业是否最大限度地利用了市场机会	市场营销审计

（一）年度计划控制

年度计划一般为中期计划，包括制定年度目标、绩效评估、问题分析和行为纠正。年度计划控制是企业在本年度内检查绩效与计划间的偏差，采取改进措施和控制步骤，以确保市场营销计划实现的营销控制活动。具体的实施控制方法，包括销售分析法、市场占有率分析法、营销费用率分析法、财务主要指标分析法和顾客态度追踪分析法等。

销售分析法，主要分析计划和实际销售额间的差异。通过分析产品类型、品种或地区销售业绩，了解企业营销活动的优势与弱点，以便发现问题，及时解决。

市场占有率分析法，是企业通过全部市场占有率（企业产品的销售额占全行业总销售额的百分比）、可达市场占有率（企业销售额占企业营销努力所及市场销售额的百分比）和相对市场占有率（企业销售额占市场领先竞争者销售额的百分比）等指标来分析企业的营销状况以及在市场竞争中的地位。市场占有率上升一般说明企业的竞争地位在上升。当然，如果企业较高的市场占有率是以高额的成本为代价，那么企业就要注意在企业竞争地位与企业盈利能力之间做出权衡。

营销费用率分析法是计算营销费用占销售额的百分比。它包括推销人员费用、广告费、促销费、营销研究费、销售管理费。企业通过将它们与历史相比、与竞争者相比、与企业计划相比发现问题，及时调整。

财务主要指标分析法是企业通过对各种费用占销售额的比率、资金利润率、资金周转率的分析，以确定企业在何处开展营销活动最为有效。

顾客态度追踪分析法是企业通过建立顾客抱怨和建议系统、固定顾客反馈制度、顾客调查系统，以追踪企业重点顾客、经销商以及其他重要合作者的态度变化。针对顾客的态度变化和抱怨，发现企业营销中存在的问题，及时采取应对措施，予以解决。将重要的和有影响力的顾客，作为企业固定跟踪对象，听取他们的意见，企业经理人员定期通过不同的形式访问，以消除顾客的不满意感，扩大企业的辐射力和影响力。通过顾客调查系统将市场调研工作经常化和具体化，为企业新产品的开发、销售人员的工作监督、企业形象和信誉的合理量化创造有利条件。

（二）盈利能力控制

盈利能力控制，即通过测定不同产品、不同销售区域、不同顾客群体、不同渠道以及不同订货规模盈利能力的方式，来对营销策划的实施过程进行监控。具体的监控指标包括营销成本指标和盈利能力指标。

营销成本指标由如下项目构成：①直接推销费用，包括直销人员的工资、奖金、差旅费、培训费、交际费等；②促销费用，包括广告媒体成本、产品说明书印刷费用、赠奖费用、展览会费用、促销人员工资等；③仓储费用，包括租金、维护费、折旧、保险、包装费、存货成本等；④运输费用，包括托运费用等，如果是自有运输工具，则要计算折旧、维护费、燃料费、牌照税、保险费、司机工资等；⑤其他营销费用，如营销管理人员的工资、办公费用等。营销成本与生产成本之和构成了企业总成本。当销售额与生产成本一定时，营销成本越低，则企业盈利能力越强。

盈利能力指标包括：①销售利润率，即企业利润与销售额之间的比率；②资产收益率，即企业所创造的总利润与企业全部资产之比；③净资产收益率，即税后利润与净资产之比；④资产管理效率，如资产周转率，即一个企业产品销售收入净额与资产平均占用额之比；⑤存货周转率，即一个企业产品销售成本与存货（指产品）平均余额之比。这些指标都与获利能力密切相关。比如，销售利润率或资产收益率提高，则表明企业的获利能力增强。

（三）效率控制

效率控制是通过对推销人员的效率、广告效率、促销效率和分销效率的分析、评价，实现企业对销售工作的有效控制。

推销人员的效率控制包括一些具体的操作指标。如每个推销人员每天平均的访问次数，每次访问的平均时间、平均收益和成本，每次访问的招待成本，每次访问订货的百分比、新增或失去顾客数、销售成本率。通过这些指标，分析企业的推销人员访问次数是否太少,花费时间是否太多,签单率是否太低,企业顾客是否在流失等问题,企业据此做出调整。

广告效率控制是指企业产品和广告定位要保持一致,寻求最佳广告媒体,提高广告制作技巧,加强对广告效果的测评。具体工作包括企业应准确计算各媒体接触千名购买者的广告成本,顾客对不同广告媒体的注意度、接触程度,顾客在广告前后对企业产品的认知态度。顾客接触广告后引起的询问次数。

促销效率控制主要是对企业营业推广的控制,是企业在准确记录一些原始数据的基础上,观察不同营业推广手段的成本与收益,以便以最佳的方式和途径达到最佳的促销效果。这些数据包括因促销而增加的销售百分比、单位销售额的促销成本、因示范引起的询问次数。

分销效率控制是对企业的存货水平、仓库位置、运输方式、科学堆码和分销费用进行控制,以达到最佳的运输方式配置。

(四)战略控制

战略控制是指营销管理者在营销策划实施过程中,通过不断评审和信息反馈,尽量使实际的营销工作与策划相符。战略控制是面向未来的控制,是在事件还没有发生之前就对可能发生的事件进行评估和纠偏,因此必须根据最新的情况不断地分析营销策划实施的进展情况,并据此设计纠偏对策。

企业在进行战略控制时,可以运用营销审计这一重要工具。

营销审计是对一个企业营销活动或营销策划及实施活动进行的系统性检查,其目的是通过发现营销实施中的缺陷和市场机会,改进实施方案,提高营销绩效。营销审计具有全面性、系统性、独立性、定期性、自主性和前瞻性等特点。营销审计有多种方式,包括自我审计、交叉审计、上级审计、公司审计、公司特别工作组审计和外界人士审计等。

营销审计可以从以下四个方面进行:第一,营销环境审计,主要分析宏观环境因素和公司工作环境中的关键因素(如市场、顾客、竞争者、分销商、经销商、供应商和营销服务性企业等)的发展趋势;第二,营销战略审计,主要检查公司的营销目标和营销战略与营销环境的适应程度,评估营销组合中的产品、价格、分销、销售人员、广告、促销和宣传推广等方面的运行情况;第三,营销系统审计,主要检查企业分析、规划和控制系统的质量,评价营销组织对营销环境和战略的应变能力;第四,营销盈利能力审计,主要考察公司内不同营销实体的盈利能力和不同营销费用的成本效益。

(五)其他控制方法

除了上面的营销控制方法以外,对营销策划实施的控制还可以按照策划实施的过程或阶段,分为项目考评、阶段考评、最终考评和反馈改进等内容。

(1)项目考评。营销策划的实施一般是分项目一步一步进行的。因此,每一个项目完成以后都要对项目和整个营销策划方案进行一个回顾,以判断项目的完成情况,及时发现和解决问题。当项目完成不理想时,营销策划人与营销管理者先要找出原因,然后提出解决问题的对策;必要时,还要对整个营销方案做出调整。

(2)阶段考评。阶段考评一般是在一个标志性的项目完成以后进行。比如一个企业分三阶段进行营销渠道网络的建设：第一，在本省布点；第二，在周边省区布点；第三，在全国各大区布点。其中，又分了很多小的项目。当本省布点完成以后（标志着第一阶段工作完成），营销策划人与营销管理者需要对第一阶段的工作进行回顾和总结。这样做，可以防止营销策划在实施过程中出现大的偏差。当然，阶段考评也可以按年度做。一个财政年度结束时，对一年的营销工作进行评估、总结。

（3）最终考评。最终考评就是对营销策划实施的结果进行分析，看营销策划的期望值与实际结果是否有差异。若发现较大的差异，必须做一些重点研究，比如分析差异产生的原因，找出实施过程中的问题和改进点，总结出对下次营销策划立案及实施时的教训、启示和创意等。一般而言，营销策划者应将营销策划实施结果的研究、分析，做成营销策划结案报告书，提供给上级或委托方。其中，要点是预测与结果的差异分析。

（4）反馈改进。对于营销策划人员来说，营销策划书实施得到结果后并不表明策划的结束。结果出来时，营销策划者还必须对营销策划结果和经过，做充分的分析、检讨，从中找出经验、问题和教训，并将其有效地反映在下一次营销策划中。

第四节　营销策划实施的绩效评估

营销绩效是指营销方案实施后所产生的实际业绩效果。在营销策划方案实施之后，企业的营销管理者以及营销策划者要对方案的实施效果进行评估。营销绩效评估可以按照以下步骤进行：①设计评估指标体系；②收集评估数据；③选择评估方法；④评估实施和结果分析。

一、设计评估指标体系

评估指标体系指描述评价对象功能或属性的标准以及量化方法。因为描述一个复杂对象（如企业的营销活动）功能或属性的指标往往不止一个，而是很多个，所以需要将各种指标构成一个多指标的体系。在具体操作时，企业一般需要参考某一现成的指标体系（如某项研究建立起来的或企业以前使用过的指标体系），再根据具体情况增减一些指标，在经过检验之后确定自己的指标体系。在对每一个指标进行说明时，需要指出其测量方法和数据来源。

营销绩效评估与营销目标密切相关。如前所述（第五章第二节），营销目标是企业进行各项营销活动欲得到结果的规范化表述。它一方面提出企业营销活动追求的结果；另一方面也是营销部门为了实现企业的发展目标和竞争目标必须完成的任务。因此，企业营销绩效评估的指标体系要以企业的营销目标体系为基础或依据。企业营销活动的绩效如何，首先要看它是否实现了预期的目标或实现预期目标的程度如何。根据营销目标的指标体系，营销绩效评估的指标体系可以分为财务指标和非财务指标。

财务指标对应于企业营销的财务目标，如销售额、毛利、税前利润、营销成本和投资收益率等。非财务指标对应于企业营销的非财务目标，它们虽然不能用财务指标来测量，但与企业的营销管理活动直接相关，是影响财务指标变化的原因。如顾客满意度、渠道关系、顾客关系、品牌认知度和忠诚度等。

二、收集评估数据

评估数据即反映营销绩效评估指标的测量值。

评估数据既可能来自企业内部,如评估中用到的财务数据,也可能来自企业外部,如顾客满意度、渠道关系、顾客关系、品牌认知度和忠诚度等。前者容易量化,比较容易收集;后者难以量化,收集困难,需要通过市场调查才能收集得到。

对于难以量化的指标,需要用一些量表测量,如表 5.2。通过市场调查,在获得调查数据后,应用统计工具进行计算,就可以获得量化的结果。

三、选择评估方法

评估方法是对指标体系测量的结果进行分析、比较和综合计量的方法。有一些不同的方法可以采用,包括单项指标评估法、多项指标综合评估法和绩效等级评估法。每种方法各有优劣,并无绝对的好坏,企业可以根据自己的情况进行选择。

(一)单项指标评估法

单项指标评估法是营销绩效评估最简单的方法。应用这种方法,企业只针对营销绩效评估指标体系中的某一项指标进行评估,或者虽然针对多项指标评估,但是对每一项指标的评估都是独立进行的。

比如,针对销售额,企业在进行绩效评估时,把实际的销售数据与前期的销售数据、期望的销售数据、行业的销售数据以及主要竞争对手的销售数据进行比较,由此可以得出一些重要的评估结论:

(1)与前期的销售数据比较,可以看出企业销售的发展趋势;

(2)与期望的销售数据比较,可以看出企业销售计划的实现状况;

(3)与行业的销售数据比较,可以看出企业的行业地位;

(4)与主要竞争对手的销售数据比较,可以看出企业相对于竞争对手在市场占有率方面的优劣。

这种方法简便易行,是企业在实际工作中经常采用的。然而,企业的营销绩效表现在许多方面,只评价一项指标明显不足。即便同时评价多项指标,但是如果对每一项指标的评估都是独立进行的,那么当不同的指标间有矛盾时,将难以得出让人信服的评估结论。比如,利润表现很好,销售额表现一般,顾客满意度表现差。此时,企业的营销绩效是好还是不好呢?

因此,营销绩效需要进行多项指标综合评估。

(二)多项指标综合评估法

多项指标综合评估的含义如下面的公式所示:

$$P = \frac{1}{k} \sum_{i=1}^{k} b_i x_i$$

式中:P 为被评估对象的营销综合绩效,x_i 为第 i 个指标的评估值,b_i 为第 i 个指标的权重系数,k 为评估指标的总个数。由此可见,企业营销绩效的综合评估值是各个指标评估值的加权平均数。综合评估值越大，一个企业的营销综合绩效就越高。评估类型可以按照评估得分进行划分，比如以 0.85、0.70、0.55、0.40 分为分数界限，将评估结果分为优、良、中、低、差五种类型。评估结果既可以在企业之间进行横向比较，考察企业营销的相对效率，也可以与其历史表现进行纵向比较，考察企业不同时期营销效率的变化趋势。

多项指标综合评估的难点在于权重系数的确定。比如，在企业的营销绩效评估体系中，有销售额、税前利润、投资收益率、顾客满意度、渠道关系、顾客关系、品牌认知度和忠诚度等指标。那么，在进行多项指标综合评估时，这些指标各占多大的权重呢？常用的方法有层次分析法、多层模糊评价法、BP 神经网络法和数据包络法等。

（三）绩效等级评估法

对于一些小公司而言，一是历史资料可能不完备，二是缺乏数据分析人才，上面两种方法可能都不好用。此时，就可以采用主观性较强的绩效等级评估法。比如，表 15.2 所示为一个构建的绩效等级评估表和评估规则[6]。

表 15.2　绩效等级评估表及其评估规则

顾客宗旨

A. 管理部门是否认识到满足所选市场需求和欲求的重要意义？
 0 管理部门赞成将现有产品与新产品推销给愿意买的人；
 1 管理部门赞成以同样的效率为范围广泛的市场与需求服务；
 2 管理部门赞成为其选定的市场需求和欲求服务，这些市场符合公司的长期发展和具有潜力。

B. 管理部门是否为不同的细分市场制定了不同的产品和营销计划？
 0 没有；
 1 做了一些；
 2 尽量做了。

C. 管理部门在制定营销计划时，是否采用了整体营销观点？
 0 否，管理部门集中注意于向眼前的顾客推销服务；
 1 采用了一些，管理部门虽然用大部分力量向眼前的顾客推销服务，但却从长期的观点来考虑公司的各种机会；
 2 是，管理部门采用了整体营销观点，认识到营销系统中任何部分的变革都可能给公司带来某些威胁和机会。

营销组织

D. 各主要的营销功能是否进行了有效整合？
 0 没有，销售和其他营销功能没有整合，因而存在冲突；
 1 多少有一点整合，但缺乏令人满意的协调与合作；
 2 是的，主要营销功能进行了有效整合。

E. 营销管理部门与调研、生产、采购、实体分配和财务部门之间是否相处得很好？
 0 不好，营销部门对其他部门提出的要求与成本不合理，因而存在抱怨情绪；
 1 稍好，虽然各部门的很多活动为自身的利益服务，但部门之间的关系友好；
 2 友好，部门之间进行了有效合作，能根据公司最高利益处理问题。

F. 新产品生产过程组织得如何？
 0 新产品生产过程组织混乱，管理也差；
 1 新产品生产系统形式上存在，但没有采用先进技术；
 2 新产品生产系统结构完善，并配备了专业人员。

营销信息

  G. 对顾客、影响购买的因素、营销渠道及竞争等方面的最近一次调查是什么时候?

      0 若干年以前;

      1 最近几年;

      2 最近。

  H. 管理部门对不同的细分市场、顾客、地区销售潜力与盈利率了解程度如何?

      0 一点也不知道;

      1 有点知道;

      2 知道很多。

  I. 公司花费多少力量测定不同营销费用的成本收益?

      0 几乎不用或完全不用力量;

      1 用一点力量;

      2 用相当大的力量。

战略导向

  J. 编制正式营销策划方案的情况如何?

      0 管理部门很少做或不做正式的营销策划方案;

      1 管理部门编制年度营销计划;

      2 管理部门编制详细的年度营销计划和细致的长期计划。

  K. 目前营销战略的质量如何?

      0 目前的战略不明确;

      1 目前的战略明确,是传统战略的延续;

      2 目前的战略明确,有创新精神,资料翔实,论据充分。

  L. 应急考虑与策划方案做得如何?

      0 管理部门很少或没有应急考虑;

      1 管理部门虽然没有正式的应急计划,但是有应急考虑;

      2 管理部门考虑了重要的偶然事件,编制了正式的应急计划。

营销效率

  M. 最高管理部门的营销思想向下属各个层次沟通与实现的程度如何?

      0 很差;

      1 中等;

      2 很成功。

  N. 管理部门是否有效地运用了营销资源?

      0 没有。营销资源没有充分地运用于工作。

      1 有一点。营销资源充足,但没有恰当地使用。

      2 是的。营销资源充足,且充分地利用了。

  O. 管理部门对现场出现的新问题有没有能力迅速而有效地做出反应?

      0 没有。销售和市场情报有点过时,因而管理部门反应慢。

      1 反应较快,管理部门收到了大量最新的销售与市场情报,但反应时间时快时慢。

      2 有。管理部门建立了能很快产生适时情报的快速反应制度。

总分

对各项加总得到总分,然后按照以下标准测定营销绩效水平:0~5=很差;6~10=差;10~15=中等;16~20=好;21~25=很好;26~30=优秀

      绩效等级评估法以业务经营单位或事业部的营销经理以及其他经理为评估成员,让

他们根据自己的观察和了解对被评估单位或企业从以上五个方面打分，评估组织者则将他们的分数平均加总，确定被评估单位或企业的营销绩效等级。这种方法虽然主观性较强，但是简便易行。而且，如果评估成员选择得当，评估结果还能够反映实际情况。宝洁、麦当劳、国际商用机器公司和通用电气公司的实践表明，应用这种方法进行评价，总分达到 26～30 分的优秀企业极少，多数公司或事业部的得分都在中到良之间。

四、评估实施和结果分析

评估实施是营销绩效评估的具体实施过程。采用单项指标评估法，评估者需要把收集来的数据进行横向或纵向的比较，得出分析结果。采用多项指标综合评估法，评估者则需要先通过某种方法计算出权重系数，然后再将权重系数和评估数据代入评估模型进行求解，得出综合的评估结果。采用绩效等级评估法，评估者需要把评估成员组织起来打分，然后计算出评估结果。

经过评估实施，评估者就会得到一些反映企业营销绩效的数值。在此基础上，评估者需要根据事前确定的规则（比如，0.85 分及以上为优、0.7～0.84 分为良、0.55～0.69 分为中等、0.55 分以下为差），对企业的营销绩效做一个判断，并对评估结果做进一步分析，发现存在的问题，找出问题根源，提出解决方案。

本章小结

企业的营销组织指企业在一定时期内，负责营销活动过程的组织、实施和控制的管理部门和组织制度。建立完善的营销组织结构，是企业营销策划得以贯彻执行的组织保证。它以物化的形式，体现着企业所遵从的营销理念。

企业营销组织形式有下述几种：职能式营销组织、产品式营销组织、市场式营销组织、产品×市场式营销组织、地区管理式营销组织和事业部式营销组织。

在大多数情况下，这些组织机构是给定的，它嵌入整个企业的组织架构之内，营销管理人员不能随意改变。只有在一些特殊的情况下，营销管理人员才需要参与到营销组织机构的设计之中。

营销策划实施指的是营销策划方案实施过程中的组织、指挥、控制与协调活动，是把营销策划方案转化为具体行动的过程。

营销活动的组织就是组建有效的营销组织机构和落实责任人，包括组建营销组织机构、岗位设置、人员配备等内容。

营销活动的领导就是企业的营销管理人员通过指挥、激励、协调、沟通等机制，确保营销策划方案付诸实施的管理活动。

营销活动的监控是指营销管理者跟踪企业营销活动过程，确保其按照企业预期目标实施的程序。

营销策划方案的实施可以分为两个阶段，即模拟布局阶段和分工实施阶段。在模拟布局阶段，营销策划者可以根据已经拟妥的预算表与进度表，模拟出营销策划实施的布局与进度。在分工实施阶段,营销管理者把各部门的任务详加分配、分头实施,严密控制营销策划书的预算及进度。

营销策划实施监控的一般程序,可以分为设计营销控制标准、对营销活动情况进行监测与评价以及纠偏三个步骤。常用的营销监控方法有年度计划控制、盈利能力控制、效率控制和战略控制。

营销绩效是指营销方案实施后所实际产生的业绩效果。营销绩效评估可以按照以下步骤进行:①设计评估指标体系;②收集评估数据;③选择评估方法;④评估实施和结果分析。

1. 企业的营销组织结构有哪几种?各有什么优缺点?

2. 举例说明企业的营销组织结构受哪些因素的影响。

3. 营销策划方案实施的内容都有哪些?分为哪两个阶段?

4. 什么是执行力?营销执行力表现在几个方面?

5. 什么是营销监控?营销策划实施监控的一般程序分为哪几步?

6. 营销监控的常用方法有哪些?各有什么特点?

7. 营销绩效如何评估?

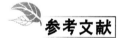

[1] 庄贵军,阎涛蔚. 市场营销原理[M]. 西安:三秦出版社,1992:240-247.

[2] 陈建平,杨勇,张建. 企划与企划书设计[M]. 北京:中国人民大学出版社,2000:36-38.

[3] 杜丽敏. 执行力=马上做+完成它+有交代. 中国价值网,dulimin. chinavalue. net,2010 年 5 月 20 日.

[4] 徐育斐. 市场营销策划[M]. 大连:东北财经大学出版社,2002:162.

[5] Newman W H. Constructive Control:Design and Use of Control Systems[M]. NJ:Prentice Hall, 1975:33.

[6] 屈云波. 营销企划实务[M]. 北京:企业管理出版社,1997:506-531.

灵丹草为什么会败北?[①]

2000 年 5 月,顶着南方炎炎的夏日,云南盘龙云海药业有限公司(以下简称云海药

---

① 根据左亮发表在《销售与市场》2003 年第 6 期(下半月刊)《作茧自缚 回天乏术:灵丹草铩羽广州之谜》一文改写。

业）出品的清热类中成药灵丹草上市了。负责这一品牌上市推广策划的是一家国际 4A 级的广告公司 M。云海药业满怀信心地为灵丹草上市投入了 800 多万元的启动资金。云海药业以为有了 M 广告公司的策划，再加上自身的知名度以及产品本身的品质，灵丹草要在市场上异军突起、后来居上，应该易如反掌。

然而，在产品正式上市四个月之后，充满期盼的云海药业迎来的却是一个难以置信的结果：灵丹草在广州地区的销售额只实现了区区 100 多万元，而且未来形势也不乐观。一时间，灵丹草成了云海药业的鸡肋，食之无味、弃之可惜。

一、噩梦之始

2000 年，对于云海药业来说，是双喜临门的一年。在这一年里，公司的当家产品排毒养颜胶囊年销售量突破 10 亿元大关，挤进了中国保健品零售市场销售排行榜的前五位。更为重要的是，几经周折，公司获得了由昆明医学院研制的清热类新药灵丹草这一项目。

由于长期依赖排毒养颜胶囊这一单一产品，云海药业越来越感受到来自竞争的巨大压力和风险。从 1999 年开始，云海药业就通过各种渠道，寻找富有潜力的新产品。灵丹草这一新药项目的获得，给云海药业带来了新的希望。云海药业决定对灵丹草进行重点投入，重点突破，希望灵丹草上市以后能够迅速打开局面，为公司创造一个新的经济增长点，成为第二个"排毒养颜胶囊"。

2000 年上半年，在经过一段时间的准备之后，云海药业开始紧锣密鼓地进行灵丹草上市的运作。通过多轮的淘汰和选择，支付了多达七位数的广告代理费，盘龙云海在众多的广告公司中挑中了 M 广告公司，全面代理推广灵丹草上市。

七位数的广告代理费对于年销售额仅十几亿的云海药业来说，并不是一个小数目，引来了众多反对的声音，甚至高层对此也产生了分歧。但由于决策者中的大多数人对国际 4A 级的 M 广告公司"品牌管家"这一美称确信无疑，因而反对的声音很快就被赞同的声音所掩盖。

然而，由于云海药业急于求成，盲目迷信国际知名的 M 广告公司，在营销策划和实施中迷失了自我。云海药业对 M 广告公司言听计从，对于 M 广告公司提出的策划方案从来没有任何反对意见。

二、灵丹草的滑铁卢之战

2000 年 5 月，云海药业任命 A 担任了灵丹草品牌广州市场部的经理，令其前往广州为上市做准备，正式拉开了灵丹草上市的序幕。

为了避免和排毒养颜胶囊的业务相冲突，云海药业将灵丹草品牌广州市场部独立，办公地址则选在了离云海药业广州工作站不远处的广州华侨新村。灵丹草品牌广州市场部成立以后，很快就通过报纸招聘了大量的市场及销售人员，疏通渠道，进行铺货。

在灵丹草渠道建设中，云海药业除了利用排毒养颜胶囊打下的良好基础之外，还进行了两大创新：一是在经销商的选择上摒弃了传统的"一地一家"的专一模式，而采用了"一地两家"的竞争模式；二是在渠道总体战术上采用了全面攻占大型药业连锁店而带动周边小药店的铺货策略。这两招的有效实施，使灵丹草短时间内在实现了产品销售最大化的同时实现了产品的快速铺货。很快，在 90% 的终端药店都可以看到包装精美的灵丹草产品了。

在前期工作准备妥当之后,2000年7月7日灵丹草正式上市。这一天广州的《广州日报》《南方都市报》《羊城晚报》等各大媒体上刊登了一则主题为"你的感受值20万"的广告语征集广告:"消费者服用灵丹草后的感受只要被云海药业认可并成为灵丹草的广告语,就可以获得20万元的奖金。"

这是M广告公司为灵丹草发动的第一轮宣传攻势,M广告公司希望借助这一活动把握消费者的感受,征集到合适的广告语,并同时引发新闻炒作,通过新闻事件来提高灵丹草的知名度。

然而,一切都出乎M广告公司的料想之外。尽管7月的广州已进入酷暑,清热类中成药已成为药店的畅销品种,但是广告刊登之后,购买灵丹草进行尝试的消费者屈指可数。媒体对M广告公司发动的这一活动视而不见,没有做出任何反应。征集活动持续了一个多月才结束,响应者寥寥无几。

2000年8月18日,活动结束后,为了兑现广告中所做出的承诺,云海药业在广州豪华的五星级宾馆——花园酒店举行了颁奖典礼。有50多位获奖者参加了这次颁奖典礼,其中一名普通工人凭借一句"清热解毒灵丹草,去痰利咽快又好",获得了10万元的奖金。颁奖典礼办得非常热闹和气派,而应邀到来的记者却少之又少。M广告公司本想凭颁奖典礼扳回一局,但媒体的冷静反应,使M广告公司的期望再次落空了。

在经历了第一波失败之后,M广告公司并没有从这种毫无创意、东施效颦的推广方式中醒悟过来。2000年8月20日,M广告公司开始了第二轮的广告推广活动。为此,M广告公司创作了以"清热解毒灵丹草,去痰利咽快又好"为中心句的《山歌》广告片及相关报纸平面广告,用云南少数民族对山歌的方式,诉求灵丹草去痰利咽的效果。广告片中,身着少数民族服装的演员正在对山歌,却突然唱不出来了,原来是喉咙痛。在吃了灵丹草之后,演员很快又可以唱出动听的山歌了。很难想象这是国际4A级广告公司的作品。

《山歌》广告在电视和报纸上投放之后,灵丹草的品牌知名度和认知度并没有得到明显提升。在终端药店,尽管店员极力地推荐灵丹草,但大多数消费者都不予认同,灵丹草的实际购买率没有提高。对于为何拒绝购买,绝大部分消费者的回答是"感觉好像没有什么特别的功效,价格又特贵"。

广告在不断地投放,资金也在不断地投入,而灵丹草的销售却毫无起色。在产品上市三个月之后,云海药业开始有点急了,并开始动摇了对M广告公司的迷信。2000年11月,随着一份"灵丹草上市财务分析报表"摆上董事长的案头,云海药业中止了与M广告公司的合作。至此,灵丹草的上市以"投入800多万,产出100多万"的惨败结局收场。

三、灵丹草的败因

灵丹草是属药准字号清热类的中成药,是采用天然野生菊科植物臭灵丹为原料制成的高浓缩颗粒剂,主要功效是清热疏风、解毒利咽、止咳祛痰。临床上主要用于咽喉肿痛、肺热咳嗽和上呼吸道感染。

按理说,该产品的上市是非常合时宜的,7月的广州已进入了炎热的夏天,此时清热类中成药已经成为药店畅销的品种。再加上良好的营销渠道策略使其实现了产品的快速铺货,终端铺货率达到90%多。如果找准切入市场的突破口,广告"拉"与销售人员"推"相配合,产品营销应该不会有太大的问题。那么,究竟是什么原因导致了灵丹草营销的惨败呢？有人做出了这样的诊断：广告诉求缺乏理性，定价策略与广告策略自相矛盾，促销手段生搬硬套。

（一）广告诉求：缺乏理性、定位失当

药品是一种特殊的商品，因为人们只有在生病了才会有需求，才会购买。因此，大多数情况下，药品的消费是一种理性行为，而不是一种感性的冲动行为。消费者在购买药品时首要考虑的是药品的疗效；其次才是品牌。

一个新上市而人们之前又不太熟悉其功效的药品在进行了广告诉求后，通常会采用理性诉求来对消费者进行诱导说服，具体的做法就是通过对药品有效成分的分析、药物作用机理的阐述以及药物功效的准确诉求，辅以严密的逻辑推理，使消费者从理性的角度确认药品的良好品质，从而做出理性的选择。这样，药品的广告才能吸引目标消费者的关注，收到良好的宣传效果。

然而，在为灵丹草创作的《山歌》广告片中，M广告公司却忽略了这一常识，采用感性诉求方式来对灵丹草进行表现，丝毫没有提及药品的有效成分、作用机理等真正能够影响消费者购买的理性因素。这样做最直接的后果就是：在整个广告片中，消费者根本找不到要购买灵丹草来治病的任何理由。M广告公司以为这种带着浓厚云南地方色彩的对歌场景，可能会在消费者脑海中留下不可磨灭的印象，但M广告公司却忘记了一点：在药品的消费上，消费者首先是一个实用主义者，然后才是一个浪漫主义者。

在灵丹草的定位上，M广告公司将其界定为"清热解毒灵丹草，去痰利咽快又好"。这也是《山歌篇》广告片及相关平面广告的中心句。但这一长达14个字的定位并不清楚，而且还有鹦鹉学舌的味道。M广告公司想借个别消费者服用药品后的真实感受来阐述灵丹草的功效，以显示灵丹草这一定位的真实性，从而打动其他消费者，引发共鸣，但M广告公司却忽略了：这样获得的定位语有多大代表性？这样的定位语传播力强不强？

（二）营销策略：自相矛盾、自抑身价

灵丹草的市场零售价为14.6元，在市场上的清热类中成药里，属高价品种。在价格策略上，灵丹草走的是高端路线，因此需要广告策略的高端路线来配合。也就是说，它的产品广告必须要找出几个独特的诉求点进行高端诉求来迎合消费者的心理需求，以便与价格策略相吻合。然而，在实际操作中，M广告公司为灵丹草制定的广告策略却在走低端诉求，二者互相矛盾。

广告中M广告公司强调灵丹草的产品原料是云南山野里的一种野生菊科植物，是一种传统的民间常用草药。这样的诉求无异于向消费者暗示灵丹草是一种很普通的东西，从而给消费者这样一种心理暗示：产品用普通的东西做原料，成本一定很低；成本低，那么售价就不会很高。但在市面上，与售价3元的牛黄解毒片相比，该产品在清热解毒类中成药中是偏高的。这种定价策略与广告策略的自相矛盾，极易令消费者对产品产生排斥心理。

（三）促销活动：考虑欠妥帮倒忙

在灵丹草的促销上，M广告公司策划了"今年流行摇着喝"的系列促销活动。活动中云海药业与另一纯净水厂合作，由两家公司分别向消费者免费派发产品，然后让消费者将灵丹草的浓缩颗粒倒入纯净水中摇匀，使之变成凉茶再喝下去。其实对于这一促销活动，云海药业和M广告公司的初衷是非常好的：首先，由于灵丹草颗粒是以纯天然野生菊科植物为原料制成,味道甘甜清凉,用纯净的矿泉水冲喝,口感较佳;其次,灵丹草的有效成分中含有挥发油,用常温或低温净水冲饮,能有效避免挥发油流失,从而提高疗效。

然而,他们忘记了消费者的日常生活习惯和消费习惯。有多少消费者会用如此烦琐的方式、如此多的时间来吃药呢? 消费者不会因为灵丹草这个药品而改变自己的习惯。这一脱离实际的促销活动,反而使消费者认为:灵丹草只不过是有如凉茶一般的普通清热饮料而已。

讨论题

1. 你觉得云海药业的灵丹草上市策划及其实施为什么会失败? 你同意文中总结的那些原因吗? 你得到了什么启示?

2. 从实施的角度看,云海药业存在什么问题?

3. 云海药业的营销控制如何? 有问题吗?

4. 如何解决云海药业灵丹草的营销问题? 请提出一个解决方案。

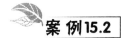 **案例 15.2**

XYZ 公司的营销诊断报告[①]

一、公司背景

企业性质:有限责任公司,从国有体制转制而来。

主营业务:食品、饮料。

年销售额:8 000 万元。

二、公司营销管理的现状和特点

(一)营销组织机构

职位设置:区域销售主管、销售部经理。

职责权限:区域销售主管直接向营销总经理汇报工作,销售部经理对区域销售主管的工作以协调为主。

(二)营销人员数量

营销经理:1 人

销售主管:20 人左右。分为三种情况:1 人管辖一省,数人管辖一省,1 人管辖数省。

(三)营销管理制度

激励制度:销售员竞聘制,由参加竞聘的销售人员对目标市场、销售额目标、费用目标等提出自己的做法和充分的理由,获得通过后则可以上岗。竞聘每年开展一次。

薪酬制度:基本底薪＋提成制。

(四)营销运营模式

以批发市场为市场重点,主要是利用批发市场的快速分销能力,使产品迅速渗透到广

---

① 根据张戟 2002 年 8 月 30 日发表在中国营销传播网(http://www.emkt.com.cn)上的文章《营销管理是突破中小企业销售瓶颈的关键》改写。

大的农村市场。

依靠经销商的力量占据市场，把做市场的责任完全交给经销商，企业销售业绩的好坏取决于经销商能力的高低和推广意愿的强弱。

销售主管从总部直接管理经销商，没有分支机构，多数是靠电话进行沟通，销售主管在市场一线的时间很少。

以低价位和返利刺激销售增长，主要是利用企业品牌与领导品牌之间的价格优势来覆盖低端的农村市场。

（五）营销专业水平

营销人员采用竞聘制，销售主管有不少是从生产部门上来的，缺乏实际的销售经验，开发、管理市场的效率不高。

老销售人员基本是依靠多年来积累的业务经验开展工作，但是缺乏系统的销售方法，同时也有一定的惰性。

（六）营销组织架构简单

营销总部职能处于缺陷状态：规范化的营销管理流程并没有建立起来，诸如策略规划、战术制定、计划管理、信息管理、物流管理、区域管理、广告管理等许多职能都欠缺或者是没有明确的责权划分。

区域分支机构处于虚拟状态：该企业名义上都设有各区域的销售主管，但销售主管平常多数时间都待在总部，对各自管辖的区域采取的是虚拟控制方式，对经销商的管理基本是靠电话沟通。

（七）对营销费用控制很严

销售主管底薪很少，全靠销售提成。

发货全部利用返程车，整个物流配送的时间基本在 7～10 天（自货款到账之日起），运输费用较低。

销售主管可以灵活运用的销售费用较低。

不设立区域分支机构，以节约人员费用。

（八）依靠经验进行推广

难以看到该企业对市场的系统分析，也难以看到整体的营销策略规划。

企业的销售计划基本都是依靠经验制定出来的，所以经常发生产销衔接的不平衡，造成断货或积压，影响销售的增长。

（九）以低价为主要营销推广手段

两年来该企业主流产品的价格累计已下降了近 50％，原因一方面是其自身的定位使然；另一方面则是领导品牌的降价压力促成。

缺乏成熟的营销模式，一是没有系统推广；二是对推广效果没有总结。造成这种情况的原因是销售人员营销素质的低下。

三、公司目前销售面临的问题

（一）淡季销售处于两难境地

一难是领导品牌对该企业的打压。领导品牌在强大的品牌和网络基础上，向跟随品牌施加降价压力，一是清理市场中的杂牌产品；二是向低端农村市场渗透。

二难是低档品牌的价格拦截。低档品牌利用成本低形成的价格优势,专注于当地农村市场的推广,在地域细分市场上具有较强的竞争力。

该企业处于以上两类品牌的双重夹击之下,在品牌、网络、价格三方面都没有优势,处于吃老本的状态,靠以前曾有的影响力以及经销商的力量进行销售,整体局面比较被动。

(二)销售缺乏增长后劲

该企业的目标市场是农村,因此其80%以上的销售额是来自批发市场,但是批发市场的淡旺季差异日益加剧,并由此受到竞争品牌的双重夹击。

该企业销售的增长点主要在于对市场的深度开发,但是由于整体配套措施不足,使得企业的销售增长比较缓慢。

(三)缺乏有效的销售模式

该企业的销售业绩好坏,基本上是取决于经销商能力的好坏。但企业在运用经销商的能力上很缺乏,完全是由经销商自行发展,不是企业在引导经销商,而是经销商在拉动企业。

企业除了推出新产品、采取降价或返利政策以外,并没有其他的手段来推动市场的发展,没有建立起成熟的营销推广模式。

四、问题分析

(一)营销组织不健全

首先是缺乏总部的营销职能部门,使得企业不能对营销策略进行整体规划,也没有建立一套系统的推广模式。

其次是缺乏区域分支管理机构,对经销商的管理太粗放,市场管理重心太高,对市场的掌控能力很弱。

(二)没有明确的营销策略

不了解本产品的目标消费群特点,没有明晰的市场定位,对本企业在市场中的地位没有清醒的认识,因此对产品的发展方向不明确,只是被动地跟随竞争品牌的脚步走。

因为定位模糊,所以整个市场推广工作缺乏前瞻性,没有及时顺应市场的变化,在当时具有一定市场影响力的时候没有借势建立、健全的分销网络,以致当前受到竞争品牌的夹击。

(三)缺乏系统的市场分析

对市场趋势、销售数据、市场结构以及市场推广效果缺乏系统分析,整个营销推广工作比较盲目,主要是跟随竞争品牌的动作进行调整,对市场的推广缺乏主动性。

在开展市场推广工作时,战术的实施缺乏针对性。某一项销售政策出台时,由于对市场的把握不准,实施的理由以及可能达到的效果往往不能顺应市场的发展与变化。

(四)分销结构比较单一

目前该企业的主要渠道是批发市场,而目前国内流通市场正面临转型,批发市场每年都在萎缩,而零售市场却在迅速增长,这些都反映在了该企业的销售业绩上,单一的批发市场分销体系成为该企业持续发展的障碍。

要迅速调整这种分销体系结构,面临的困难也很大,涉及多方面的调整,包括经销商的调整、销售组织的调整、产品的调整以及费用的调整,这些都将影响企业的转型是否成功。

（五）区域管理不到位

缺乏重点市场管理，虽然在全国也有三个销售最好的区域市场，但这都是经销商自身发展的结果，企业并没有进行系统的管理，对市场成功的经验没有总结，因此也就缺乏一种成功的销售模式。

销售主管对各区域市场的管理太简单，对经销商的引导不够，对市场的跟进不够，对市场的变化也不能做到及时反应，因此往往落到被动的局面。

（六）销售人员专业技能有限

该企业有不少销售主管不具有足够的营销知识，对很多市场上的问题不能做出合理的判断，也无法有效地引导经销商，相反还要受经销商的指导。

部分销售主管在销售技巧方面比较缺乏，与经销商沟通往往不得要领，而且销售工作没有条理，效率低下。

（七）物流支持不足

没有完善的物流配送管理，也没有专门的人员来处理繁杂的储运事务，而是需要营销人员自身担负起货物配送的责任，因此其精力无法集中于销售业务的开展，往往要守在工厂"抢货"，这样就降低了其工作效率。

促销物品很欠缺，没有制作宣传海报和横幅等促销物品，使经销商无法在市场进行宣传，造成该品牌在市场上的品牌影响力明显不足。

（八）销售手段单调

该企业的销售手段基本停留在降价和返利上，而且对每次返利促销的目的不是很明确，是扩大消费群体还是提升消费量，是营造声势还是阻击竞争品牌，是巩固客户关系还是刺激进货量等，都没有明确的策略，仅仅依靠"这些方式都是经常用的，应该会有效的"的经验想法。

除了自身没有采取多样的销售手段外，对于如何引导经销商去开展促销也没有做足，主要体现在对返利的运用不规范，往往经销商为了拿到返利而降低批发价，从而破坏了正常的价格体系，当返利取消时又反过来向厂家施加降价压力。这些问题都说明该企业缺乏成熟的推广模式，无法对经销商的行为进行指导和监控。

五、营销管理体系重建策略

（一）以分销网络平台建设为核心

对其目前单一的分销结构进行调整，打破单纯依靠批发市场的局面，逐步加强对零售终端的掌控。

对其分散的分销体系进行整合，使经销商都能按照企业的要求进行策略调整，同时调整不符合要求的经销商，从而真正建立起牢固的分销网络。

（二）以深度分销管理系统为重点

对重建后的分销网络平台进行深度的系统管理，协助经销商网络提高整体的经营能力，建立良好的渠道联盟。

通过系统管理使分销网络成为企业的核心竞争力，从而推动企业向市场的深度和广度进军，提高品牌的渗透能力。

（三）以互动销售推广为关键

改变原有简单的经验推广手段，开展多样化的促销活动，在整体的策略目标下充分调动分销网络的积极性。

以推广作为手段，全力协助经销商建立起稳固的下级分销网络体系，强化战略结盟意识，而不是单纯以短期刺激销量为目的。

分析、总结各地市场成功的推广经验，并进行有效整合，形成企业自身系统的推广手段，并在各市场之间进行共享和复制。

（四）以销售组织平台为根本

调整原有简单的销售组织，组建总部专业的职能部门以及各区域办事机构，一方面提高总部对策略的规划能力；另一方面则是降低企业的销售管理重心，提高对市场变化的反应速度。

以区域办事机构作为企业掌控市场的平台，同时给予营销人员一个充分发挥能力的环境，以此来达到整体营销水平的提升。

（五）以销售人员管理为基础

制定规范化的销售人员管理制度，提高销售人员工作的专业化水平，从而提高公司政策执行的准确性和有效性。

建立富有挑战性的激励制度，将销售人员的个人发展与公司的发展结合起来，给予他们物质上的回报空间和职业发展的成长空间。

（六）以物流管理为后台支持

建立专业的销售计划管理、信息管理、物流管理和事务管理制度，为销售人员消除后顾之忧，并提供一个庞大的支持后台，使销售人员的精力能够集中于市场一线。

在销售物流管理平台上实施流程管理和互动管理，使其能充分配合市场一线的发展，同时降低沟通的内耗程度，提高企业整体的市场反应速度。

讨论题

1. 根据诊断书，你觉得 XYZ 公司的主要问题是什么？

2. XYZ 公司的营销战略是什么？

3. 作者提出的营销管理体系重建策略是否针对了 XYZ 公司在营销方面存在的问题？

4. 对于这个诊断书，你的总体评价如何？请拿出证据支持你的评判。

第一版后记

本书是西安交通大学"'十五'规划本科生系列教材丛书编写"立项支持的项目。2002年年底立项,2003年年初开始动手编写,年底完成初稿。之后,书中的很多内容被用在我们的教学中,感觉效果很好。

在我们过去的教学中,经常遇到这样的情况:让学生分析另一个国家的案例时,尽管案例写得很详细,提供的信息也比较多,但是学生仍然觉得很难下手。勉强做出来的东西,总让人有一种"理论上正确,实际上无用"、隔靴搔痒的感觉。在案例讨论时,大家也提不出什么问题,找不到北。究其原因,是因为我们的学生对于外国的环境不了解,道听途说的东西很难作为讨论的依据。不过,我们又不可能为了锻炼他们的动手能力,让他们先去熟悉外国的环境,然后再做案例。

用中国的本土案例,再鼓励学生添加一些素材,调动了学生学习的兴趣和参与的积极性,在很大程度上,改变了上面那种用外国案例教中国学生的尴尬局面。

良好的教学效果,使我们很想早一点把这本教材发表出来。经与清华大学出版社的康蓉编辑联系,她介绍我认识了她的同事苗建强先生。于是,本教材的出版事宜很快就定下来了。用了半年多的时间,我们又对初稿进行了修改和润色,成为现在这个样子。

本教材是多人合作、共同努力的成果。本书的编写人员,均为从事市场营销教学工作十多年,有丰富教学经验的高校教师。其中,有的编写过多种市场营销方面的教材,有的还为企业当过营销经理和营销策划人员,有丰富的实战经验。在教学过程中,我们一直在强调和尝试市场营销教学的本土化与可操作性。

本教材的参编人员和具体分工如下:庄贵军撰写第一至四、十、十五章,周筱莲撰写第五、六章,范高潮撰写第七、八章,王桂林、庄贵军撰写第九、十一章,张大男撰写第十二、十三章,郭关科、庄贵军撰写第十四章,申尊焕、庄贵军撰写第十六章。初稿完成之后,由庄贵军总纂、修改、定稿。

本书能够写作完成并且出版,首先,要感谢西安交通大学在资金上的立项支持。其次,要感谢清华大学出版社的苗建强编辑,他在编辑方面所给予的专业帮助使这本书得以顺利出版。再次,还要感谢清华大学出版社的康蓉女士,没有她的介绍和热情推荐,我们这本书不会这么快就出版。最后,感谢我们在教材中所引用著述的作者们,没有他们先前的努力,我们也无法很好地完成本书的写作。

作者水平所限,错误在所难免,热忱欢迎各方面的批评和指教。

庄贵军 博士
2004年12月21日于古城西安

教师服务

感谢您选用清华大学出版社的教材！为了更好地服务教学，我们为授课教师提供本书的教学辅助资源，以及本学科重点教材信息。请您扫码获取。

❯❯ 教辅获取

本书教辅资源，授课教师扫码获取

❯❯ 样书赠送

市场营销类重点教材，教师扫码获取样书

 清华大学出版社

E-mail: tupfuwu@163.com
电话：010-83470332 / 83470142
地址：北京市海淀区双清路学研大厦 B 座 509

网址：http://www.tup.com.cn/
传真：8610-83470107
邮编：100084